"双减"下的课堂重构
——激发学习内驱力的另一种可能

李建民 编著

版权专有　侵权必究

图书在版编目(CIP)数据

"双减"下的课堂重构：激发学习内驱力的另一种可能 / 李建民编著． -- 北京：北京理工大学出版社，2023.11

ISBN 978-7-5763-3117-2

Ⅰ. ①双…　Ⅱ. ①李…　Ⅲ. ①课堂教学-教学研究　Ⅳ. ①G424.21

中国国家版本馆 CIP 数据核字（2023）第 211049 号

责任编辑：王梦春　　**文案编辑**：邓　洁
责任校对：周瑞红　　**责任印制**：施胜娟

出版发行	/ 北京理工大学出版社有限责任公司
社　　址	/ 北京市丰台区四合庄路 6 号
邮　　编	/ 100070
电　　话	/（010）68944451（大众售后服务热线）
	（010）68912824（大众售后服务热线）
网　　址	/ http://www.bitpress.com.cn
版 印 次	/ 2023 年 11 月第 1 版第 1 次印刷
印　　刷	/ 河北盛世彩捷印刷有限公司
开　　本	/ 787 mm × 1092 mm　1/16
印　　张	/ 26
字　　数	/ 545 千字
定　　价	/ 98.00 元

图书出现印装质量问题，请拨打售后服务热线，负责调换

编写成员名单

编写顾问 陈如平（中国教育科学研究院）
　　　　　　杨艳君（中国人民大学附属中学第二分校）
主　　编 李建民（中国教育科学研究院）
副 主 编 晋　军（北京外国语大学附属中学）
　　　　　　高俊英（中关村中学）
编写委员会 韩　峰（山东聊城东阿县第一中学）
　　　　　　于昕悦（北京外国语大学附属中学）
　　　　　　王　静（中国人民大学附属中学雄安校区）
　　　　　　赵　婧（天津师范大学）
　　　　　　庞慧玲（山东聊城东阿县第一中学）

Preface 前言

2014年教育部正式印发《关于全面深化课程改革 落实立德树人根本任务的意见》。《意见》提出"五个统筹"的工作任务。一是统筹小学、初中、高中、本专科、研究生等学段（包括职业院校）。二是统筹各学科特别是德育、语文、历史、体育、艺术等学科。三是统筹课标、教材、教学、评价、考试等环节。四是统筹一线教师、管理干部、教研人员、专家学者、社会人士等力量。五是统筹课堂、校园、社团、家庭、社会等阵地。《意见》并提出研究制定学生发展核心素养体系和学业质量标准，推动我国基础教育课程教学改革进入核心素养时代。2016年《中国学生发展核心素养》发布，勾勒出六大核心素养，明确学生应具备的适应终身发展和社会发展需要的必备品格和关键能力。2017年教育部印发《普通高中课程方案》和语文等学科《课程标准》，并在2020年进行修订。2019年国务院办公厅印发《关于新时代推进普通高中育人方式改革的指导意见》，对深入推进普通高中教育教学改革、全面提升普通高中育人质量等进行了系统设计和全面部署，坚持把立德树人融入思想道德教育、文化知识教育、社会实践教育各环节，围绕立德树人设计教学体系、教材体系、管理体系等，为新时代推进普通高中教育改革发展指明了前进方向。2022年教育部印发《义务教育课程方案和课程标准（2022年版）》，将党的教育方针具体化细化为本课程应着力培养的学生核心素养，体现正确价值观、必备品格和关键能力的培养要求。

学校是育人主阵地，课堂是育人主渠道。课堂教学改不改、改得好不好关系到育人方式是否能够真正实现切实的转变。无论是高中还是小学、初中，都已经到了必须要改革课堂教学的阶段。2021年国务院大力推动"双减"政策落实，对作业管理、课后服务、课堂教学都提出了更高的要求。在具体落实改革要求的过程中，作业管理、课后服务、课堂教学三者之间是相互联系的有机体，其中，深化课堂教学改革可谓是落实"双减"工作的"压舱石"。本书聚焦于课堂教学改革问题，针对课堂中存在的知识理解浅表化、课堂参与形式化、学习评价单一化等主要问题，将思维工具运用到课堂教学改革中，凸显以学生为中心和以学习为中心的理念，关照学生个性化教育需求，促进学生有效参与教、学、评全过程。

课堂重构是深化课堂教学改革的一种探索，需要紧紧围绕学习中心和学生中心展开，宗旨在于构建一种尊重学生主体地位、以学生学习为中心的课堂。始终遵循学生立场，将是否有利于学生学习、是否有助于实现立德树人根本任务作为基本准则和检验标准。不符合这一准则和标准的观念、做法、行为等需要予以纠正，符合这一准则和标准的则需要进一步完善优化，推动课堂教学水平持续提升，不断优化课堂育人质量。

本书是在前期研究和实践的基础上将思维工具与课堂教学改革深度融合应用的成果，具有价值引领、理论支撑和实践基础。全书分为五章，从课堂教学问题和相关理论梳理入手，介绍了如何借助思维工具推动课堂教学改革的操作范式，既有对典型学校课堂教学改革的"解剖麻雀"式的分析，也有以学科核心素养为指针的教学设计案例和课堂教学实践案例。每个案例配有图文介绍，简单易学，具有较强的实用性与可操作性。

李建民

2023年3月

Contents 目录

前 言

第一章 课堂重构：激发学习内驱力

一、底层逻辑：课堂重构的理论阐释 2
二、教学设计：课堂重构的关键锚点 11
三、教师转型：课堂重构的重要基点 19

第二章 "三图六构"思维课堂：课堂重构的实践范例

一、掇菁撷华：思维导图何以能够进入课堂教学 24
二、思维课堂：以"三图六构"为基本结构的课堂范式 30
三、"三图六构"思维课堂的有效应用 37

第三章 整体建构：课堂教学改革的北外附中探索

一、聚焦重点任务进行顶层设计，明确"我们做什么？" 42
二、多渠道提升课程实施品质，探寻"我们怎么做？" 46
三、关注师生成长进步，检验"我们做得怎么样？" 51

第四章 设计转化：课堂重构教学设计案例

单元教学设计 1：高中语文"劳动光荣" 54
单元教学设计 2：高中数学向量视角下的立体几何问题解决 67
单元教学设计 3：高中英语"The Admirable" 80

单元教学设计 4：高中物理"功是能量转化的量度" 90
单元教学设计 5：高中化学"物质性质与物质转化" 98
单元教学设计 6：高中生物"细胞的基本结构" 105
单元教学设计 7：高中思想政治"经济发展与社会进步" 116
单元教学设计 8：高中历史"明清时期中国版图的奠定与面临的挑战" 125
单元教学设计 9：高中地理"地球上的大气" 135
单元教学设计 10：高中美术"淳朴之情——民间美术" 144
单元教学设计 11：高中俄语"节日课例" 151

第五章 草根实践：课堂重构教学课例

课例 1：高中数学"函数的单调性" 160
课例 2：高中数学"等比数列的定义与求和" 173
课例 3：高中数学"空间向量与立体几何总复习" 183
课例 4：高中语文《我与地坛》课例 193
课例 5：高中语文"劳动光荣" 203
课例 6：高中语文《师说》复习课 215
课例 7：高中英语"Wildlife Protection 野生动物保护" 225
课例 8：高中英语"A Journey of Discovery" 236
课例 9：高中英语 "Film Review" 246
课例 10：高中物理"电路中的能量转化" 256
课例 11：高中物理"功能关系 能量守恒定律"习题课 264
课例 12：高中化学"影响反应速率的因素" 276

课例13：高中生物"细胞增殖" 287
课例14：高中生物"细胞膜的结构和功能" 299
课例15：高中思想政治"科学社会主义的理论与实践" 308
课例16：高中政治"人的认识从何而来" 318
课例17：高中政治"世界的物质性" 330
课例18：高中历史"西汉与东汉——统一多民族封建国家的巩固" 339
课例19：高中历史"专制时代晚期的政治形态" 350
课例20：高中历史"两宋的政治和军事" 359
课例21：高中地理"旅游资源开发条件的评价" 372
课例22：高中地理"塑造地表形态的力量" 382
课例23：高中美术"文化与习俗——从'泥土'中诞生的美" 389

后　记 403

课堂重构：
激发学习内驱力

学校教育是育人的主阵地，课堂教学是守好主阵地的重要渠道。学校工作的中心是教学育人工作，课堂教学改进是"双减"政策落地的压舱石，将学生学业减负真正转移到"教学改进"这一点上来，是国家"双减"政策的终端目标所在。[①]以普通高中课程方案以及各学科课程标准（2017年版2020年修订）颁布为标志，新一轮基础教育课程改革已经悄然启动，2022年我国发布了《义务教育课程方案和课程标准》，这些改革举措对中小学课堂教学改革提出了高质量发展的新使命、新要求、新任务。在这样的背景下，反观当前我国中小学课堂教学的情况，不难发现"一刀切""满堂灌"、教学方式单一、学生主体性发挥不充分等新老问题并存，需要基于课堂教学现状进行梳理，分析课堂教学的要素和结构，结合具体发展需求对课堂教学进行科学重构。

一、底层逻辑：课堂重构的理论阐释

课堂教学改革始终是基础教育改革与发展的核心议题之一。我国中小学课堂教学改革按照"偏重双基—培养智力和能力—强调非智力因素—注重主体性品质、创新精神和实践能力的培养"的轨迹发展前进。基础教育新课程改革实施以来，无论是教育理论工作者还是教育实践者都对以教师为中心的课堂教学模式进行了反思和改革探索，尤其是2001年郑金洲教授发表的《重构课堂》[②]一文中，提出"只有重新认识、定位、建构学校中的一系列现象和行为如课堂、班级、教材等"才能应对创新性人才培养对学校教育变革的要求。从这个角度来讲，课堂重构的提出实际上是基于对已有课堂教学实践中的问题进行反思，对课堂教学改革可能路径的探索和尝试。

一、课堂与课堂重构

1. 理解课堂

理解课堂首先需要明确课堂是教学活动的一类场所，也是一种教学组织形式。课堂教学是学校教育的核心活动。教与学有具有同源性，是对同一人类社会活动的指称。"教"字源

---

① 龙宝新. 中小学课堂改进的四条路径［N］. 中国教师报，2022-1-5（3）.
② 郑金洲. 重构课堂［J］. 华东师范大学学报（教育科学版），2001（3）：53-63.

于"学"字或者说"教"字的概念是在"学"字的概念的规定性中加上了又一层规定性。教学对于学生发展而言更多的是提供一种处方性和规范性的支持和引导，重要的是怎样用最好的方式方法教会学生想学的东西，其核心功能在于如何促进学生学习。课堂教学是在一定的教育目的规范下，"教师的教"与"学生的学"共同组成的教育教学活动。在课堂教学活动中，教师有计划地组织学生学习科学文化知识，发展自身智能与体力，养成良好的品行与美感。教学是传播系统知识、促进学生发展最有效的一种形式，是进行全面发展教育、实现教育培养目标的基本途径。

要想课堂教学发挥出有效的作用，需要具备一定的条件，最基本的条件有三个：一是课堂教学要能够引起学生的学习意愿，也就是能够有效激发学生的学习动机；二是课堂教学过程中明确阐释学生所学的内容，让学生能够更清楚地明确学习的目标、内涵、规律等；三是在教学方式方法上，应该在充分考虑学生的学习能力水平、学习风格、学习环境等背景信息的基础上，采取学生较为容易接受的方式教授学习内容。这就要求教师对课堂教学进行充分有效的设计，不仅仅是对教学内容进行设计，而且要对教学方式方法以及对学习过程进行设计。此外，课堂教学中还应给予学生及时、有针对性的学习反馈，即通过多样化评价方式促进学生不断深化学习，让学生能够更加清楚地了解自身学习的基本状况、改进方向等，让教师更加清楚地看到自身教学的优势和不足，从而进一步激发学生学习的动机。

虽然从新课改开始就提倡尊重学生主体性、关注学生发展需求的新理念，但在我国中小学课堂教学改革实践中，尤其是高中学校课堂在具体实施过程中仍存在诸多不容忽视的问题，既有前一改革阶段没有得到有效解决的老问题，也有新发展阶段、新形势、新要求下的新问题。

第一，课堂教学"目中无人"的问题依然广泛存在。课堂是教师和学生共同存在的场域，是由教师和学生这两大主体在互动中共同构建和不断生成的，人的要素是课堂教学的核心要素，尤其是学生作为课堂教学的重要主体，其发展需求、个性特征等没有得到充分的满足和尊重，出现了学有余力的学生上课"吃不饱"，而学习有困难的学生上课"跟不上"的问题，这种现象与关注每一个学生的课堂理想状态之间还存在不小的距离。第二，课堂教学管理规范不足的问题仍然存在。尽管新一轮课程改革方案中已经明确规定了课程结构和内容，但在具体实施过程中，教师不按照课程实施方案设置课程，超前教学、超纲教学的现象屡见不鲜，"有课表无课时，有教室无课堂，有活动无课程"的现象仍在很大程度上存在，影响了教育教学活动的有序实施，也间接加剧了"教育内卷"，加重了学生学习负担。第三，课堂教学评价方式相对单一。虽然在高考综合改革中，我国已经提出了实施综合素质评价，并制定出台了指导高中学校开展综合素质评价的实施意见，但从政策文件到课堂教学评价方式的转变仍在进行之中。课堂教学效果、学生在课堂中的学习参与情况等尚未通过有效的评价手段和方式得以充分展现，课堂的"黑箱属性"依然很鲜明。鉴于此，深化课堂教学改革，提升课堂教学质量依然是高质量发展时代的重要主题，特别是2021年"双减"政策出台后，课堂教学如何实现减负提质增效、如何促进学生学习更好回归校园已经成为今后相当长一个时期的核心任务。

2. 课堂重构

课堂是育人质量的重要保障，不同的课堂结构影响着课堂教学的质量。《辞海》将"结构"理解为"与'功能'相对。系统内各组成要素之间的相互联系、相互作用的方式。是系统组织、有序化的重要标志。……结构既是系统存在的方式，又是系统的基本属性，是系统具有整体性、层次性和功能性的基础与前提"。结构本质上是对系统内部要素及其排列方式的理性认识。课堂结构就是对课堂要素及其相互关系的理性认识，这种认识是在一定的理论或思想指导下形成的，反映认识主体对教学目标、教师、学生、知识、教材、教学过程、教学评价、教学方法等要素的安排。

课堂重构是对已有课堂结构的重组和优化。尤尔根·哈贝马斯（Jürgen Habermas）在论述其交往理论时运用了"重构"概念。哈贝马斯认为，交往者之间要达到理解所需的条件集合大体由两种不同类型的条件构成：一是特殊设定的条件；二是一般设定的条件。在前一种情形中，说话者总是受特定的民族、习惯、风俗、信仰、教育、社会角色甚至时间和场合等特定条件的制约；在后一种情形中，说话者则受一般条件的制约。之所以说是"一般条件"，因为它们是间接的，即只有在对前一类条件进行反思和批判的基础上方能构造出来。这种构造就是"重构"。因此，"重构"无疑具有反思的作用，其任务不是描述现实中所存在的东西，而是按"应该是"的样子确立现实的东西所赖以存在的前提条件。可见，重构不同于建构，它不是对客体原型的彻底推翻，而是在解构的基础上对客体进行新的构造，体现了对客体的应然期待，因而也为客体达到应然状态奠定了基础。

伴随我国教育改革的深化，课堂教育改革成为决定各项综合改革举措能否取得良好成效的"最后一公里"。在推进课堂教学改革的过程中，出现了多个与课堂重构类似的表达，例如课堂建设（强调从无到有或从弱到强）、课堂改进（强调对已有做法进行修补和优化）、课堂改革（强调对部分内容或要素的摒弃）、课堂革命（强调颠覆性变化）等。这些表述虽然各有侧重，但都强调了课堂教学变革的必要性、反思性，突出了课堂教学改革对提升基础教育质量的重要作用。

课堂重构基于反思，且促进反思。课堂重构是在解构传统课堂教学的基础上，在一定理论基础的观照下，突破传统课堂教学的局限，朝应然的方向对课堂教学进行新的构造，探索课堂教学改革的学理性基础和方向。课堂重构是对课堂教学中各种关系和要素的再认识、再设计、再组合。"只有重新认识、定位、建构学校中的一系列现象和行为，如课堂、班级、教材等"，才能应对创新性人才培养对学校教育变革的要求。从这个角度来讲，课堂重构的提出实际上是基于对已有课堂教学实践中的问题进行反思，对课堂教学改革的可能路径的探索和尝试。正如钟启泉教授在《课堂转型》一书中指出的那样，课堂转型，是当今国际基础教育发展的潮流，也是学校教学改革的核心。其基本内涵是指将"知识本位"的被动学习转变为"素养本位"的能动学习。[1]推动课堂重构需要教师寻求素养发展学习的本质，并以此

---

[1] 钟启泉. 课堂转型 [M]. 上海：华东师范大学出版社，2018.

开展学习观念的重建、教学范式的重构以及教学行为的重塑。①

（二）课堂重构的理论依据

1. 建构主义理论

建构主义是在当代哲学思想影响下产生的一种关于知识和学习的理论，在对行为主义认识论和学习理论的批判中不断发展壮大。建构主义扎根于对理性主义与经验主义的综合，是一个庞杂的理论体系，在不同的学科领域当中都能发现建构主义的身影。在教育学领域，建构主义认为学习主体应通过内部构建的基本的认识原则去组织经验、发展知识。

认知主义理论重视知识自身的结构特征，忽略了作为认识主体的人的认知结构和知识背景。而在建构主义看来，学习的实质就是学习者的经验系统的变化，即学习者经过学习，其经验系统得到了重组、转换或者改造。建构主义认为，知识的意义总是存在于情境之中的。学习总是在一定情境之下进行的，人不能超越具体的情境来获得某种知识。学习时的情境不是一个无关因素，而是有机地卷入了建构活动。同时，学习也总是在一定的社会文化环境下发生，个体并不是一个孤立的探究者，他头脑中有什么知识，他有多聪明，实际上还是与周围共同体相互作用的结果，②如图1-1所示。

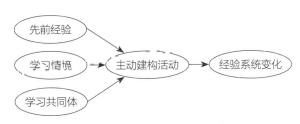

图1-1　建构主义学习模式

建构主义更加强调发挥学习者的主动性，更加关注认知主体自身的背景知识和经验。学习不仅是理解和记忆新知识，而且要分析它的合理性、有效性，从而形成对事物的观点。学习不仅是新的知识和经验的获得，同时还意味着对既有知识经验的改造。换言之，学习者不是单纯地作为知识的"容器"接收、吸收知识和经验，而是作为意义的主动建构者去建构自身的知识和经验，因而学习是一个互动的过程、主动的过程、独特的过程，更是一个无法复制的过程。建构主义更强调意义的生成，强调学习者通过与外部信息的相互作用而生成理解、发展智能，建构自己的"经验现实"。学习不是知识经验由外向内的"输入"，而是学习者的经验体系在一定环境中自内而外的"生长"。③

---

① 刘霁华. 指向素养发展的物理课堂转型与重构［J］. 基础教育参考，2021（12）：50-54.
② 刘儒德. 建构主义：知识观、学习观、教学观［J］. 人民教育，2005（17）：9-11.
③ 艾兴. 建构主义课程研究［D］. 西南大学，2007.

2. 深度学习理论

深度学习的概念源于近些年来计算机科学、人工神经网络和人工智能研究。二十世纪八九十年代以来，随着学习科学的不断发展，深度学习的概念和思想不断在教育中得到应用。[①]布鲁姆《教育目标分类学》一书在对"认知领域目标"的探讨中提出"学习有深浅层次之分"，并将教学目标分为了解、理解、应用、分析、综合、评价等由浅到深的层次，或者说从低阶思维活动到高阶思维活动的不同层次。美国学者费伦斯·马顿（Marton）和罗杰·萨尔约（Saljo）提出了表层学习和深层学习的概念。按照这两位学者的观点，深度学习的学习者追求知识的理解并且使已有的知识与特定教材的内容进行批判性互动，探寻知识的逻辑意义，使现有事实和所得出的结论建立联系。浅层学习和深层学习在学习动机、投入程度、记忆方式、思维层次和迁移能力上有明显的差异。深度学习是一种主动的、高投入的、理解记忆的、涉及高阶思维并且学习结果迁移性强的学习状态和学习过程。[②]

深度学习是学生在教师引导下，对知识进行的"层进式学习"（对知识内在结构的逐层深化的学习）和"沉浸式学习"（对学习过程的深刻参与和学习投入）。深度教学的"深度"建立在完整而深刻地处理和理解知识的基础之上，以知识学习的充分广度（sufficient breadth）、知识学习的充分深度（sufficient depth）和知识学习的充分关联度（multi-dimensional richness and ties）为三个基本标准，构成了深度学习的核心理念。从广度到深度，再到关联度，学生认知的过程是逐层深化的。知识具有强烈的依存性，是特定社会、文化、历史背景及其特定思维方式的产物。若脱离背景，那么前人创造的知识就难以理解。知识学习的充分广度为实现"理解"提供多样性支架，为知识的意义达成创造了可能性和广阔性。深度学习强调通过知识理解建立认知方式、提升思维品质，是在反思中实现符号理解、符号解码到意义建构的认知深化过程。知识的充分关联度，是指知识学习指向与多维度地理解知识的丰富内涵及其与文化、想象、经验的内在联系。[③]

在深度学习理论阐释基础上，"深度学习"教学改进项目综合组于2014年先行构建了"深度学习"的教学实践模型1.0（如图1-2所示），并逐渐升级为教学实践模型2.0（如图1-3所示）。在1.0版本中，深度学习从单元学习切入，通过单元学习把教学设计过程中必须考虑进去的教学目标（学习目标）、教学内容（学习主题）、教学活动（学习活动）、教学评价（持续性评价）等相关要素并进行系统性整合，强调目标与内容、活动、评价的内在一致性。2.0版本在1.0版本的基础上，强化了"学习目标"的素养导向、"学习主题"的引领性、"学习任务/活动"的挑战性以及"学习评价"的持续性，强调以大概念为引领对教学内容进一步结构化，按照学习进阶把教学活动系列化、情境化并使其具有挑战性，让学习评价伴随教

[①] 郭元祥. 深度学习：本质与理念 [J]. 新教师，2017（7）：11-14.

[②] Marton, F. and Saljo, R. On Qualitative Difference in Learning: Outcome and Process. British Journal of Educational Psychology, 1976（46）：4-11.

[③] 郭元祥. 深度学习：本质与理念 [J]. 新教师，2017（7）：11-14.

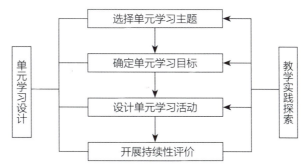

图1-2 "深度学习"的教学实践模型1.0

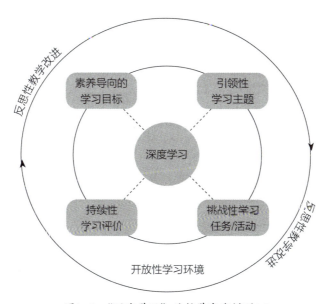

图1-3 "深度学习"的教学实践模型2.0

学全过程,营造开放性的学习环境。[①]

3. 多元智能理论

多元智能理论是美国心理学教授霍华德·加德纳(Howard Gardner)在《智力的结构:多元智力理论》(1983)一书中提出的关于人类智力的理论。该理论提出后,受到了世界很多国家教育工作者的关注,并成为一些国家和地区推进教育教学改革的重要指导理论。加德纳认为,传统的智力观主要局限于在语言和数理逻辑能力方面理解人类智力,忽略了音乐、空间感知、肢体动作、人际交往等对人类发展同等重要的方面。他将智力定义为"智力是在特定文化背景或社会中解决问题或制作产品的非常重要的能力"。这一定义包含三方面的含义:一是智力与实际生活情境息息相关;二是智力指向问题解决,而不只是储存在头脑中的知识;三是智力对其所属的文化提供创造和服务,在创新中继承和发展文化。每个人至少有

---

① 刘月霞. 指向"深度学习"的教学改进:让学习真实发生[J]. 中小学管理,2021(5):13-17.

七种智能，即语言智能、音乐智能、数理逻辑智能、空间智能、身体运动智能、人际交往智能、自我认识智能。在此基础之上加德纳1996年又提出了第八种智能，即自然观察者智能。

按照多元智能理论，人与人的差别主要在于人所具有的不同智能的组合。面对智能组合方式"各具特色"的学生时，教育需要因材施教，以最大程度适应个性化的方式来进行。因此，加德纳主张在尊重并了解学生智能差异性的基础上，使教育最大程度地适合每一位学生，从而保证学生的优势智能得到充分发挥，弱势智能得到适当弥补，让每个人都可以获得个人最优发展。①而不是沿袭传统智力观指导下的做法——用智力测验和考试，即以语言表达和数理推断方面的能力代表学生发展状况，甚至预测毕业以后的发展。在教学中要主要回应每个学生个别化的发展需要，采用适合的教学策略、方法和手段，根据不同的智能特点和要素设计多样化的教学活动，"现今的课堂需要教师改变其教学法，从而迎接现今学生面临的变化多端的挑战"。在评价方面，加德纳提出了指向培养学生解决问题和创造新产品等能力的多元化、情境化的评价观。同时，在学校教育实施层面，他提出学校要以学生为本，准确把握每个学生的兴趣特点，尊重并了解不同学生智能组成的个性差异，并提供与之相匹配、相适应的教育支持。"多元智能型学校会为学生提供学习现有课程、达到学习目标的多种不同途径；多元智能型学校会同时关注学生对问题的理解和对自我的理解；多元智能型学校的教职员工常常会在一起工作、学习。我们不能确定将来会发生什么，但我绝对相信从多元智能型学校出来的学生将来获得成功的概率会更大，因为学校现在正在培养他们各种终身学习的技能"。②

（三）课堂重构的主要内容

"双减"政策更加强调学校育人功能，突出对学生学习的政策关怀，将提高课堂教学质量作为落实"双减"的根本之策，鲜明表明了"双减"的学生立场，同时也对深化课堂教学改革提出了更高要求。课堂重构的宗旨在于构建一种尊重学生主体地位、以学生学习为中心的课堂。课堂重构主要围绕课堂中的观念/理念、要素、关系、角色、流程、内容、目标、方式、结果等展开，始终遵循学生立场，将是否有利于学生学习、是否有助于实现立德树人根本任务作为基本准则和检验标准。不符合这一准则和标准的观念、做法、行为等需要予以纠正，符合这一准则和标准的则需要进一步的完善优化，从而推动课堂教学水平的持续提升。

1. 重构课堂中的要素

课堂教学作为一个学校育人的主渠道，是由多种要素以一定结构构成的集合体。各种要素在课堂教学中都有其自身的定位，并对学生学习和教学产生不同的影响，从而形成课堂教学的基本框架。课堂中蕴含着多种要素。顾明远认为课堂要素包括教师、学生和教材或者说

---

① 郅庭瑾. 多元智能理论与个性化教育：诠释、悖离与超越[J]. 上海教育科研，2013（4）：5-9.
② 托马斯·R.霍尔著，郅庭瑾译. 成为一所多元智能学校[M]. 北京：教育科学出版社，2003：132.

人员、信息、物质三要素；李秉德认为课堂要素有七个，即学生、教学目的、课程、教学方法、教学反馈、教学环境、教师；加里·鲍里奇（Gary D. Borich）提出有效教学的七要素，即班级管理、课堂氛围、任务导向、学生参与、学生成就、教学方法、知识结构。总的来说，从主体的角度看，课堂中有教师和学生的直接参与，也有学校管理者、家长等其他主体的间接渗入；从客体的角度看，课堂中有教材、教具、实验设备和材料、学习资料、教室环境等。此外，教师的教学态度、专业技能、职业道德、情绪能力等内隐性要素也被纳入到课堂要素的范畴。传统课堂注重知识的传授，把学生视为接受知识的容器，把教师讲授几乎等同于学生学习，忽视了学生作为独立主体的知识基础、理解能力和学习兴趣等。重构课堂要素就是以提升学生学习效果为原则对课堂要素结构进行调整，优化课堂要素组合方式，提升不同要素之间的协调水平。例如，教师桌椅的摆放方式，在传统教室中通常是教师站在高出地面的讲台之上，学生桌椅采用面向教师、成行成列的摆放方式，这种方式突出了教师在教室中的中心地位，有利于开展讲授式教学，能在最大限度上减少学生之间相互干扰，但不利于发挥学生主动性，也不利于学生之间进行交流。为了便于开展小组合作学习，可将课桌椅摆放方式调整成小组合作式，让小组成为教室的中心；如果想开展全班面对面交流讨论，可以考虑将课桌椅布置成U形等，如图1-4所示。

2. 重构课堂中的关系

课堂要素之间通过怎样的关系链接起来影响着整个课堂的结构，进而影响课堂教学的质量。课堂要素的多样化决定了课堂中存在的关系的多样化，除了我们耳熟能详的师生关系、生生关系，还有教师与教材的关系、学生与教材的关系、真实情境与课堂情境的关系、学习内容与教学方法的关系、教室环境与学习效果的关系等，各种关系之下还可以进一步分析挖掘出更下位的要素之间的关系。进行课堂重构首先要抓住师生关系这个核心关系，在新的理论指导下和新技术的加持下，转变教师在课堂教学中的角色，将课堂建设成为教师与学生交

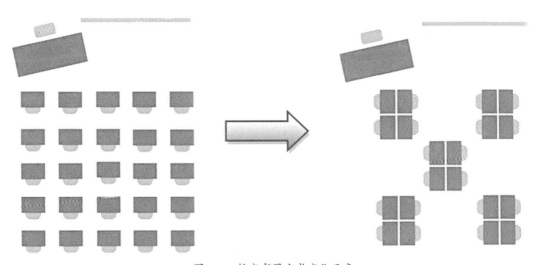

图1-4 教室布置方式变化示意

往、互动、对话的场域,而不是教师表演、展示的舞台。调整课堂教学中的师生关系,首先需要教师强化个性化教学观,尊重学生发展的自由,关注学生个体差异,注重通过适宜的教育方法,充分发展学生的特性、补救学生发展之不足。在此基础上,教师在课堂教学中应结合学生具体学情对教学目标、学习内容、教学方法、教学进度等进行适当的调整和差异化设计,从而增强课堂教学对不同学生发展需求的回应性。

3. 重构课堂中的方法

课堂教学中的方法论问题涉及如何认识课堂、改进课堂的路径、方式、方法,涉及教师用怎样的方法观察和处理课堂教学,重点解决"怎么办"的问题。例如,教师用怎样的方法设计教学目标、组织教学材料和教学活动,用怎样的方法清楚把握学生的学习情况、引导学生有效参与学习过程,如何更好地运用讲授法、启发式教学、探究式教学等,如何科学地进行分组、如何进行提问、如何组织好学生讨论等。重构课堂就是要在对已有课堂教学实施情况进行梳理分析的基础上,深入分析教师在课堂教学中各种方法策略的运用情况,反思自身在课堂教学中所应用方法的适切性、有效性等。例如,讲授法的应用是否有助于帮助学生理解学习内容,学生评价方式是否能有效反映学生学习目标达成情况,学生分组方法是否有效促进了学生开展课堂讨论,等。对于那些符合学生发展需要、有助于提升学生学习质量的方法策略,在课堂重构中应进一步强化;对于那些无效、低效甚至有反作用的方法策略则应及时纠正,改进和优化课堂教学中的方法问题。

4. 重构课堂中的流程

课堂教学的实施应遵照一定的流程,通过各类教学活动的组织展开,帮助学生理解学习内容,达成预设的学习目标。一般而言,一节课的实施可以划分为课前、课中、课后三个阶段,不同阶段中教师和学生的活动各有侧重。在这三个阶段中,课中是最为重要的阶段,是师生互动、学生学习的核心阶段,也是教师在教学设计中最为关注的阶段。相比之下,课前和课后阶段往往没有得到充分的关注,未能与课上阶段统筹考虑、统一设计。课中阶段作为课堂教学的核心阶段,其基本操作流程(新授课)一般包括课前复习、新课引入、目标提示、知识讲解、探究展示、课堂小结、巩固练习等,具体流程的设计安排需要根据不同课型、不同学习内容,甚至学生的不同水平灵活调整。课堂教学流程的调整需要以把握和尊重学生的学习规律为前提和基础,以学生能力水平为现实依据,以处理好教师教与学生学的关系为核心主线,充分彰显和激发课堂教学的育人性。

在此基础上,重构课堂教学流程还应格外关注课堂教学评价问题,深化对评价促进学生学习积极作用的认识,丰富评价方法和手段,让评价更好服务于学习目标的实现、更好服务于教学质量的提升。以往课堂中教师往往更青睐于纸笔形式的测验,更加注重学习结果的呈现和检测,学习过程很难得到呈现,使学生对自身学习的认知不足。通过合理重构课堂教学流程,突出课堂评价对学生学习的引导性作用,就要求教师拓展课堂评价手段,在纸笔测验之外,开发设计自评表、评价量规等工具,帮助学生更加清晰地认识自身的学习过程和学习结果。例如,量规作为一个评价工具,包含一组清晰连贯的标准,以及这组标准下各层级的表现质量描述，[1]可以帮助学生建立起整体的知识和技能的框架，而不是单纯地将学校学习等同于某些任务的完成。[2]实际上，任务的完成或活动的结束并不等于学习目标的达成。通过科学设计的量规可以将任务、活动与学习目标区分开来，为学生提供更加明确的指导。

5. 重构课堂中的活动

活动是开展课堂教学的基本形式。教学活动是教师和学生以自身的活动来引起、调整和控制人与教学客体之间物质变换的过程，受教学领域、教学对象、学习目标等的影响，教学活动形式和种类多样。当前，基础教育阶段的育人方式正在从"分科—文本—静听"转向"综合—实践—活动"；从"记忆—复制—验证"转向"体验—探究—创新"；从遵循自然科学逻辑、线性思维逻辑转向以整体论的逻辑、实践的逻辑和活动性的逻辑设计育人活动。[3]《义务教育课程方案和课程标准（2022年版）》提出要加强学科实践，并在学科课程标准中明确了三类活动的开展要求，即学习理解类活动、应用实践类活动、迁移创新类活动。这就要求教师在设计教学活动时始终能够把握住学习目标，避免陷入为活动而活动的误区，出现课堂形式热闹、课堂内容空洞的问题。重构课堂教学活动应以学生本位为核心理念，遵循以下四个基本原则。

第一，活动设计要符合学生身心发展需求和特点，在全面了解学生学习基础和个性特征的基础上，确定教学起点、教学方式以及针对性教学方式；第二，活动设计要体现学生主体性，与学生实际生活经验等相衔接，以学生学习为中心组织教育活动，引导学生积极思考、自主学习、主动参与；第三，活动设计要以学习内容为核心依据，注重挖掘和利用教材之外的、具有教育意义的信息资源，着重突出活动设计的情境化，提高课堂教学的吸引力和感染力；第四，活动设计要注意多个教学活动之间的关联性、顺序性和可操作性，不同活动之间应具有内在联系，且共同指向学习目标，提高其服务学习目标的作用。总之，课堂教学活动要与学生认知水平、生活经验、学习能力等相衔接，让学生在参与教学活动的过程中理解学习内容、提升学习能力、发展思维品质。

二、教学设计：课堂重构的关键锚点

如何将课程标准的内容有效转化为课堂教学中教和学的各种行为和活动，真正实现课堂的重构，促进和提升学校学习效果，是广大中小学教师在日常教育教学中必须思考的问题。尤其是在大力推进核心素养导向下的新一轮课程改革，对中小学教师在教育教学过程中应用课程标准的能力和路径提出了更高要求。教师的这种课程标准转化能力从根本上来说是教师

---

① 苏珊·布鲁克哈特. 如何编制和使用量规：面向形成性评估与评分［M］. 杭秀、陈晓曦译. 宁波：宁波出版社，2020：4.
② 苏珊·布鲁克哈特. 如何编制和使用量规：面向形成性评估与评分［M］. 杭秀、陈晓曦译. 宁波：宁波出版社，2020：11.
③ 殷世东. 综合实践活动育人方式的逻辑与课堂教学重构［J］. 教育科学研究，2021（11）：91-96.

基本专业素养通过教学设计得以实现的程度和水平。有研究指出教学设计对教师的课堂教学行为具有较大影响，尤其是能否预设好问题对提升课堂提问质量、引导学生思考等影响较大。在教学设计环节过分偏重知识性教学目标设计往往会使教学设计只关注教学内容和教师活动，容易忽视学生学习过程和学习质量。①因此，强化教学设计也是现代教师必须具备的素养之一，是提高教师能力和水平的重要途径。

（一）教学设计的基本内涵

"设计"一词是由英文"Design"翻译而来，英文"Design"源自拉丁语的"Desinare"，表示徽章、记号的意思，用作动词时表示把思想上的意图用符号表示出来，使之可视化的过程。在古代汉语中，"设""计"二字通常分别使用，"设"本义表示布置、安排、筹划等；"计"本义表示算账、计算，引申为打算、谋划之义。《辞海》将"设计"解释为"根据一定目的要求，预先制定方案、图样等"。德国设计委员会主席迪特·兰姆斯（Dieter Rams）认为，"设计首先是一个思维的过程，一个流程，一种工作方法，以创造新的产品和新的意义。"②赫伯特·西蒙（Herbert A. Simon）从较为宽泛的角度理解设计——"凡是以将现存情形改变成想望情形为目标而构想行动方案的人都在搞设计"。③我国学者将设计理解为"一种以人为主体，并有特定目标对象的创造性行为"，④既是"一个思维过程"又是"一个将思想、方案或计划以一定表现手段物化的过程"⑤。可以看到，在不同的领域，人们对"设计"的概念界定存在一定差别，但也存在诸多共通之处：一是设计是人类在不同领域的基本活动，具有目的性，是为了满足人类某些方面的特定需要；二是设计具有预设性，即设计总是发生在某项具体活动正式开始之前，是对具体活动和项目中实施方式、可能遇到的问题等提前谋划解决办法；三是设计具有可视化的特征，通过运用创造性思维开展设计的结果应该以工作计划、解决方案、草稿、图样、模型等形式展现出来。

20世纪60年代后，设计思维被运用到教学领域，逐渐形成了教学设计这门实践性学科。我国从20世纪80年代中期开始关注教学设计的问题，在引介国外教学设计理论的基础上，取得实践和理论方面的发展，并对我国中小学教师的能力结构和教学实践产生了深远的影响。那么，如何理解教学设计？从已有教学设计相关著作和文章来看，对教学设计概念内涵的理解可以分为以下几类。

一是计划说，即把教学设计理解为用系统的方法分析教学问题、研究解决问题途径、评价教学结果的计划过程或系统规划。例如，美国学者邓肯的定义是"教学设计是运用系统方法分析研究教学过程中相互联系的各部分的问题和需求。在连续模式中确立解决它们的方法步骤，

---

① 娄延果、郑长龙. 论教学设计对教学行为的影响[J]. 河北师范大学学报（教育科学版），2009（3）：139-144.
② 迪人著. 世界是设计的[M]. 北京：中国青年出版社，2008：1.
③ 赫伯特. 西蒙. 人工科学[M]. 北京：商务印书馆，1987：111.
④ 彭澎. 设计原理[M]. 北京：高等教育出版社，2009：1.
⑤ 杨先艺. 设计概论[M]. 北京：清华大学出版社，2010：1.

然后评价教学成果的系统计划过程"。二是方法说，即把教学设计视为研究教学系统、教学活动和制订教学计划的系统方法，与以往教学计划的最大区别在于教学设计有明确的目标，且着眼激发、促进、辅助学生的学习。三是技术说，即把教学设计理解为"促进教学活动程序化、精确化和合理化的现代教学技术"。四是方案说，即将教学设计理解为运用系统方法分析教学问题和确定教学目标，建立解决方案、评价试行结果和对方案进行修改的过程。五是操作说，即将教学设计理解为运用系统方法和步骤，并对教学结果作出评价的一种计划过程与操作程序。[①] 可以看到，学界对教学设计的理解并不完全一致，有的概念界定侧重于突出设计的活动属性，有的概念界定侧重于强调设计的结果，有的则侧重于突出设计的方法属性。

总的来看，教学设计是对教学目标、教学过程、学习方式、教学资源与环境、教学评价等方面的系统性决策活动，是对教学活动的系统性构想。教学价值与目标定位、教学主要变量与教学关系处理、教学程序与活动方式的预设，以及教学资源与环境、教学评价的规划等是教学设计的核心内容。[②] 教学设计在本质上是在一定的理论指导下对教与学的关系进行处理的活动过程。课程的有效实施关键在教学设计，进而实现其育人功能。教学设计应将教师的教和学生的学联系起来。在设计的过程中，教师要基于学生学的过程回答"为什么教""教什么""怎么教""教得怎么样"等一连串的问题。

（二）教学设计的主要模式

在教学设计几年的发展历程中，各国研究者在行为主义、建构主义、认知心理学等相关理论发展的支撑下，不断创新和丰富教学设计理论体系，形成了丰富多样的教学设计模式。据安德鲁斯（Andrews）和古德森（Godson）的统计显示，1980年时教学设计模型有40个左右，到1991年增加到数百个。[③] 教学设计模式的大量涌现从一个侧面反映出研究者对教学设计理论与方法研究的关注，但同时海量的模式也容易让教学设计模式的使用者——中小学教师迷失在模型丛林，而不得教学设计的要领，甚至带来教学上的混乱。因此，应秉持去粗取精、辩证看待的原则，重点分析几种典型教学设计模式，从中总结出有助于教师进行教学设计的经验做法。

1. 迪克-凯里教学设计模型

美国教学设计理论家迪克（W. Dick）和凯里（L. Carey）是"系统设计论"的主要代表人物，在《系统化教学设计》（1978）一书中将教学过程视为一个系统过程，并运用系统观点来看待教学中各个成分，形成了教学设计系统方法模型。迪克-凯里教学设计模型（如图1-5所示）包括八个相互联系的组成部分，各个组成部分之间用线条加以连接，构成设计、开发、评价和调整教学的一系列步骤（程序）和技术。该模型主要特征是以"教"为中心，

[①] 林宪生. 教学设计的概念、对象和理论基础[J]. 电化教育研究，2000（4）：3-6.
[②] 郭元祥，刘艳. 我国教学设计发展20年：演进、逻辑与趋势[J]. 全球教育展望，2021（8）：3-14.
[③] 何克抗. 教学设计理论与方法研究评论（上）[J]. 电化教育研究，1998（2）：3-9.

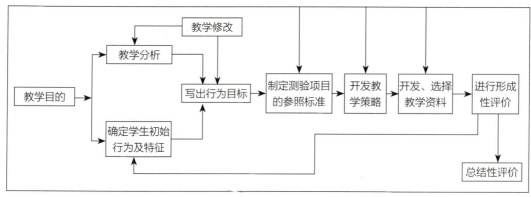

图1-5 迪克-凯里教学设计模型示意图

强调外界客观知识的刺激作用和教师的教学控制作用。"教学目的"处于模型的起始位置，整个教学活动都受"教学目的"的控制，要进行教学设计必须首先确定教学目的。从"教学目的"到"总结性评价"中间所有的教学环节都没有学生参与的情况，足以说明教师处于主宰教学的地位，学生处于被控制、被支配、被动接受知识的地位。

2. 加涅教学设计原理与模型

当代美国教育心理学家罗伯特·M. 加涅（Robert M·Gagne）在其《学习的条件》（1962）、《教学设计的原理》（1969）等代表作中提出了丰富的教学设计思想，概括起来就是不同的学习结果需要有不同的内部条件和外部条件，教学就是提供合理可靠的外部条件。加涅吸收了信息加工心理学和建构主义心理学思想，形成了一个新的学习理论体系。他认为学习是人类素质或才能的变化，体现为学习之行为的变化，并进一步带来了各种学习结果。他区分了五种学习结果类型，即智慧技能、认知策略、言语信息、动作技能、态度。加涅依据学习者进行学习活动时的内部心理阶段提出了九大教学事件：①引起学习注意，②交代学习目标，③回忆相关旧知，④呈现教学内容，⑤提供学习指导，⑥引发行为表现，⑦给予信息反馈，⑧评估行为表现，⑨强化保持与迁移。九大教学事件以线性方式阐述，构成一个完整的教学过程。在描述迪克-凯里教学设计模型的基础上，加涅提出了不同的教学系统过程需要不同的模型。他认为教学是系统的，并将教学系统界定为促进学习的资源和操作步骤的安排。最综合的模型必须包括需要、目标、优先条件、资源和影响教育系统的其他环境和社会因素的分析。①他将教学分为分析、设计、开发、实施、评价五个阶段，如图1-6所示。

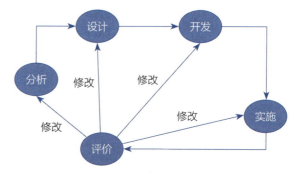

图1-6 加涅教学设计模型示意图

---

① 何宏耀. 加涅教学设计的原理、模式与方法［J］. 西南民族学院学报（哲学社会科学版），2003（4）：242-244.

3. 肯普教学设计模型

肯普模型由肯普（J.E. Kemp）在1997年提出。肯普在次年与莫里森（G.R. Morrison）和罗斯（S.M. Ross）共同编著的《设计有效的教学》一书中详细论述了该模式的核心思想和操作步骤等。肯普认为教学设计应解决三个问题，即学生必须学习到什么、为达到预期的目标应如何进行教学、检查和评定预期的教学效果。肯普教学设计模式以行为主义的联结学习（即刺激—反应）作为其理论基础，认为任何学习的结果都是由一系列预先设置的学习目标所导致，教学设计的主要任务就是把学习分解成各种类型的行为目标，根据这些行为目标选择适当的媒体和方法，为教学提供一种可行的教学序列。教学设计要从学习者的观点而非传统的从内容的视角来考虑，运用系统方法分析研究教学过程中相关联系的各部分的问题和需求，主要包括学习者、具体目标、方法和评价四个基本成分。肯普在他的早期模式中，是用线条把各个要素顺时针连接起来，后经过多次修改逐步完善为环状图。在连续模式中确立解决它们的方法步骤，然后评价教学成果的系统计划过程。设计者可根据教学的实际需要从整个设计过程的任何一个步骤开始设计，如图1-7所示。

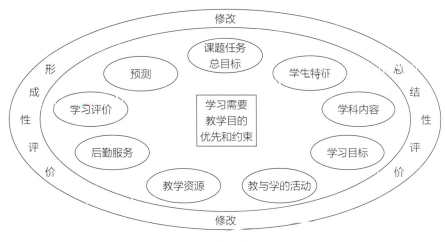

图1-7 肯普教学设计模型

4. 史密斯-雷根教学设计模型

史密斯（P.L. Smith）、雷根（T.J. Ragan）将加涅的"联结—认知"学习作为其理论基础，吸取了加涅在"学习者特征分析"环节中注意对学习者内部心理过程进行认知分析的优点，并进一步考虑认知学习理论对教学内容组织的重要影响，在肯普模型和迪克-凯里模型的基础上提出了新一代教学设计模式。该模型突出了情境分析以及按照教学组织、内容传递和资源管理三个类别来讨论策略等，将教学设计划分为分析、策略和评价三个阶段。第一阶段分析学习环境、学习者特征、学习任务，制定初步设计栏目。第二阶段确定组织策略、传递策略、管理策略。第三阶段进行形成性评价，对预想的教学过程进行修订。如图1-8所示。

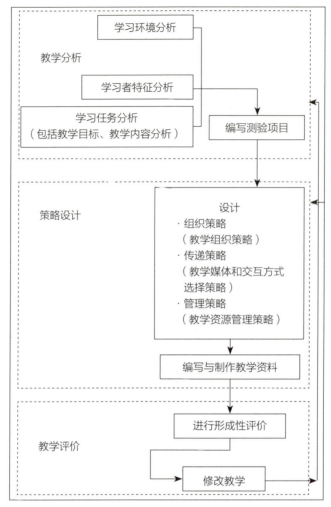

图1-8 史密斯-雷根教学设计模型

5. 梅瑞尔的成分显示理论

美国教学设计专家梅瑞尔（David Merrill）继承并发展了加涅的教学设计理论体系，提出了成分显示理论。梅瑞尔认为教学是一门科学，而教学设计是建立在教学科学基础上的一门应用技术，因而教学设计也可以被认为是科学型的技术（science-based technology）。在教学设计过程中，梅瑞尔更注重对学习环境的创造和开发，在适合的情境下吸引学生的注意力，激发学生的求知欲，提高学习效率，从而使学生更好地获得知识技能，完成教学目标。梅瑞尔提出"目标—内容"二维模型，根据教学目标进行设计，分析了教学内容与教育目标的关系、教学策略中主要成分及次要成分的构成、形式和相互关系，并依此确定了不同教学策略的应用规则。在该模型中，横轴代表教学内容类型，包含事实、概念、程序和原理；纵轴代表教学目标等级，由低到高依次分为记忆、应用和发现。掌握言语信息是各类学习目标的基础，在"发现"的行为水平上，能够使教师注重学生的能力迁移以及创造力的发展，培养学生的自主学习能力。梅瑞尔能力-内容二维矩阵图如图1-9所示。

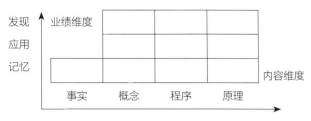

图1-9 梅瑞尔能力-内容二维矩阵图

6. 逆向教学设计模式

格兰特·威金斯（Grant Winggins）和杰伊·麦克泰格（Jay Mc Tighe）在《追求理解的教学设计》（1998）一书中提出追求理解的教学设计（Understanding by Design，UbD）理念，并基于此提出了逆向教学设计模式。逆向教学设计模式将教学设计分为三个关键阶段，即明确预期学习结果、确定恰当评价办法、规划相关学习（教学）活动。逆向教学设计将"教学评价"的位置提前，紧接在"目标设计"之后，突出评价对目标的服务、支撑以及引导性作用。第一阶段，明确预期学习结果，确定学习目标。学习结果可以从三个维度考虑，即学习迁移、理解意义、掌握知识和技能。在进行教学设计时，需明确学生应获得什么样的长期迁移目标，学生能够理解什么，应思考哪些核心问题、掌握哪些知识和技能，最终应达到什么样的最终目标或标准。通过恰当的设置核心问题，推动学生在质疑中实现理解、学习和迁移。第二阶段，确定恰当的评价办法。围绕预期学习结果，设计恰当的评价方式和手段，收集学生学习效果证据。"理解"有六个维度，即解释、阐释、应用、洞察、同理心和自我认知。教师根据不同学科、不同学习单元的特点从这六个维度中选定具体学习目标，以此设计引导性问题，促进学生的深度理解和迁移。第三阶段，规划教学活动。针对阶段一的预期结果，对学习活动进行规划，明确什么样的活动、体验和授课有利于达成预期学习目标以及圆满评估，科学合理监控学业进步情况等。阶段三的学习项目应与阶段一的目标和阶段二的评估办法保持一致，从而确保最佳学习设计质量。为判断第三阶段的设计质量，威金斯和麦克泰格研发了WHERETO要素，指导教学活动设计，如图1-10所示。

图1-10 逆向教学设计模式示意图

7. "主体-主导"教学设计模式

我国教育技术界专家何克抗等人以奥苏贝尔（D. P. Ausubel）的"学与教"理论和建构主义理论为基础，深入分析了以教为主的教学系统设计和以学为主的教学设计模式各自的优缺点，他将这两种模式取长补短，结合我国教育实际和社会对新型人才培养需求，总结提出了"主体-主导"模式。该模式强调在教学中既要充分发挥教师的主导作用，又要创设有利于学生主动探索、主动发现，有利于体现学生的主体地位和创新人才的培养的新型学习环境的"双主"教学系统设计思想，初步建立了具有中国特色的教学设计理论体系。

（三）教学设计的核心要素

纵观上述国内外多种教学设计模式，我们可以发现不同模式对教学设计模式构成的认识存在明显差异，但不外乎都共同关注教学基础（或者背景）、教学目标（或学习目标、学习结果）、评价反馈、教学活动等课堂教学中的关键环节，这也说明这些内容是教学设计的核心要素。

1. 分析教学基础

教与学的过程是辩证统一的过程，学生学习离不开教师的激励和指导，教师的教授更离不开对学生学习基础的了解。因此，对课堂教学的前期基础进行分析必不可少。不同的教学设计模式中，前期基础分析的视角和内容不尽相同，但一般都涵盖了三方面的内容，即学习者分析、学习内容分析、学习背景分析。学习者分析与我们通常所熟悉的学情分析类似，聚焦学生个体和群体展开，为教师开展后续设计提供重要基础和依据。学习者分析通常从知识基础、个性特征、发展阶段、学习能力、学习习惯等方面展开。例如，学生已经学过哪些知识、掌握得怎么样，教师在全面了解的基础上能够更好地设计课堂教学。学习内容分析主要是对课程标准、教学具体内容等进行分析，为进一步细化教学目标奠定基础。学习背景分析主要是明确对学生学习产生持续影响的多方面因素，区分哪些因素对课堂教学可能具有积极影响、哪些可能具有消极影响，从而选择适合的教学方法和活动，因势利导，扬长补短。

2. 设计教学目标

教学目标是课程目标在学科领域的分解、细化与落实，是对学科或课程的具体内容进行教学所要达成的目标的描述，主要体现在具体的、情境化的、可操作的教师课堂教学设计中。美国心理学家马杰（Robert Mager）在1962年出版的《准备教学目标》一书中系统论述了编写教学目标的基本要求，即一个完整教学目标应包括学生行为、操作条件、操作标准三个基本要素。教学目标应明确界定学生在课堂学习过程中应该做什么，根据什么标准去做，做到什么程度才算合格，发挥教学目标对学生学习的积极引导作用。在设计教学目标的过程中，需要注意优化其呈现方式，使之贯穿课堂教学始终，教师的教学实施、学生的学习活动以及学习结果评价都应围绕教学目标展开。在新课标的新要求下，建立大概念是帮助学生形成结构化知识体系、获得深度理解的重要抓手，因此，需要以课程标准为核心依据解析、归纳，抽取出相应的大概念，构建形成以大概念为主线的教学目标体系，为学生有效学习提供明确的指引。

3. 设计评价方式

评价具有诊断、反馈、调控、评定等多方面的作用。课堂教学评价是课堂教学质量提升和课堂教学深化改革的关键环节，是教学设计的重要组成部分。课堂教学评价本质上是在现代教育教学理念的指引下，运用一定的标准、方法等收集教师和学生在课堂活动中产生的信息，为教师教学和学生学习的优化改进提供支持。课堂上收集评价信息时，需要考虑多种多样的形式和方法，包括口头提问、课堂观察、纸笔测验、自我评价、同伴评价、情境任务等。教师应综合考虑教学目标、学生情况等选择适当的评价方法，使评价方式能够更好地服务于教学目标的有效实现。教学评价应贯穿于教学活动的全过程，要从教学目标出发，明确评价哪些内容、采取怎样的评价标准、需要收集哪些关键信息、评价结果如何使用等。例如，针对情境任务或项目，教师可以考虑使用评估量表进行评价，通过开发量表的评估维度和水平，细化对学生学习行为、过程和结果的要求，帮助学生明确学习状态以及今后改进的方向。

4. 设计教学活动

教学活动是推动教学目标实现的核心手段，重点讨论的是以怎样的途径、方法和策略帮助学生理解学习内容。教学活动设计应遵循目标导向，对标发展核心素养的要求，支持学生从"事实学习"起步逐步走向"概念学习"，因而应特别注重大概念的抽取及其在教学活动中的转化，避免出现"课堂形式热闹，而学习内容空洞"的问题。要以学生预期学习结果的实现为指针，考虑采取怎样的教学方法、教学材料、教学活动等，以达到课堂教学的最佳效果。威金斯和麦克泰格提出运用WHERETO（目标—激发—探究—反思—评估—设计—组织）设计教学活动的方法，为规划教学活动提供了一个可操作性较强的方法论参考。例如，在新授课上，学习内容对学生来说还是相对陌生的内容，需要教师通过举例子、做示范等方式具体讲解相关概念，并通过小组讨论、回答问题等引导学生深化对学习内容的理解。而在复习课上，重点不在于对新概念的理解，而在于通过回顾已学习的内容，提高学生的理解和应用水平，强化学生知识框架体系的建构，因而课堂教学活动中的教师讲授则应适当压缩，增加学生自主探究、讨论和反思的空间。

三、教师转型：课堂重构的重要基点

教师是影响课堂重构能否有效实现的重要基础，推进教师实现转型势在必行。中小学教师转型应重点关注观念、角色、能力、行为四个方面的内容，力图在观念上从以教师为中心走向以学生为中心，在行为上从单一僵化的教学方式走向多种方法并用，为推进课堂重构提供坚实保证。

（一）转变教学观念

新课改实施多年来，以学生为中心的教育教学观念已为广大中小学教师所熟悉。然而，以学生为中心的教育教学观念在实践中往往更多停留在学校课程建设的层面，在课堂教学之中落实得还不够深入、不够全面，以教师为中心的课堂教学范式依然广泛存在，尤其是在农村等教育基础相对薄弱的地区。究其根本，在于教师在教育教学观念上还需要进一步转变，要深刻认识和理解以学生为中心的理念，并逐渐将其融入自身的教育教学实践。

推动教师观念转变可以从两个方面着手。一是在日常教研和学术写作中主动寻求话语体系的转换，即在深刻认识"三维目标"与核心素养之间关系的基础上，更多关注核心素养发展。总体上，"三维目标"，即知识与能力、过程与方法、情感态度与价值观，更加注重强调教育内容的内化，突出学生应该学习什么内容以及采取怎样的方法学习，对学习结果关注不足。核心素养则是学生通过课程学习逐步形成的正确价值观、必备品格和关键能力，是课程育人价值的集中体现，更加强调学生在课程学习之后的所得。可以看到，核心素养不是对"三维目标"的否定，而是对"三维目标"的升级和深化，两者有着深刻的内在联系。二是推动教学思维转换，走出以教师为中心的"教"的藩篱，重视以学生为中心的"学"，由学习结果出发寻找和构建适合的教学活动，重构课堂教学。课堂教学起始于学生的学，发生于评价收集到的学生学习情况，教师基于学生学习情况进行有针对性的教学，指导学生修正、完善，直到真正学会。课堂教学中应关注"学生学什么才好""学生究竟学会了没有"，真正体现以学生为中心的理念。由此，教师要持续优化课堂教学，围绕主体设计学习活动，激发学生的学习潜质，注意创造真实情境，促进学习目标的有效达成。研究学生的学习结果和效果，调整课堂教学策略、教学活动、教学环境、教学资源等，探寻提升学生学习表现的最优路径。

（二）转变教师角色

课堂重构的根本宗旨在于充分激发学生学习的积极性、主动性，推动学生学习方式的变革，提高学生学习效率和效果，这就要求教师积极转变自身角色，处理好师生关系。教师角色转变需要回答，在学生成长过程中教师扮演着怎样的角色？为促进学生更加有效地学习、更加有效地实现核心素养的发展，教师应当扮演怎样的角色？教师在不同角色之间如何实现顺畅的转换？等等一系列问题。

教师角色受到其所处的环境条件影响，包括政策导向、技术环境、人文环境等，具有一定的时代性。在文字媒介出现之前，教育主要通过口耳相传的方式实施，教师主要是扮演着生产劳动经验传递者和部落文化传承者的角色。自文字出现后到15世纪印刷技术出现之前，教育逐渐从生产生活中分离出来，以教育教学为主的职业教师也随之出现。教师的主要职责和任务是传授知识，正如韩愈在《师说》中对教师角色的定位——"师者，所以传道受业解惑也"。这一角色定位的背后还隐藏了另一重角色，即教师首先要成为有能力传授知识的人，就是说教师首先是学习者，成为有知识、有文化的人。印刷技术出现后，尤其是工业革命发生以来，学校教育形态发生了根本性变化，以班级授课制为基础的现代学校制度逐渐建立并完善。在这个过程中，教师角色出现了新变化，成为课堂中的"独白者"，形成了"教师讲、学生听"的课堂教学模式。教师为了应对考试，提升教育业绩，又进一步对学生开展应试训练，在一定程度上充当着"教练"的角色。20世纪90年代以来，网络信息技术的发展进一步推动了学校教育形态的变化，也对中小学教师角色提出了新的要求。朱永新教授在《未来学校：重新定义教育》一书中提出，未来将是一个"能者为师"的新时代，整个教育体系应以解决问题为导向进行改造优化，教师角色也需要随之进行调整。教师在学生学习和发展中充当多样化的角色，包括指导者、传授者、管理者、评价者、协助者、陪伴者、支持者、设计者，等等。虽然教师作为一种职业不会被取代，但是这并不意味着所有的教师不会被淘汰。教师角色具有多样性，不是一成不变的，应在不同学习目标、学习阶段、教学对象下进行灵活调整，更好地促进学生掌握知能、理解意义、学会迁移。

（三）转化课程标准

我国新一轮基础教育课程改革到目前已经走过了20多年，课程改革不断深化，与此同时社会也发生了很大的变化。《普通高中课程方案（2017年版2020年修订）》《义务教育课程方案和课程标准（2022年版）》的颁布，从国家层面厘清了育人目标，校正了改革方向，优化了课程内容，是基础教育高质量发展的重要推动力。对于广大学校和教师而言，新修订的课程方案和标准为落实立德树人根本任务提供了重要依据和指南，理所应当地成为每位校长和教师的"案头书"。

对于广大中小学教师而言，学科课程标准是对学生学科学习目标和内容的规定，全面提出了学科核心素养的概念，提出学业质量标准，明确了学习任务，是教材编写、教学、评估和考试命题的依据。"考纲"的取消要求广大中小学教师深化对课程标准的转化应用能力，深入剖析课程标准，明确大概念及其下位具体概念，凝练基本问题，提升教学有效性。在这个过程中，教学目标设计如何体现学习导向是关键。

当前课堂教学过程中往往对教学目标设计不够重视，或是照抄照搬——直接将课程标准内容作为教学目标，没有根据学情进行适当调整，使目标实现程度存疑；或是以教师为主——教学目标（学习目标）设计缺乏学生视角，目标引导学生学习的作用大打折扣；或是张冠李戴——教学目标与教学任务、活动过程等混淆，目标指向错位；或是空泛抽象——缺乏对行为条件和程度的描述，目标难以有效检测。

为了让教学目标更好地体现学习导向，让教学目标能够更好地引导学生学习，需要回到"学生到底应该学什么"这个根本性问题上，也就是要回到课程标准上，从总体目标到具体目标，逐步分解细化。教学目标设计需要考虑两个关键步骤。一是在钻研课程标准与教材的基础上提炼大概念。一般来说，《普通高中课程方案（2017年版2020年修订）》中的学科核心素养都可以转化成为大概念。例如，"数形结合"是处理数学问题的基本方法，"细胞是生物体结构与生命活动的基本单位""国家干预"等都属于在课程标准中找得到踪迹的大概念；二是将大概念转化为教师希望学生理解的内容和基本问题。例如，学生能够运用数学图形找出对应的数量关系；"我希望学生理解：几个相互关联的重要原因导致了南北战争，如奴隶制的道德问题、对联邦政府职能的不同认识、区域经济的差异和文化冲突等"。

（四）转变评价方式

瓦·阿·苏霍姆林斯基说："学生的许多问题，如厌学、精神不振等，都是由于学生没有看到自己的力量与才能所造成的。学生学习的最大苦恼，是看不到自己的学习成果，得不到应有的回报。"让学生的学习过程和学习结果看得见对于激发学生的内在动力无疑具有积极意义。那么，如何让学习过程和学习结果更好地被看见，而不仅仅是依靠考试去"看见"，是值得广大中小学教师深入研究和实践的重要问题，尤其是在"双减"政策全面落实的新时代，优化课堂教学评价势在必行。

课堂教学评价对学生、教师、学校管理者具有积极意义。教师需不断提升自身的评价素养，提升教学评价能力，熟练掌握一个评价工具。首先，中小学教师要深化对"评价"的认识和理解，基于育人的立场理解课堂评价。作为一线中小学教师每天都会运用到各种评价手段和策略，尽管如此，对于"评价"的理解仍容易出现窄化甚至异化的现象。"评价"是什么？为什么要进行评价？基于怎样的立场展开评价？等等一系列问题都需要从评价理论中找答案。从宏观层面而言，课堂教学评价要着重体现"育人性"，关注学生核心素养的发展，更关注情感、道德、价值观等非智力因素。从微观层面而言，课堂教学评价要突出"合标性"，关注课堂教学是否把握了课程标准要求，关注学生学习结果是否达标，等等。

其次，中小学教师还需要掌握好用的评价方法和工具，并在教学中尝试使用不同的评价方法。教师在设计课堂教学评价框架和策略的过程中必然要联系课程标准，即从课程标准出发确立课堂评价的观测点，进而确定具体的评价策略。在这个过程中，教师需要明确要评价课堂的什么内容，以及用怎样的方法进行评价。课堂教学评价不仅限于以分数为代表的量化评价，更要综合运用档案袋、表现性任务（演讲、课堂辩论、微视频制作等）、学生自我评价等质性评价方式。教师要重视技术支持，丰富形成性评价的方法和手段。

最后，课堂教学评价应始终关注学生和学习。课堂评价不是仅仅为了分数而展开的，也不是为了评价而评价，其根本价值在于通过评价促进课堂育人功能的发挥。评价本质上是对活动主体观念和行为的信息反馈，根据评价提供的反馈信息，活动主体可以对自身行为进行有效调整。对学生而言，有效参与到课堂学习活动中并与老师、同伴进行积极互动，有助于提升学生的学习质量。因此，课堂教学评价需要关注课堂参与度、课堂主体间的有效互动、学习的自主性、学习的深度、学习资源的丰富度等。

"三图六构"思维课堂：课堂重构的实践范例

思维课堂是在教学实践中将广义的思维导图有机运用于课堂教学而凝练形成的一种课堂教学范式。思维课堂以"三图六构"为基本结构，通过有效记录和挖掘学生的思维过程，淡化课堂教学的"黑箱"属性，更好地关照每个学生的个性化需求，促进学生有效参与到教、学、评的全过程，进而唤醒学生内心深处的学习冲动，推动课堂教学转向以学习为中心和以学生为中心，激发学生学习的内在驱动力。

一、掇菁撷华：思维导图何以能够进入课堂教学

（一）思维与思维导图

思维是人类特有的一种精神活动，它以人脑对客观事物的直观感知为基础，探索和发现事物内部的本质联系和规律。思维作为人脑的内部活动往往很难被人们察觉和捕捉，使得复杂的思维过程不为人所知，这对于个人而言会大大降低对自身思维发展的自觉性，对于社会而言则不利于在海量信息中获取关键信息。于是，伴随脑科学和学习科学等相关学科领域的发展，人脑思维可视化的尝试渐渐兴起，思维导图应运而生。

20世纪60年代，英国学者东尼·博赞（Tony Buzan）提出一种笔记方法思维导图（Mind Map），这种思维导图在被广泛应用到各行各业的过程中，逐渐发展成为一种思维工具。博赞所倡导的思维导图最初是作为一种笔记方法提出来的，便于整理和记录他人和自己的思考。博赞在十几岁时特别讨厌记笔记，感觉到笔记记得越多，学习却越糟糕，于是，他开始尝试在笔记中突出关键词，并将重要内容放在一起，这在一定程度上提高了他的记忆力。进入大学后，博赞仍继续思考什么是最有效的笔记方法。在心理学、语言学、数学等多个学科理论的支撑下，他对爱因斯坦、达·芬奇、牛顿等科学家的思维方式进行了深入的分析，发现他们的笔记手稿貌似"涂鸦"，里面有大量的图形、符号和连线等，同时也巧妙地透视出各项内容之间的联系。这些名人笔记恰恰反映出了人类思维的特征，而人类思维正是在认识自然界的基础上形成的，笔记中的图形、符号和连线构成了一张相互牵连、相互作用、相互影响的网。因此，博赞认为这些笔记是大脑思维的体现，同时也是自然世界规律的反映。在博赞之后的工作中，他利用这种思维方式训练"有学习障碍者""阅读能力丧失"的学生，取得了显著效果，并将研究成果结集成书，逐渐形成了"思维导图"的概念。

此后，思维导图作为一种重要的思维工具风靡全球，激发心理学、教育学等领域的研究者进行研究和应用。20世纪70年代，康奈尔大学的诺瓦克（Novak）教授基于有意义学习（Meaningful learning）理论提出了概念图（Concept map），它本质上一种教学技术，侧重表示概念之间的关系。同样是在20世纪70年代，查尔斯·亚当斯（Charles Adams）创立的创新科学公司提出了思维图（Thinking maps），又被成为"八大图"，是一套图形组织整理技术，反映人类八种基本思维过程。这些不同类型的思维工具可以说都是对人类思维过程的可视化。国内教育实践者在将思维工具运用到课堂教学的过程中，提出了广义思维导图的概念，即广义思维导图能够整理和激发人的思维，促进思维的聚合与发散，具有点、线、面、图、彩的特点，是可视化的思维工具[①]。

（二）思维导图的理论基础

无论是博赞的思维导图、诺瓦克的概念图、亚当斯的思维图，还是我国实践者提出的广义的思维导图，都属于思维工具的概念范畴。思维工具的核心功能在于"解剖"人类内隐化的思维，让思维过程从"冰山"之下浮出水面。思维工具最为核心的载体是人脑，对于人脑的认识和理解的不断深入是运用思维工具的重要基础，脑科学、心理学、学习科学等相关领域研究成果构成了思维工具重要的理论基础，也为将思维工具深度应用到课堂教学中提供了可能。

脑科学研究成果表明，我们的大脑由1万亿个脑细胞构成，负责思考的神经元有1 000亿个。每个脑细胞实际上都是微数据处理及传递系统，相互之间通过错综复杂的方式发生联系，进一步处理更为高级、更为复杂的信息，发挥各种功能。人脑有两个半球，右半脑主要负责节奏、空间感、格式塔（完整倾向）、想象、白日梦、色彩及维度，左半脑主要负责词汇、逻辑、数字、顺序、线性感、分析和列表。大多数时候，我们会同时使用左脑和右脑，而且大脑天生就有寻找模式和完整的倾向。例如，电影看到一半时被打断，我们通常会想知道后半部的情节和结局，这就是大脑追求完整的固有倾向。人脑进行思考时并非是一步到位的，需要有一个过程，要通过接收、保持、分析、输出和控制等几个功能的综合作用而实现。思维导图正是通过模拟人脑的工作方式，来表达对事物的理解、认识和想象。

认知心理学认为，知识的本质在于概念和命题之间的内在联系。概念是用以组织知识的基本单位，是建构人类知识的细胞或基本要素。在知识系统中，概念是构成和联结知识的"节点"。命题是在两个或两个以上概念的基础上形成的，它表示的是概念之间的关系。当代认知心理学通常将知识划分为两大类：陈述性知识与程序性知识。诺瓦克认为，知识分类并不利于理解认知的发展，反而使人在这一问题上模糊不清，造成学生在知与行上的脱节。学生学习中遇到的一个主要困难，就是当他们掌握程序性知识时，并没有用概念和命题框架去指导自己的行动。概念和命题的数目是相对有限的，而它们构成的知识是无限的。正是概念与命题的框架赋予了学习过程（包括实验过程）以意义。思维导图作为一种元认知工具，

---

① 杨艳君，李建民. 广义思维导图[M]. 北京：清华大学出版社，2017.

超越了有关陈述性知识与程序性知识的分类，努力将传统教学所导致的机械学习转变为有意义的学习建构。

有意义学习理论的提出者戴维·奥苏贝尔（David Ausubel）认为，教学就是帮助学习者进行有意义学习的活动。所谓有意义学习是相对于机械学习而言，其实质是符号所代表的新知识与学习者认知结构中已有的相关知识建立起非人为的（No arbitrary）和实质性的（Substantive）联系的过程。非人为的联系是指符号所代表的新知识与认知结构中的有关观念表象建立的是符合人们所理解的逻辑关系上的联系，而不是一种任意附加上去的联系，实质性的（Substantive）联系新符号或符号所代表的新知识、观念能与学习者认知结构中已有的表象、有意义的符号、概念或命题建立内在联系，而不仅仅是字面上的联系。完整的学习过程应该包括习得、保持和再现三个阶段，学习者必须自己发现知识的意义，并将之纳入原有的认知结构中，加以统合、融会贯通，这才是有意义学习。

有意义学习在一定条件下才能真正发生，教学策略被奥苏贝尔认为是重要的外部条件。为了促进有意义学习的产生，奥苏贝尔强调在教学中应积极运用以下三个方面的策略：其一，在认知维度上，应用先行组织者策略和"匹配与失配"策略，应用先行组织者策略即先于问题解决或材料学习呈现的一种陈述性的或比较性的引导性材料，以解决新学习材料与学生已有认知结构之间的差距的衔接问题，匹配与失配策略可以理解为因材施教与潜能发展、补救劣势相结合的策略；其二，在情感维度上，应用心理匹配策略和超出预期策略，"心理匹配"是指教师恰当处理教材，让学习内容与学生需求相统一，激发学习动机、提高学习积极性，"超出预期"策略是指教学内容呈现超出学生预期，引发学生学习兴趣，使学生对新学材料产生乐接受性；其三，在行为维度上，应用"行为自控"和"行为互动"策略，"行为自控"是教师根据教学要求和主体（教师和学生）状况，采取有效的教学方式激发培育主体自控机制的策略，"行为互动"是在教学过程中所采取的一系列措施以规范、约束、激发、维持、矫正学生的课堂行为，使教师与学生之间、学生与学生之间产生互动行为策略。

基于上述理论而生发出来的思维工具，在促进学生发展过程中能够发挥哪些作用呢？在传统的课堂教学过程中，对于学生背记知识强调得比较多，课堂教学中的一些改革措施，例如，小组合作学习、新教学媒体的运用等，由于缺乏有效的理论和专业支撑往往流于形式。这就造成了学生学习容易停留在浅层学习层面，被动性强，知识呈现碎片化，对学生来说"爱上学习"实在太难了，亟需引导学生走向深度学习。所谓深度学习，通常是指一种主动的、批判性的学习方式，也是实现有意义学习的有效方式。深度学习是因为自身需求而产生的一种学习行为，学习的核心目的在于掌握解决问题所需要的核心论点和概念，关注高阶思维的发展。在记忆方式上强调理解基础上的记忆，在知识体系上强调在新知识和原有知识之间建立联系，掌握复杂概念、深层知识等非结构化知识，强调再把所学知识迁移应用到实践的过程中强化批判性思维和自我反思，逐步加深对知识的理解。促进学生实现深度学习会受到内外两方面各种因素的干扰，例如，学生学习动力不足、学习方式较为单一、缺乏想象力和发散性思维、学习评价方式单一等。排除这些不利因素的影响需要从多方面下手，尊重学生的主体性和个性发展的权利，培养和保护学生获取和运用新知识的兴趣。在教学过程中，教师可以尝试运用思维导图，引导和帮助学生从浅层学习过度到深度学习。思维导图的运用可以推动学习过程实现"三化"，即隐性思维显性化、显性思维工具化、高效思维自动化，最终实现学生认知结构的变化。

（三）思维导图的实践应用

思维导图可以广泛应用于社会各个领域和工作的各个环节。对于学生和教师而言，思维导图可以在学习和发展规划、预习、复习、笔记等多个学习场景下应用，能帮助使用者更加清晰地整理思维，深化对内容的记忆、理解和运用。常用的思维导图有以下几类。

1. 规则导图。

利用思维导图做计划有助于在把握特定时间段的整体规划的基础上看到短期目标，能够帮助我们分清主次，从而做出更加合适的选择，也能使我们对每一个小目标达成的意义都能够有非常准确而清晰的认识，规划导图如图2-1所示。

2. 预习导图。

预习是课前学习活动的重要内容，预习效果直接影响着学生课上学习的成效和知识内化的程度。借助思维导图进行预习可以将学生预习过程的思维可视化，帮助学生梳理清楚预习内容的基本框架，清晰认识自己对不同知识的理解程度，并将能够理解的知识自动纳入已有知识结构体系之中，同时，也以问题的形式明示尚不能完全理解的内容，提示学生带着疑问听课，预习导图如图2-2所示。

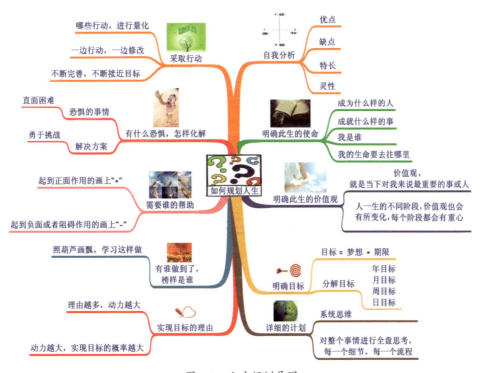

图2-1 人生规划导图

3. 笔记导图。

学生在日常学习中经常使用线性笔记，往往是用大量文字对学习内容进行记录，容易缺乏直观的结构化梳理。借助思维导图做笔记，不仅更快捷、更灵活，而且有助于整理思路，几个关键词、几根线条便可以将内容结构展示出来，简洁明快，可补充、可质疑、可联想，便于在复习中使用，笔记导图如图2-3所示。

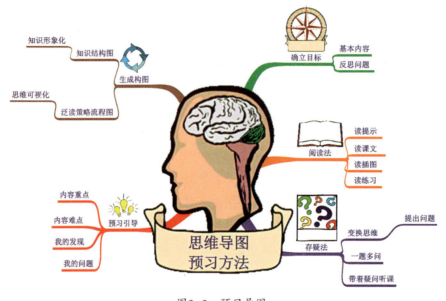

图2-2　预习导图

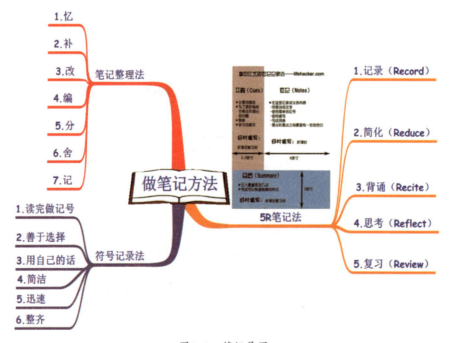

图2-3　笔记导图

1. 记忆导图。

记忆导图形式多样，可以文字为主，也可以图片或符号等为主。以文字为主的记忆导图，往往是借助关键词架构起概念和知识之间的某种联系，串联起相关的知识点；以图形、符号或图片为主的记忆导图，主要是借助图形、符号或图片，构造出某种情境，展开联想，以连锁故事等形式串联起所有的知识点。在学科教学的过程中，常常见到的知识树、知识图谱等都是记忆导图的具体呈现形式，记忆导图如图2-4所示。

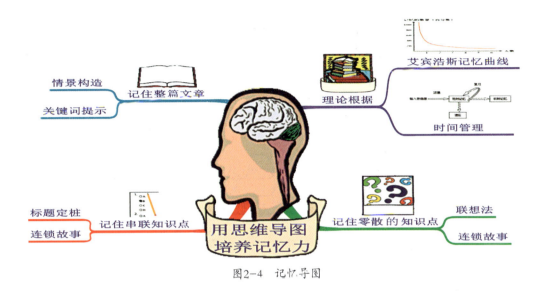

图2-4　记忆导图

5. 解题导图。

问题解决是综合运用所学知识、充分调动思维的过程，具体到特定学科来看，大到项目解决小到具体练习题目都有其特定的解决方法和规律。通常而言，首先需要明确需要解决的问题是什么，可以通过泛读、细读、精读来找准题意，抓住关键，要注意不要答非所问，要将结果带入进行验证。在此基础上，借助思维导图归纳总结不同类型题目的解决思路和方法，促进学习内容的迁移运用，解题导图如图2-5所示。

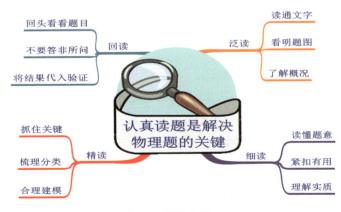

图2-5　解题导图

6. 纠错导图。

纠错导图主要服务于查缺补漏,帮助学生从元认知的层面去深度挖掘和分析出现问题的原因,深化学生对自身学习情况的认识。首先应科学准确地对错误进行归因,看一看是概念性错误、审题失误、习惯性错误,还是心理性错误。归因之后要对错题的原因进行深入分析,从概念理解、审题能力、解题习惯、心理暗示等方面对自己的解题思维过程进行反思,并根据具体情况找出有效解决的策略,纠错导图如图2-6所示。

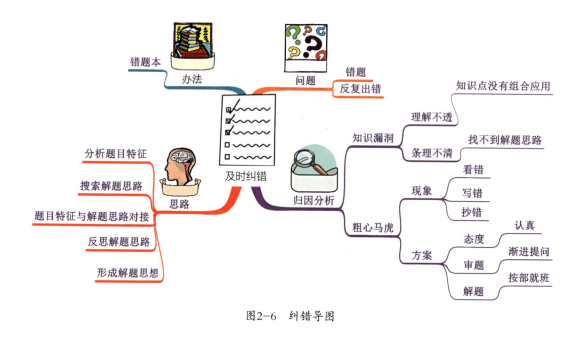

图2-6 纠错导图

除了上述这些应用,思维导图还可以系统性地应用于课堂教学之中,通过思维导图在教学各环节上的应用,撬动整个课堂从以教师为中心逐渐转向以学生为中心,进而增强课堂教学对学生学习的引导和激励作用。

二、思维课堂:以"三图六构"为基本结构的课堂范式

(一)我们如何理解思维课堂

美国的乔伊斯(B. Joyce)和韦尔(M.Weil)首先将"模式"的概念引入到教学领域。他们在其著作Models of Teaching《教学模式》中指出教学模式是内涵及其丰富的概念,"就学校的课堂教学层面而言,它由三个要素组成:教学主题,认知主题,设计原则",它是构成课程和课业、选择教材、提示教师活动的一种范型或计划,"教学模式就是学习模式……教育的最终目的是能够提高学生更容易、更有效地进行学习的能力,因为他们不仅获得了技能,也掌握了学习过程"。苏联教育学家尤里·康斯坦丁夫·巴班斯基认为教学模式

是在教学实践中基于教学形式和方法的系统结合而产生的一种综合性的形式。我国学者对于课堂教学模式的认识起步相对较晚，有学者认为教学模式是教学理论和实践的中介，它是在一定教学理论的指导下，为实现特定的教学目标，用来设计课程、选择教材、提示教师基本活动的范型；有学者认为教学模式是指在一定的教学思想或理论指导下，设计和组织教学而在实践中建立起来的各种类型教学活动的基本结构，它以简化的形式稳定地表现出来。综合来看，我们将课堂教学模式理解为在一定教学理论或教学思想的指导下，遵循教育教学客观规律，基于教学实践而形成的一套相对较为稳定的课堂教学行为组织方式。

思维课堂有两层含义： 一是指向促进学生高阶思维发展的课堂，突出课堂教学的价值追求和本质要求；二是指将广义思维导图有效应用到课堂教学之中，在解构课堂教学主体、内容、流程、结构等要素的基础上，重新建构形成的教学模式。思维课堂本质上是一种课堂教学范式，是结合多年来在学校教育工作中运用广义思维导图的教学实践，总结提炼出来的将思维导图有效应用于课堂教学的方法论认识。因此，思维课堂对于广大中小学教师来说，是改进课堂教学效果的一种指导性操作工具。广义思维导图的"课堂"不仅仅局限于课堂45分钟之内的时间，实际是对原有传统课堂的重构，重新界定了教师和学生在整个课堂过程中的地位和作用，凸显学生发现知识的学习过程。思维课堂以"三图六构"为课堂教学的基本结构，在课前、课中和课后三个阶段，依照每个阶段所要达成的教学目标和学习目标，运用广义思维导图辅助教学和学习。广义思维导图课堂能够体现学生的发展，关注、了解和尊重学生原有的概念与知识，关注合作学习与自主建构，关注课堂反馈的真实性与有效性，关注学科的本质与变化，这就要求教师站在一个系统的高度来关注每个学生、尊重每个学生、激发每个学生的思维潜力。因此，在架构"三图六构"课堂教学模式的过程中要充分尊重教师和学生的主体性，尊重学生学习的基本规律和学科知识的内在逻辑，思维导图教学模式示意图如图2-7所示。

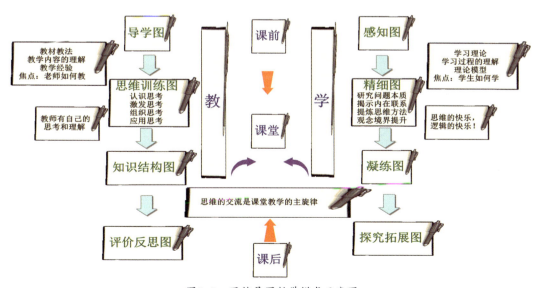

图2-7 思维导图教学模式示意图

(二)思维课堂"三图六构"基本结构

在思维导图课堂教学模式下,课前、课中、课后是有机的整体,学生和教师在整个课堂活动中处于同等地位,都是课堂教与学活动中的重要主体。教师和学生这两大主体的互动与对话,在常规课程基础上,通过思维导图的绘制、讨论、完善和应用进一步得到扩充和深化,形成学生和教师互动的"双螺旋"结构。在学习目标的指引下,教师与学生同向而行,借助思维工具将内隐的思维过程以适当的形式呈现出来,即教师和学生分别针对学习内容在不同的学习阶段绘制思维导图,通过课前、课上、课后多样化的学习活动帮助学生掌握学习内容,实现思维品质的提升。

1. 课前

课前阶段是课上学习的准备阶段。在这个阶段,教师需要根据对学科核心概念和学科架构的理解,把学习内容所涉及的每个知识要点体现在广义思维导图上,这个过程相当于教师的备课过程。在此基础上,教师需要进一步明确教学目标和教学环节等,即让学生开展哪些活动、阅读哪些材料、思考哪些问题等,通常我们把这张图叫作课前导学图,如图2-8所示。教师设计的课前导学图主要包括"课题"(即学习主题)、"学习目标"、学生课前预习的主要活动等,其中,学生课前预习的"看""思""拓""绘"四项基本活动提供了一种学生预习方法框架,引导学生在自主预习的过程中不断深化对学习内容的理解,并通过思维导图的绘制了解学生的理解水平。学生在课前的活动主要是在教师提供的课前导学图引导下进行预习。根据学生自己预习所认识到、感觉到的内容绘制的广义思维导图,我们称之为"感知图"。学生通过预习所形成的感知图可以说是对已有知识的回顾和对新知识学习的热身,感知图所呈现出的内容未必是完全正确的,需要进一步调整和完善。因此,感知图通常留给学生,作为学生进一步改进和完善的基础,但不作为教师评价学生的主要依据。

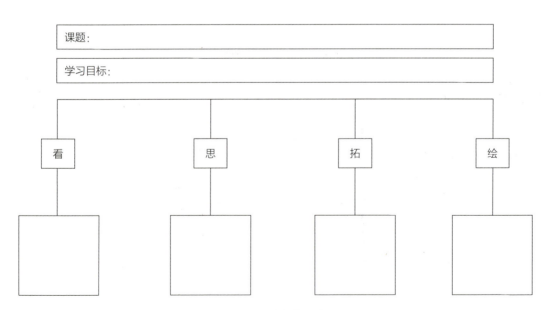

图2-8 课前导学图范例

2. 课上

课上是"三图六构"课堂教学的核心阶段。在这个阶段，教师需要事前设计好学习目标量规（表2-1）和课中导学图（图2-9），在课堂上教师要认识思考、指引思考、激发思考、组织思考，将课堂的组织过程、学生的学习任务等进一步明确。其中，学习目标量规的设计是与具体学习内容紧密联系在一起，指向学生高阶思维的培养和学科核心素养发展，也是课堂教学过程中围绕学习内容和学习进展情况由学生进行自评的核心工具。学习目标量规的使用应贯穿整个学习单元。开始学习前学生对照量规进行自评；学习接近尾声时用同一张量规再次进行自评，以帮助学生更加清楚地了解自身的学习状况，查找需要补足的关键点，进而帮助学生形成自主学习、自我反思的思维习惯。课中导学图又叫作思维训练图，是教师对整个课堂的思考、理解和设计，帮助教师做到对课堂教学心中有数。同时，学生在教师的引导下，需要在预习阶段所画的感知图上进一步完善、补充、修订内容，重点揭示所学内容和相关问题的本质，明确各个知识点之间的内在联系，提炼思维方法，并把这些学习的结果和思考补充到感知图上，从而更加直观地看到学习的过程。通常我们把学生在这个阶段完善好的感知图叫作"精细图"。

表2-1 学习目标量规框架

		学习目标	掌握程度		
			A完成	B基本完成	C未完成
理论层面	记忆	再认：广义思维导图的结构、要素、概念	□	□	□
	理解	解释：用关键词阐述广义思维导图重构课堂的特点	□	□	□
		举例：举例说明广义思维导图课堂重构的基本环节及要求	□	□	□
		比较：比较广义思维导图重构课堂与传统课堂结构的差异	□	□	□
		说明：阐述广义思维导重构课堂的基本框架和关键环节	□	□	□
实践层面	运用	执行：用广义思维导图"三图六构"重构课堂——完整地备一节课	□	□	□
		实施：用广义思维导图"三图六构"重构课堂——上一节课	□	□	□
	分析	区分：分析解读广义思维导图重构课堂中每一个环节的设计意图	□	□	□
		解构：分析每个环节的目标定位、学习任务和评价设计的匹配度	□	□	□
	评价	评估：对广义思维导图课堂重构的优势和改提出自己的看法	□	□	□
		判断：根据教学实施情况，判断重构课堂结构框架、环节设计、策略设计的合理性	□	□	□
	创造	设计：在现有模式的基础上，结合学科特色和学情，对重构课堂结构和框架进行恰当的调整	□	□	□
		建构：在广义思维导图"三图六构"重构课堂的基础上，建构新的教学模式，形成自己的教学风格	□	□	□

（本量规依据布鲁姆认知领域教育目标构建，可根据需求自行调整）

同样还是在课堂上，教师需要进一步推动学生对所学内容实现深度理解和内化。从教师这一方来看，教师需要对相关知识点进行梳理和总结，形成知识结构图。一般教学参考书上已经准备了这个内容，无须教师整理。从学生这一方来看，基于学生预习以及课堂上所学内容，学生总结提炼出学习内容概要，反映学习内容的精髓。例如，一个大概念或多个大概念、概念应用的思维方法等，我们称之为凝练图。凝练图可以用在文科也可用在理科，是广义思维导图发散之后再聚合的结果。凝练图独立于感知图和精细图，可以通过一张图呈现，也可以通过几张图呈现。凝练图中所呈现的每个知识点和观点都要正确而有深度，能够体现学生深度学习的结果，是学科核心素养的重要体现。

课中导学图是课堂学习活动过程的规划，分为"学习目标""小组讨论""全班交流""凝练小结""巩固提升"五个环节。对于各活动环节，主要从目标、内容和要求三个维度进行设计。"目标"即活动意图的最终指向，与量规中的各层级目标相对应。小组讨论环节的"内容"为学生问题及教师预设的学习任务；全班交流环节的"内容"即学生问题及教师提供的学习支架；凝练小结环节的"内容"即教师点拨要点。"要求"既包括对学生的要求，也包括对教师的要求。

课中导学从学生借助目标量规对自己的预习情况进行自我评价开始，重点在小组交流基础上的全班研讨和凝练小结环节。全班研讨聚焦学生的主要问题和教师预设的学习任务，在教师的引导下，明确重要结论，深化对重点难点的理解认识。在此过程中，教师需要适时点拨，并给学生提供必要的学习支架；学生要用不同颜色的笔及不同符号对自己的感知图进行补充修正，感知图变身精细图，能力层级从感知理解到分析评判。凝练小结既注重学生的反思总结，更注重教师的凝练提升，引领学生对核心问题（核心概念）有深刻的认识，从而实现创造建构，提升学科核心素养。最后，借助反馈训练，学生再次对标评估，明确优势和不足，及时弥补缺漏，课中导学图框架如图2-9所示。

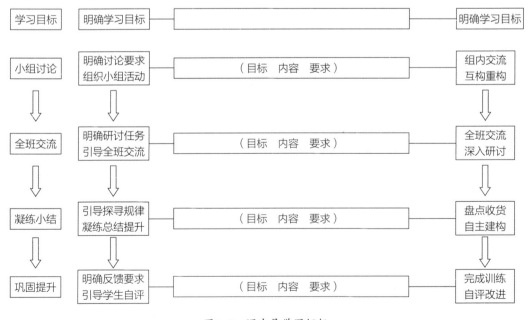

图2-9　课中导学图框架

3. 课后

在教学目标基本完成后，通常我们需要针对学生的学习状况和成果进行考察和评价，以便为进一步改进课堂教学、促进学生弥补欠缺和持续提升提供参考和依据。因此，课堂教学完成后教师和学生需要进行反思和拓展。教师需要通过反思思维导图课堂实践，深化对课堂教学的认识，提升教师的教学设计能力和课堂教学把控能力。换句话说，在这个反思的过程中，教师应当思考自身对课堂理解的程度，思考课堂教学过程中的几个重要问题，即教什么、学什么、如何教、如何学，教得怎样、学得怎样，围绕学生学习思考教学的过程，形成思维的交流与对话。教师的反思过程如果用思维导图的形式呈现，则形成了教师的"评价反思图"。从学生这一侧来看，学生的学习是具有发散性的，完成计划内容的学习并不意味着学习的终止或暂停，而是形成了学生学习的新起点。在实际的课堂教学过程中，每个学生的学习速度、思维方式、掌握程度等都存在个体差异，教师完全可以在课堂教学目标完成的基础上，鼓励、指导学生围绕相关主题和课题进行自主探究，可以是对相关新知识的学习，也可以是对一个单元学习内容的总结和提炼。这个阶段所学生形成的思维导图，我们称之为探究拓展图。教师的评价反思图和学生的探究拓展图在整个广义思维导图课堂教学模式中，是不同主体对整个学习单元的教与学的反思，有助于巩固、强化学生的学习成果，有助于改进、优化教学效果。

为了帮助教师和学生更好地进行评价，我们提出了课堂小组合作学习自评量表（表2-2）以及量表的等级标准范例（表2-3），教师可以在具体应用的过程中根据实际情况进行灵活的调整。需要注意的是，小组合作学习自评不是为了评价学生的学习程度，不是为了给学生做判断，它的主要目的在于帮助老师和学生更清楚地了解自己在课堂上的学习行为，从而为改进课堂教学流程、提升课堂教学效果提供依据和支撑。

表2-2 课堂小组合作学习自评量表

评价维度	学习目标	小组讨论			全班交流				凝练提升		评价反思	
	独立完成	倾听	质疑	解疑	倾听	质疑	解疑	PK精细图	独立完成	分享	独立完成	效果优秀
等级												

表2-3 课堂小组合作学习自评量表等级标准

等级	优秀	良好	待改进
学习目标	在规定的时间内，独立完成目标自我检测，能够正确理解其内涵，并做出适合实际的判断	基本能够完成目标自我检测，能够理解其内涵，并做出判断	不能完成目标自我检测
倾听	非常专注、深入思考、积极回应（及时记录、发表观点），不打断对方	比较专注、有思考、不打断对方	不专注，基本没有回应
质疑	提问有证据，提问与主题相关性强	有提问，提问与主题相关	没有提问或提问与主题无关
解疑	针对性强地回应，清晰表达观点，观点合理	有回应，不能清晰表达观点	不能针对问题给出回应

续表

等级	优秀	良好	待改进
精细图	中心词反映核心概念、框架合理、层次清晰、逻辑性强；内容全面，概括精准，无科学性错误；效果美观。在PK环节，亮点突出，有启发性	中心词反映核心概念，框架合理，层次清晰；呈现了主要内容，有提炼概括，无科学性错误	有中心词，层次间逻辑不清晰；主要内容不够全面，欠提炼概括或存在科学性错误
凝练图	内容聚焦可迁移的观念、思想或方法，概括准确。分享时，能够清晰表达其观点	内容聚焦可迁移的观念、思想或方法，概括和表达不太精准	不能领悟到思想或方法，不能绘制出凝练图
巩固提升	在规定的时间内独立完成检测题目和评价任务，客观公正；检测题目正确率达到85%及以上，或教师评定为优秀等级的	能够独立完成大部分检测题目，正确率达到75%及以上，或教师评定为良好等级的	大部分检测题目不能独立完成，或教师评定为待改进的

（三）"三图六构"思维课堂的主要特征

"三图六构"思维课堂教学模式是理论与实践相结合、将思维导图有效应用于课堂教学的一套行之有效的做法，它的基本特征主要体现在以下几个方面。

1. 主体性

尼采说"每个人都是一个独立的自我，创造出一轮独特的太阳"。同样，每个学生也是独特的个体，他们的个性潜能、兴趣特长、学习能力、学习风格、家庭状况等各不相同，作为教师应思考如何构建以学习为中心的外在环境，保护和利用好学生的学习兴趣，有效调动和激励学习者的积极性，给予学生适当、有效的指导，帮助每个学生成就最好的自己。"三图六构"课堂教学模式以学生已有的学习状况为课堂教学的起点，重点关注学生学会了什么、学到了什么、还有哪些不足以及如何进行改进等问题。通过绘制广义思维导图，学生可以深度思考已学知识，同时探索和思考相临近的边界知识，实现对已有知识的解构和对新知识的建构。广义思维导图充分尊重学生的自主性，不对学生提出硬性的使用要求，作为思维工具的灵活性较强，因而能够为学生提供不断建构自我的空间，充分体现了对学生主体性的尊重。

2. 参与性

在传统以教师讲授为主的课堂中，学生在课堂上处于一种相对被动的地位，更多是作为学习内容的接收者而存在的，教师讲什么学生学什么，学生缺少作为学习主体的主动参与，教师与学生之间、学生与学生之间难以形成真正有效的对话和沟通。相比之下，在"三图六构"思维课堂范式下，教师通过思维导图在课前、课中、课后的有效应用，结合合作学习、小组讨论、教师讲授等教学方式，推动学生更加有效地参与到课堂学习活动中。儿童心理学家让·皮亚杰（Jean Piaget）提出教育的目标并不在于增加知识量，而在于提高学生对知识的理解能力。教学活动要不断打破学生已有的平衡状态，帮助学生建立新的平衡状态。他认为活动是连接主客体的桥梁和中介，只有学生自己具体地和自发地参与各种活动，才能形成他们自己的认知。由此可以看到，"三图六构"思维课堂增加了学生与同伴交流的机会，拓展了学生自我展示的平台，增强了学生在学习过程中的参与感。

3. 生成性

我们眼中所看到的内容只是我们大脑所知道内容的很少一部分，正如冰山理论所指出的那样，大脑的大部分潜能仍处于冰面之下。"三图六构"思维课堂，发挥思维导图自身所具有的发散与聚合的功能，以显性的知识为抓手，不断勾出深藏于我们大脑之中的"冰山"，促进学生思维发展水平的持续提升。这个激发的过程往往需要两个步骤，第一步是隐性思维显性化，也就是要帮助学生认识自己的思考，了解自己或者学习者知道了什么。在这个步骤中，借助思维导图可以让我们站在系统的高度来把握知识，更加全面、系统地思考，在一定程度上规避碎片化思维方式的弊端，从而提高师生的全局意识。第二步就是要使显性思维工具化，在这一步骤中，教师应根据学生已经展现出来的思维，指引其进一步思考，推动学生进行思维碰撞，让学生自觉、自律地学习，进而实现高效思维自动化。这对优化和升级学生已有认知结构无疑具有积极意义，同时也为学生发展提供了适度合理的空间。

4. 教学评一致性

教学评一致性的提出源于对教育理论和教学实践中出现的教与学脱节、学与评脱节等问题的反思。"三图六构"思维课堂始终将学生自我评价贯穿课堂学习始终，通过明确的学习目标设计、单元核心任务设计和多元化评价方式，推动教学、学习与评价成为有机循环体。具体而言，通过广义思维导图，无论学生、老师、家长都能够对学生的学习进度一目了然：走在哪个方向上、进展到何种程度以及如何进展到当前的状态，从而可以看到学生日积月累的变化和进步，激发学生的主动性，使其更加清晰地认识自身思维的架构与变化。学习过程的可视化程度提高的同时，也会带动学习评价的转变。借助广义思维导图，多元评价能够更好地落地，更好地促进学生发展。结合SOLO（Structure of the Obseved Learning Outcome）分类评价理论，学习过程中形成的思维导图能够帮助教师判断学生思维结构发展的层次，也成为提升教学评一致性的有效途径。

三、"三图六构"思维课堂的有效应用

任何模式的应用都有其限度，不可能一概而论。"三图六构"课堂教学模式在应用的过程中也应该注意这样的问题，注意避免一刀切的思维，应因时、因地、因人进行灵活调整。有效应用"三图六构"课堂教学模式需要注意以下几个问题。

（一）"三图六构"思维课堂应用应是"活的"

对于教学模式的基本认识，首先我们应该明确它是一种旨在改进课堂教学质量的指导性框架，通过被动卷入或者主动参与的方式，帮助教师和学生更有效地投入到教学过程当中，改善学习行为、思维习惯，变碎片化思维为结构化思维和系统化思维。既然是一种课堂教学的指导性框架，其所面对的主体就是丰富具体、有血有肉、生动活泼的一个个学生。而且学习内容、学习阶段、学习层次水平的不同，也决定了模式的应用不可能一概而论，必须根据

具体情况进行科学的调整，以更加适应不同学生的发展需要。其次，从纵向的角度来说，教学模式的应用应该按照"入模—出模—再入模—再出模……"螺旋式上升的路径来推进，其终极目标就在于形成教师自己的教学风格，不断提升课堂教学效果。

（二）"三图六构"思维课堂应用需结合课型

在日常教学活动当中，按照学习阶段的不同，课型有很多种。最常见的就是新授课、复习课、试卷讲评课、研究性学习课等。不同课型的重点和目标不同，对教学模式应用的要求各有侧重。

新授课一般是指传授新知识和新技能的课，是基本课型之一。一般来讲，新授课是学生获得新知识的重要途径，其教育质量从根本上决定着学生的学习质量。新授课的内容对于学生来说虽然是新的，但并不意味都是难点。新授课重点在于帮助学习理解新知识、新概念和规律的内涵，建立与已有知识之间的各种联系。因此，在课堂教学过程中，四个基本步骤十分重要：一是导入新知识，帮助学生理解新概念、新规律的内涵；二是与已有知识建立联系，进一步理解所学知识的本质与结构等；三是总结概括新知识新内容，区分不同知识点的能力要求，针对要求着重给出解决策略；四是通过课上练习和实验等初步巩固对新课内容的理解。

复习课的主要目的在于对以往学过的基本概念、要点、规律、原理等知识内容进行整理和回顾，进一步加深对所学内容的理解和记忆，查缺补漏、拓展挖掘、加深理解，促进学生更有效的运用。因此，在课堂教学过程中，应注意通过任务设计、小组合作、课堂讨论等强化学生的课堂参与，在交流分享中深化对学习内容的理解和认识，帮助学生构建知识结构、梳理解题思路、归纳解题方法，推动学生思维发展的升级。

试卷讲评课主要目的在于帮助学生分析问题，找到思维误区，并探索有效解决问题的策略，从而完善学生的知识系统和思维系统，进一步提高学生解决问题的能力，有效促进学生思维的发展。试卷讲评课的重点教学内容是依据学生测试时的答题情况确定的，讲评过程要针对学生失误的关键点（有时是在理解基本概念和基本原理上存在问题，更多的时候是在思维方式方法上出现了问题），引导学生透彻分析、深刻领悟，防止类似的错误再次发生。试卷讲评课的实施需要教师在课前深入分析学情，聚焦典型问题，了解学生出现问题的原因、找准学生的思维误区，在此基础上进行精心设计，抓住问题的本质进行发散迁移，或对解题思路进行发散（如探究一题多解），或对情景进行发散（如探究一题多联），或对问题本身进行发散（如探究一题多变）。在讲评的过程中要注意发挥学生的主体作用，借助思维导图的应用在动脑、动口、动手的活动中促进学生的思维发展。

（三）"三图六构"思维课堂应用需做好教学设计

一种课堂教学模式是否有效、能发挥多大效果关键还在于它能否体现学习内容标准的要求，也就是学科课程标准对于学生发展的要求。在以往的教学模式研究和实践过程当中，经常会出现教学模式与内容脱节、教学模式与教学设计脱节、教学模式与课程标准脱节的现象，大大降低了课堂教学模式对于提升教育教学效果的积极作用，甚至教学模式过于僵化，反而会降低课堂教学应有的效果。这种问题是我们在应用课堂教学模式过程当中，必须注意、警惕和加以规避的。课堂教学模式的应用必须与各学科课程标准保持一致，要能够深入落实课程标准对学习内容和学习水平的要求，在此基础上进一步培养学生的学科核心素养，这是检验课堂教学模式是否有效的重要标准。"三图六构"课堂教学模式的应用过程当中，首先应以学科课程标准为重要指引，从学科课程标准出发对学习目标进行科学设计，在此基础上通过小组讨论、全班交流等活动环节引导学生逐步深化对学习内容的理解，从而实现更好发展学科核心素养的目的。

第三章

整体建构：
课堂教学改革的
北外附中探索

北京外国语大学附属中学（以下简称北外附中）是海淀区办学规模最小的一所完全中学，创建于1982年，确立了"以德润身 以文化人"的办学理念和"精琢超越"的校训，借力北京外国语大学的优质资源形成"大学+中学"衔接式国际化人才培养模式，成为海淀区多种语言贯通培养特色学校和多语教育基地校。学校立足外语特色，深挖多语教育内涵，构建多语课程群，以课程为载体，激发师生内生动力，走出了一条"语言+文化"的特色发展之路。

2019年国务院办公厅出台《关于新时代推进普通高中育人方式改革的指导意见》，以育人方式促进普通高中教育质量的全面提升，适应学生发展和现代化强国建设的需要。育人方式改革不仅意味着学校教育观念和文化上的调整与更新，更意味着构建和优化适应学生全面而有个性发展的教育教学体系。课程是核心素养落地的主要载体，课堂是落实立德树人根本任务的重要渠道。为此，学校聚焦课程体系重构和课堂教学优化，以发展核心素养为基本指向，探索可行的实践路径，激发广大师生在教与学的对话、在交往与互动中实现共同成长，深化学校育人方式变革。

一、聚焦重点任务进行顶层设计，明确"我们做什么？"

（一）聚焦教育理念更新和课程架构优化，以学校发展规划统领和促进学校特色发展

在《海淀区"十三五"教育改革和发展规划》的引领下，学校立足校情，确定了以多语种为切入口、分阶段实施的五年发展规划，进一步明确了学校在"十三五"期间的发展定位。2014年7月，在市、区两级教委的认可和支持下，学校与北京外国语大学（以下简称北外）共建合作，依托北外的高端教育资源，开始走上"语言+文化"的特色发展的道路；2017年7月，"1+3"俄、阿+英复语实验项目落地实施；2018年7月，复语项目扩大实施，小语种由俄、阿两种拓展为俄、阿、德、西、日五种，招生范围由初二提前至全区初一年级，复语人才培养模式进一步深化。经过五年发展，学校"语言+文化"多种语言教育特色愈发彰显，也与当前高中新课改增加外语语种的趋势不谋而合。学校特色发展不仅要以科学、适切、鲜明的教育理念做指引，更需对学校课程体系进行整体建设，促进教育理念的真正落地，成就每一位学生全面而有个性的发展。

课程是实现"学生发展核心素养"的基础，丰富的课程是北外附中优质发展的根基。那么，如何建构符合学校"语言+文化"特色定位的课程体系？学校依据PDCA管理循环——从

计划、实施、评估到反思调整，不断完善课程体系，增强课程质地感，进而促动学校文化、管理、教师队伍与学生的发展和提升。从学校最初的一体两翼，逐步完善构建成"GROW成长课程"体系（1.0版）。再从德育与学科两个层面对课程体系进行细化，使北外附中的多种语言课程群进一步优化和完善，支撑了学校的外语特色发展。彰显附中"语言+文化"特色的"GROW成长课程"体系（2.0版），由四大板块构成，即G. 荣耀课程、R. 根基课程、O. 创视洽学课程和W. 人生规划课程，共同支撑学校育人目标的达成——培养学生成为语言功底扎实、视野开阔、乐于接受不同文化挑战、拥有放眼世界格局的人才。"GROW成长课程"体系如图3-1所示。

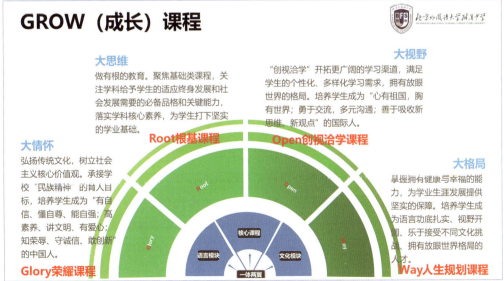

图3-1 "GROW成长课程"体系

图3-1 "GROW成长课程"体系（续）

（二）深化高中育人方式变革，重在立德树人根本任务的落实

立德树人是学校与教育者的职责与使命。在课程实施中，北外附中结合多种语言教育的特点，始终将显性课程与隐性课程并重，将语言背后所承载的育人功能作为学校持续发展的核心要素。通过隐性课程不仅能达到立德树人的目的，还能带动显性课程质量的提升。北外附中希望通过隐性课程最大化地发挥教育场的功效，营造语言学习环境，为学生们提供语言输入和输出的平台，紧扣渗透性、弥漫性和长效性的特点，将之内化为学校无形的文化力量，不断激发学生的融合性学习动机，引导他们以欣赏、接纳、批判的意识学习语言及文

化，形成自主学习能力，培养终身学习精神。

在诸多的隐性课程里，德育隐性课程是学校最引以为傲的。近几年，北外附中一直坚持推出志愿服务，让学生在亲身参与中成为关注社会、具有使命感和亲社会行为的建设者与接班人。组织学生坚持每月与朝阳听障儿童中心的听障儿童进行交流，建立了深厚的情谊。学生刚开始不知如何同听障儿童接触、交流，后来逐渐学会蹲下来以平视的方式进行沟通，并到积极参与电视台的"耳朵跑"活动，并将所获奖金现场捐给听障儿童……唯有在亲自体验中，成长、责任、担当才会发生。这就是隐性课程对学生产生的教育力量。德育隐性课程案例如图3-2所示。

图3-2 德育隐性课程案例

（三）构建课程体系

在高中教育改革如火如荼的当下，各地各校都试图通过构建课程体系助推高中育人方式变革。丰富多样的课程设置、各具创意的课程架构，可谓百花齐放，都在努力突出学校的个性化、特色化。但在教育实践中，课程和课堂到底是什么关系？怎样才能真正实现课程育人？从一线教育者的角度看，课程是学校教育的核心，课堂是育人的主渠道，知识的习得与理解是育人的基础，某种程度上我们会将课堂看成是教学的代名词，由此，育人方式变革的关键毫无疑问要从变革课堂、变革教与学做起。教育部基础教育课程标准修订组专家余文森指出："育人方式变革集中体现在从知识本位走向素养、从以教为主转向以学为主、从学科割裂走向学科统整、从坐面论道走向学科实践。"我们认为育人方式的变革最终就是要让学习真实发生在学习者身上，课堂既要满足学生共同的发展需要，又要为不同的学生创设个性化的学习空间。学生在适合的学习路径中内化、体悟，不断成长、获得自信，进而走向更高层次的学习，而且主动学习才更能促进融合知识、技能等自然内化为学生的素养，成为附着于学生身上的"文化基因"。美国教育学家斯金纳曾说"我们将学过的东西忘得一干二净时，最后剩下来的东西就是教育的本质了。"所谓"剩下来的东西"就是素养，就是"文化基因"。这一过程中教师的作用不可轻视，教师对课程的理解、对内容的整体把握、对教学设计的思考等是学生走向更高发展水平的"巨人肩膀"，要基于校情、教情和学情进行科学谋划。

二、多渠道提升课程实施品质，探寻"我们怎么做？"

教学是学校育人的基本途径，课堂是学校育人的主阵地。学生发展核心素养回答了哪些必备品格和关键能力是学生适应个人终身发展和未来社会发展所需要的，其发展离不开学校教学和文化的浸润。学生发展核心素养相对于学科核心素养更加抽象，具有整合性、跨学科性及可迁移性，这为实施大单元教学提供了思路，正如钟启泉教授所言"单元设计的作用——撬动课堂转型的一个支点"。为此，学校立足附中办学实际，从多语种切入确立大视野、大思维、大情怀、大格局的成长定位，构建学校"GROW成长课程"体系，并探索多样化的实施方式和路径。全体教师在推进教学改进的过程中，从关注教材本身到关注课程标准再到思考学科核心素养，从研究教师如何教到研究学生如何学，从关注知识的教学到重视学科观念建构的教学，对课堂和教学的理解不断深化。通过扎实而系统的校本研究，我们努力构建线上线下相结合的教学新样态，形成了大单元学习、基于思维导图的课堂重构、跨学科阅读三种教学改进路径，让教学"活"起来。

（一）关注逻辑，实施大单元学习设计

1. 研究缘起

《普通高中语文课程标准（2017年版2020年修订）》提出了两个重要的精神："语文核心素养"和"以学生自主学习为原则的任务群"。依据语文核心素养要求，把语文实践活动整合为一个个学习项目，并施以任务驱动，以此彰显和激发学生语文学习的主体性，是学习任务群构建的关键所在。学习任务群所要求的教学，不能像以往一样，一篇篇割裂开独立教学，而是要用任务群的整体目标统摄不同的学习内容和学习活动。这就要求我们要提高整合能力。在教学设计时，要善于将抽象的学习内容转化为有真实意义和目标的学习任务。通过这些具体任务，分解整个专题的难度，形成任务梯度，为学生完成整个专题的学习提供支撑。最后应结合具体的专题教学让学生运用科学的学习方法和研究方法，并让学生体会掌握专题学习方法所带来的价值和实效。

2. 研究步骤

（1）理论学习。

钟启泉先生把单元设计看成基于核心素养的课程发展的重要环节。他以为，在"核心素养—课程标准—单元设计—学习评价"这一环环相扣的教师教育活动的基本链环中，单元设计处于关键的地位。从学习任务群出发，语文教学设计的最基本单位应该是单元。这里的"单元"对应的不一定是教材中的单元，而是基于课程目标与学科核心素养、由教师结合教材意图设计的高度整合的语言文字问题解决情境，是学生针对问题解决的完整学习进程。而语文专题教学的本质是按作品、作家、主题、学生的视角聚篇为类，在一定的问题情境下（教师设置或学生提出），通过设计更开放、更贴近生活且具有可操作性的外显性学习任务，

旨在提升学生语文核心素养的思维建构的课堂组织形式，所以这里的单元设计可以和专题教学设计画等号。

崔允漷在《指向学科核心素养的单元设计》中提出"大单元教学"的意义，不是内容单位，而是一种学习单位、微型课程，一个相对独立且完整的教育事件，让学生经历完整的学习过程，实现建构性学习。将素养目标、结构化知识、用任务组织知识学习的进阶、介入真实情境、嵌入式评价整合在一起，能够有效落实学科核心素养。将当下的知识学习与未来生活、社会实践建立关联，有利于学生感受到知识学习的意义，提升学习的能力。

（2）不断实践，认识提升。

语文组老师进行"大单元"教学设计实践，并进行分享交流。

以《"传神写照 千载如生"——古代人物传记人物刻画艺术专题》为例，本单元以专题教学方式展开，选取《项羽本纪》《廉颇蔺相如列传》《刺客列传》《苏武传》等以人物为中心的纪传体历史散文。本专题命名为"传神写照 千载如生"，中心任务是引导学生学习以《史记》为代表的古代人物传记的人物形象刻画艺术，进而通过人物的生动效果来体会艺术手法的高超巧妙之处。

这一阶段我们的认识是：学习任务群所要求的教学，不能像以往一样，一篇篇割裂开独立地去教学，而是要用任务群的整体目标统摄不同的学习内容和学习活动，进行内容的整合、情境的整合、方法的整合、目标的整合。

在整合中要恰当处理各个文本在专题教学中的地位：哪些精读，哪些略读，哪些只是提供支架大致了解即可，这些都应由整个专题的目标决定。以核心素养为纲的教学设计重点在于创设真实的情境、真实的任务，引发学生真实的学习和思考，引导学生一步步达成专题的目标，以趋近任务群的学习目标，提升学生的语文核心素养。

随着学习实践的不断深入，认识也不断提升。李卫东在《基于大单元学习的深度阅读和真实写作》中谈到，高中语文课程标准："重视以大概念为核心，使课程内容结构化，以主题为引领，使课程内容情境化"。"主题"就是真实的生活脉络，指向知识的"境域性"特征，对于语文学科而言，一般是指为语文实践提供话题与情境的"人文主题"。

以《高中语文（人教版）》教材必修（上）第六单元为例，单元学习的"大概念"宜确定为"论述既要有针对性也要有概括性，两者是对立统一的"，这指向可迁移的"思辨读写"的核心概念和关键能力。单元学习的大概念是需要发现和提炼的，一是基于课程标准的解读，二是基于教材内容的分析，三是辅助教师用书的阅读。对单元所处的"学习任务群"有深刻的把握，对教材单元内容的逻辑有深入的分析，大概念就会从模糊走向清晰，"照亮"单元学习之路。

我们逐渐认识到"大单元教学"设计应该以语文学科"大概念"即蕴含在语文学科事实中的核心概念，包括学科思想、学科原理和思维方法为出发点来进行教学的重构，成为落实语文核心素养的重要抓手，用大概念统整教学资源与教学内容。

（二）立足思维，借图再造课堂教学流程

基础教育课程改革自新世纪启动以来，课程目标从大纲"三维"目标变为学生发展核心素养，但关注学习始终未变。学习的过程就是在"自我"与"共同体"的张力中不断重构。如何在课堂中帮助学生"学会学习"包括持续的学习、不断的反思和构建自己的思维体系和认知框架，是课堂教学甚至是学校教育的重要职能。课堂上要有足够的机会给学生，要有思维的碰撞。为此，学校从实际出发，坚持学生本位，借助思维导图的工具再造课堂教学流程，促进教与学的方式的变革。

1. 强化教学设计，促进学生借图进行个性化表达

作为一种思维工具，思维导图有其独特的优势，但如何将思维导图的优势与课堂教学有机结合，使其转化为教学优势是值得教师深入思考和探究的。教学设计领域的专家戴维·乔纳森（David H. Jonassen）指出，"使学习者参与到内容领域的分析中，可以帮助学习者组织自身的知识从而更好理解和保持知识"。单元教学强调的是知识的结构化与体系，学科内容间的联系、转承与螺旋式上升，在整体设计中才会彰显，才会让学生从中看到整体，形成自己对学科知识的内在逻辑的理解。基于此，我们更加关注本源问题，借助思维导图充分调动学生的参与和思考；借助图让学生的真实活动发生；借助图勾连起学科知识的整体，促进深度学习。设计和修改思维导图的过程就是促进学生个体思维发散、提取关键词、要素关系结构化的过程，是学生对学科的知识、体系、框架、脉络等理解不断深化的过程，因此，我们主张教师应深化对学科的理解，站在学科核心素养的高度进行教学设计，并促进学生围绕单元学习内容绘制个性化思维导图，让学习真实发生。

2. 重构课堂教学流程，激发学生发展潜能

卡尔·罗杰斯《自由学习》十原则中指出："涉及学习者整个人的自我发起的学习是最持久、最深刻的"，也就是说自主的、主动的学习最为重要，将使学生受益终生。如何调动学生学习的自主性和主动性？这是课堂教学改进中必需要回答的问题。每一个个体生来就具有学习的潜能，教师的责任是怎样将学生的潜能最大化地激发，这需要教师对课堂进行精心设计。教师在课堂上用多样化、差异化的眼光欣赏和鼓励每一位学生，让学生处于交流、反思、再提升的动态发展过程之中，同时促进学生通过自构、重构来强化批判意识。为此，我们将课堂划分为课前、课中、课后三个阶段，通过完成感知图—精细图—凝练图的过程，使学生个体的认知逐渐深化。在这个过程中，教师无须对学生进行过多横向评价，而应更侧重于对个体纵向发展的分析和指导。课堂中教师对"三图六构"的分析和引导，是建立在对学科大单元内容的逻辑体系建构之上，是源于学生认知的、对原有教材单元的重新架构，需要教师深入挖掘教材，对标课标及学科核心素养，关注学生思维发展的脉络。

3. 超越模式，帮助学生遇到更好的自己

借助思维导图进行课堂重构，不是对原有课堂教学的否定，也不是课堂教学的模式化，更多是通过思维工具的使用转变课堂中师生的关系。教无定法，更没有什么恒定的模式，在目标、方向明确后，帮助学生遇见更好的自己。学生每天以什么样的方式在课堂中学习？他

的幸福、快乐、收获、成长在哪儿？这是教师在设计和组织课堂教学过程中必须反复自我追问的问题。教师把课堂教学的关注点从"知识"转移到"网络"，搭建了一个学生自我展示的平台，学生设计中要有审美、协调、组织、布局……的思考，同时在"网络"的延展过程中，学生的思维不断深入，形成自我建构，自然实现了学习方式的变革。2019届高三学生王海童在教学反馈中写道："……导图的过程，让我对于知识的掌握更加游刃有余，且不同学科的思维导图不一样。每个同学的个性化设计也使紧张的学习得到舒缓，课堂中张弛有度，丰富了学习内容与方式，大家真正沉浸其中，以学为乐。另外，导图是思维的路径，是对于知识整体理解的体现。"如此的课堂，帮助学生整体架构并优化了知识，直观、可视、充满思维含量的导图，促进了有趣、有效课堂教学的实现，如图3-3所示。

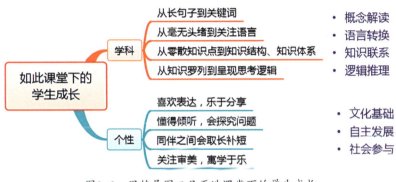

图3-3 思维导图工具再造课堂下的学生成长

（三）突出素养，深入推进跨学科阅读

跨学科，以跨学习知识为起始，以跨学科阅读能力为进阶，更以学科融合中对外部世界的探究和对个体自身内部的认识为高点和目标。学科间的融合，其最高境界是统一在个人对世界观和方法论的认识之中。无论是物理、历史还是语文，都是对世界的探究，从中汲取智慧，创造智慧，最终促进个体或全人类更好地发展。我校依托海淀区"十三五"规划课题"构建跨学科协同教研模式 提升学生阅读素养的行动研究"，打破分科课程的限制，开展跨年级协同教研，开发并实施了阅读通识课程、班本阅读课程、学科特色阅读，尝试跨学科阅读的整合，按照某个重要主题将两门及以上学科的知识或技能融入教学内容，促进学生阅读素养的提升。

1. 阅读通识课程

这部分课程着力于培养学生最基本的阅读能力，避免各学科教学中的简单重复。比如拿到新学期的教材后，应该如何了解整体框架；面对大段的文字，如何进行科学的圈点批注。这些已经不仅仅是语文学科可以解决的问题，实际上，上好阅读通识课，可以使各学科教学面临的学生基本阅读能力问题迎刃而解，是一件"磨刀不误砍柴工"的事情。

基于以上思考，我们的阅读通识课程研发小组打破学科界限，对课题组所有教师重新进行分组，确保文理搭配。按照阅读的基本内容和流程设计了绪论、如何阅读一本书、逻辑推理方法、文本阅读方法、图表阅读方法五讲内容。每一讲都充分体现以学生为主体，通过跨学科的案例让学生参与、分析、讨论。比如，说起图表，很多人的第一反应是它属于数学领域。事实上在图表一讲的设计中，我们列举了政治、地理、物理、化学等多学科例子，覆盖了函数图像、统计表、统计图等。

2. 班本阅读课程

班本阅读以班主任为主导展开，由班主任老师和学生共同商定班级共读书目。班主任老师依据书目内容有选择地与本年级其他学科教师进行合作，设计问题，组织学生在问题引领下进行形式多样的阅读和讨论，同时配以奖惩制度，充分激发学生的阅读兴趣，培养学生的阅读能力，尤其是跨学科思维能力得以深度挖掘。由于各班主任老师的喜好、特长、风格不同，班本阅读的设计和成果呈现出多样化、个性化的特征，也更加具有趣味性。下面以初二（6）班共读《三体》的设计过程为例，说明班本阅读的跨学科研究实施步骤。

（1）开放提问，激发阅读兴趣

《三体》是一部科幻小说。不是所有学生都对这类著作感兴趣，因此，阅读推进中班主任老师的引导很重要。班主任老师首先提出一些有助于理解不同章节情节内容的宏观问题，帮助学生理清每章想表达的内容，学生在边读、边讨论、边答题的过程中开始努力思考前后关系。在生生碰撞中，很多学生豁然开朗，带着更大的兴趣往下读。在这个不断深入推进的过程中，学生逐渐自主质疑，提出的问题也越来越学科化，这就使得学生在阅读过程中的思考不断深入，跨学科阅读成为必然。

（2）深入阅读，跨学科阅读水到渠成

《三体》的跨学科特性是非常鲜明的，天体物理、地理、历史、数学、哲学甚至博弈学知识都有所涉猎。在阶段性的情节梳理讨论中，有学生开始提出问题："打台球和基础物理研究有什么关系？""邵琳为什么把欧姆定律改成电流定律？""三体聚会时说到阿斯特克文明是想表达什么？""第二部一开始用大量篇幅描写褐蚁有何深意？"第一个问题属于物理前沿领域问题；第二个问题看似是物理问题，实则又是历史问题；第三个问题是用西班牙毁灭阿斯特克文明这段历史来进行隐喻，赞同西班牙的侵略就如同赞同三体人侵略地球，这个话题起到了筛选三体地球组织"同志"的作用，所以这个问题既涉及历史知识，又涉及作品理解。学生的问题越来越多，质量也越来越好。学生的问题让老师不断思考如何改进之后的共读思路设计，发现需要至少从物理、历史和文学三个角度来进行引导，让学生在不同学科中都获得知识和能力的提升。因此，班主任老师联合学科教师进行了明确的学科问题设计。物理老师关注用知识解释三体世界恶劣的生存环境，历史老师分析三体游戏中代表人物的言行与历史上的该人物的关联，语文老师提出以思维导图的形式探究叶文洁和1379号三体监听员背叛了自己母星的原因。在所有学生都独立完成上述问题后，利用一节课开展集体深入讨论。学生们在各抒己见，在表达、演示、争论、思考中完成思维的碰撞和信息的输出。多学科的参与，丰富了跨学科阅读的阅读视角，让理解不再是从单一的情节出发，综合阅读素养和思维能力悄然内化于学生心中。

（3）从学科融合到价值选择，思考跨学科的本质

"学科之间是相互融合的"，这种融合可以先从情节理解上入手。在阅读中，引导学生关注前后文本的联系，考查二者的相似点并说清对应关系能在很大程度上提升学生的阅读素养。学科融合更是价值观念上的统一，同时还要引导学生看到并思考人性中的正义、善良、责任。

学科间的融合，其最高境界是统一在个人对世界观和方法论的认识之中。在实践的过程中，我们不断看到学生能更好地从情节和主旨上把握不同学科间的关联。而学生的问题和进步又不断引发教师对教学设计的思考，真正实现了教学相长。

三、关注师生成长进步，检验"我们做得怎么样？"

学校通过课程体系的建设和多样化的实施，让每名师生找到了自己的内生动力，实现了不同群体的自我发展。

（一）教师"软实力"持续提升

毫无疑问，学校的核心资产是教师。从教育生态学的视角看，教师软实力作为教师发展生态的组成因子，其发展是一个全面、系统、动态和可持续的过程，如图3-4所示。我们的发展思路是：激活内动力+项目、课题引领+探索多元的教与学方式+培养可持续的教师队伍。通过制定发展路线，以一门学科、一点特长引领、辐射，校内教师培训提升工程与校外高端助力引领工程，内外并举助力师资队伍建设。近年来，教师专业幸福感与获得感倍增，成绩可贺，以英语学科为例：编写多本双语校本教材，参与国家级和市、区级课题研究，发表十多篇国家核心期刊论文；在国家级市区级教育教学活动中获奖127人次；英语教师全部获得英语教学能力证书TKT；英语学科团队获名师工作站"海淀区优秀教研团队评比"唯一的特等奖。

图3-4 教师成长发展思路

（二）学生发展面貌焕然一新

北外附中的课程聚焦学生核心素养，着眼于学生的未来发展，同时依托北京外国语大学的高端教育资源，设计了与大学相衔接的课程，充分关注统整感，以嵌入式的方式实施课

程。多元、个性的课程体系，激活了学生学习基因，打破学科界线，搭建不同平台，有效激发学生自信。

2017级"1+3"阿语班马子涛等三名同学零基础入学，仅仅两个多月后参加"CRI杯"全国高校阿拉伯语演讲比赛开幕式展演，准确的发音和流畅的表达，赢得了在场所有专家、领导的好评。

近三年，多位学生在中国日报社"21世纪·新东方杯"全国中小学生英语演讲比赛、"21世纪报杯"全国中学生读报知识大赛、"CCTV希望中国风采大赛校园英文短剧比赛""外研社杯中小学生英语大赛"等英语类重大赛事中斩获一、二、三等奖，学校英语剧社也屡次过五关斩六将，入围英语戏剧比赛全国赛，并获奖一等奖的好成绩。

同样，跨学科、创新意识的培养，STEAM课程的开设、机器人教学、编程设计……让学生体会到付出与收获的快乐。学生在智能机器人竞赛中屡创佳绩。我校微电影社团编制的三部作品在海淀区微电影节中均获一等奖。

以少年研究员课程为例，这是北京外国语大学为附中学生开设的学术探究课，属于项目式课程，如表3-1所示。

表3-1 学术探究课介绍

课程目的	通过严谨、规范的学术研究过程的学习与实践，初步形成学术探究精神与学术探究能力，成长为"少年研究员"
基本模式	导师制小组学习。由高校教授、外籍专家带领，从数据采集、设计问卷、编码、质性分析，到撰写英文报告、英文答辩等，全部自主完成的项目式任务
阶段进展	2016年启动，北外附中学生的研究论文入选《中国基础外语教育年度报告（2017）》 2017年"少年研究员"参加国际化学校高峰论坛，介绍学术探究课程以及研究成果 2018年学术探究课程第二期，在第一期成果的基础上提升难度，全英语呈现答辩、撰写 2019年《给外国人讲的中国故事》，通过对传统文化的深层探究、理解与认知，以中英文方式呈现并由外语教学与研究出版社正式出版

（三）学校发展迈上新台阶

在多语种教育发展的路上，北外附中立足实际，充分挖掘学校发展的内外部条件，彰显自己的课程核心始终是附中实践的原则。老师们不断带课走出校门，交流认识与实践。《海淀教育》《北京教育》《现代教育报》《北京青年报》《教育圆桌》等相继对学校进行报道。2019年5月学校成为海淀区多语种教育基地校，充实着学校课程育人的实效，并得到社会各界与领导们的高度肯定。可以说，北外附中为海淀教育的风向标提供了试验基础，强化了多元文化理解，以"课程多元、连通世界、学生自信"概括出学校鲜明的办学特色。

精琢、开放、包容、中西方文化交汇的北京外国语大学附属中学，力求通过丰富的课程供给，给予北外附中学子更广阔的学习空间、更丰富的生活体验、更具潜力的人生发展轨迹。以课程多样化实施促进育人方式变革，让这里的每一个生命都阳光、自信，让所有的学生都绽放出无限的精彩。

第四章

设计转化：
课堂重构教学
设计案例

单元教学设计1：

高中语文"劳动光荣"

一、单元设计思路

本单元作品或报道优秀劳动者的杰出事迹，或倡导践行工匠精神，从不同角度彰显了劳动的伟大意义，凸显了本单元的人文主题"劳动光荣"。所选学习内容，主体属于"文学阅读与写作"及"实用性阅读与交流"学习任务群。学习本单元，需要落实课标"把握作品内涵""感受艺术形象""丰富情感体验""把握作者的观点态度"等要求，整合多个学习任务群及多种文体的学习资源，在学习活动中感受、认识劳动的伟大，从而真正树立起"劳动光荣"的观念。

1. 特色

本单元设计以"劳动何以光荣，何以崇高？"这一驱动性问题串联和整合单元学习内容，在对劳动的认识逐渐深化的过程中，发展与提升学生的语文核心素养。

（1）语言建构与运用。

感受新闻通讯生动形象的语言；体会古诗句式整齐、节奏明朗的语言。

（2）思维发展与提升。

在古诗和人物通讯的学习过程中，通过把握典型事例，感受人物的精神品质，提升形象思维品质；在新闻评论的学习过程中，通过把握作者的论证思路，深入理解工匠精神的内涵及其价值意义，发展逻辑思维。

（3）审美鉴赏与创造。

在古诗和人物通讯的学习过程中，通过诵读、鉴赏分析典型细节，走进人物的内心世界，感受劳动的美好，理解劳模精神的内涵，提高审美鉴赏能力；学会观察，善于发现并表达生活中的平凡劳动者之美。

（4）文化传承与理解。

在学习中感受劳动者的先进事迹，体会劳动的美好与崇高，思考劳动的价值和意义，真正树立起崇尚劳动、热爱劳动、尊重劳动的观念，传承劳动光荣的文化传统。

2. 目标

（1）在学习中感受劳动者的先进事迹，体会劳动的美好与崇高，深化对劳动的认识，树立劳动光荣的观念。

（2）了解人物通讯及新闻评论的特点，学会抓住典型事件，把握人物精神，理解劳动的价值和意义。

（3）学会选取典型事件和细节，提高写人记事的能力。

3. 流程

本单元学习共需8课时。学习流程如下：

第1课时（单元导学）：探索组合之道，初识劳动魅力；第2课时（两首古诗）：吟咏品读诗歌，感受劳动之美；第3～5课时（三篇通讯）：研读典例细节，探寻劳动意义；第6课时（新闻评论）：梳理行文逻辑，深化劳动认识；第7～8课时（以手写心）：选取典例细节，表达独到认识。

二、单元学习核心概念

本单元的核心问题是：劳动何以光荣，何以美好，何以崇高？在古诗和人物通讯的学习过程中，通过把握典型事例、鉴赏分析典型细节，走进人物的内心世界，感受人物的精神品质，理解劳模精神的内涵，提升形象思维品质；在新闻评论的学习过程中，通过把握作者的论证思路，深入理解工匠精神的内涵及其价值意义，发展逻辑思维。在学习中感受劳动者的先进事迹，体会劳动的美好与崇高，思考劳动的价值和意义，真正树立起崇尚劳动、热爱劳动、尊重劳动的观念，传承劳动光荣的文化传统。单元思维导图如图4-1所示。

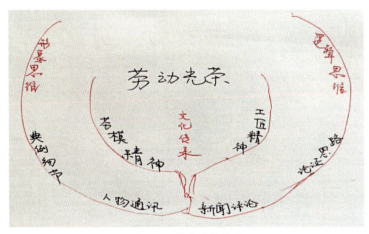

图4-1 单元思维导图

三、单元学习核心任务

1. 核心任务一

探索本单元学习内容的组合之道,理解劳动的价值和意义。

(1)学习内容。

"劳动光荣"单元导学

(2)核心问题。

辨析单元学习内容间的关联,初步理解"劳动"的内涵、外延及价值意义。

(3)学习目标量规。

具体如表4-1所示。

表4-1 "劳动光荣"单元导学学习目标量规

学习目标		达成评价			
		A独立完成	B经同伴帮助完成	C经教师点拨完成	D未完成
记忆	回顾:背诵关于"劳动"的古诗词				
理解	比较:比较三篇通讯在劳动主体、人物精神等方面的异同				
运用	实施:在生活中践行劳动精神,在实践中深化对劳动的认识				
分析	区分:区分新闻的不同文体特点,清楚学习内容在文体、思维、侧重角度等方面的区别				
	结构化:构画以"劳动光荣探秘"为核心的感知图、精细图				
评估	辩证:整体把握单元学习内容,辨析学习内容之间的逻辑关联				
	判断:在整体把握单元学习内容的基础上,能对六篇诗文在内容、文体、思维及侧重角度等方面的关联做出自己的判断				
创造	假设:能对"劳动"意义及价值的探索充满期待				
	设计:围绕单元学习预期,制订单元学习规划、学习策略及学习顺序的方案				
	建构:完成以"劳动光荣探秘"为核心的凝练图				

(4)课前导学

具体如图4-2所示。

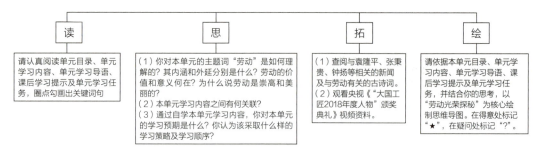

图4-2 "劳动光荣"单元导学课前导学图

（5）课中导学

具体如表4-2所示。

表4-2 "劳动光荣"单元导学课中导学

环节	教师活动	活动具体实施（目标、内容、要求）	学生活动
学习目标	明确学习目标	对照量规进行初步自我评判，清楚自己的认知起点、待提升处及努力方向	浏览目标明确方向
小组讨论	展示讨论要求组织小组交流	目标：比较三篇通讯在劳动主体、人物精神等方面的异同 要求： （1）两个人交流：分别介绍自己的"劳动光荣"导图，重点交流各自的得意处和疑问处，并讨论有分歧之处。若分歧能达成一致，则自行修改；若不能解决，则在分歧处用"?"标记，并在启发最大处标记"!" （2）四个人交流：明确重要结论（如劳动的内涵和外延、劳动的价值意义等），讨论各自标记的疑问处，并将共同的疑问提炼成问题（如劳动如此辛苦，为什么会是美好的？），写在白纸上，准备在全班交流。没有问题的小组完成教师预设的学习任务	同伴交流互构重构
全班交流	问题归类聚焦引导全班探究	目标：整体把握单元学习内容，辨析学习内容之间的逻辑关联 问题归类整合：先将各组提出的问题归类整合，聚焦共性问题，引导全班研讨 核心问题探究： （1）本单元学习内容在文体、思维及侧重角度等方面有何关联 （2）围绕学习预期，制订单元学习规划、学习策略及学习顺序的方案。 先由学生讲述和展示观点，讨论交流；最后呈现教师针对核心问题绘制的结构图，相互评判和探讨。必要时由教师为学生提供必要的学习支架，例如消息、通讯及新闻评论的相关知识等 要求：全体同学修正自己的感知图，在启发最大处标记"!"（如做学习的主人；语文学习与现实生活、与生命相连等）	全班交流深入研讨
凝练小结	指导反思总结引导凝练提升	目标：完成以"劳动光荣探秘"为核心的凝练图 内容：（教师点拨要点）探秘关键：劳动何以光荣？学习本单元的现实意义是什么 要求： （1）学生总结收获，构画凝练图 （2）教师出示自己的凝练图，引领学生总结提升	反思总结凝练建构
巩固提升	明确反馈要求评估学习效果	请围绕单元学习预期，依据单元学习内容、单元学习导语、课后学习提示及单元学习任务，结合你的思考，设计一项阅读或写作的学习任务	训练反馈对标再评

2. 核心任务二

吟诵品读诗歌，增进了解古代劳动生活，感受劳动之美。

（1）学习内容。

《芣苢》《插秧歌》。

（2）核心问题。

整体把握诗歌内容，体会劳动之美，丰富对社会生活的认识和对美好情感的体验。借助想象，置身画面中，描绘劳动场景。

（3）学习目标量规。

具体如表4-3所示。

表4-3 《芣苢》《插秧歌》学习目标量规

学习目标		达成评价			
		A独立完成	B经同伴帮助完成	C经教师点拨完成	D未完成（未完成的关键问题）
记忆	再认识：诗歌的劳动起源说与《诗经》的现实主义精神				

续表

学习目标		达成评价			
		A独立完成	B经同伴帮助完成	C经教师点拨完成	D未完成（未完成的关键问题）
理解	概要：整体把握诗歌内容				
	说明：了解诗歌的语言特色				
运用	实施：在实践中体会劳动的诗情韵味，丰富对社会生活的认识和对美好情感的体验				
分析	结构化：以"古诗中的劳动之美"为核心，绘制感知图、精细图				
	解构：剖析文本的结构，借助想象置身画面				
评估	辩证：诗歌中的劳动之美				
	判断：对诗歌传达出的喜悦之情做出准确判断				
创造	设计：借助想象，置身画面，描绘劳动场景				
	建构：完成以"古诗中的劳动之美"为核心的凝练图				

（4）课前导学

《芣苢》《插秧歌》课前导学图，具体如图4-3所示。

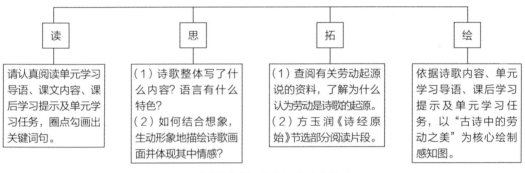

图4-3 《芣苢》《插秧歌》课前导学图

（5）课中导学

《芣苢》《插秧歌》课中导学图如表4-4所示。

表4-4 《芣苢》《插秧歌》课中导学

环节	教师活动	活动具体实施（目标、内容、要求）	学生活动
学习目标	明确学习目标	对照量规进行初步自我评判，清楚自己的认知起点、待提升处及努力方向	浏览目标明确方向
小组讨论	展示讨论要求组织小组交流	目标：整体把握诗歌的内容，了解语言特色 要求： （1）两个人交流：分别介绍自己的感知图，重点交流各自的得意处和疑问处，并讨论有分歧之处 （2）四个人交流：针对两人交流的疑问处进行讨论。若能达成一致，则梳理得出结论；若仍存疑，则将共同的疑问提炼成问题（如采摘芣苢做什么用？采摘芣苢的人是什么心情？），准备在全班交流。没有问题的小组完成教师预设的学习任务	同伴交流互构重构

续表

环节	教师活动	活动具体实施（目标、内容、要求）	学生活动
全班交流	问题归类聚焦 引导全班探究	目标：生动形象地描绘劳动场景 问题归类整合：先将各组提出的问题归类整合，聚焦共性问题，引导全班研讨。 核心问题探究：反复诵读《芣苢》，借助想象，不断完善画面，用自己的语言生动形象地描绘诗歌所表现的劳动场景。先由学生阐述和展示观点，讨论交流；最后呈现教师针对核心问题绘制的结构图，相互评判和探讨。必要时由教师为学生提供必要的学习支架，例如：《诗经》重章叠句的有关知识，采摘芣苢六个动词的文字溯源及内涵等 要求：全体同学修正自己的感知图，在启发最大处标记"！"（如：通过字形溯源理解六个动词的内涵，从角色、动作、环境、细节等方面描摹画面等）	全班交流 深入研讨
凝练小结	指导反思总结 引导凝练提升	目标：完成以"古诗中的劳动之美"为核心的凝练图 内容：（教师点拨要点）抓住富有表现力的词句，借助想象，从角色、动作、环境、细节等方面细细咀嚼，置身画面，体会情感 要求： （1）学生总结反思，设计凝练图。 （2）教师引导，完善提升。	反思总结 凝练建构
巩固提升	明确反馈要求 评估学习效果	诵读《插秧歌》，选取其中某一人物为视角，想象画面，生动形象地描述在雨中插秧的场景。内容要符合原诗，200字左右	训练反馈 对标再评

3. 核心任务三

把握人物通讯的特点，探究阅读策略，探寻劳动的意义。

（1）学习内容。

三篇通讯《喜看稻菽千里浪》《心有一团火，温暖众人心》《"探界者"钟扬》。

（2）核心问题。

挖掘典型事例和细节，理解人物的内心世界，把握人物精神。深刻认识劳动的价值与意义，树立劳动光荣的观念。

（3）学习目标量规。

三篇通讯学习目标量规，具体如表4-5所示。

表4-5 三篇通讯学习目标量规

学习目标		达成评价			
		A独立完成	B经同伴帮助完成	C经教师点拨完成	D未完成（未完成的关键问题）
记忆	回顾：已学过的新闻定义，文体特征				
	再认识：通讯的分类、阅读方法，能说出新闻和通讯的区别				
理解	解释：典型事例和细节的内涵及作用				
	比较：通过《喜看稻菽千里浪》《"探界者"钟扬》两篇文章，了解通讯小标题的特点及作用				
运用	实施：观察身边的创造性劳动者，体会其不平凡之处				
分析	结构化：以"不平凡的劳动者"为核心，绘制感知图、精细图				
	解构：分析通讯的结构，关注小标题之间的关联。梳理典型事迹，把握人物的精神品质				
评估	辩证：挖掘细节，走进人物的内心世界，把握人物精神				
创造	假设：深刻认识劳动的价值与意义，树立劳动光荣的观念				
	设计：选取典型事例及细节，表达对劳动价值意义的深刻思考				
	建构：以"不平凡的劳动者"为核心，画出凝练图				

（4）课前导学图

三篇通讯课前导学图，如图4-4所示。

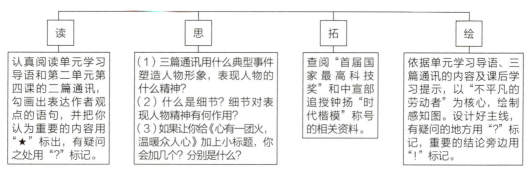

图4-4 三篇通讯课前导学图

（5）课中导学图

三篇通讯课中导学图，如表4-6所示。

表4-6 三篇通讯课中导学图

环节	教师活动	活动具体实施（目标、内容、要求）	学生活动
学习目标	明确学习目标	对照目标量规进行初步自我评判，清楚自己的认知起点、待提升处及努力方向	浏览目标明确方向
小组讨论	展示讨论要求组织小组交流	目标：梳理典型事迹，把握人物的精神品质 要求：认真研读三篇通讯，先两人一组介绍自己的感知图，再针对不明白的问题在小组内讨论，并把讨论得出的结论和不能解决的问题（如：女顾客遇到不顺心的事，张秉贵却"纠缠不休"，不怕惹人心烦吗？他为什么总能"变冷为热"？）写在白纸上。完成讨论的小组举手示意，领取教师预设的学习任务单，进行更深一层的探究	同伴交流互构重构
全班交流	问题归类聚焦引导全班探究	目标：挖掘细节，走进人物的内心世界，把握人物精神 问题归类整合：先将各组提出的问题归类整合，聚焦共性问题，引导全班研讨 核心问题探究："五一劳动节"之际，学校举办"劳动光荣探秘"系列活动。假如你是微纪录片《不平凡的劳动者》摄制组的成员，请依据三篇通讯的内容，从"小细节彰显大境界"角度，选择一个或几个画面进行拍摄，并配一段画外音。要求：明确所选画面，并说明选择理由（画外音），突出人物内心世界及精神追求。 要求：小组进行汇报，简洁表达本组想法，其他小组认真聆听，进行质疑或补充。教师适时点拨并给学生提供必要的学习支持，例如：细节指人物、景物、事件等表现对象富有特色的细枝末节；细节描写是刻画人物性格，揭示人物内心世界，表现人物细微复杂的感情，点化人物关系，暗示人物身份、处境等最重要的方法；好的细节描写可以"以小见大""画龙点睛""以一当十"等。每个人用红笔修改完善自己的感知图	全班交流深入研讨
凝练小结	指导反思总结引导凝练提升	目标：完成以"不平凡的劳动者"为核心的凝练图 内容：（教师点拨要点）典型事例和细节最能反映事物本质，由个别见一般，由个性反映共性 要求： （1）学生总结反思，设计凝练图 （2）教师引导，完善提升	反思总结凝练建构
巩固提升	明确反馈要求评估学习效果	"五一劳动节"之际，学校举办"劳动光荣探秘"系列活动。在"劳动者风采"板块，需要征集描绘劳动场景的微写作作品。请展开联想，描写从事某一行业的一个或一群人劳动的情景。要求：中心明确，描写生动，150字左右	训练反馈对标再评

4. 核心任务四

把握新闻评论的特点，探究阅读策略，深化对劳动的认识。

（1）学习内容。

《以工匠精神雕琢时代品质》。

（2）核心问题。

理解"工匠精神"的内涵及其意义，培养以"工匠精神"为指引的学习、工作态度。理清文本的逻辑结构层次。

（3）学习目标量规。

《以工匠精神雕琢时代品质》学习目标量规，如表4-7所示。

表4-7 "以工匠精神雕琢时代品质"学习目标量规

学习目标		达成评价			
		A独立完成	B经同伴帮助完成	C经教师点拨完成	D未完成（未完成的关键问题）
记忆	回顾：新闻文体的相关知识				
理解	解释：理解"工匠精神"的内涵及其意义				
运用	实施：在生活中践行劳动精神，在实践中深化对劳动的认识				
分析	结构化：构画以文本题目为核心的感知图、精细图				
	解构：剖析文本的逻辑结构				
评估	辩证：探究"发自肺腑、专心如一的热爱"之源				
	判断：当今时代，工匠精神还有价值吗？				
创造	假设：能对"劳动"意义及价值的探索充满期待；培养以"工匠精神"为指引的学习工作态度				
	设计：选择角度，给通讯中的人物写一段评论性文字，并将心目中的"大国工匠"请进"舆论导向"专栏				
	建构：完成以"劳动光荣"为核心的凝练图				

（4）课前导学图

"以工匠精神雕琢时代品质"课前导学图，如图4-5所示。

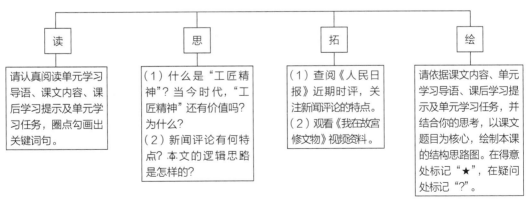

图4-5 "以工匠精神雕琢时代品质"课前导学图

（5）课中导学图

"以工匠精神雕琢时代品质"课中导学图，如表4-8所示。

表4-8 "以工匠精神雕琢时代品质"课中导学

环节	教师活动	活动具体实施（目标、内容、要求）	学生活动
学习目标	明确学习目标	对照目标量规进行初步自我评判，清楚自己的认知起点、待提升处及努力方向	浏览目标明确方向
小组讨论	展示讨论要求组织小组交流	目标：理解"工匠精神"的内涵及其意义，理清文本的逻辑结构层次 要求： （1）两个人交流：分别介绍自己的结构思路图，重点交流各自的得意处和疑问处，并讨论有分歧之处。若分歧能达成一致，则自行修改；若不能解决，则在分歧处用"?"标记，并在启发最大处标记"!" （2）四个人交流：明确重要结论，讨论各自标记的疑问处，并将共同的疑问提炼成问题（如当今时代，工匠精神还有价值吗？），准备在全班交流。没有问题的小组完成教师预设的学习任务	同伴交流互构重构
全班交流	问题归类聚焦引导全班探究	目标：探究"发自肺腑、专心如一的热爱"之源 问题归类整合：先将各组提出的问题归类整合，聚焦共性问题，引导全班研讨。 核心问题探究： （1）"发自肺腑、专心如一的热爱"源于什么？ （2）"五一劳动节"之际，学校举办"劳动光荣探秘"系列活动。在"舆论导向"板块，需要征集优秀新闻评论。请从本单元的人物通讯中任选一篇，基于其呈现的事实，选择一个角度，给通讯中的人物写一段评论性文字。要求凸显人物的精神 先由学生阐述和展示观点，讨论交流；最后呈现教师针对核心问题绘制的结构图，相互评判和探讨。必要时由教师为学生提供学习支持，例如马克思的劳动价值理论（劳作实现了人的本质的对象化，所以虽艰辛却快乐）及异化劳动的概念等 要求：全体同学修正自己的感知表，在启发最大处标记"!"（如劳动者在劳动中提升思想和人格境界，成为优秀的人）	全班交流深入研讨
凝练小结	指导反思总结引导凝练提升	目标：完成以"劳动光荣"为核心的凝练图 内容：（教师点拨要点）劳动如此辛勤，劳动者却甘之如饴，乐于奉献，这源于他们对劳动的热爱，源于他们人生的志向、追求，源于他们为国家、为民族、为人类谋福利的信念 要求： （1）学生反思总结，构画凝练图 （2）教师出示自己的凝练图，引领学生总结提升	反思总结凝练建构
巩固提升	明确反馈要求评估学习效果	"五一劳动节"之际，学校举办"劳动光荣探秘"系列活动。在"舆论导向"板块，需要征集优秀新闻评论的题目和素材，请参考课文题目及《创造源于锐意进取——袁隆平》《工匠精神照亮普通人——张秉贵》《追求成为"探界"精神的实践者——钟扬》等，介绍你心目中的"大国工匠"	训练反馈对标再评

（6）核心问题探究。

①"发自肺腑、专心如一的热爱"源于什么？

②"五一劳动节"之际，学校举办"劳动光荣探秘"系列活动。在"舆论导向"板块，需要征集优秀新闻评论，请从本单元的人物通讯中任选一篇，基于其呈现的事实，选择一个角度，列出评论的结构提纲。要求：准确把握人物精神，观点明确，条理清晰。

示例：

①"发自肺腑、专心如一的热爱"源于优秀劳动者对劳动的热爱，源于他们的人生追求，源于他们为国家、为民族、为人类谋福利的信念，源于他们将"小我"融入"大我"之中的高远的境界。

②题目：追求成为"探界"精神的实践者

观点：追求"探界"精神，让生命走向广远开阔之地。

鱼骨图：观点——什么是"探界"精神——为什么要倡导"探界"精神——怎么样"探界"——结论，具体如图4-6所示。

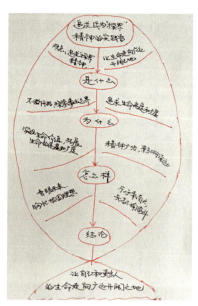

图4-6 鱼骨图示意

5. 核心任务五

学会写人叙事，选取典型事例，借助典型细节，表达对平凡的劳动者不平凡的精神的深刻认识，表达对劳动的价值和意义的深刻认识。

（1）学习内容。

"以手写心"记叙文写作。

（2）核心问题。

理解劳动的意义和价值，树立劳动光荣的观念；学会选取典型事例，写出典型的、有意味的细节，提高写人叙事的能力。

（3）学习目标量规。

"以手写心"记叙文写作课学习目标量规，如表4-9所示。

表4-9 "以手写心"记叙文写作课学习目标量规

学习目标		达成评价			
		A独立完成	B经同伴帮助完成	C经教师点拨完成	D未完成（未完成的关键问题）
记忆	回顾：典型事例和细节的相关知识				
理解	解释：理解典型事例和细节的内涵；理解劳动的意义和价值				
	分类：合并同类，思考共性，加深认识				
运用	实施：围绕主题，选取典型事例和细节				
分析	结构化：构画以自己拟定的题目为核心的感知图、精细图				
	解构：剖析自己的作文结构，学会选取典型事例，精巧构思				
评估	辩证：突出人物的主要特点，概括准确；选材典型，能充分表现主题				
	判断：表达清晰有条理，构思精巧；人物形象饱满立体，主题突出，动情点凸显				
创造	假设：树立劳动最光荣的观念；提高写人叙事的能力				
	设计：选取典型事例，写出典型的、有意味的细节				
	建构：完成以"作文升格"为核心的凝练图				

（4）课前导学

"以手写心"记叙文写作课课前导学图，如图4-7所示。

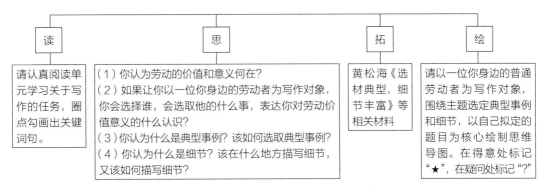

图4-7 "以手写心"记叙文写作课课前导学图

（5）课中导学。

"以手写心"记叙文写作课中导学，如表4-10所示。

表4-10 "以手写心"记叙文写作课中导学

环节	教师活动	活动具体实施（目标、内容、要求）	学生活动
学习目标	明确学习目标	对照量规进行初步自我评判，清楚自己写作构思的起点、待提升处及努力方向	浏览目标明确方向
小组讨论	展示讨论要求组织小组交流	目标：合并同类，思考共性，加深认识 要求：（按照素材类别分组）小组交流：（1）分别介绍自己的作文导图，先用一句话概括素材和主题，再介绍选材、整体结构思路、详略安排等，互相质疑补充。（2）按照素材类别头脑风暴，围绕确定的主题选取典型事例和细节，完成整体构思，并将疑问提炼成问题（例如，如何选取典型事例，如何巧妙构思等）准备在全班交流。没有问题的小组完成教师预设的学习任务	同伴交流互构重构
全班交流	问题归类聚焦引导全班探究	目标：选取典型事例，精巧构思；写出典型的、有意味的细节 问题归类整合：先将各组提出的问题归类整合，聚焦共性问题，引导全班研讨 核心问题探究：（1）你的动情点是什么？你觉得该怎样凸显动情点？（2）你认为什么时候用细节描写，才能发挥细节描写的最大作用？怎样才能写出典型的、有意味的细节 先由学生阐述和展示观点，讨论交流；最后呈现教师针对核心问题绘制的结构图，相互评判和探讨。必要时由教师为学生提供必要的学习支架，例如：细节妙用：动情点处补足，最是细处能动人，细节处着笔，于细微处见精神。细节描写三要三不要：要展示，不要讲述；要修饰，不要干瘪；要照应，不要孤立等 要求：全体同学修正自己的导图，并对照导图完成写作	全班交流深入研讨
凝练小结	指导反思总结引导凝练提升	目标：完成以"作文升格"为核心的凝练图 内容：（教师点拨要点）选取典型素材，写出典型的、有意味的细节，凸显动情点：分析—设想—转化 要求： （1）学生总结收获，构画凝练图 （2）教师出示自己的凝练图，引领学生总结提升	反思总结凝练建构
巩固提升	明确反馈要求评估学习效果	对照量规评价自己和同学的作文，写出改进建议，并评选出优秀作品	训练反馈对标再评

四、单元知识图谱

单元知识是为学生提供的知识支持，有陈述性知识、策略性知识。本单元所选六篇诗文，包括三篇人物通讯、一篇新闻评论和两首古诗；单元写作要求完成一篇写人记事的文章。相应的单元知识，要明确人物通讯和新闻评论的特点及其阅读策略：人物通讯除了具有新闻性，还具有文学性和评论性的特点，有明显的立场和情感倾向；阅读时要抓住典型事件，把握人物精神，要品鉴细节，理解人物的内心世界。新闻评论具有新闻性、倾向性和导向性的特点，具有很强的针对性，有舆论导向作用；阅读时要明确作者的观点，明晰文章的逻辑思路，理解事实和观点的关系。阅读两首古诗，形式上把握重章叠句的结构特色和浅近自然的语言风格，内容上要从动作、语言、神态、心理等角度把握人物形象，感受场景氛围，体会劳动者喜悦的情感。写作写人记事的文章，首先要提升认识，更多地关注"人与社会"和"人与自我"。从三篇人物通讯中汲取营养，围绕主题选出典型事例，借助细节描写凸显动情点。细节描写用在动情处；做到三要三不要，让细节点睛：要展示，不要讲述；要修饰，不要干瘪；要照应，不要孤立。"劳动光荣"单元知识图谱如图4-8所示。

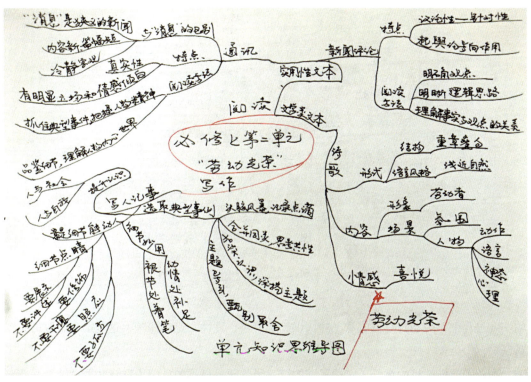

图4-8 "劳动光荣"单元知识图谱

五、单元学习凝练图

单元学习凝练图是师生对单元学习重点和难点的凝练总结。本单元学习的重点和难点是劳动何以光荣（劳动的价值意义）。单元学习凝练图以劳动光荣为核心，从利己和利他两个方面阐释劳动的价值。利己方面，劳动不仅能让我们生存、发展，让我们改变命运、实现梦想、获得尊严、实现人生价值，更重要的，劳动能塑造思想品格，提升我们的思想境界和人格境界，让我们成为更优秀的人、成为影响他人的人；利他方面，劳动不仅能创造价值，还能产生一种强大的精神力量，推动社会发展、时代进步，如图4-9所示。

这样认识的形成是一个思维三级跳的过程：通过对单元导学的学习，学生对劳动的美好和崇高有认同感，期待着进一步的探究，这是起步状态。两首古诗和三篇人物通讯，尤其是通过对三篇人物通讯的学习，学生被劳动者的先进事迹深深打动，对劳动者的精神品质有了深刻的认识，从而真切地体会到了劳动的美好与崇高：心有一团火的服务，能温暖人心，使社会和谐；袁隆平科技创新，培育杂交水稻，解决了我国粮食不能自给自足的难题；钟扬因材施教，让学生成为英才，各得其所……此时，"劳动"在学生心目中不再是个抽象的概念，而是有了具体鲜活的形象对应，学生对劳动及其价值意义有了具体的感性认识，实现了思维的第一级跳跃。新闻评论不仅直接提炼概括出了"工匠精神"的内涵及价值，而且给学生做了提炼和评论的示范。通过完成评论三篇通讯的感性材料的学习任务，学生在提炼概括

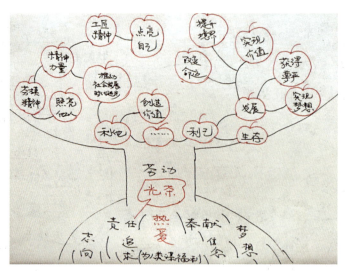

图4-9 "劳动光荣"单元知识凝练图示例

的实践过程中对劳动及其价值意义的认识趋于清晰、理性,走向深刻,这是第二层级的思维跳跃。

相比于前面两级的跳跃,实现思维的第三级跳跃是最难的,因为这意味着"劳动光荣"价值观念的树立。刚刚读了劳动者的伟大事迹,学生很容易被打动,感到劳动者太伟大、太崇高了,但在现实生活中,"我"真的会去践行吗?"我"真的能辛勤付出、甘之如饴吗?

劳动者的甘之如饴、乐于奉献,源于他们对劳动的热爱,源于他们人生的志向、追求,源于他们为国家、为民族、为人类谋福利的信念。无论是袁隆平、张秉贵还是钟扬,都是将"小我"融入到"大我"之中,融入到时代建设、国家发展的洪流之中,融入到为人类谋福利的事业之中,他们也因此变得高尚,成为让人敬仰的伟大劳动者。

认识到这一点,学生才算实现了思维的第三级跳跃;而只有在情感、态度、价值观上认同了这一点,才可能真正树立起"劳动光荣"的观念。

在此基础上的写作,既是对写人记事能力的检验,更是对劳动及其价值意义的认识深度,对情感、态度、价值观的检验。

单元教学设计 2：

高中数学向量视角下的立体几何问题解决

一、单元设计思路

本学习单元内容是《高中数学（人教B版）》新教材选择性必修第一册的第一章《空间向量与立体几何》的一部分主题教学。

本学习单元学习主题是"向量视角下的立体几何问题解决"。通过本单元的学习，可以帮助学生运用向量的方法研究空间基本图形的位置关系和度量关系，体会向量方法和综合几何方法的共性和差异，运用向量方法解决简单的数学问题和实际问题，感悟向量是研究几何问题的有效工具，进一步发展学生的直观想象、数学运算的核心素养，如图4-10所示。

戴维·希尔伯特（David Hilbert）说："算数符号是文字化的图形，而几何图形是图像化的公式。"希望本单元的学习能够实现：通过几何图形建立直观，通过代数公式表达规律；通过大单元下5个专题的学习，让学生能够灵活运用向量方法解决立体几何中的一般问题，感悟向量方法在研究几何问题中的思维过程，体会空间向量对于研究解决立体几何问题时的内在思维价值。

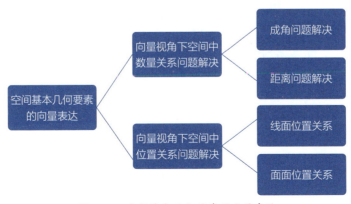

图4-10 空间基本几何要素的向量表达

二、单元学习目标

1. **本单元学习的基本目标**

①能够用向量语言描述直线和平面,理解直线的方向向量与平面的法向量。

②能够用向量语言表述直线与直线、直线与平面、平面与平面的夹角以及垂直平行关系。

③能够依托空间向量建立空间图形及其图形关系的想象力。

④能够用向量方法证明必修内容的有关直线平面位置关系的判定定理。

⑤能够用向量方法解决点到直线、点到平面、相互平行的直线、相互平行的平面的距离问题。

2. **本单元学习的发展目标**

①能够灵活选择运用向量方法与综合几何方法,从不同角度解决立体几何问题,通过对比体会向量方法的优越性。

②能够体会利用空间向量解决立体几何问题的思维活动过程和内在价值,借助向量解决与立体几何相关的实际问题。

③能够描述用向量方法解决一类问题的程序和思路,体会向量方法在研究几何问题中的作用,从而提升学生的直观想象、数学运算、数学建模、逻辑推理和数学抽象的核心素养。

3. **本单元学习核心概念**

学习中要特别注意避免简单记忆几何位置关系的向量运算表达的对应,要在直观理解的基础之上,在头脑中建立个几何位置关系的直观图形结构。体会向量在立体几何中应用的真正生命力来源于建立几何位置关系和向量运算的联系,实现向量语言对立体几何问题的描述,如图4-11所示。

图4-11 向量视角下的空间立体几何问题描述

三、单元学习核心任务

1. 核心任务一

（1）学习内容。

空间基本几何要素的向量表达。

（2）核心问题。

空间中的点、线、面怎样用向量来刻画？

（3）学习目标量规（表4-11）。

表4-11 空间基本几何要素的向量表达 课堂学习目标量规（自评）

班级_____ 姓名_____

学习目标		A独立完成	B经同伴帮助完成	C经教师点拨完成	D未完成（未完成的关键问题）
记忆	回顾：梳理平面向量的概念特征等相关内容				
	再认识：在从平面向量到空间向量的扩充中学到了哪些本领				
理解	解释：能用向量语言刻画空间中基本几何要素——点、线、面				
	比较：类比平面向量，探索空间向量在立体几何中的应用价值；				
	说明：理解空间中的平面可以用平面内一点和平面的一个法向量来确定				
运用	执行：空间中任意给定一个点，能够写出点的坐标；如果给出一个点的坐标，能找到这个点在空间中的位置；借助直线上一点和直线的方向向量表达空间中的直线，会求空间中平面的法向量				
分析	结构化：绘制以空间基本几何要素的向量表达为核心的感知图、精细图				
	解构：掌握空间中基本几何要素的向量表达，借助向量方法解决问题				
评估	判断：通过公理化体系学习，怎样确定一个平面				
创造	建构：绘制以空间基本几何要素的向量表达为核心的凝练图				
其他（根据学科特点增设的项目，若没有可不填）					

（4）课前导学（图4-12）

任务一 课前导学图

学习内容：空间基本几何要素的向量表达

学习目标：（1）能用向量语言刻画空间中基本几何要素——点、线、面；
（2）理解空间中的平面可以用平面内一点和平面的一个法向量来确定；
（3）掌握空间中基本几何要素的向量表达，掌握求解一个平面的法向量程序化步骤。

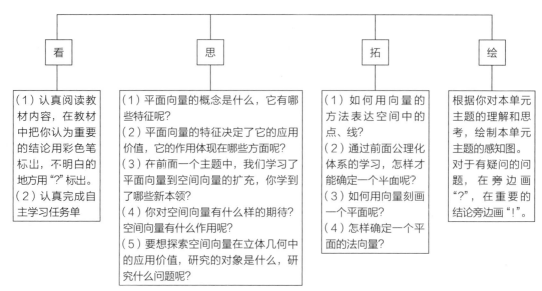

图4-12 空间基本几何要素的向量表达课前导学图

（5）课中导学（表4-12）

表4-12 空间基本几何要素的向量表达课中导学

环节	教师活动	活动具体实施（目标、内容、要求）	学生活动
学习目标	明确学习目标	对照量规进行初步自我评判，清楚自己的认知起点、待提升处及努力方向	浏览目标 明确方向
小组讨论	组织小组交流	目标：理解如何用向量方法表达空间中的几何要素 内容：（1）回顾平面向量的概念、特征及应用 　　　（2）思考空间向量在立体几何中的应用价值 要求：（1）两个人交流：分别介绍自己的思维导图（感知图），重点交流各自的得意处和疑问处，并讨论有分歧之处。若分歧能达成一致，则自行修改；若不能解决，则在分歧处用"?"标记，并在启发最大处标记"!"。 　　　（2）四个人交流：明确重要结论（比如如何用向量方法表达空间中的点、线、面，及如何求解一个平面的法向量），讨论各自标记的疑问处，并将共同的疑问提炼成问题（如如何用向量刻画一个平面？），写在白纸上，准备在全班交流。没有问题的小组完成教师预设的学习任务	同伴交流 互构重构
全班交流	引导全班探究	目标：整体把握本主题学习内容，辨析学习内容之间的逻辑关联 内容：怎样构建本主题的认知地图 要求：（1）呈现各组学生的问题，归类整合，聚焦主要问题，引导全班研讨交流。 　　　（2）聚焦教师预设任务中学生出现问题较多的任务，引导全班研讨交流，给学生提供必要的学习支架。 　　　（3）教师出示自己的导图，与学生PK。学生对教师的导图进行评判（赞同或不赞同，说明理由） 　　　（4）全体同学修正自己的感知图，在启发最大处标记"!"	全班交流 深入研讨
凝练小结	指导凝练提升	目标：完成以"用向量方法表达空间中的几何要素"为核心的凝练图 内容：（教师点拨要点）类比平面向量，探索有关应用 要求：（1）学生总结收获，绘制凝练图 　　　（2）教师出示自己的凝练图，引领学生总结提升	反思总结 凝练建构
巩固提升	评估学习效果	（1）完成课后练习 （2）对照量表再评	训练反馈 对标再评

2. 核心任务二

(1) 学习内容。

向量视角下,空间中直线成角问题解决。

(2) 核心问题。

如何利用向量研究空间中两直线位置关系。

(3) 学习目标量规(表4-13)。

表4-13 向量视角下,空间中直线成角问题解决 课堂学习目标量规(自评)

班级_____ 姓名_____

学习目标		达成评价			
		A独立完成	B经同伴帮助完成	C经教师点拨完成	D未完成(未完成的关键问题)
记忆	回顾:梳理空间中的两条直线的位置关系,引出研究空间中两条直线所成角的必要性				
	再认识:通过具体的几何模型,帮助学生回顾直线所成角和向量夹角的概念				
理解	解释:能借助方向向量的夹角求空间中两条直线的夹角				
	比较:空间中两条直线所成角和它们对应的方向向量夹角的关系				
	说明:掌握解决空间中两条直线所成角的常用方法				
运用	执行:可以从综合几何法和代数法两个角度求解空间中两条直线的夹角问题,并能根据具体背景灵活选择解决问题的方法				
分析	结构化:绘制以向量视角下空间中直线成角问题解决为核心的感知图、精细图				
	解构:空间中两条直线所成角问题的解决策略				
评估	判断:从向量的视角重新审视空间中两直线的位置关系				
创造	建构:绘制以向量视角下空间中直线成角问题解决为核心的凝练图				
其他(根据学科特点增设的项目,若没有可不填)					

(4) 课前导学(图4-13)。

任务二 课前导学图

学习内容:向量视角下,空间中直线成角问题的解决

学习目标:能借助方向向量的夹角求空间中两条直线的夹角;可以从综合几何法和代数法两个角度求解空间中两条直线的夹角问题,并能根据具体背景灵活选择方法来解决问题。

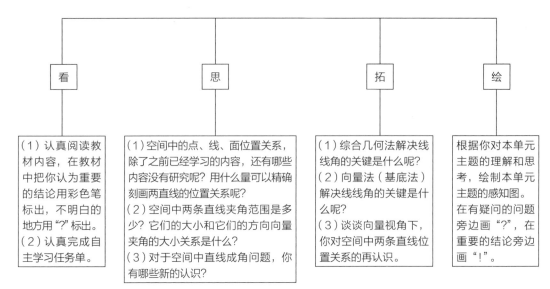

图4-13 空间中直线成角问题解决课前导学图

（5）课中导学（表4-14）

表4-14 "空间中直线成角问题解决"课中导学

环节	教师活动	活动具体实施（目标、内容、要求）	学生活动
学习目标	明确学习目标	对照量规进行初步自我评判，清楚自己的认知起点、待提升处及努力方向	浏览目标明确方向
小组讨论	组织小组交流	目标：探究空间中两条直线所成角问题的解决策略 内容：(1)梳理空间中两条直线的位置关系，回顾直线所成角和向量夹角的概念 　　　(2)思考空间中直线所成角与其方向向量夹角的关系 要求：(1)两个人交流：分别介绍自己的思维导图（感知图），重点交流各自的得意处和疑问处，并讨论有分歧之处。若分歧能达成一致，则自行修改；若不能解决，则在分歧处用"?"标记，并在启发最大处标记"!" 　　　(2)四个人交流：明确重要结论（如用几何综合法和向量法解决空间中两条直线所成角问题的一般策略），讨论各自标记的疑问处，并将共同的疑问提炼成问题（如在向量视角下如何重新审视空间中两直线的位置关系），写在白纸上，准备在全班交流。没有问题的小组完成教师预设的学习任务	同伴交流互构重构
全班交流	引导全班探究	目标：整体把握本主题学习内容，辨析学习内容之间的逻辑关联 内容：灵活选择方法解决空间直线成角问题 要求：(1)呈现各组学生的问题，归类整合，聚焦主要问题，引导全班研讨交流 　　　(2)聚焦教师预设任务中学生出现问题较多的任务，引导全班研讨交流，给学生提供必要的学习支架 　　　(3)教师出示自己的导图，与学生PK。学生对教师的导图进行评判（赞同或不赞同，说明理由） 　　　(4)全体同学修正自己的感知图，在启发最大处标记"!"	全班交流深入研讨
凝练小结	指导凝练提升	目标：完成以"向量视角下空间中直线成角问题解决"为核心的凝练图 内容：(教师点拨要点)形成利用向量研究空间中两直线位置关系的基本研究路径 要求：(1)学生总结收获，绘制凝练图 　　　(2)教师出示自己的凝练图，引领学生总结提升	反思总结凝练建构
巩固提升	评估学习效果	(1)完成课后练习 (2)对照量表再评	训练反馈对标再评

3. 核心任务三

（1）学习内容。

向量视角下空间中的直线与平面的位置关系问题解决

（2）核心问题。

如何从向量的视角重新审视空间中直线与平面的位置关系和成角问题

（3）学习目标量规（表4-15）。

表4-15 "向量视角下空间中的直线与平面的位置关系问题解决"课堂学习目标量规（自评）

班级_____　姓名_____

学习目标		达成评价			
		A独立完成	B经同伴帮助完成	C经教师点拨完成	D未完成（未完成的关键问题）
记忆	回顾：线与面的位置关系以及空间中几何要素的向量表达等有关知识				
	再认识：空间中直线与平面所成角的定义以及刻画方式				
理解	解释：能借助空间向量度量空间中直线与平面所成角				
	比较：类比向量视角下线与线位置关系的研究，思考直线与平面的位置关系探究				
	说明：掌握解决空间中证明线面平行、线面垂直的常用方法——向量法、综合法				
运用	执行：可以从综合法和向量法两个角度求解空间中的线面问题，并能根据具体问题背景，灵活选择解决问题的方法				
分析	结构化：绘制向量视角下空间中直线与平面的位置关系问题解决的感知图、精细图				
	解构：探究直线与平面的平行、垂直关系与其方向向量、法向量的关系转化				
评估	判断：能利用向量法判断空间中直线与平面的平行与垂直				
创造	建构：绘制向量视角下空间中直线与平面的位置关系问题解决的凝练图				
其他（根据学科特点增设的项目，若没有可不填）					

（4）课前导学（图4-14）。

任务三　课前导学图

学习内容：向量视角下空间中的直线与平面的位置关系问题解决

学习目标：能利用向量法判断空间中直线与平面的平行与垂直；能借助空间向量度量空间中直线与平面所成角

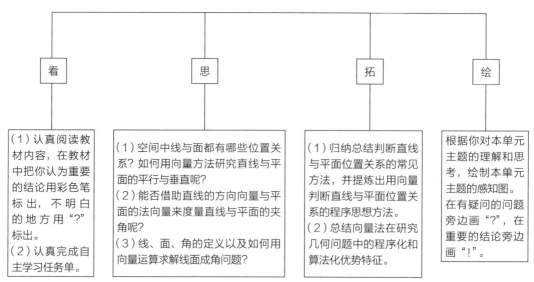

图4-14 向量视角下空间中的直线与平面位置关系问题解决课前导学图

(5) 课中导学（表4-16）

表4-16 "向量视角下空间中的直线与平面位置关系问题解决"课中导学

环节	教师活动	活动具体实施（目标、内容、要求）	学生活动
学习目标	明确学习目标	对照量规进行初步自我评判，清楚自己的认知起点、待提升处及努力方向	浏览目标 明确方向
小组讨论	组织小组交流	目标：向量视角下空间中的直线与平面的位置关系问题解决 内容：(1)探究向量视角下空间中直线与平面的平行与垂直关系的转化 (2)探究空间中直线与平面所成角和它们对应的方向向量以及法向量的夹角的关系，形成解决策略 要求：(1)两人交流：分别介绍自己的思维导图（感知图），重点交流各自的得意处和疑问处，并讨论有分歧之处。若分歧能达成一致，则自行修改；若不能解决，则在分歧处用"?"标记，并在启发最大处标记"!" (2)四人交流：明确重要结论（如从综合法和向量法两个角度求解空间中的线面角），讨论各自标记的疑问处，并将共同的疑问提炼成问题（如从向量的视角重新审视空间中直线与平面的位置关系和成角问题），写在白纸上，准备在全班交流。没有问题的小组完成教师预设的学习任务	同伴交流 互构重构
全班交流	引导全班探究	目标：整体把握本主题学习内容，辨析学习内容之间的逻辑关联 内容：能根据具体问题背景，灵活选择解决直线与平面问题位置关系的方法 要求：(1)呈现各组学生的问题，归类整合，聚焦主要问题 (2)聚焦教师预设任务中学生出现问题较多的任务，引导全班研讨交流，给学生提供必要的学习支架 (3)教师出示自己的导图，与学生PK。学生对教师的导图进行评判（赞同或不赞同，说明理由） (4)全体同学修正自己的感知图，在启发最大处标记"!"	全班交流 深入研讨
凝练小结	指导凝练提升	目标：完成以"向量视角下空间中的直线与平面的位置关系问题解决"为核心的凝练图 内容：(教师点拨要点)体会并形成利用向量研究空间中线面问题的基本思维路径 要求：(1)学生总结收获，绘制凝练图。 (2)教师出示自己的凝练图，引领学生总结提升	反思总结 凝练建构
巩固提升	评估学习效果	(1)完成课后练习 (2)对照量表再评	训练反馈 对标再评

4. 核心任务四

（1）学习内容。

向量视角下平面与平面位置关系的探究

（2）核心问题。

如何从向量的视角重新审视空间中平面与平面的位置关系和成角问题

（3）学习目标量规（表4-17）。

表4-17　向量视角下平面与平面位置关系的探究____课堂学习目标量规（自评）

班级_____　姓名_____

学习目标		达成评价			
		A独立完成	B经同伴帮助完成	C经教师点拨完成	D未完成（未完成的关键问题）
记忆	回顾：回顾综合几何法的核心思想方法，即关注线线、线面、面面位置关系的内在逻辑结构的基础上，实现相互转化，为后续探究的开展做好铺垫				
	解释：会用平面的法向量解决面面平行、面面垂直和二面角求解的问题				
理解	比较：类比线线角的定义方式，得到二面角的概念，类比异面直线所成角、线面角的度量得到二面角的平面角的度量方式				
	说明：掌握解决空间中证明面面平行、面面垂直的常用方法——向量法、综合法				
运用	执行：能在具体情境下灵活选择综合几何法和向量法解决问题				
	结构化：绘制向量视角下平面与平面位置关系的探究的感知图、精细图				
分析	解构：探究平面与平面的平行、垂直关系，成角关系与其法向量的关系转化				
评估	判断：能合理选择利用向量法或几何法判断空间中平面与平面的平行与垂直				
创造	建构：绘制向量视角下平面与平面位置关系的探究的凝练图				
其他（根据学科特点增设的项目，若没有可不填）					

（4）课前导学（图4-15）。

任务四　课前导学

学习内容：向量视角下平面与平面位置关系的探究

学习目标：会用平面的法向量解决面面平行、面面垂直和二面角求解的问题；能在具体情境下灵活选择综合几何法和向量法解决问题

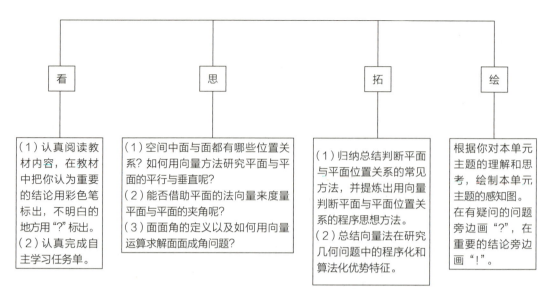

图4-15 向量视角下平面与平面位置关系课前导学图

（5）课中导学（表4-18）。

表4-18 "向量视角下平面与平面位置关系"课中导学

环节	教师活动	活动具体实施（目标、内容、要求）	学生活动
学习目标	明确学习目标	对照量规进行初步自我评判，清楚自己的认知起点、待提升处及努力方向	浏览目标明确方向
小组讨论	组织小组交流	目标：向量视角下空间中的平面与平面的位置关系问题解决 内容：（1）探究向量视角下空间中平面与平面的平行与垂直关系的转化 （2）探究空间中平面与平面所成角和它们对应的法向量的夹角的关系，形成解决策略 要求：（1）两个人交流：分别介绍自己的思维导图（感知图），重点交流各自的得意处和疑问处，并讨论有分歧之处。若分歧能达成一致，则自行修改；若不能解决，则在分歧处用"?"标记，并在启发最大处标记"!" （2）四个人交流：明确重要结论（如从综合法和向量法两个角度求解空间中的面面问题），讨论各自标记的疑问处，并将共同的疑问提炼成问题（如从向量的视角重新审视空间中平面与平面的位置关系和成角问题），写在白纸上，准备在班里交流。没有问题的小组完成教师预设的学习任务	同伴交流互构重构
全班交流	引导全班探究	目标：整体把握本主题学习内容，辨析学习内容之间的逻辑关联 内容：能根据具体问题背景，灵活选择解决平面与平面问题位置关系问题的方法 要求：（1）呈现各组学生的问题，归类整合，聚焦主要问题，引导全班研讨交流。 （2）聚焦教师预设任务中学生出现问题较多的任务，引导全班研讨交流，给学生提供必要的学习支架。 （3）教师出示自己的导图，与学生PK。学生对教师的导图进行评判（赞同或不赞同），说明理由。 （4）全体同学修正自己的感知图，在启发最大处标记"!"	全班交流深入研讨
凝练小结	指导凝练提升	目标：完成以"向量视角下平面与平面的位置关系问题解决"为核心的凝练图 内容：（教师点拨要点）体会并形成利用向量研究空间中面面问题的基本思维路径 要求：（1）学生总结收获，绘制凝练图。 （2）教师出示自己的凝练图，引领学生总结提升	反思总结凝练建构
巩固提升	评估学习效果	（1）完成课后练习课 （2）对照量表再评	训练反馈对标再评

5. 核心任务五

（1）学习内容。

向量视角下空间中的距离问题解决。

（2）核心问题。

如何把空间中的距离问题转化为向量问题求解？

（3）学习目标量规（表4-19）。

表4-19 "向量视角下空间中的距离问题解决"　课堂学习目标量规（自评）

班级_____　姓名_____

学习目标		达成评价			
		A独立完成	B经同伴帮助完成	C经教师点拨完成	D未完成（未完成的关键问题）
记忆	回顾：回忆平面几何问题中两点间、点到线距离的定义和求解				
	解释：能描述解决空间中距离问题的程序				
理解	比较：向量方法和综合几何方法在解决距离问题中各自的优势特征				
	说明：理解空间中两点之间的距离、点到直线的距离、点到平面的距离、相互平行的直线与平面之间、相互平行的平面之间的距离的概念				
运用	执行：掌握用向量运算求解两点之间、点到直线、点到面的距离问题				
分析	结构化：绘制向量视角下空间中的距离问题解决的感知图、精细图				
	解构：能将相互平行的直线与平面之间的距离、相互平行的平面之间的距离转化为点到平面的距离				
评估	判断：多角度探究点到平面距离问题的求解方法，并对各种方法进行综合分析与比较				
创造	建构：绘制向量视角下空间中的距离问题解决的凝练图				
其他（根据学科特点增设的项目，若没有可不填）					

（4）课前导学（图4-16）。

任务五　课前导学

学习内容："向量视角下空间中的距离问题解决"

学习目标：了解空间中两个图形之间的距离的概念与性质，理解空间距离概念；掌握用向量运算求解空间距离问题，能描述解决空间中距离问题的程序，体会向量方法在研究几何问题中的程序化和算法化优势特征

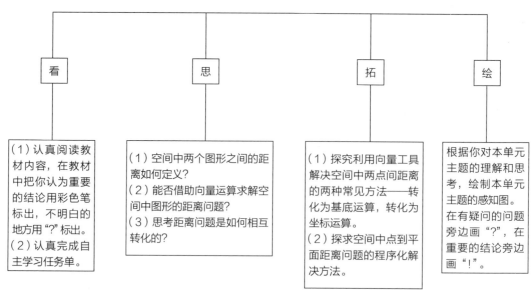

图4-16 "向量视角下空间中的距离问题解决"课前导学图

（5）课中导学（表4-20）。

表4-20 "向量视角下空间中的距离问题解决"课中导学

环节	教师活动	活动具体实施（目标、内容、要求）	学生活动
学习目标	明确学习目标	对照量规进行初步自我评判，清楚自己的认知起点、待提升处及努力方向	浏览目标 明确方向
小组讨论	组织小组交流	目标：向量视角下空间中的距离问题解决 内容：（1）理解空间中图形距离概念 　　　（2）探究用向量运算求解空间距离问题 要求：（1）两个人交流：分别介绍自己的思维导图（感知图），重点交流各自的得意处和疑问处，并讨论有分歧之处。若分歧能达成一致，则自行修改；若不能解决，则在分歧处 用"？"标记，并在启发最大处标记"！" 　　　（2）四个人交流：明确重要结论（如从综合法和向量法两个角度求解空间中的距离问题），讨论各自标记的疑问处，并将共同的疑问提炼成问题（如从向量的视角重新审视空间中图形距离问题），写在白纸上，准备在班里交流。没有问题的小组完成教师预设的学习任务	同伴交流 互构重构
全班交流	引导全班探究	目标：整体把握本主题学习内容，辨析学习内容之间的逻辑关联 内容：能根据具体问题背景，灵活选择解决空间中图形距离的方法 要求：（1）呈现各组学生的问题，归类整合，聚焦主要问题 　　　（2）聚焦教师预设任务中学生出现问题较多的任务，引导全班研讨交流，给学生提供必要的学习支架 　　　（3）教师出示自己的导图，与学生PK。学生对教师的导图进行评判（赞同或不赞同，说明理由） 　　　（4）全体同学修正自己的感知图，在启发最大处标记"！"	全班交流 深入研讨
凝练小结	指导凝练提升	目标：完成以"向量视角下空间中的距离问题解决"为核心的凝练图 内容：（教师点拨要点）总结归纳本节课学习的解决空间距离的各种方法，形成解题策略及其优化 要求：（1）学生总结收获，绘制凝练图 　　　（2）教师出示自己的凝练图，引领学生总结提升	反思总结 凝练建构
巩固提升	评估学习效果	（1）完成课后练习课 （2）对照量表再评	训练反馈 对标再评

四、单元知识图谱

向量在立体几何中应用的真正生命力来源于建立几何位置关系和向量运算的联系,实现向量语言对立体几何问题的描述。单元学习知识思维导图呈现了从五个方面梳理向量视角下的立体几何问题的解决,如图4-17所示。

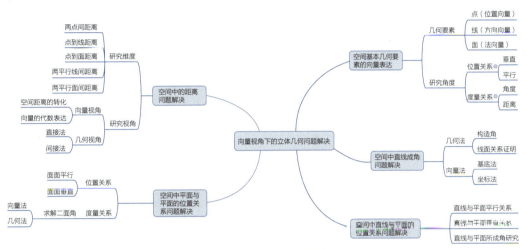

图4-17 单元知识图谱

五、单元学习凝练图

通过本单元教学,让学生学会运用向量解决立体几何中的问题,感悟向量方法在研究几何问题中的思维过程,体会空间向量对于研究解决立体几何问题时的内在思维价值,如图4-18所示。

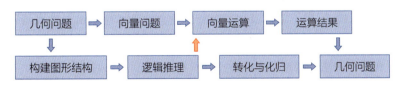

图4-18 单元学习凝练图

单元教学设计3:

高中英语"The Admirable"

一、单元设计思路

依据《普通高中英语课程标准（2017版）》，必修教材中普通高中英语课程对于语篇知识内容的要求如下：记叙文语篇的主要写作目的（如再现经历，传递信息，说明事实，想象创作）以及这类语篇的主要语篇结构特征（如该类语篇的必要组成部分和可选组成部分、各组成部分的顺序等）；语篇中段首句、主题句、过度句的作用，位置及行文特征；语境在语篇理解和语篇产出过程中的作用；语境与语篇结构、语篇内容的关系，比如通过语境预测语篇内容，通过语篇的内容推测语篇发生的语境。

语篇是语言学习的主要载体。语言学习者主要是在真实且相对完整的语篇中接触、理解、学习和使用语言。教师应该有意识地渗透有关语篇的基本知识，帮助学生形成语篇意识，把握语篇的结构特征，从而提高理解语篇意义的能力。同时，教师要引导学生充分利用语篇知识有效地获取和传递信息，表达观点和态度，达到运用语言与他人沟通和交流的目的。虽然每一类语篇有其共同的语篇结构和语言特征，但这些结构和特征也不是完全固定不变的。教师要在教学中注意引导学生观察和分析具体语篇的结构和语言特征，即关注语篇的各个组成部分以及语篇所用的语言是如何表达意义的，避免单纯讲授语篇知识。

依据《普通高中英语课程标准（2017版）》，必修教材中普通高中英语课程对于语言理解性技能的要求如下：从语篇中提取主要信息和观点，理解语篇要义；理解语篇中显性或隐性的逻辑关系；把握语篇中主要时间的来龙去脉；抓住语篇中的关键概念和关键细节；批判性地审视语篇内容；把握语篇结构以及语言特征；在听、读、看的过程中有选择地记录所需信息。

语言学习具有持续性和渐进性的特点。听、说、读、看、写等语言技能的培养是持续和渐进的过程，学生只有在具体的学习活动中不断实践，才能达到最终目标。在实际教学中，教师要根据学生的实际情况，设计由浅入深、由易到难的各种语言实践活动。

北师大版必修二第六单元的话题为"The Admirable"（令人敬佩的人）。本单元围绕核心话题为学生提供了丰富、文体多样的语料，例如Narrative，Speech等。在丰富多样语料的浸润下，学生通过阅读、视听，从不同方面了解这些英雄人物的经历，谈论他们身上的优秀品行、人生态度和生命的意义与价值。通过从直观认知科学家屠呦呦、马丁·路德·金、Christopher Reeve（克里斯托弗·里夫），到深入了解这些人物的优秀品格，学生思维的深刻性不断得到提升。学生认识到伟人的品质、成就，以及生命的意义。在此过程中，学生也在不断地了解自我、了解他人、了解世界。本单元的学习对于学生的学科素养发展具有重要的价值。

结合课标要求，本学习单元尝试通过基于主题的多模态群文阅读，使学生在阅读的过程中学习运用提取、对比、联想、归纳和评价等阅读策略，从基本事实信息（学习理解层面）、优秀品质理解（实践应用）和联系自身实际（迁移创新）三个层面加深对单元主题"The Admirable"的认识，课时设计图如图4-19所示。

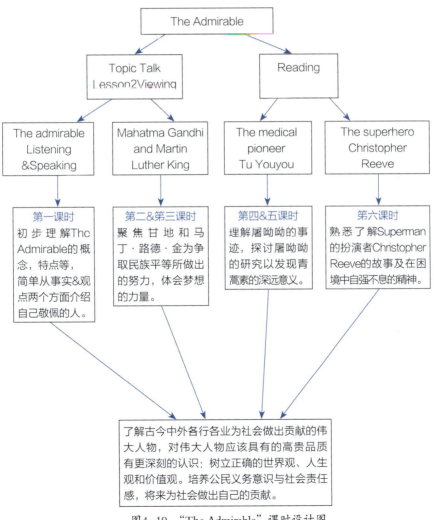

图4-19 "The Admirable"课时设计图

二、单元学习目标

（1）获取、梳理并整合"The Admirable"相关人物的事件等事实性信息。

（2）辨识单元语篇的文体和整体结构。获取、梳理并概括文体特征。

（3）利用自己的语言向他人口头介绍自己敬佩的人，表达个人见解和情感。

（4）增强对令人敬佩之人的事迹及其贡献的认识，分析代表人物的优秀品质，总结他们的共性与不同。谈论对自己触动最深的品质以及自己的收获。

（5）联系所学与自身实际，思考自己在未来职业发展方面应该具备的重要品质，意识到自己的社会责任，更加全面地认识生命的价值与意义。

三、单元学习核心任务

在本单元的学习中，学生在"The Admirable"语境中，较为熟练地使用已有的英语语言知识，辨识语篇的整体结构和文体。例如通过学习，学生认识到Lesson1 Medical Pioneer 为倒叙类的记叙文，Viewing部分提供的是Speech。学生在熟悉的语境中理解多模态语篇传递的要义、主要信息和意图。学生通过听、看、读了解自己敬佩的人背后的故事，能够利用自己的语言向他人介绍自己敬佩的人，表达个人见解和情感。增强对令人敬佩之人的事迹及其贡献的认识，分析代表人物的优秀品质，总结他们的共性与不同。进而来思考作为中学生的自己所承载的社会角色，自己如何用实际行动来诠释人生的价值与树立一种正确的、积极向上的、为他人服务的生活态度。

本单元的学习内容有助于提升学生的学习兴趣，帮助他们建立主动的学习态度。课堂上设计角色扮演等活动有利于提升他们主动参与语言实践的意识。在单元学习中，学生还能够利用多种学习渠道，特别是网络资源，获取最新的知识和信息，并结合学习目标对信息资料进行选取与整合。

1. 核心任务一

（1）学习内容。

了解本单元三位不同领域的杰出代表的事迹以及他们对人民、为社会做出的杰出贡献。

三位代表人物：医学先锋屠呦呦，超级英雄Christopher Reeve，民族领袖马丁·路德·金。

（2）核心问题。

三位代表人物所面临的困境是什么以及他们是如何应对人生挫折的？他们的哪些做法给你留下了深刻的印象，为什么？他们为人民、为社会带来的积极影响有哪些？

（3）学习目标量规（表4-21）。

问题：在这种思路的操作中，每个核心任务的目标指向更加清晰，但是维度会比较单一。

表4-21 "The Admirable"学习目标量规

学习目标		掌握程度			
		能独立完成	经同伴帮助完成	经教师点拨完成	未完成
记忆	回顾：回忆并分享所了解的三位领军人物——医学先锋屠呦呦、超级英雄Christopher Reeve、民族领袖马丁·路德·金的背景信息				
理解	举例：列出屠呦呦取得突破的过程中所面临的困难，超级英雄Christopher Reeve所遭遇的人生挫折，民族领袖马丁·路德·金所遭受的不平等的待遇和引导民族运动的坎坷				
	概要：能够通过阅读获取信息，概括出三位杰出人物在面对人生困境时所采取的应对措施				
	说明：在群文阅读的过程中，说明三位杰出人物为他人、为社会做出的贡献				
分析	区分：区分三位杰出人物在不同领域所做出的贡献的相同之处和不同之处 相同之处：Inspiring others 不同之处：Save lives/Help/Win the equal rights				
	结构化：构画以"The Admirable"为核心的感知图、精细图				
	解构：判断出给自己留下最深印象的情节及分享原因				
创作	建构：构建以Struggling against Hardship为核心的凝练图，高度概括出三位杰出人物为他人、为社会做出的贡献。				

（4）课前导学（图4-20）。

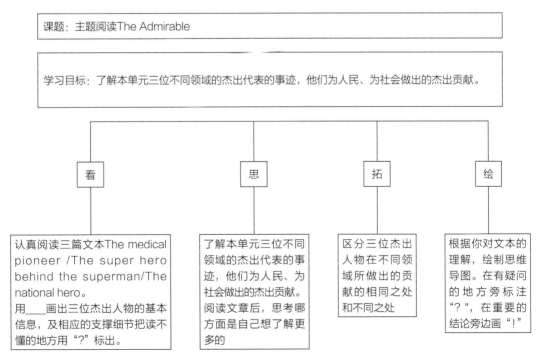

图4-20 "The Admirable"课前导学图

课前导学图是教师根据教学内容、教学重难点设计的，供学生预习使用。学生据此预先自学课上学习内容，并绘制感知图。在此过程中，学生会自己发现和提出问题。提出的问题先尝试自己解决，如果自己可以解决，就用"★"做出标记；如果有自己解决不了的问题，就用"？"做好标记，在课上提出问题。

学生根据课前导学图绘制出的感知图，是学生可视化的认知起点，它帮助教师明确学生的认知起点，同时让学生也清楚自己课堂学习的着力点，这就为课上的研讨交流、凝练提升打下了良好的基础。

（5）课中导学（表4-22）。

基本事实信息—经历的挫折—走出困境—现实意义与影响。

表4-22 课中导学

环节	教师活动	活动具体实施（目标、内容、要求）	学生活动
学习目标	明确学习目标	对照量规进行初步自我评判，清楚自己的认知起点、待提升处及努力方向	浏览目标明确方向
小组讨论	组织小组交流	两个人交流：分别介绍自己的思维导图（感知图），重点交流三位代表人物的所面临的困境是什么。他们是如何应对人生挫折的？他们为他人、为社会带来的积极影响有哪些？交流自己的理解和疑问点，讨论有分歧之处。若分歧能达成一致，则自行修改；若不能解决，则在分歧处 用"？"标记，并在启发最大处标记"！"。 四个人交流：讨论各自标记的疑问点，并将共同的疑问提炼成问题（如，是什么因素支撑他或是助力他们走出困境？他们走出困境的现实意义与影响有哪些？）	同伴交流互构重构
全班交流	引导全班探究	解决疑难：各组交流疑难问题，归类整合，聚焦共性，展开全班讨论，达成共识 探讨核心问题：三位杰出人物在不同层次方面为他人、为社会带来的影响 先由学生阐述和展示观点，讨论交流；最后呈现教师针对核心问题绘制的结构图 相互评判和探讨。必要时由教师为学生提供必要的学习支架：例如language support	全班交流深入研讨
凝练小结	指导凝练提升	学生修正完善感知图，在启发最大处标记"！"，形成精细图	反思总结凝练建构
巩固提升	评估学习效果	借助反馈训练，学生再次对标评估，从而明确优势和不足，及时弥补缺漏	训练反馈对标再评

2. 核心任务二

（1）学习内容。

学生通过基于主题阅读的精读，从文本标题入手，分析三位代表人物的优秀品质，总结他们的共性与不同。

（2）核心问题。

探讨三个语篇标题背后的隐性意义

屠呦呦为什么被称作Medical pioneer（医学先锋）？基于文本，如何理解Pioneer一词的含义？

Christopher Reeve 为什么可以被称为Super hero（超级英雄）？如何理解标题The super hero behind the superman？

Martin Luther King 为什么可以被称National hero（民族英雄）？如何理解标题National hero 中national 一词的含义？

（3）学习目标量规（表4-23）

表4-23 主题阅读课学习目标量规

	学习目标	掌握程度			
		A能独立完成	B经同伴帮助完成	C经教师点拨完成	D未完成
记忆	回顾：三位杰出人物克服困境的经历，对人民、对社会做出的贡献				
理解	举例：列出三位杰出人物的典型事例来支撑他们相关的优秀品质				
	推论：基于理解对人物特征进行推理与论证，对三位人物形象进行分析				
	概要：能够用恰当多样的形容词概括出三位杰出人物的优秀品质				
分析	结构化：在组内讨论，对三位人物形象进行分析。学生在事先准备好彩色纸条上写出形容词并准备好相应的原因论证来支持自己所写下的形容词				
	解构：深入挖掘细节信息，分析，结合标题中的关键词Medical pioneer，Super hero，National hero 来提取关键品质				
评估	辩证：探讨三个语篇标题背后的隐性意义 屠呦呦为什么被称作Medical pioneer（医学先锋）？基于文本，如何理解Pioneer一词的含义？ Christopher Reeve 为什么可以被称为Super hero（超级英雄）？如何理解标题The super hero behind the superman？Martin Luther King 为什么可以被称National hero（民族英雄）？如何理解标题National hero 中National 一词的含义？				
创作	建构：分析代表人物的优秀品质，总结他们的共性与不同。以Essential qualities 为核心，构建凝练图				

（4）课前导学（图4-21）。

Viewing 部分的材料选择要在内容与结构方面与记叙义文本更加吻合。

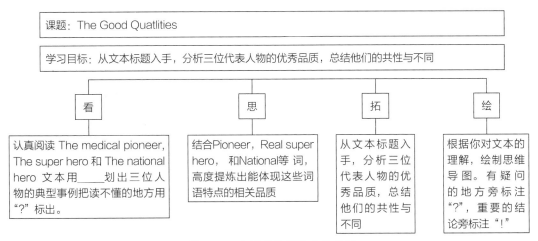

图4-21 主题阅读课课前导学图

（5）课中导学（表4-24）。

表4-24 主题阅读课课中导学

环节	教师活动	活动具体实施（目标、内容、要求）	学生活动
学习目标	明确学习目标	对照量规进行初步自我评判，清楚自己的认知起点、待提升处及努力方向	浏览目标 明确方向
小组讨论	组织小组交流	两个人交流：分别介绍自己的思维导图（感知图），重点交流三位代表人物的优秀品质及相应具体事例的支持。交流自己的理解和疑问点，讨论有分歧之处。若分歧能达成一致，则自行修改；若不能解决，则在分歧处用"？"标记，并在启发最大处标记"！" 四个人交流：讨论各目标记的疑问点，并将共同的疑问提炼成问题（如通过哪些具体的典型事例体现出标题中的关键词Pioneer, Real super hero 和National hero？）	同伴交流 互构重构
全班交流	引导全班探究	解决疑难：各组交流疑难问题，归类整合，聚焦共性，展开全班讨论，达成共识 探讨核心问题：从文本标题入手，分析三位代表人物的优秀品质，总结他们的共性与不同 讨论交流；最后呈现教师针对核心问题绘制的结构图 相互评判和探讨。必要时由教师为学生提供必要的学习支架，例如Language support	全班交流 深入研讨
凝练小结	指导凝练提升	学生修正完善感知图，在启发最大处标记"！"，形成精细图	反思总结 凝练建构
巩固提升	评估学习效果	借助反馈训练，学生再次对标评估，从而明确优势和不足，及时弥补缺漏	训练反馈 对标再评

3. 核心任务三

（1）学习内容。

结合自身实际，联系所学与自身实际，思考自己在未来职业发展方面所应该具备的重要品质，认识生命的价值，树立正确的人生观和价值观。

致敬屠呦呦作为医学先锋自强不息、肯于奉献的精神。与此同时，明确作为青少年，自己在面对挫折时所应该具备什么样的心态和能力？树立与困难做斗争的勇气与决心，感受什么是真正的超级英雄、了解马丁·路德·金成为黑人民权运动领袖的事迹及反对任何战争，确信基于爱的非暴力抵抗是美国黑人争取自由的道路，终身奉之不渝的精神。

（2）核心问题。

联系所学与自身实际，思考自己在未来职业发展方面所应该具备的重要品质。思考什么是生命的价值与意义。作为青少年，自己目前与将来的社会责任是什么？

（3）学习目标量规（表4-25）。

表4-25 总结课学习目标量

	学习目标	掌握程度			
		A能独立完成	B经同伴帮助完成	C经教师点拨完成	D未完成
记忆	回顾：回顾三位杰出人物在不同领域所做出的贡献的相同之处和不同之处 回顾代表人物的优秀品质，总结他们的共性与不同				
理解	举例：使用实际的例子来表达作为青少年，自己目前拥有的重要品质有哪些？未来自己希望达成的Achievement是什么？				

续表

学习目标		掌握程度			
		A能独立完成	B经同伴帮助完成	C经教师点拨完成	D未完成
理解	推论：结合文章与实际，推论得出自己可能会面临什么样的挫折？在面对挫折时所应该具备什么样的心态和能力？				
	概要：概括出自己对生命的价值与意义的认识				
分析	结构化：绘制以"Road to success"为核心的感知图、精细图				
	解构：在讨论的过程中，学生意识到在未来逐梦的道路上，自己的追求不仅仅是为了个人利益、兴趣的实现，与此同时，也应该考虑为他人、为社会带来的意义，什么才是有价值的梦想 在逐梦的路上，面临困境时自己应该如何应对？我们所学的这些令人敬佩的人给我们带来的启发与影响有哪些？				
创作	建构：完成以"The society and I"为核心的凝练图				

（4）课前导学（图4-22）。

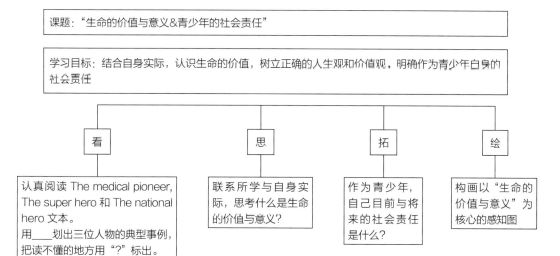

图4-22　总结课课前导学图

（5）课中导学（表4-26）。

表4-26　总结课课中导学

环节	教师活动	活动具体实施（目标、内容、要求）	学生活动
学习目标	明确学习目标	对照量规进行初步自我评判，清楚自己的认知起点、待提升处及努力方向	浏览目标 明确方向
小组讨论	组织小组交流	两个人交流：分别介绍自己的思维导图（感知图），重点交流结合三篇文章，自己对生命的价值与意义的认识。交流自己的理解和疑问点，讨论有分歧之处。若分歧能达成一致，则自行修改；若不能解决，则在分歧处用"?"标记，并在启发最大处标记"!"。 四个人交流：讨论各自标记的疑问点，并将共同的疑问提炼成问题（联系自身实际，说一说青少年所应该具有的社会责任有哪些，应如何践行自己的社会责任）	同伴交流 互构重构

续表

环节	教师活动	活动具体实施（目标、内容、要求）	学生活动
全班交流	引导全班探究	解决疑难：各组交流疑难问题，归类整合，聚焦共性，展开全班讨论，达成共识。 探讨核心问题：联系自身实际，青少年所应该具有的社会责任有哪些？如何践行自己的社会责任？ 讨论交流；最后呈现教师针对核心问题绘制的结构图相互评判和探讨。必要时由教师为学生提供必要的学习支架，例如Language support	全班交流深入研讨
凝练小结	指导凝练提升	学生修正完善感知图，在启发最大处标记"！"，形成精细图	反思总结凝练建构
巩固提升	评估学习效果	借助反馈训练，学生再次对标评估，从而明确优势和不足，及时弥补缺漏	训练反馈对标再评

四、单元知识图谱

单元知识图谱的建立以"The Admirable"（令人敬佩的人）为核心。从三个杰出代表人物：医学先锋屠呦呦、超级英雄Christopher Reeve、民族领袖马丁·路德·金为出发点，选取典型事例，从个人基本信息、走出困境的过程、个人成就和优秀品质四个层面梳理单元的重点知识，如图4-23所示。

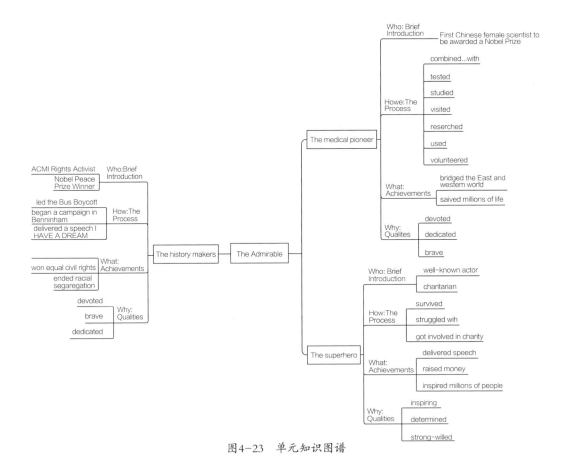

图4-23 单元知识图谱

五、单元学习凝练图

凝练图以 A Sun to Shine 为基础图形,最核心的部分为令人敬佩的人。太阳所发散出的光则为三位杰出人物所具有的共性品质,寓意为这些优秀品质为他人带来的积极影响,如图4-24所示。

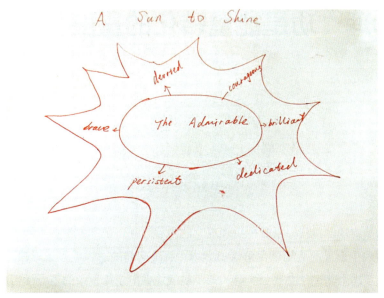

图4-24 单元学习凝练图

单元教学设计 4：

高中物理"功是能量转化的量度"

一、单元设计思路

能量观念是物理学科核心素养中物理观念的内容之一，是学生学习了能量相关概念和规律之后，在实践中形成的从能量视角认识事物、解决问题的意识或思维习惯。"功是能量转化的量度"是《高中物理·必修二》第八章《机械能守恒定律》中的重点学习单元。该单元是包括重力势能、弹性势能、动能在内的各种能量的概念和能量变化时的功能关系讨论。学生将进一步从定量的角度学习并发展动能、势能等概念，逐步建立"可以通过做功的多少，定量地研究能量及其相互转化"的观念，进而理解机械能守恒定律。结合动能定理了解演绎推理；在重力势能的教学中体会极限方法。通过解决导学问题，探究各物理概念的定量表达式。理解科学概念和规律的普遍性。

功与能之所以紧密相连，是因为人们在对能量的认识中发现不同能量之间是可以相互转化的。那么如何度量能量转化的多少呢？通过引入功这一概念，也提供了理解能量概念的另一个角度，即一个物体具有对外做功的本领，那么我们就说它具有能量。因此在教学中要注重功能关系的建立，从做功的角度入手讲解重力势能、弹性势能以及动能等概念，同时使学生理解力做功引起相应能量变化的物理规律。

经过动能及动能定理的学习，学生会了解引入动能概念的必要性；认识动能大小跟速率二次方程正比所带来的速率对动能影响的敏感关系；从公式及其现实含义领悟动能是标量；知道动能是描述物体能量状态的物理量。在理解和应用动能定理时，体会用动能定理解决问题的思路——一个过程（功）引起物体状态（动能）的变化；感受运用动能定理与运用牛顿运动定律解决问题的不同特点。

经过重力势能的学习，学生会理解重力做功与路径无关的特点，知道一个已知重力所做功的多少只取决于移动的始末位置。根据初中学过的做功过程就是能量转化过程的知识进行推理，可以得到这种能量跟物体所处位置有关的结论，定义这种能量为重力势能。这样就明确了重力所做功与重力势能变化的关系。

经过弹性势能的学习，学生能了解弹性势能的产生原因、影响弹性势能大小的因素，以及弹性势能跟其他形式能量的转化分析。通过能量的转化关系，在弹性势能和其他形式能量转化的过程中计算弹性势能的大小。

二、单元学习核心概念

学生通过初中的学习已初步建立起重力势能、动能的概念，而高中阶段的学习是将重力势能、动能概念由定性描述上升至定量表征。该单元通过是重力势能、弹性势能和动能概念的抽象、概括，以及对应功能关系的建构，达到对"功是能量转化的量度"观念的深入理解，如图4-25所示。

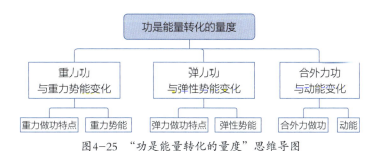

图4-25 "功是能量转化的量度"思维导图

三、单元学习核心任务

1. 核心任务一

（1）学习内容。

重力势能、重力势能的变化与重力做功的关系。

（2）核心问题。

通过研究什么力做功确定重力势能的表达式，两者的关系如何？

（3）学习目标量规（表4-27）。

表4-27 "功是能量转化的量度"学习目标量规

学习目标		达成评价			
		A独立完成	B经同伴帮助完成	C经教师点拨完成	D未完成
记忆	回顾：什么样的物体具有重力势能？				
	再认识：影响重力势能的因素有哪些？				

续表

学习目标		达成评价			
		A独立完成	B经同伴帮助完成	C经教师点拨完成	D未完成
理解	举例：物体沿不同路径从初位置移动到末位置过程中重力做功表达式				
	概述：重力做功的特点				
	推论：重力势能表达式				
	比较：重力做功与重力势能变化的关系				
运用	实施：选不同的零势能面，分析物体运动过程中的重力做功及重力势能的变化				
分析	区分：什么是重力势能的相对性为什么说重力势能是系统所具有的				
评估	辩证：根据所学知识辨识概念、分析具体情境中的重力做功与重力势能变化的问题				
创造	建构：做功会引起能量变化				

（4）课前导学（图4-26）。

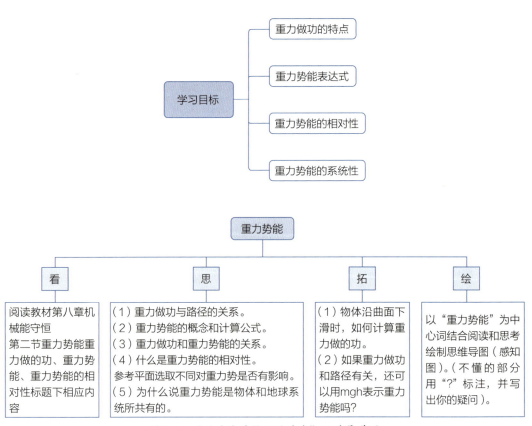

图4-26 "功是能量转化的量度"课前导学图

（5）课中导学（表4-28）。

表4-28 "功是能量转化的量度"课中导学

环节	教师活动	活动具体实施	学生活动
学习目标	明确学习目标	对照量规进行初步自我评判，清楚自己的认知起点、待提升处及努力方向	浏览目标 明确方向
小组讨论	展示讨论要求 组织小组交流	目标：解决目标量规中记忆和理解的内容。 内容：重力做功的特点；重力势能表达式；重力做功和重力势能变化的关系。 要求：先两个人交流，分别介绍自己的思维导图（感知图），重点交流重力做功特点和重力势能表达式，交流自己的理解和疑问，讨论有分歧之处。四个人交流：讨论各目标记的疑问点，并将共同的疑问提炼成问题	同伴交流 合作建构
全班交流	收集疑难问题 引导全班探究	目标：解决小组讨论中的问题，解决目标量规中运用、分析的内容。 内容：重力势能的相对性和系统性。 要求：各组交流疑难问题，归类整合，聚焦共性，展开全班讨论，达成共识。 探讨核心问题：重力做功与重力势能变化的关系是什么？重力势能的相对性和系统性。 先由学生阐述和展示观点，讨论交流；最后呈现教师针对核心问题绘制的结构图，相互评判和探讨	质疑提问 参与研讨
凝练小结	指导反思总结 引导凝练提升	目标：解决小组讨论中的问题，解决目标量规中评估、创造的内容。 内容：根据所学知识辨识概念、分析具体情境中的重力做功与重力势能变化的问题。建立功是能量的转化量度观念。 要求：学生修正并完善感知图，形成精细图	反思提炼 自主建构
巩固提升	明确反馈要求 评估学习效果	（1）完成反馈练习 （2）对照量表再评	完成训练 对标再评

2. 核心任务二

（1）学习内容。

弹性势能

（2）核心问题。

通过研究什么力做功可以确定弹性势能表达式？

弹力做功与弹性势能变化的关系是什么？

（3）学习目标量规（表4-29）。

表4-29 "弹性势能"学习目标量规

	学习目标		达成评价			
			A独立完成	B经同伴帮助完成	C经教师点拨完成	D未完成
记忆	回顾：什么是弹性势能					
	再认识：影响弹性势能的因素					
理解	概述：弹力做功特点					
	比较：弹力做功与弹性势能变化的关系					
	说明：弹性势能的表达式					
运用	实施：在具体物体运动过程问题中，分析弹力做功和弹性势能变化的关系					
评估	辩证：是否可以定义"摩擦力势能"					
创造	建构：做功会引起能量变化					

（4）课前导学（图4-27）。

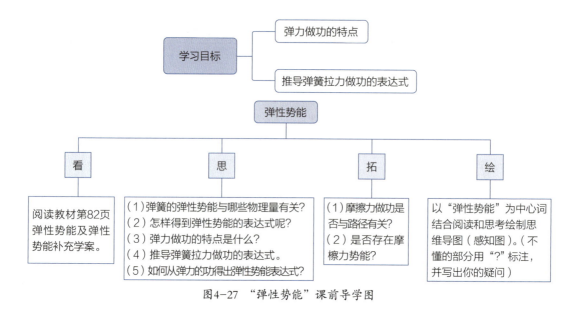

图4-27 "弹性势能"课前导学图

补充学案：

问题1：轻质弹簧（劲度系数为k）缓慢从原长位置O到A的过程，弹簧的弹力对手做的功如何求解？如图4-28所示。

问题2：请类比速度时间图像求解匀变速直线运动位移，推导手对弹簧弹力做功的表达式。

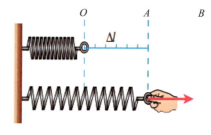

图4-28 轻质弹簧做功图

问题3：轻质弹簧在手的拉力作用下从O直接到A，或是从O先到B，再从B回到A，两个过程手的弹力对弹簧做功相同吗？

问题4：如果弹力做功只与它的初位置和末位置有关，而与运动路径无关，是否可以引入由位置决定的弹性势能？基于上面问题的讨论，弹力做功与弹性势能变化之间有什么样的关系？

问题5：学习完"重力势能"和"弹性势能"后，请概括同一研究对象的"势能"与什么有关？

问题6：假如"重力做功与物体运动路径有关"，我们还能定义"重力势能"这一概念吗？为什么没有定义"摩擦力势能"的概念呢？

（5）课中导学（表4-30）。

表4-30 "弹性势能"课中导学

环节	教师活动	活动具体实施	学生活动
学习目标	明确学习目标	对照量规进行初步自我评判，清楚自己的认知起点、待提升处及努力方向	浏览目标明确方向

续表

环节	教师活动	活动具体实施	学生活动
小组讨论	展示讨论要求 组织小组交流	目标：解决目标量规中记忆和理解的内容 内容：弹力做功的特点；弹力做功和弹性势能变化的关系 要求：两个人交流，分别介绍自己的思维导图（感知图），重点交流弹力做功特点和弹力做功与弹性势能变化的关系，交流自己的理解和疑问点，讨论有分歧之处 若分歧能达成一致，则自行修改；若不能解决，则在启发最大处标记"!" 四个人交流，讨论各目标记的疑问点，并将共同的疑问提炼成问题	同伴交流 合作建构
全班交流	收集疑难问题 引导全班探究	目标：解决目标量规中理解、运用的内容 内容：弹力做功的特点；如何求解变力做功；弹力做功和弹性势能变化的关系 要求：各组交流疑难问题，归类整合，聚焦共性，展开全班讨论，达成共识。探讨核心问题：弹力做功特点；如何求解变力做功。先由学生阐述和展示观点，讨论交流；最后呈现教师针对核心问题绘制的结构图，相互评判和探讨	质疑提问 参与研讨
凝练小结	指导反思总结 引导凝练提升	目标：解决目标量规中分析、创造的内容 内容：理解只有力做功只与位置有关，与路径无关时，才能引入势能概念。建立功是能量的转化量度观念 要求：学生修正完善感知图，形成精细图	反思提炼 自主建构
巩固提升	明确反馈要求 评估学习效果	（1）完成反馈练习 （2）对照量表再评	完成训练 对标再评

3. 核心任务三

（1）学习内容。

动能和动能定理

（2）核心问题。

通过研究什么力做功可以得到动能表达式？两者之间有什么关系？

如何运用动能定理解释生活生产中的现象或者解决实际问题？

（3）学习目标量规（表4-31）。

表4-31 "动能和动能定理"学习目标量规

	学习目标	达成评价			
		A独立完成	B经同伴帮助完成	C经教师点拨完成	D未完成
记忆	回顾：什么样的物体具有动能				
	再认识：影响动能的因素有哪些				
理解	举例：利用牛顿第二定律和运动学公式分析物体在恒力作用下运动过程合力功的表达式				
	概述：动能表达式				
	比较：合外力做功与动能变化的关系				
	说明：动能定理				
运用	实施：正确运用动能定理解决课前练习				
分析	结构化：运用动能定理解决问题的思路				
评价	辩证：动能定理对变力做功、曲线运动同样适用				
创造	建构：做功会引起能量变化				

（4）课前导学（图4-29）。

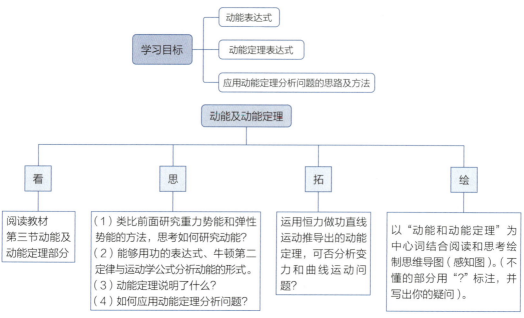

图4-29 "动能和动能定理"课前导学图

（5）课中导学（表4-32）。

表4-32 动能和动能定理课中导学

环节	教师活动	活动具体实施	学生活动
学习目标	明确学习目标	对照量规进行初步自我评判，清楚自己的认知起点、待提升处及努力方向	浏览目标明确方向
小组讨论	展示讨论要求组织小组交流	目标：解决目标量规中记忆和理解的内容 内容：动能表达式；合力做功和动能变化的关系 要求：两个人交流，分别介绍自己的思维导图（感知图），重点交流动能表达式的获得过程，交流自己的理解和疑问点，讨论有分歧之处。若分歧能达成一致，则自行修改；若不能解决，则在分歧处用"?"标记，并在启发最大处标记"!"。四个人交流，讨论各自标记的疑问点，并将共同的疑问提炼成问题	同伴交流合作建构
全班交流	收集疑难问题引导全班探究	目标：解决目标量规中运用、分析的内容。 内容：动能定理；如何运用动能定理解决问题。 要求： （1）各组交流疑难问题，归类整合，聚焦共性，展开全班讨论，达成共识。 （2）探讨核心问题：动能定理；动能定理应用。 （3）先由学生阐述和展示观点，讨论交流；最后呈现教师针对核心问题绘制的结构图，相互评判和探讨	质疑提问参与研讨
凝练小结	指导反思总结引导凝练提升	目标：解决目标量规中评价、创造的内容。 内容：动能定理对变力做功、曲线运动同样适用，建立功是能量的转化量度观念。 要求：学生修正完善感知图，形成精细图	反思提炼自主建构
巩固提升	明确反馈要求评估学习效果	（1）完成课前练习 （2）对照量表再评	完成训练对标再评

四、单元知识图谱

单元知识图谱（图4-30）。

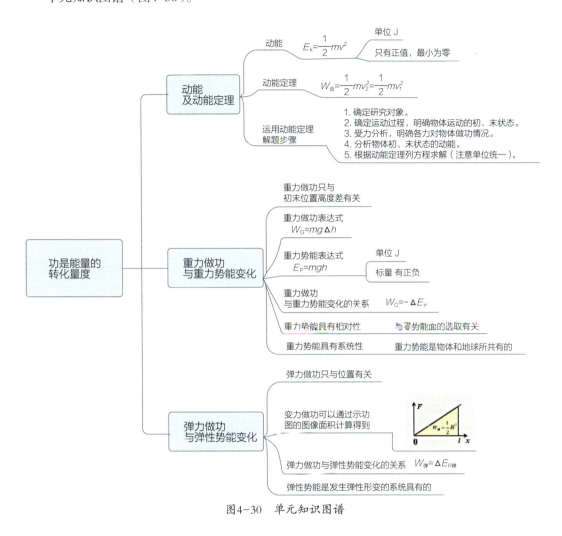

图4-30 单元知识图谱

五、单元学习凝练图

单元学习凝练图（图4-31）。

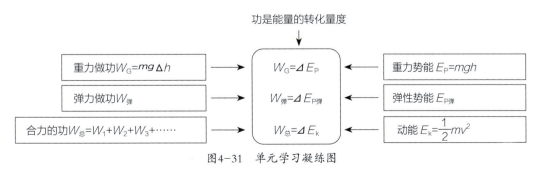

图4-31 单元学习凝练图

单元教学设计 5：

高中化学"物质性质与物质转化"

一、单元设计思路

本部分内容隶属于鲁科版教材必修一第三章，本章分为三节，分别是第一节《铁的多样性》、第二节《硫的转化》、第三节《氮的循环》，外加微项目：论证重污染天气"汽车限行"的合理性——探讨社会性科学议题。在《普通高中化学课程标准（2017年版2020年修订）》中，对于金属及其化合物做了如下内容要求：结合真实情境中的应用实例或通过实验探究，了解钠、铁及其重要化合物的主要性质，了解这些物质在生产、生活中的应用；对于非金属及其化合物做了如下内容要求：结合真实情境中的应用实例或通过实验探究，了解氯、氮、硫及其重要化合物的主要性质，认识这些物质在生产中的应用和对生态环境的影响。两部分内容都提到要以真实情境或实验探究为背景进行系统的元素化合物的学习。本章是在第一章以钠、氯两种元素为典型促进学生学习具体物质类比认识方式的基础上，将铁、硫、氮集中学习，通过方式方法的巩固应用促进学生形成价类二维认识方式。每种元素以价类二维图的书写为起点，结合类别、价态两个角度的分析预测，逐步通过实验验证、获得实验结论，最终归纳总结各元素及其化合物的性质。

二、单元学习核心概念

本章内容是在聚焦研究方法和聚焦核心观念后，对于前两章的具体应用和发展，是利用方法和观念认识具体元素化合物，是研究物质性质的方法和观念的进一步发展。依据课程标准的内容要求和学业要求，要求学生通过学习能够依据物质类别和元素价态列举某种元素的典型代表物；能从物质类别、元素价态角度，依据基本原理预测物质的化学性质和变化，设计实验进行初步验证,并能分析、解释有关实验现象;能从物质类别和元素价态变化的视角说明物质的转化路径;通过研究学习分析生产、生活以及环境中的某些常见问题,有意识运用所学知识参与社会性议题的讨论。通过研究方法和核心观念的学习和应用后,形成基于物质类别、元素化合价认识无机物的角度和思路,即价类二维的系统元素观,科学合理使用物质,综合提升学生科学探究与创新意识、科学态度与社会责任等化学学科核心素养,本单元的思维导图如图4-32所示。

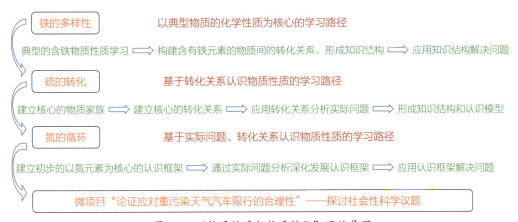

图4-32 "物质性质与物质转化"思维导图

三、单元学习核心任务

1. 核心任务一:铁的多样性

(1)学习内容。

认识铁的多样性。

(2)核心问题。

零件加工厂废弃大量的铁屑(主要是Fe,包含少量Fe_2O_3和Fe_3O_4),如何利用这些废料制取氢氧化铁?以Fe为原料,请设计出你的反应路线图。在二维图中标出路线并写全相应反应。以Fe_2O_3或Fe_3O_4为原料,如何设计生成$Fe(OH)_3$的反应路线?请绘制路线,标记序号,完成下表。

此任务是学生在充分梳理好铁及其化合物的相关转化关系后,对物质转化的实际应用,以达到熟练应用的目的。

(3)学习目标量规(表4-33)。

4-33 "铁的多样性"单元导学量规

学习目标		达成评价			
		A独立完成	B经同伴帮助完成	C经教师点拨完成	D未完成
记忆	回顾:初中所学铁的性质				
理解	比较:运用类别角度比较梳理性质的方法				

续表

学习目标		达成评价			
		A独立完成	B经同伴帮助完成	C经教师点拨完成	D未完成
运用	实施：类比研究金属钠的性质方法，运用类别和价态两个角度预测含铁元素物质的性质				
分析	结构化：构画以"铁的多样性"为核心的感知图、精细图				
评估	辩证：能够正确梳理含铁元素物质间的转化关系，辨析含铁元素物质之间转化的逻辑关联				
	判断：在整体把握含铁元素物质转化关系内容的基础上，能够应用知识和原理解决实际问题				
创造	假设：能够在不同情境下进行实际问题的解决				

（4）课前导学（图4-33）。

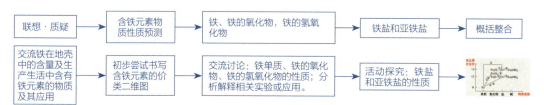

图4-33 "铁的多样性"课前导学图

（5）课中导学（表4-34）。

表4-34 "铁的多样性"课中导学

环节	教师活动	活动具体实施（目标、内容、要求）	学生活动
学习目标	明确学习目标	能够依照价类二维图对含铁元素的物质之间的转化进行系统梳理，能够应用含铁元素的物质性质进行实际问题的解决	浏览目标明确方向
小组讨论	小组交流	目标：依照价类二维图梳理含铁元素的物种之间的转化关系；设计方案完成合成$Fe(OH)_3$的反应路线。 内容：教师预设学习任务： （1）初步尝试将含铁元素物质填写在价类二维图中。 （2）围绕物质类别和化合价角度对含铁元素的性质进行预测、验证、得出结论。 （3）应用含铁元素的物质性质进行实际问题的解决。 要求：组内交流：分别介绍自己的"铁的多样性"导学图，重点交流各自的确定处和疑问处，并讨论有分歧之处。若分歧能达成一致，则自行修改；若不能解决，则在分歧处用"？"标记，将其凝练成问题，写在白纸上，准备班级交流	（1）小组讨论完成价类二维图 （2）小组进行实验方案设计、操作、分析、结论 （3）小组讨论完成合成$Fe(OH)_3$的反应路线
全班交流	引导全班探究	目标：完善铁元素价类二维图；共同讨论确定实验验证方案设计，完成实验及相关结论 内容：含铁元素物质性质的验证方案。 要求： （1）呈现各组学生的方案，找到异同，聚焦主要问题，引导全班研讨交流。 （2）聚焦教师预设学习任务中学生出现问题较多的细节，引导全班研讨交流，给学生提供必要的学习资料。 （3）全体同学修正自己方案中的疏漏之处，在关键信息处标记"△"	全班交流深入研讨
凝练小结	指导凝练提升	目标：完成以"铁的多样性"为核心的凝练图 内容：（教师点拨要点）探秘关键：运用研究物质性质的方法和观念，梳理含铁元素的物质的性质转化；应用转化关系解决实际问题。 要求： （1）学生总结研究物质性质的方法和观念，绘制凝练图。 （2）教师出示自己的凝练图，引领学生总结提升	反思总结凝练建构
巩固提升	评估学习效果	完成详细的含铁元素物质转化关系图，并应用转化关系完成一道关于铁及其化合物的综合试题	训练反馈对标再评

2. 核心任务二

（1）学习内容。

"硫的转化"。

（2）核心问题。

①阅读教材第100页，梳理出硫酸工业生产演变过程中的化学原理。

②阅读教材，交流讨论总结酸雨的形成、危害及防止措施。

经过对含硫物质间转化关系的梳理，结合实际问题进行分析，拉近理论与实践的距离，体会化学与生活密切相关。

（3）学习目标量规（表4-35）。

表4-35 "硫的转化"单元导学量规

学习目标		达成评价			
		A独立完成	B经同伴帮助完成	C经教师点拨完成	D未完成
记忆	回顾：初中所学硫单质的性质				
理解	比较：运用类别角度比较梳理硫单质性质的方法				
运用	实施：类比研究氯及其化合物的性质方法，运用类别和价态两个角度预测含硫元素物质的性质				
分析	结构化：绘制以"硫的转化"为核心的感知图、精细图				
评估	辩证：能够正确梳理含硫元素物质间的转化关系，辨析含硫元素物质之间转化的逻辑关联；能够结合所学对社会性议题进行辩证讨论				
	判断：在整体把握含硫元素物质转化关系内容的基础上，能够应用知识和原理解决实际问题				
创造	假设：能够在不同情境下进行实际问题的解决				

（4）课前导学（图4-34）。

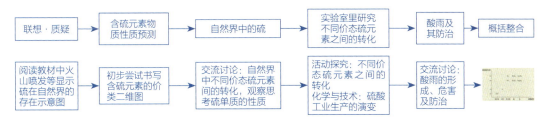

图4-34 "硫的转化"课前导学图

（5）课中导学（表4-36）。

表4-36 "硫的转化"课中导学

环节	教师活动	活动具体实施（目标、内容、要求）	学生活动
学习目标	明确学习目标	能够依照价类二维图对含硫元素的物质之间的转化进行系统梳理，能够应用含硫元素的物质性质进行实际问题的解决，能够对社会性议题进行合理讨论	浏览目标 明确方向

续表

环节	教师活动	活动具体实施（目标、内容、要求）	学生活动
小组讨论	小组交流	目标：依照价类二维图梳理含硫元素的物种之间的转化关系；能够依据性质解决相关实际问题；能够通过阅读教材结合含硫元素物质的性质，梳理硫酸工业的发展史；能够结合含硫元素物质的性质讨论二氧化硫的"功"与"过" 内容：教师预设学习任务： （1）初步尝试将含硫元素物质填写在价类二维图中 （2）围绕物质类别和化合价角度对含硫物质的性质进行预测、验证、得出结论 （3）应用含硫元素的物质性质进行实际问题的解决 （4）结合含硫元素物质的性质讨论二氧化硫的"功"与"过"。 要求：组内交流：分别介绍自己的"硫的转化"导图，重点交流各自的确定处和疑问处，并讨论能否达成一致。若分歧能达成一致，则自行修改；若不能解决，则在分歧处用"?"标记，将其凝练成问题，写在白纸上，准备班级交流	（1）小组讨论完成价类二维图 （2）小组进行实验方案设计、操作、分析、得出结论 （3）小组讨论对于二氧化硫的"功"与"过"社会议题的论据
全班交流	引导全班探究	目标：完善含硫元素价类二维图；共同讨论确定实验验证方案设计，完成实验及相关结论。阅读教材，梳理硫酸工业的发展史，巩固含硫元素物质间的转化。综合应用含硫元素物质的性质，讨论二氧化硫的"功"与"过"。 内容：含硫元素物质性质的验证方案，对于二氧化硫的"功"与"过"社会议题的论据 要求： （1）呈现各组学生的方案，找到异同点，聚焦主要问题，引导全班研讨交流 （2）聚焦教师预设任务中学生出现问题较多的细节，引导全班研讨交流，给学生提供必要的学习资料 （3）全体同学修正自己方案中的疏漏之处，在关键信息处标记"△"	全班交流 深入研讨
凝练小结	指导凝练提升	目标：完成以"硫的转化"为核心的凝练图 内容：探秘关键：运用研究物质性质的方法和观念，梳理含硫元素的物质的性质转化；应用转化关系解决实际问题，参与社会性议题的讨论 要求： （1）学生总结研究物质性质的方法和观念，构画凝练图 （2）教师出示自己的凝练图，引领学生总结提升	反思总结 凝练建构
巩固提升	评估学习效果	完成详细的含硫元素物质转化关系图，并应用转化关系完成一道关于硫的转化的综合试题	训练反馈 对标再评

3. 核心任务三

（1）学习内容。

氮的循环。

（2）核心问题。

梳理氮在自然界中的循环，写出各步转化方程式。

经过对含氮物质间转化关系的梳理，结合实际问题进行分析，拉近理论与实践的距离，体会化学与生活密切相关。

（3）学习目标量规（表4-37）

表4-37 "氮的循环"单元导学量规

学习目标		达成评价			
		A独立完成	B经同伴帮助完成	C经教师点拨完成	D未完成
记忆	回顾：初中所学氮气的性质				
理解	比较：运用类别角度比较梳理氮气性质的方法				
运用	实施：类比研究氯、硫及其化合物的性质方法，运用类别和价态两个角度预测含硫元素物质的性质				
分析	结构化：构画以"氮的循环"为核心的感知图、精细图				

续表

学习目标		达成评价			
		A独立完成	B经同伴帮助完成	C经教师点拨完成	D未完成
评估	辩证：能够正确梳理含氮元素物质间的转化关系，辨析含氮元素物质之间转化的逻辑关联；能够结合所学讨论氮在自然界中的循环及相关环境问题				
	判断：在整体把握含氮元素物质转化关系内容的基础上，能够应用知识和原理解决实际问题				
创造	假设：能够在不同情境下进行实际问题的解决				

（4）课前导学（图4-35）。

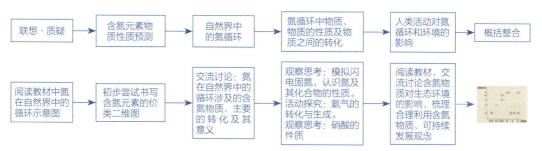

图4-35 "氮的循环"课前导学图

（5）课中导学（表4-38）。

表4-38 "氮的循环"课中导学

环节	教师活动	活动具体实施（目标、内容、要求）	学生活动
学习目标	明确学习目标	能够依照价类二维图对常见含氮元素的物质之间的转化进行系统梳理，能够应用含氮元素的物质性质进行实际问题如环境问题等的解决，能够对社会性议题进行合理讨论	浏览目标明确方向
小组讨论	小组交流	目标：依照价类二维图梳理含氮元素的物种之间的转化关系；能够通过阅读教材和查阅资料，了解氮元素在自然界的循环过程；能够依据性质解决相关实际问题；能够通过对含氮元素物质的综合学习，了解人类活动对氮循环和环境的影响，并初步尝试应用含氮元素物质的性质解决问题。 内容：教师预设学习任务： （1）初步尝试将含氮元素物质填写在价类二维图中 （2）围绕物质类别和化合价角度对含氮物质的性质进行预测、验证、得出结论 （3）应用含氮元素的物质性质进行实际问题的解决 （4）结合含氮元素物质的性质，基于真实背景、面对实际问题，综合整体性学习和应用元素化合物的学习路径实现五维核心素养的融合培养 要求：组内交流：分别介绍自己的"氮的循环"导图，重点交流各自的确定处和疑问处，并讨论有分歧之处。若分歧能达成一致，则自行修改；若不能解决，则在分歧处用"?"标记，将其凝练成问题，写在白纸上，准备班级交流	（1）小组讨论完成价类二维图 （2）小组进行实验方案设计、操作、分析，得出结论 （3）小组讨论对于二氧化硫的"功"与"过"社会议题的论据
全班交流	引导全班探究	目标：完善含氮元素价类二维图；共同讨论确定实验验证方案设计，完成实验及相关结论。以氮循环为线索，了解氮循环的主要过程，认识含氮物质，感受含氮物质间的转化，体会其意义。综合应用含氮元素物质的性质，应用价类二维图讨论"我心中的氮循环" 内容：含氮元素物质性质的验证方案；以氮循环为线索，了解氮循环的主要过程，认识含氮物质，感受含氮物质间的转化，体会其意义；讨论"我心中的氮循环" 要求： （1）呈现各组学生的方案，找到异同，聚焦主要问题，引导全班研讨交流 （2）聚焦教师预设任务中学生出现问题较多的细节，引导全班研讨交流，给学生提供必要的学习资料 （3）全体同学修正自己方案中的疏漏之处，在关键信息处标记"△"	全班交流深入研讨

续表

环节	教师活动	活动具体实施（目标、内容、要求）	学生活动
凝练小结	指导凝练提升	目标：完成以"氮的循环"为核心的凝练图 内容：探秘关键：运用研究物质性质的方法和观念，梳理含氮元素的物质的性质转化；应用转化关系解决实际问题，参与氮的循环及相关环境问题的讨论 要求： （1）学生总结研究物质性质的方法和观念，构画凝练图。 （2）教师出示自己的凝练图，引领学生总结提升	反思总结 凝练建构
巩固提升	评估学习效果	完成详细的含氮元素物质转化关系图，并应用转化关系完成一道关于氮循环的综合试题	训练反馈 对标再评

四、单元知识思维导图

单元知识思维导图（图4-36）。

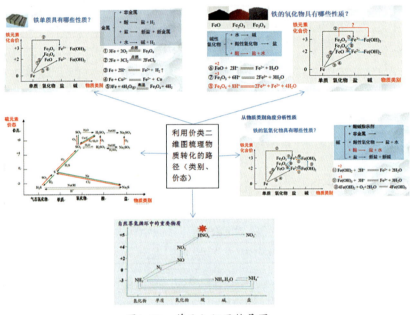

图4-36　单元知识思维导图

五、单元学习凝练图

本单元凝练的结果为通过对价类二维图的思考和应用全面梳理含铁、硫、氮元素物质的性质及转化关系，能够应用其性质解决和分析实际问题，本单元学习凝练图（图4-37）。

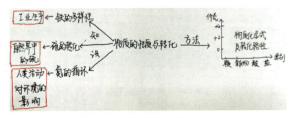

图4-37　单元学习凝练图

单元教学设计6：

高中生物"细胞的基本结构"

一、单元设计思路

本学习单元的主题是"细胞的基本结构"，主要课程内容包括真核细胞的结构、功能和原核细胞的结构，以及使用光学显微镜观察多种细胞、尝试制作真核细胞的结构模型两个实践活动。与《普通高中生物学课程标准（2017年版）》模块1《分子与细胞》的课程内容的概念1《细胞是生物体结构与生命活动的基本单位》的1.2《细胞各部分结构既分工又合作，共同执行细胞的各项生命活动》相对应。通过本单元的学习，学生能够建构并使用细胞模型，阐明细胞各部分结构通过分工与合作，形成相互协调的有机整体，实现细胞水平的各项生命活动，认同细胞是一个生命系统。

本学习单元从"系统与相互作用"这一科学主题开始演绎，以"细胞是一个基本的生命系统"作为学科大概念，在学科大概念下从系统的边界、系统的组分和系统的控制中心方面提炼出三个核心概念："质膜是嵌有蛋白质的脂双层结构，是细胞与其环境进行物质和信息交流的重要通道""细胞质是细胞的代谢场所，具有多个相对独立的细胞器，担负着物质运输和转化、能量转换和信息传递的功能""膜包裹的细胞核是遗传信息库"。每个核心概念又分解成若干一般概念，形成了一个层级清晰、上下贯通、结构完整的概念体系。

本学习单元以"细胞作为基本的生命系统具有哪些结构？各部分结构是如何协调配合，共同完成细胞的生命活动的？"两个驱动性问题串联和整合单元相关概念和知识。第一部分是细胞系统的边界——细胞膜的结构和功能，第二部分是细胞系统内部组分及组分间的相互作用——细胞器的分工和合作，第三部分是细胞系统的控制中心——细胞核的结构和功能。通过三个部分内容的学习，领悟细胞系统具有高度有序的结构、各细胞组分之间相互依赖、相互作用完成细胞的各项生命活动，是一个有机整体，从而形成细胞系统的生命观（图4-38）。

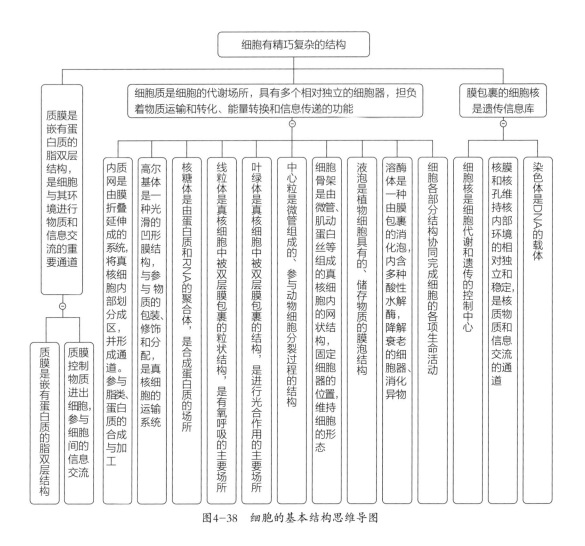

图4-38 细胞的基本结构思维导图

二、单元学习目标

通过学习本单元知识，学生能够理解细胞是一个基本的生命系统，具有系统的基本特征：有质膜作为边界，有系统内各组分，如各种细胞器的分工合作，有核作为控制中心起调控作用，形成系统分析的思想。

阐明细胞各部分的结构与其功能相适应，能够基于结构阐释功能，也能基于功能探究结构，形成结构与功能的适应观，体会从结构与功能相适应的角度寻找解决问题的思路和方法。

阐明细胞各部分结构通过分工与合作，形成相互协调的有机整体，实现细胞水平的各项生命活动。

观察多种细胞结构，通过描述、比较、归纳和概括细胞的结构特征，建构、制作细胞结构模型。

分析人类探索细胞结构的科学历程，体会"现象—假说—检验"的科学研究方法，领会技术的进步促进了科学知识的产生和修正。

三、单元学习核心任务

1. 核心任务一

（1）学习内容。

细胞系统的边界——细胞膜的结构和功能。

（2）核心问题。

细胞膜具有怎样的结构适合成为与其环境进行物质和信息交流的通道？

科学家是怎样阐明细胞膜的成分和结构的？

（3）学习目标量规（表4-39）。

表4-39 "细胞膜的结构和功能"学习目标量规

学习目标		掌握程度			
		A能独立完成	B经同伴帮助完成	C经教师点拨完成	D未完成
记忆	说出：质膜由磷脂、蛋白质、糖类、胆固醇组成				
	回忆：知道细胞膜的结构具有流动性和不对称性特点				
	知道：磷脂分子具有亲水和疏水的两性特点				
理解	概述：举例说明细胞膜具有控制物质进出的功能				
	解释：带电离子不易进入细胞的原因				
	综合：阐述细胞膜具有选择透过性				
	举例：说出细胞间信息交流方式				
	简述：细胞间信息交流的意义				
	表征：绘制细胞膜二维结构模式图				
应用	实施：制作生物膜模型				
分析	分析：细胞膜膜组成成分与膜结构的关系				
	概括：推论细胞膜有一定的流动性				
	结构化：构建细胞膜流动镶嵌模型				
评价	评判：对膜成分的实验可靠性作出分析				
	判断：对支持膜结构不同模型的证据作出判断				
创造	预测：推测细胞膜作为系统边界具有控制物质进出的功能，并设计实验检验				

（4）课前导学（图4-39）。

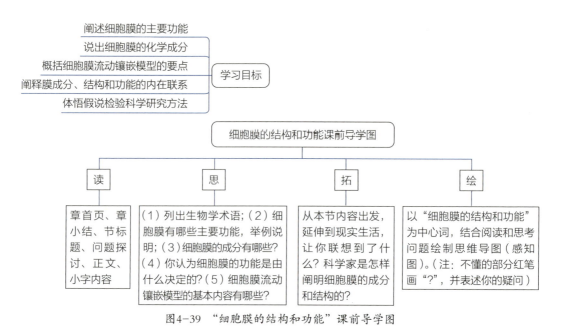

图4-39 "细胞膜的结构和功能"课前导学图

（5）课中导学（表4-40）。

表4-40 "细胞膜的结构和功能"课中导学

环节	教师活动	活动具体实施	学生活动
学习目标	明确学习目标	对照量规进行初步自我评判，清楚自己的认知起点、待提升处及努力方向	浏览目标 明确方向
小组讨论	展示讨论要求 组织小组交流	两个人交流：分别介绍自己的思维导图（感知图），重点交流细胞膜的结构组成和功能，交流自己的理解和疑问点，讨论有分歧之处。 若分歧能达成一致，则自行修改；若不能解决，则在分歧处用"?"标记，并在启发最大处标记"!"。 四个人交流：讨论各自标记的疑问点，并将共同的疑问提炼成问题（如细胞膜的功能是由什么决定的？带电离子为什么不容易进入细胞？）	同伴交流 合作建构
全班交流	收集疑难问题 引导全班探究	解决疑难：各组交流疑难问题，归类整合，聚焦共性，展开全班讨论，达成共识。 探讨核心问题：科学家对膜结构的探索经历了漫长的过程，在这个历程中，科学家构建了哪些膜结构模型？支持这些模型的证据分别有哪些？科学家揭示膜结构的科学研究思路是怎样的？ 先由学生阐述和展示观点，讨论交流；最后呈现教师针对核心问题绘制的结构图，相互评判和探讨。必要时由教师为学生提供必要的学习支架，如知识梳理表等	质疑提问 参与研讨
凝练小结	指导反思总结 引导凝练提升	学生修正完善感知图，在启发最大处标记"!"，形成精细图	反思提炼 自主建构
巩固提升	明确反馈要求 评估学习效果	（1）完成节后练习 （2）对照量表再评	完成训练 对标再评

核心问题及参考：科学家对膜结构的探索经历了漫长的过程。在这个历程中，科学家构建了哪些膜结构模型？支持这些模型的证据分别有哪些？科学家揭示膜结构的科学研究思路是怎样的？细胞膜的结构类型如表4-41所示。

表4-41 细胞膜的结构类型

建构膜模型	模型主要观点	支持证据	不支持证据
脂类模型	膜是由脂类组成	1895年，E.Overton用500多种化学物质对植物细胞透性进行了上万次实验。不同物质的通透性不同，溶于脂肪的物质易穿过膜。科学家将膜从红细胞中分离出来进行分析，发现主要成分是磷脂	
脂双层模型	膜是由两层脂类组成	对血影的研究实验，1925年，荷兰E.Gorter和F.Grendel用丙酮从红细胞膜提取磷脂，铺在水面上形成磷脂单分子层，测量铺展面积，恰为红细胞表面积的两倍	
单位膜模型	膜是"蛋白质—脂质—蛋白质"三层构成的静态结构	1959年，伦敦大学J.D.Robertson用电镜对细胞膜进行了观察。电镜超薄切片中，细胞膜显示出暗—亮—暗三条带。Cole（1932）和Shapiro（1934）用海胆卵实验，发现卵细胞质膜的表面张力要比纯油滴小得多。（质膜表面张力是$0.1N/cm^2$，油滴表面张力是$1\sim3N/cm^2$。J.F.Danielli和H.harvey用鲐鱼卵的油滴做实验，发现其表面张力很低，如果把油滴进一步提纯，则表面张力大大提高。但是如果油滴表面上吸附有蛋白质，则有降低表面张力的作用。科学家将膜从哺乳动物的红细胞中分离出来，然后用蛋白酶处理，细胞膜被破坏	各种膜的蛋白与脂类的成分比率不同。人工制作的脂双分子层即便是不附着有蛋白质，在电镜下也呈现为暗—明—暗三层式结构。1970年，Frye和Edidin的人—鼠细胞融合实验（不支持静态）
流动镶嵌模型	膜具有流动性。膜蛋白分布不均匀，镶在、嵌入或横跨在磷脂双分子层中	20世纪60年代，利用冰冻蚀刻法可显示出膜上有球颗粒。1970年，Frye和Edidin进行了人—鼠细胞融合实验。融合后的细胞一半发红色荧光，另一半发绿色荧光。37℃培养40分钟后，两种颜色均匀分布在融合后的细胞膜表面	

2. 核心任务二

（1）学习内容。

细胞系统内部的组分及其相互作用——细胞器之间的分工和合作。

（2）核心问题。

细胞器之间是如何分工合作，共同完成细胞的生命活动的？

科学家是怎样研究细胞器之间的相互作用的？

（3）学习目标量规（表4-42）。

表4-42 "细胞器之间的分工和合作"学习目标量规

	学习目标	掌握程度			
		A能独立完成	B经同伴帮助完成	C经教师点拨完成	D未完成
记忆	知道：知道分离细胞器的方法——差速离心法				
	识别：说出并能识别多种细胞器的形态特征				
	回忆：说出主要细胞器的结构特点和分布				
理解	表征：图示多种细胞器的结构				
	概述：概括主要细胞器的主要功能				
	说明：说明参与分泌蛋白的合成和分泌过程中细胞器及其作用				
	简述：概述生物膜系统的组成				
应用	执行：制作观察叶绿体和细胞质的流动的临时装片				
	实施：高倍镜观察叶绿体和细胞质的流动				
	执行：知道同位素标记法在研究物质合成和运输中的作用				
	描述：简述分泌蛋白的合成和运输过程的实验步骤				

续表

学习目标		掌握程度			
		A能独立完成	B经同伴帮助完成	C经教师点拨完成	D未完成
分析	比较：比较不同细胞器的结构和功能				
	说明：举例说明细胞器的结构是如何适应其功能的				
	概括：分析豚鼠胰腺腺泡细胞分泌蛋白的实验结论				
	关联：举例说明细胞器之间存在功能上的联系				
	解释：阐述细胞器相对独立、相互关联和动态变化对细胞的意义				
	结构化：图示细胞质、细胞溶胶、细胞器的联系				
	概括：分析豚鼠胰腺腺泡细胞分泌蛋白的实验结论				
	比较：比较不同细胞器的结构和功能				
评价	评判：评估豚鼠胰腺腺泡细胞分泌蛋白实验的巧妙之处				
	论证：论证囊泡运输是精准释放还是随机释放				
创造	问题解决：原核细胞没有膜结构的细胞器，其蛋白质如何加工				
	推测：从结构与功能适应角度推测溶酶体膜的结构特点				

（4）课前导学（图4-40）。

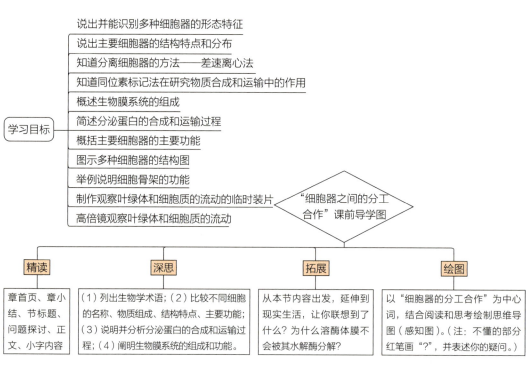

图4-40 "细胞器之间的分工合作"课前导学图

（5）课中导学（表4-43）

表4-43 "细胞器之间的分工合作"课中导学

流程	教师	活动具体实施	学生
学习目标	明确学习目标	对照量规进行初步自我评判，清楚自己的认知起点、待提升处及努力方向	浏览目标明确方向
小组讨论	展示讨论要求组织小组交流	两个人交流：分别介绍自己的思维导图（感知图），重点交流各细胞器的结构特点和功能，交流自己的理解和疑问点，讨论有分歧之处。若分歧能达成一致，则自行修改；若不能解决，则在分歧处用"?"标记，并在启发最大处标记"!"。四个人交流：讨论各自标记的疑问，并将共同的疑问提炼成问题（如粗面内质网和滑面内质网在功能上有哪些不同点？）	同伴交流合作建构
全班交流	收集疑难问题引导全班探究	解决疑难：各组交流疑难问题，归类整合，聚焦共性，展开全班讨论，达成共识。探讨核心问题：阅读史料，简述科学家是如何研究分泌蛋白的合成和运输过程的？为什么将豚鼠的胰腺腺泡细胞放入含有3H亮氨酸的培养液中进行脉冲标记？研究结果是否支持细胞器之间分工合作这一观点？理由是什么？先由学生阐述和展示观点，讨论交流；最后呈现教师针对核心问题绘制的结构图，相互评判和探讨。必要时由教师为学生提供必要的学习支架，如知识梳理表等	质疑提问参与研讨
凝练小结	指导反思总结引导凝练提升	学生修正完善感知图，在启发最大处标记"!"，形成精细图	反思提炼自主建构
巩固提升	明确反馈要求评估学习效果	（1）完成节后练习 （2）对照量表再评	完成训练对标再评

核心问题及参考：阅读史料（略），简述科学家是如何研究分泌蛋白的合成和运输过程的？为什么将豚鼠的胰腺腺泡细胞放入含有3H亮氨酸的培养液中进行脉冲标记？描述实验结果，研究结果是否支持细胞器之间分工合作这一观点？理由是什么？分泌蛋白合成和运输过程如图4-41所示。

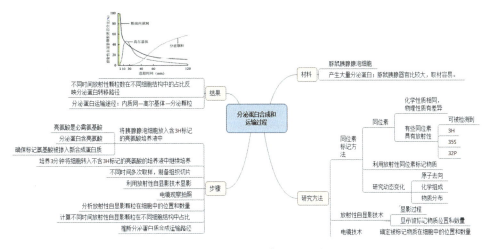

图4-41 分泌蛋白合成和运输过程

3. 核心任务三

（1）学习内容。

细胞核的结构和功能。

（2）核心问题。

细胞核具有什么功能？细胞核具有怎样的结构，使其成为细胞的"控制中心"？

（3）学习目标量规（表4-44）。

表4-44 "细胞核的结构和功能"学习目标量规

学习目标		掌握程度			
		A能独立完成	B经同伴帮助完成	C经教师点拨完成	D未完成
记忆	识别：细胞核由核膜、核仁、染色质、核孔等构成				
	回忆：说出伞藻的结构				
	知道：知道染色质的分子组成				
	说出：说出核仁的作用				
理解	说明：说明染色体、染色质、DNA和遗传信息的关系				
	解释：解释细胞核是遗传信息库的原因				
	概述：概述细胞核具有控制细胞代谢和遗传的功能				
	概括：阐明遗传信息主要储存在细胞核中				
	表征：绘制细胞核的结构模式图				
应用	执行：制作真核细胞的三维结构模型				
分析	解释：解释克隆动物的性状与供核体相似的原因				
	关联：举例说明细胞核功能的实现与细胞质相联系				
	结构化：绘制细胞核结构和功能知识图谱				
	概括：阐明遗传信息主要储存在细胞核中				
	比较：阐述核膜形成对细胞进化的适应意义				
评价	评判：评估伞藻嫁接实验和核移植实验对结论的支持力度				
创造	问题解决：举出支持核功能的新证据				
	预测：从细胞核的功能推测哺乳动物成熟红细胞生命活动特点，并通过查资料进行检验推测				

（4）课前导学（图4-42）。

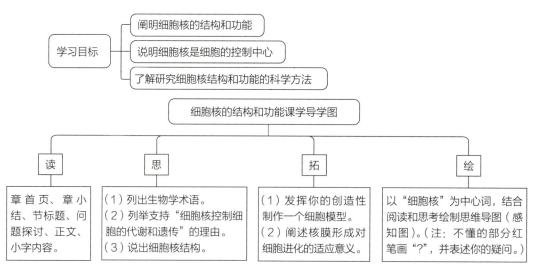

图4-42 "细胞核的结构和功能"课学导学图

（5）课中导学（表4-45）

表4-45 "细胞核的结构和功能"课中导学

流程	教师	活动具体实施	学生
学习目标	明确学习目标	对照量规进行初步自我评判，清楚自己的认知起点、待提升处及努力方向	浏览目标明确方向
小组讨论	展示讨论要求组织小组交流	两个人交流：分别介绍自己的思维导图（感知图），重点交流细胞核结构组成和功能，交流自己的理解和疑问点，讨论有分歧之处。若分歧能达成一致，则自行修改；若不能解决，则在分歧处用"?"标记，并在启发最大处标记"!"。 四个人交流：讨论各自标记的疑问点，并将共同的疑问提炼成问题（如核仁是由什么物质组成的？）	同伴交流合作建构
全班交流	收集疑难问题引导全班探究	解决疑难：各组交流疑难问题，归类整合，聚焦共性，展开全班讨论，达成共识。 探讨核心问题：①概括细胞核与细胞的哪些生命现象有关？科学家采用了哪些实验方法研究细胞核的功能？②借助图示说明美西螈皮肤颜色、表皮细胞内黑色素的合成、细胞核、染色质、DNA的关系。③核膜的形成对细胞进化的适应意义是什么？先由学生阐述和展示观点，讨论交流；最后呈现教师针对核心问题绘制的结构图，相互评判和探讨。必要时由教师为学生提供必要的学习支持，例如知识梳理表等	质疑提问参与研讨
凝练小结	指导反思总结引导凝练提升	学生修正完善感知图，在启发最大处标记"!"，形成精细图	反思提炼自主建构
巩固提升	明确反馈要求评估学习效果	（1）完成节后练习 （2）对照量表再评	完成训练对标再评

核心问题及参考：

①细胞核与细胞的哪些生命现象有关？科学家采用了哪些实验方法研究细胞核的结构和功能？细胞核研究方法如表4-46所示。

表4-46 细胞核研究方法

实验名称	实验材料	实验方法	结论
美西螈核移植实验	肤色不同的两种美西螈	核移植	美西螈皮肤颜色的遗传是由细胞核控制的
蝾螈受精卵横缢实验	蝾螈受精卵横缢	卵横缢	细胞核是分裂和分化必需的结构
变形虫切割及核移植实验	变形虫	细胞切割、核移植	细胞核在变形虫的分裂生长、再生、应激性等生命活动中必不可少
伞藻嫁接和核移植实验	伞藻	嫁接和核移植	伞藻的伞帽形态是由细胞核决定的

②如图4-43所示说明了美西螈皮肤颜色、表皮细胞内黑色素的合成、细胞核、染色质、DNA的关系

$$\text{细胞核} \xrightarrow{\text{含有}} \text{染色质} \xrightarrow{\text{含有}} \text{DNA} \xrightarrow[\text{合成}]{\text{控制}} \text{黑色素} \xrightarrow{\text{影响}} \text{肤色}$$

图4-43 细胞核与肤色的关系

四、单元知识图谱

细胞的结构与功能这一单元的知识图谱，不只是展现了细胞结构与功能各知识点之间的关联，同时也呈现出细胞的种类——真核细胞和原核细胞，展示细胞形态结构的多样性和统一性，如图4-44所示。为了突出学科的思想方法，图4-44中也展现了科学家在研究细胞结

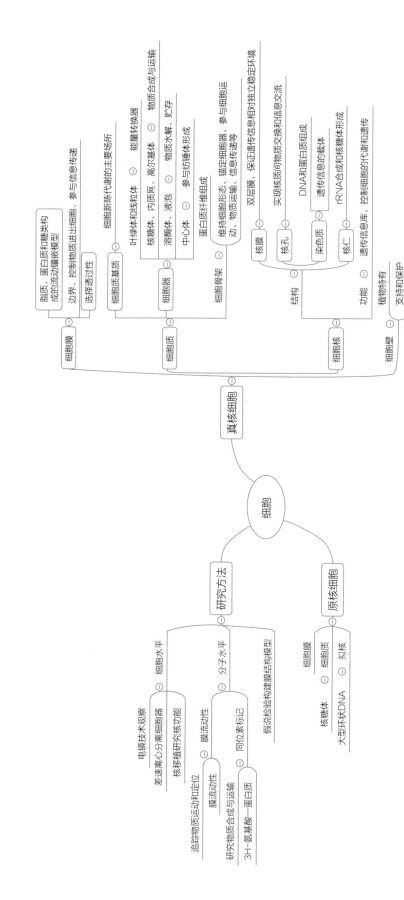

图 4-44 细胞的基本结构单元知识图谱

构和功能的过程中所采用的研究方法,以及不同研究方法的适用性,让隐含在知识背后的科学研究思维和科学探究过程外显和清晰可见,有利于学科核心素养的发展和培育。

五、单元学习凝练图

单元学习的凝练图是以生命系统观和结构与功能适应观为线索建构的,旨在通过图把上位的生命观念与具有的细胞结构与功能的内容关联在一起,使生命观念具体化、可视化,有利于领悟可迁移的学科大概念和学科思想,如图4-45所示。

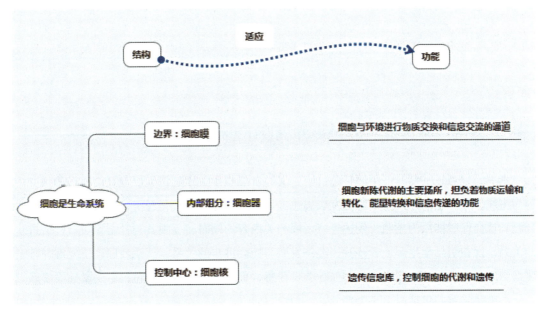

图4-45 细胞的基本结构单元学习凝练图

单元教学设计 7：

高中思想政治"经济发展与社会进步"

一、单元设计思路

本单元以习近平新时代中国特色社会主义经济思想中关于经济发展与社会建设的主要内容为主线，以讲述以人民为中心的发展思想、新发展理念与现代化经济体系及讲述个人收入分配和社会保障体系为主题，阐述经济发展相关内容的同时，反映其与社会建设、社会进步的关系，旨在引导学生辩证看待我国经济发展与社会进步的关系，认识我国经济发展与社会建设中的有关问题，从而进一步增强社会责任感，更好地参与中国特色社会主义建设实践。

本单元学习共包括以下三个部分。

（1）第三课"我国的经济发展"，课程标准的内容要求学生能够"阐释以人民为中心的发展思想和创新、协调、绿色、开放、共享等新发展理念，解释经济发展方式的转变和供给侧结构性改革，评析经济发展中践行社会责任的实例"。因此，在本课的学习中，学生首先需明确以人民为中心的发展思想，了解并进一步阐述新发展理念的内涵和要求，同时能够讲述在经济社会发展实践中如何贯彻新发展理念，评析相关实例；围绕实现经济高质量发展，阐述建设现代化经济体系的必要性，以及如何建设现代化经济体系，推动经济高质量发展。

（2）第四课"我国的个人收入分配与社会保障"，课程标准的内容要求学生能够"了解我国个人收入分配与合法途径，解释个人收入分配政策的完善；评析实现共同富裕、促进社会公平正义的收入分配与社会保障政策，列举完善社会保障体系的措施"。本课侧重从社会建设与社会进步角度看收入分配，从经济发展角度阐述收入分配。因此，在本课的学习中，学生首先需了解清楚我国个人收入分配的方式与合法途径，能够明确如何完善我国的个人收入分配政策；同时，能够根据相关实例评析我国当前实现共同富裕、促进社会公平正义的收入分配与社会保障政策。

（3）综合探究："践行社会责任 促进社会进步"，是对第二单元的综合与拓展。"探究一"强调劳动是价值的唯一源泉,是个人获取收入的基本途径,需引导学生弘扬劳动精神,尊重劳动;"探究二"讲述我们建设的现代化是人与自然和谐共生的现代化,要引导学生树立正确的消费观;"探究三"讲述打赢脱贫攻坚战是实现共同富裕的重大举措,要引导学生树立艰苦奋斗意识,坚定"四个自信"。

二、单元核心概念

本单元介绍了我国的经济发展与社会进步两个方面的内容,为学生科学认识我国经济发展与社会进步提供了理论指导,旨在增强学生的社会责任感。因此,核心概念图的设计是通过分别列出本单元主要学习的两个部分的理论,最终落脚到"增强社会责任感"这一核心概念,从而引导学生更好地参与中国特色社会主义实践,如图4-46所示。

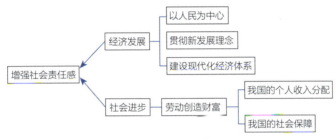

图4-46 经济发展与社会进步单元知识思维导图

三、单元学习核心任务

1. 核心任务一

(1)学习内容。

新发展理念的内涵和实践要求——创新、协调、绿色、开放、共享。

(2)核心问题。

议题:"如何贯彻新发展理念?"

(3)学习目标量规(表4-47)。

表4-47 "贯彻新发展理念"学习目标量规

学习目标		达成评价			
		A独立完成	B经同伴帮助完成	C经教师点拨完成	D未完成
记忆	回顾:生产力与生产关系规律;新时代我国社会的主要矛盾				
理解	分析:理解新发展理念的基本内涵和实践要求				
运用	实施:在生活中积极贯彻新发展理念,热爱劳动、绿色消费等,在实践中深化对新发展理念的认识				

续表

学习目标		达成评价			
		A独立完成	B经同伴帮助完成	C经教师点拨完成	D未完成
分析	区分：区分不同发展理念的着力点及实践要求				
	结构化：构画以"贯彻新发展理念"为核心的感知图和精细图				
评估	辩证：整体把握新发展理念内容，能够从宏观整体上辨析其与解决我国社会主要矛盾之前的逻辑关联				
	判断：在整体把握新发展理念内容的基础上，能对创新、协调、绿色、开放、共享所对应的内涵和实践要求做出自己的判断				
创造	假设：能对在经济社会发展实践中贯彻新发展理念的的探索充满期待，并积极投身社会实践				

（4）课前导学（图4-47）

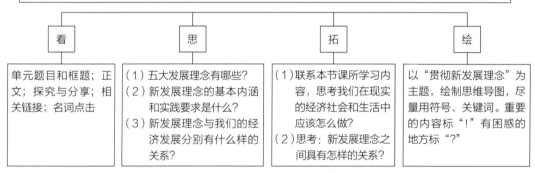

图4-47 "贯彻新发展理念"课前导学图

（5）课中导学（表4-48）。

表4-48 "贯彻新发展理念"课中导学

环节	教师活动	活动具体实施（目标、内容、要求）	学生活动
学习目标	明确学习目标	（1）了解新发展理念包括哪些内容 （2）阐释新发展理念的基本内涵和实践要求是什么； （3）解释新发展理念与经济发展的关系； （4）评析经济发展中践行社会责任的实例 重点：阐释新发展理念 难点：评析经济发展中践行社会责任的实例	浏览目标明确方向
小组讨论	组织小组交流	目标： （1）了解新发展理念包括哪些内容 （2）阐释新发展理念的基本内涵和实践要求是什么 （3）解释新发展理念与经济发展的关系 内容： （1）关注自评量规；（2）交流思维导图；（3）补充订正内容；（4）找到问题所在 要求：小组内5人相互交流，把组内未解决的问题写在纸上（例子或关键词），限时10分钟	同伴交流互构重构

续表

环节	教师活动	活动具体实施（目标、内容、要求）	学生活动
全班交流	引导全班探究	目标：进一步了解新发展理念的基本内涵和实践要求，厘清新发展理念与经济发展的关系，评析经济发展中践行社会实践的实例。 内容：各组派代表领取问题，帮助其他小组解决问题，最后集中问题，在全班交流。 要求：认真倾听，积极表达，完成思维导图，解决问题，限时15分钟	全班交流深入研讨
凝练小结	指导凝练提升	目标：强化课堂重点 内容：概括本节课的重要知识点，总结知识点，绘制凝练图 要求：简洁明了，重点突出，限时5分钟	反思总结凝练建构
巩固提升	评估学习效果	目标：完成课堂练习 内容：练习题四道 要求：限时6分钟	训练反馈对标再评

2. 核心任务二

（1）学习内容。

建设现代化经济体系。

（2）核心问题。

经济发展的转变和供给侧结构性改革。

（3）学习目标量规（表4-49）。

表4-49 "建设现代化经济体系"学习目标量规

	学习目标	达成评价			
		A独立完成	B经同伴帮助完成	C经教师点拨完成	D未完成
记忆	回顾：新时代我国社会的主要矛盾；新发展理念				
理解	分析：理解建设现代化经济体系的重要性；阐明经济发展方式的转变和供给侧结构性改革				
运用	实施：学生能够自觉投入中国特色主义实践，能够在经济发展中践行相应的社会责任，运用所学知识分析经济生活中的相关问题				
分析	区分：区分经济发展方式、经济结构、经济增长动力的内涵和发展途径；区分经济发展方式的途径中总供给和总需求两个方面的经济发展路径				
	结构化：构画以"现代化经济体系"为核心的感知图、精细图				
评估	辩证：整体把握现代化经济体系的内容，能够从宏观整体上明确几个体系是统一的整体，要一体建设、一体推进				
	判断：在整体把握现代化经济体系内容的基础上，能对各个体系所对应的实践要求做出自己的判断				
创造	假设：能对在经济社会发展实践中建设现代化经济体系的的探索充满期待，并积极投身社会实践				

（4）课前导学（图4-48）。

课题："建设现代化经济体系"
学习目标：（1）理解建设现代化经济体系的重要性； （2）阐述经济发展方式的内涵和途径，解释经济发展方式的转变和供给侧结构性改革； （3）阐述现代化经济体系的内容包括哪些； （4）明确建设现代化经济体系是习近平新时代中国特色社会主义经济思想的主要内容。

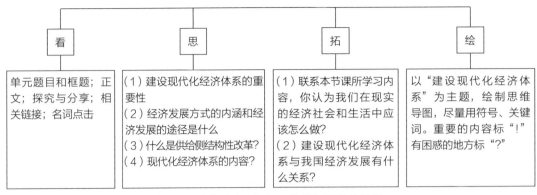

图4-48 "建设现代化经济体系"课前导学图

（5）课中导学（表4-50）。

表4-50 "建设现代化经济体系"课中导学

环节	教师活动	活动具体实施（目标、内容、要求）	学生活动
学习目标	明确学习目标	（1）明确建设现代化经济体系的重要性 （2）掌握现代化经济体系的内容 （3）解释经济发展方式的内涵和经济发展的途径 （4）解释供给侧结构性改革 （5）理解建设现代化经济体系与我国经济发展的关系 重点：理解建设现代化经济体系 难点：理解并阐释经济发展和供给侧结构性改革	浏览目标 明确方向
小组讨论	组织小组交流	目标： （1）明确建设现代化经济体系的重要性 （2）掌握现代化经济体系的内容 （3）解释经济发展方式的内涵和经济发展的途径 （4）解释供给侧结构性改革 内容： （1）关注自评量规；（2）交流思维导图；（3）补充订正内容；（4）找到问题所在 要求：小组5人相互交流，把组内未解决的问题写在纸上（例子或关键词），限时15分钟	同伴交流 互构重构
全班交流	引导全班探究	目标：能够进一步从整体上理解和把握建设现代化经济体系的重要性和现代化经济体系的内容，阐释经济发展方式转变和供给侧结构性改革 内容：各组派代表领取问题，帮助其他小组解决问题，最后集中问题，在全班交流。 要求：认真倾听，积极表达，完成思维导图，解决问题，限时12分钟	全班交流 深入研讨
凝练小结	指导凝练提升	目标：强化课堂重点 内容：概括本节课的重要知识点，总结知识点，绘制凝练图 要求：简洁明了，重点突出，限时5分钟	反思总结 凝练建构
巩固提升	评估学习效果	目标：完成课堂练习 内容：练习题两道 要求：限时4分钟	训练反馈 对标再评

3. 核心任务三

（1）学习内容。

我国的个人收入分配。

（2）核心问题。

如何完善我国的个人收入分配政策。

（3）学习目标量规（表4-51）。

表4-51 "我国的个人收入分配"学习目标量规

	学习目标	达成评价			
		A独立完成	B经同伴帮助完成	C经教师点拨完成	D未完成
记忆	回顾：我国的基本经济制度；我国的生产资料所有制				
理解	分析：理解我国现阶段实行按劳分配为主体、多种分配方式并存的分配制度的必然性和重要意义				
运用	实施：学生能够自觉投入中国特色主义实践，崇尚劳动，树立劳动光荣的理念，提高社会责任感				
分析	区分：区分我国居民获取收入的途径，正确辨析对待劳动的不同态度				
	结构化：构画以"我国的个人收入分配"为核心的感知图、精细图				
评估	辩证：正确辨析对待劳动的不同态度，懂得劳动是财富源泉，树立劳动最光荣的观念				
	判断：在整体把握我国个人收入分配内容的基础上，理解和认同完善个人收入分配的具体政策和措施				
创造	假设：能对在经济社会发展实践中完善个人收入分配政策的探索充满期待，并积极投身社会实践，承担相应社会责任，积极参与劳动				

（4）课前导学（图4-49）。

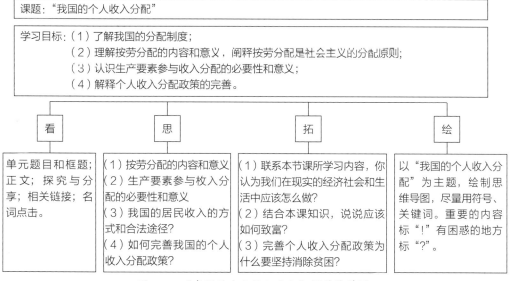

图4-49 "我国的个人收入分配"课前导学图

（5）课中导学（表4-52）

表4-52 "我国的个人收入分配"课中导学

环节	教师活动	活动具体实施（目标、内容、要求）	学生活动
学习目标	明确学习目标	（1）了解按劳分配的内容和意义 （2）了解生产要素参与收入分配的必要性和意义 （3）了解我国居民收入的方式和合法途径 （4）解释个人收入分配政策的完善 （5）评析实现共同富裕、促进社会公平正义的收入分配政策 重点：理解为什么实行按劳分配；能够认识生产要素参与分配 难点：解释个人收入分配政策的完善	浏览目标明确方向

续表

环节	教师活动	活动具体实施（目标、内容、要求）	学生活动
小组讨论	组织小组交流	目标： （1）了解按劳分配的内容和意义 （2）了解生产要素参与收入分配的必要性和意义 （3）了解我国居民收入的方式和合法途径 （4）解释个人收入分配政策的完善 内容： （1）关注自评量规 （2）交流思维导图 （3）补充订正内容 （4）找到问题所在 要求：小组5人相互交流，把组内未解决的问题写在纸上（例子或关键词），限时12分钟	同伴交流 互构重构
全班交流	引导全班探究	目标：在理解按劳分配和按生产要素分配的基础上，进一步明确如何完善个人收入分配政策，评析实现共同富裕的收入分配政策 内容：各组派代表领取问题，帮助其他小组解决问题，最后集中问题，全班交流 要求：认真倾听，积极表达，完成思维导图，解决问题，限时15分钟	全班交流 深入研讨
凝练小结	指导凝练提升	目标：强化课堂重点 内容：概括本节课的重要知识点，总结知识点，绘制凝练图 要求：简洁明了，重点突出，限时5分钟	反思总结 凝练建构
巩固提升	评估学习效果	目标：完成课堂练习 内容：练习题两道 要求：限时4分钟	训练反馈 对标再评

4. 核心任务四

（1）学习内容。

我国的社会保障。

（2）核心问题。

如何完善我国的社会保障政策。

（3）学习目标量规（表4-53）。

表4-53 "我国的社会保障"学习目标量规

学习目标		达成评价			
		A独立完成	B经同伴帮助完成	C经教师点拨完成	D未完成
记忆	回顾：我国的基本经济制度；我国的生产资料所有制和分配制度				
理解	分析：理解我国社会保障的主要形式及含义				
运用	实施：学生能够自觉投入中国特色主义实践，提高社会责任感，运用所学知识分析经济社会生活中的问题				
分析	区分：区分我国社会保障的几种主要形式及其含义；区分社会保险和商业保险				
	结构化：构画以"我国的社会保障"为核心的感知图、精细图				
评估	辩证：辩证看待我国社会保障与经济社会发展的关系				
	判断：在整体把握我国的社会保障内容的基础上，评析实现共同富裕、促进社会公平正义的社会保障政策				
创造	假设：能对在经济社会发展实践中完善社会保障政策的探索充满期待，并积极投身社会实践，承担相应社会责任，促进社会进步				

（4）课前导学（图4-50）。

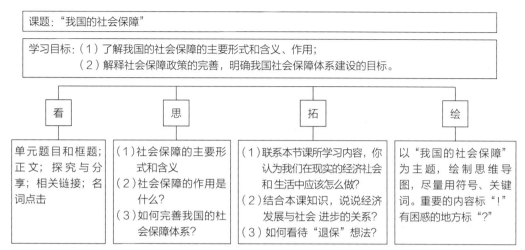

图4-50 "我国的社会保障"课前导学图

（5）课中导学（表4-54）。

表4-54 "我国的社会保障"课中导学

环节	教师活动	活动具体实施（目标、内容、要求）	学生活动
学习目标	明确学习目标	（1）了解社会保障的主要形式和含义 （2）了解社会保障的作用 （3）评析实现共同富裕、促进社会公平正义的社会保障政策 （4）列举完善社会保障体系的措施 重点：理解如何完善社会保障体系 难点：如何理解完善社会保障体系，促进社会公平正义	浏览目标明确方向
小组讨论	组织小组交流	目标： （1）了解社会保障的主要形式和含义 （2）了解社会保障的作用 （3）评析实现共同富裕、促进社会公平正义的社会保障政策 （4）列举完善社会保障体系的措施 内容： （1）关注自评量规；（2）交流思维导图；（3）补充订正内容；（4）找到问题所在 要求：小组5人相互交流，把组内未解决的问题写在纸上（例子或关键词），限时12分钟	同伴交流互构重构
全班交流	引导全班探究	目标：在理解和把握我国的社会保障相关内容的基础上，能够列举完善社会保障体系的措施，明晰经济发展与社会保障水平之间的关系，进一步明确如何完善社会保障政策 内容：各组派代表领取问题，帮助其他小组解决问题，最后集中问题全班交流 要求：认真倾听，积极表达，完成思维导图，解决问题，限时15分钟	全班交流深入研讨
凝练小结	指导凝练提升	目标：强化课堂重点 内容：概括本节课的重要知识点，总结知识点，绘制凝练图 要求：简洁明了，重点突出，限时5分钟	反思总结凝练建构
巩固提升	评估学习效果	目标：完成课堂练习 内容：练习题两道 要求：限时4分钟	训练反馈对标再评

四、单元知识图谱

本单元知识图谱，如图4-51所示。

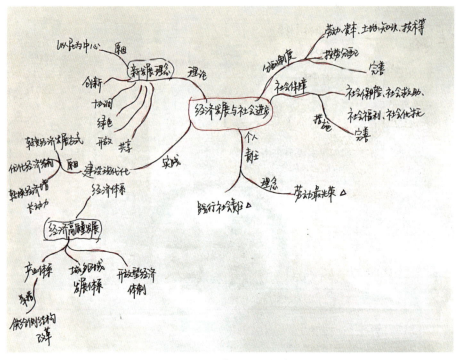

图4-51 单元知识图谱

五、单元学习凝练图

本单元学习凝练图，如图4-52所示。

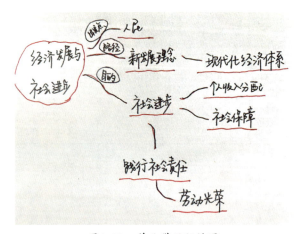

图4-52 单元学习凝练图

单元教学设计 8：

高中历史"明清时期中国版图的奠定与面临的挑战"

一、单元设计思路

本单元的学习主题是"明清时期中国版图的奠定与面临的挑战"，它上承"辽宋夏金多民族政权并立与元朝的统一"，下启"晚清时期的内忧外患与救亡图存"，是中国古代多民族国家由盛而衰转折的一个重要节点。

明清时期是我国封建社会的最后一个阶段，这一时期的阶段特征是统一的多民族国家的巩固（中国版图的奠定）和封建社会的渐趋衰落（危机）。本单元知识点多，涉及明清时期政治、经济、思想文化等方方面面的知识。教材一共安排了"从明朝建立到清军入关""清朝前中期的鼎盛与危机"和"明至清中叶的经济与文化"三个内容，其中前两个内容是按照朝代顺序进行学习，第三个内容是按照专题进行学习的。这样安排虽然时间顺序非常明确，但是对于单元主题的指向来说并不明确，也不便于学生学习和理解，于是在学习过程中，我们对学习内容进行了重新整合，形成四个学习主题：即"明清中国版图的奠定""君主专制的强化""明清社会的变化（经济、文化）"以及"明清中国社会面临的危机"。通过四个主题的学习，掌握明清时期的主要知识内容，从纵向理解明清时期中国在封建社会发展的道路上继续前进，取得了一定的成绩，呈现盛世局面，但是此时的中国也在悄然发生着巨大的变化。这些变化与世界其他地区的变化有许多共同之处，是一个整体，可惜的是中国未能成功实现社会的转型，逐渐落后于世界。

图4-53是整合后的学习主题（每个主题分别为1课时，共4课时），也是本单元知识思维导图。

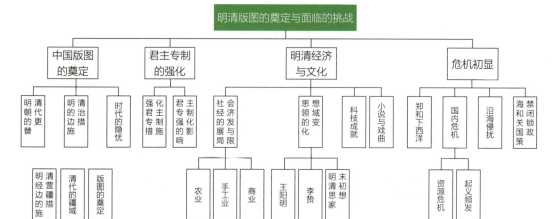

图4-53 "明清时期中国版图的奠定与面临的挑战"单元知识思维导图

二、单元学习目标

1. 课标要求

通过了解明清时期统一全国和经略边疆的相关资料，知道南海诸岛、台湾岛、钓鱼岛及其附属岛屿是中国版图的一部分，认识这一时期统一多民族国家版图奠定的重要意义；了解明清时期社会经济、思想文化的重要变化；通过了解明清时期封建专制的发展、世界的变化对中国的影响，认识中国社会面临的危机。

2. 素养目标

课表强调了两个指向，一是这一时期明清统治者通过经略边疆，奠定了我国版图的基础；另一个是中国社会出现了许多重大变化，这一变化与这一时期世界的变化是同步的，因此学生要弄清楚明清中国社会变化的动因以及剧变对原有格局和秩序形成的挑战，理解明清时中国古代农耕文明的高峰同时也蕴含着危机。根据课标要求，结合学生实际，制定本单元的素养目标。

时空观念：梳理明清治理边疆的措施和绘制清朝的疆域；将明至清中叶这段历史放到中国专制时代晚期以及西方大变革时代的背景下，理解和认识明清疆域版图奠定的措施以及中国的社会危机，培养时空观。

史料实证：通过对地图、文献等历史资料的运用，认识中华民族的历史是各民族共同缔造的以及明清时期政治、经济、文化更方面都发生了一些新变化，培养论从史出，史论结合的意识。

历史解释：理解中华民族多元一体格局、专制主义、闭关锁国、雇佣关系、白银货币化等历史概念，并能对其进行解释。

家国情怀：通过明清为巩固统一多民族国家所进行的不懈努力和斗争，使学生认识到我国统一的多民族国家的巩固是历史发展的潮流，各民族都做出了自己重要的贡献。

历史唯物主义：通过学习明清时期中国社会（经济、文化领域）的变化以及西方大背景下，从生产力与生产关系、经济基础与上层建筑的关系等方面来认识中国社会面临的危机，培养历史唯物主义素养。

3. 核心概念

本单元核心概念，如图4-54所示。

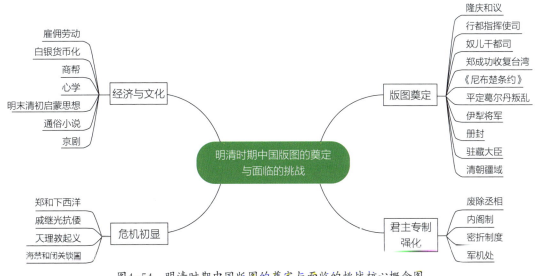

图4-54　明清时期中国版图的奠定与面临的挑战核心概念图

三、单元学习核心任务

1. 核心任务一

（1）学习内容。

明清中国版图的奠定。

（2）核心问题。

明清时期加强对边疆地区管理的主要措施有哪些？这些措施对我国疆域的奠定有何意义？

（3）学习目标量规（表4-55）。

表4-55　"明清时期中国版图的奠定与面临的挑战"学习目标量规

学习目标		达成评价			
		A独立完成	B经同伴帮助完成	C经教师点拨完成	D未完成
记忆	记忆：能够说明明清经营边疆地区的具体措施				
理解	概括：对明清加强对边疆地区的管理措施进行归类概括				
运用	实施（执行）：学会利用方位图来表达相关的历史史实				

续表

学习目标		达成评价			
		A独立完成	B经同伴帮助完成	C经教师点拨完成	D未完成
分析	比较:"明修长城清修庙""一座喇嘛庙,胜抵十万兵"反映了明清两代统治者在处理民族问题上的态度有何不同?				
	分析:结合明清具体的措施,分析这一时期我国在边疆地区有出现了哪些新的问题,并分析原因				
	结构化:绘制感知图精细图				
评估	辩证:明清经营边疆的措施与国家版图奠定之间的关系				
创造	假设:学习本主题后的启示				
	设计:利用史实说明台湾自古以来就是我国的领土				
	建构:完成以"明清中国版图的奠定"为核心的凝练图				

(4)课前导学(图4-55)

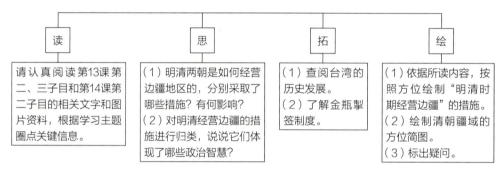

图4-55 明清时期中国版图的奠定与面临的挑战课前导学图

(5)课中导学(表4-56)。

表4-56 "明清时期中国版图的奠定与面临的挑战"课中导学

环节	教师活动	活动具体实施(目标、内容、要求)	学生活动
学习目标	明确学习目标	对照量规进行初步自我评判,清楚自己的认知起点、待提升处及努力方向	浏览目标明确方向
小组讨论	组织小组交流	目标:了解明清两朝经营边疆地区的措施 内容:教师预设学习任务:按照方位说明明清两个朝代是如何经营边疆地区的并对这些措施进行归类,同时分析比较明清两朝在处理民族问题上的态度有何不同 要求:两个人交流:分别介绍自己的思维导图(感知图),重点交流"明清时期经营边疆地区的措施并进行归类",交流自己的理解和疑问点,讨论有分歧之处。若分歧能达成一致,则自行修改;若不能解决,则在分歧处用"?"标记,并在启发最大处标记"!"。 四个人交流:讨论各自标记的疑问,并将共同的疑问提炼成问题(如:同样是面对北方的少数民族,清朝为什么不修长城进行防御?)	同伴交流互构重构
全班交流	引导全班探究	目标:认识明清加强对边疆管理的重大意义 内容:一段文字资料、明朝的疆域地图、清朝的疆域地图、现代中国地图 要求: (1)呈现各组学生的问题,归类整合,聚焦主要问题,引导全班研讨交流 探讨核心问题:明清加强对边疆地区的管理有何重大意义 (2)学生根据文字资料获取信息,同时通过观察三幅地图的外形,理解我国的版图是在清朝的基础上奠定的,而清朝的疆域又是从明朝的基础上发展而来的,认识到我国的历史是各族人民共同缔造的 (3)教师出示自己的导图,与学生PK。学生对教师的导图进行评判(赞同或不赞同,说明理由) (4)全体同学修正自己的感知图,在启发最大处标记"!"	全班交流深入研讨

续表

环节	教师活动	活动具体实施（目标、内容、要求）	学生活动
凝练小结	指导凝练提升	目标：完成以"明清中国版图的奠定"为核心的凝练图 内容：结合明清具体的措施，分析这一时期我国在边疆地区有出现了哪些新的问题，并分析原因。引导学生发现问题，认识到随着新航路开辟，西方殖民者侵略，我国东部和东北边疆出现了外来侵略，加强中外历史的联系。 要求： （1）学生总结收获，构画凝练图。 （2）教师出示自己的凝练图，引领学生总结提升	反思总结 凝练建构
巩固提升	评估学习效果	（1）完成节后练习 （2）对照量表再评	训练反馈 对标再评

2. 核心任务二

（1）学习内容。

"明清时期君主专制的强化"。

（2）核心问题。

明清加强君主专制的措施有哪些？明清时期为什么强化君主专制制度？君主专制制度强化有哪些影响？

（3）学习目标量规（表4-57）。

表4-57 "明清时期君主专制的强化"学习目标量规

学习目标		达成评价			
		A独立完成	B经同伴帮助完成	C经教师点拨完成	D未完成
记忆	回顾：秦、汉、唐、宋、元等朝代加强专制主义中央集权的措施				
	再认识：明清加强君主专制的措施，闭关锁国政策				
理解	解释：内阁制、密折制、军机处、文字狱等				
	比较：丞相制度与内阁制的区别				
	说明：明太祖废除宰相制度的原因				
运用	分析：辩证地分析君主专制制度强化的影响				
分析	实施：说明明太祖和黄宗羲俩人对废除丞相做法的不同态度以及原因。你对此事的态度？				
	结构化：以"明清君主制度的强化（原因、措施、影响）与明清对外关系之间的关系"为核心，绘制感知图、精细图				
	梳理我国封建社会中枢机构的演变，探究演变的趋势				
评估	论证：利用所学知识对君主专制制度强化的影响进行说明论证				
创造	建构：完成以"明清君主制度的强化（原因、措施、影响）与明清对外关系之间的关系"为核心的凝练图				

（4）课前导学（图4-56）。

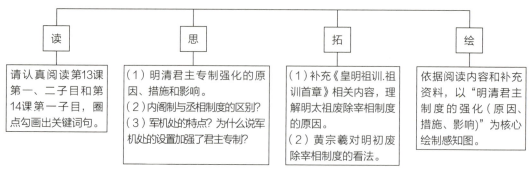

图4-56　明清君主专制的强化课前导学图

（5）课中导学（表4-58）。

表4-58　"明清时期君主专制的强化"课中导学

环节	教师活动	活动具体实施（目标、内容、要求）	学生活动
学习目标	明确学习目标	对照量规进行初步自我评判，清楚自己的认知起点、待提升处及努力方向	浏览目标明确方向
小组讨论	组织小组交流	目标：理解明清加强君主专制的原因、措施和影响 内容：教师预设学习任务：（1）明清两朝加强君主专制的措施；（2）辩证地分析君主专制的强化对中国历史社会发展的促进和阻碍作用。 要求： （1）两个人交流：分别介绍自己的感知图，重点交流各自的得意处和疑问处，并讨论有分歧之处。 （2）四个人交流：针对两人交流的存疑处进行讨论。若能达成一致，则梳理得出结论；若仍存疑，则整理形成并将共同的疑问提炼成问题（如军机处的特点、内阁制与丞相制的区别等），准备在全班交流。没有问题的小组完成教师预设的学习任务	同伴交流互构重构
全班交流	引导全班探究	目标：辩证分析君主专制的强化对中国历史发展的作用；如何看待明太祖和黄宗羲对废除丞相制度的不同态度 内容：《皇明祖训》相关内容，黄宗羲对明初废除宰相制度的看法的资料 要求： （1）各组学生呈现问题，师生归类整合，聚焦主要问题，全班研讨交流。 （2）聚焦教师预设任务中学生出现问题较多的任务，全班研讨交流，教师适时点拨并给学生提供必要的学习支架。 （3）教师出示自己的导图，与学生PK。学生对教师的导图进行评判（赞同或不赞同，说明理由）。 （4）全体同学修正自己的感知图，在启发最大处标记"！"	全班交流深入研讨
凝练小结	引导凝练提升	目标：从正反两个方面，利用所学知识对君主专制制度强化的影响进行说明论证并完成本学习主题的凝练图。 内容：（教师点拨要点）君主专制的强化一方面巩固了我国统一的多民族国家，可以集中力量办大事，比如明清疆域的奠定和郑和下西洋；另一方面随着君主制度的不断强化，中国封建社会进入到了衰落时期，由于君主专制的阻碍作用，清朝统治危机初显，从内外两个方面分析统治危机初显的表现：政治腐败，农民起义和闭关锁国。 要求： （1）学生总结反思，设计凝练图。 （2）教师引导，完善提升	反思总结凝练建构
巩固提升	评估学习效果	（1）你如何看待明清君主专制制度的强化 （2）对照量表再评	训练反馈对标再评

3. 核心任务三

（1）学习内容

"明至清中叶社会的变化（经济与文化）"。

（2）核心问题

明至清中叶这一时期经济和思想文化领域出现怎样的变化？为什么会出现这些变化？政治、经济、文化三者之间有什么样的关系？

（3）学习目标量规（表4-59）。

表4-59 "明至清中叶社会的变化（经济与文化）"学习目标量规

学习目标		达成评价			
		A独立完成	B经同伴帮助完成	C经教师点拨完成	D未完成
记忆	回顾：我国封建社会在经济方面占主导地位的是小农经济，在思想方面程朱理学占据统治地位				
	再认识：明清时期在经济、思想领域方面的发展，在文学科技方面的巨大成就以及特点				
理解	解释：资本主义萌芽				
	比较：经济、思想文化领域的变化				
运用	实施：能运用"一定时期的文化是一定时期政治、经济在意识形态中的反映"这个观点去分析理解这一时期政治、经济、思想文化三者之间的关系				
分析	结构化：以"明至清中叶经济与文化领域的变化"为核心，绘制感知图、精细图				
	探究：李约瑟困惑，中国古代科技遥遥领先于西方，为何到16世纪以后却衰落				
评估	判断：几乎是同一时期，中国与西方在经济、思想领域都发生了相似的变化，为何结局不同？请说明原因				
创造	建构：绘制润练图				

（4）课前导学（图4-57）。

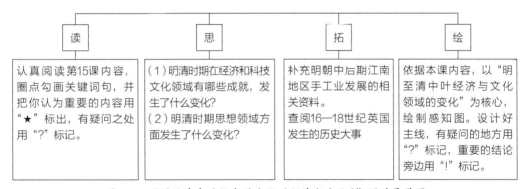

图4-57 "明至清中叶社会的变化（经济与文化）"课前导学图

（5）课中导学（表4-60）

表4-60 "明至清中叶社会的变化（经济与文化）"课中导学

环节	教师活动	活动具体实施（目标、内容、要求）	学生活动
学习目标	明确学习目标	对照目标量规进行初步自我评判，清楚自己的认知起点、待提升处及努力方向	浏览目标明确方向

续表

环节	教师活动	活动具体实施（目标、内容、要求）	学生活动
小组讨论	组织小组交流	目标：梳理明至清中叶经济、文化领域的巨大成就，分析归纳其变化 内容：老师预设学习任务： （1）明清时期是中国封建社会发展的又一个高峰时期，封建经济、文化呈现出繁荣局面，繁荣的表现有哪些呢？ （2）在繁荣的背后，有哪些变化，又有哪些不变？ 要求：认真梳理课文内容，做好归类，先两人一组介绍自己的感知图，再针对不明白的问题在小组内讨论，并把讨论得出的结论和不能解决的问题（如手工业发展中出现的新的经营方式是什么，是资本主义萌芽吗？李约瑟困惑，中国古代科技遥遥领先于西方，为何到16世纪以后却落后了？）写在白纸上。完成讨论的小组举示意，领取教师预设的学习任务单，进行更深一层的探究	同伴交流互构重构
全班交流	引导全班探究	目标：探究变化的原因，认识一定时期的文化是一定时期政治、经济在意识形态上的反映；通过这一时期中西方在政治、经济、思想文化领域的各自成就，认识中国面临的挑战 内容：学习支架：补充这一时期经济发展变化方面的相关图文资料，补充关于书中几位思想家的主张的文献资料 核心问题：为什么会有这样大的变化？请利用政治、经济、文化三者之间的相互关系进行说明。 要求：小组进行汇报，简洁表达本组想法，其他小组认真聆听，进行质疑或补充。教师适时点拨并给学生提供必要的学习支架。每个人用红笔修改完善自己的感知图	全班交流深入研讨
凝练小结	指导凝练提升	目标：通过对此问题的探究"几乎是同一时期，中国与西方在经济、思想领域都发生了相似的变化，结局是一样吗？为什么？"认识中国在近代落后西方的原因。修改完善感知图，完善凝练图 内容：（教师点拨要点）虽然明清在经济和思想文化方面取得了巨大的成就，出现了一些新变化，但是变并没有引起质变，相反中国的政治制度、经济政策等严重阻碍了新事物的发展，与西方比起来，中国逐渐落后于世界潮流。 要求： （1）学生总结反思，设计凝练图 （2）教师引导，完善提升	反思总结凝练建构
巩固提升	评估学习效果	（1）从本主题的学习中，你获得了什么启示？引导学生对"顺应潮流，与时俱进"的认识。 （2）对照量表再评	训练反馈对标再评

4．核心任务四

（1）学习内容。

"明清时期中国面临的危机"。

（2）核心问题。

为什么郑和之后再无"郑和"下西洋？为什么会实施海禁和闭关锁国政策？对当时的社会产生了哪些影响？

（3）学习目标量规（表4-61）

表4-61 "明清时期中国面临的危机"学习目标量规

学习目标		达成评价			
		A独立完成	B经同伴帮助完成	C经教师点拨完成	D未完成
记忆	回顾：郑和下西洋的原因、过程；闭关锁国政策的含义；这一时期西方国家对中国沿海的侵扰				
	明清时期中国面临的危机				
理解	解释：郑和下西洋 闭关锁国政策				
	解释：根据材料，归纳明清时期人口暴增的原因				
运用	如何理解郑和下西洋是世界航海史上壮举？为什么说郑和之后再无"郑和"下西洋？				
分析	探究：闭关锁国政策实施的原因和影响				
	结构化：以"明清时期中国面临的危机"为核心，绘制感知图、精细图				
评估	判断：通过对明清时期中国面临危机原因和统治者解决危机办法的探究，认识到中国封建社会已经走向了衰落				
创造	建构：绘制凝练图				

（4）课前导学（图4-58）

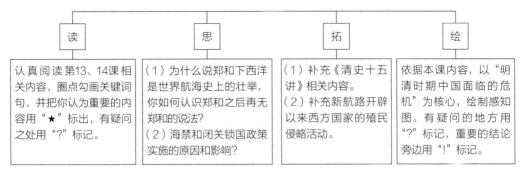

图4-58 "明清时期中国面临的危机"课前导学图

（5）课中导学（表4-62）

表4-62 "明清时期中国面临的危机"课中导学

环节	教师活动	活动具体实施（目标、内容、要求）	学生活动
学习目标	明确学习目标	对照目标量规进行初步自我评判，清楚自己的认知起点、待提升处及努力方向	浏览目标明确方向
小组讨论	组织小组交流	目标：了解郑和下西洋的原因、过程、分析其影响；从国内和世界两个角度梳理明清时期中国面临危机的表现 内容：老师预设学习任务： （1）分析郑和下西洋的影响 （2）明清时期中国面临危机的表现？ 要求：认真梳理课文内容，做好归类，先两人一组介绍自己的感知图，再针对不明白的问题在小组内讨论，并把讨论得出的结论和不能解决的问题（如这一时期人口为什么会暴增？闭关锁国真的能阻止外国的侵略吗？）写在白纸上。完成讨论的小组举手示意，领取教师预设的学习任务单，进行更深一层的探究	同伴交流互构重构
全班交流	引导全班探究	目标：理解郑和下西洋是世界航海史上的壮举，闭关锁国政策实施的原因和影响。 内容：补充新航路开辟时哥伦布的船队，进行中西对比。 核心问题：如何理解郑和下西洋是世界航海史上的壮举？为什么说郑和之后再无郑和？从远航时间、规模、装备、航行范围、影响等多个角度进行中西对比分析，认识郑和下西洋的积极影响，同时认识其局限性。 要求：小组进行汇报，简洁表达本组想法，其他小组认真聆听，进行质疑或补充。教师适时点拨并给学生提供必要的学习支架。每个人用红笔修改完善自己的感知图	全班交流深入研讨
凝练小结	指导凝练提升	目标：通过对此问题的探究"明清时期中国面临危机原因和统治者解决危机办法，认识到中国封建社会已经走向了衰落"，认识中国在近代落后西方的原因。修改完善感知图，完善凝练图 内容：（教师点拨要点）明清时期虽然出现盛世局面，但是也显现出了严重的社会危机，这些危机一方面来自国内，另一方面来自西方国家对沿海的侵扰。面对此种局面，清政府不是积极应对，而是对内继续加强专制统治，对外实行闭关锁国政策，自绝于世界潮流之外，导致了逐渐落后于世界潮流。这也正说明中国的封建社会已经走向了衰落。 要求： （1）学生总结反思，设计凝练图 （2）教师引导，完善提升	反思总结凝练建构
巩固提升	评估学习效果	（1）从本主题的学习中，你获得了什么启示？引导学生对"顺应潮流，与时俱进，改革开放"的认识。 （2）对照量表再评	训练反馈对标再评

四、单元知识思维导图

明清时期是我国漫长封建社会的最后一个时期，无论是在政治上的君主专制的强化、经济体制方面的小农经济占主导，还是继续实行重农抑商政策以及传统理学的发展等方面，明清时期都在原有的封基础上继续发展和完善，封建社会继续向前发展；同时我们也要看到这一时期随着生产力的发展以及世界局势的变化，呈现出了一些新的特征，比如新的经营方式的出现，商品经济的大发展、早期启蒙思想的产生以及中国版图的奠定等，这些变化可以说是与世界大势一致的，但是当朝统治者并没有抓住这一有利时机，而是固守传统、闭关锁国，导致中国逐渐落后于世界，最终被西方国家打开了国门，沦为了半殖民地半封建社会。本单元知识思维导图，如图4-59所示。

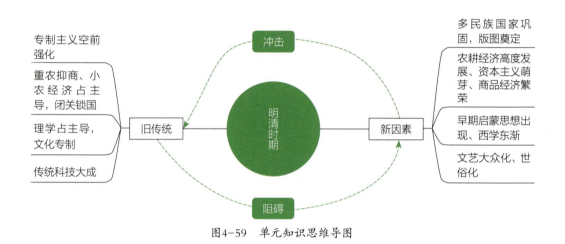

图4-59 单元知识思维导图

五、单元学习凝练图

本单元学习凝练图，如图4-60所示。

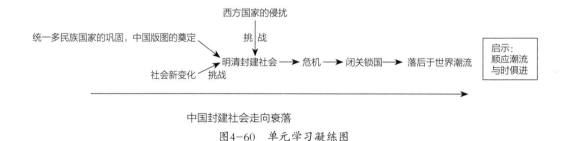

图4-60 单元学习凝练图

单元教学设计 9：

高中地理"地球上的大气"

一、单元设计思路

本单元是《高中地理（人教版）》必修一第二单元。大气是自然地理环境的重要组成部分之一，对人类生存意义重大。包围着地球的厚厚的大气层，不仅提供了动植物维持生命活动所需的各种气体，还是地球的保护层。大气运动是地球上热量和水汽输送的重要途径，伴随着各种物理过程和现象，也是各种天气变化和气候形成的基础；对自然地理环境的形成和变化具有深刻的影响；对人类社会生产生活影响重大；人类活动也可能导致大气中某些成分及其含量发生变化，并影响着自然环境和人类社会。本单元是自然地理和人文地理学习的重要理论知识基础，具有重要地位。新课标要求运用图表等资料，说明大气的组成和垂直分层及其与生产和生活的联系；运用示意图等，说明大气受热过程与热力环流原理，并解释相关现象。

结合以上内容分析，本单元教学内容设计采取由浅到深，从小尺度到大区域，从理论知识到生活实际的"进阶式"教学设计。单元设计基于大概念下"大气对人类生活的影响"展开，按大气组成与垂直分层、大气受热过程、热力环流层层递进，通过大气对生活影响的典型案例，以典型区域为学习主线，结合该区域特征，展开探究式学习，落实学习内容，不断从多角度进阶，提升学生地理学科素养，单元学习核心概念如图4-61所示。

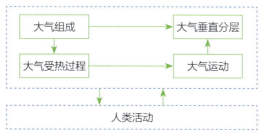

图4-61 单元学习核心概念

本单元的核心概念即为大气的组成、大气的垂直分层、大气受热过程以及大气的热力环流。前两方面注重知识基础的识记理解,后两部分则注重原理过程的推导与应用。

二、单元学习核心任务

1. 核心任务一

(1)学习内容。

"大气组成与影响"。

(2)核心问题。

大气的组成成分对自然环境和生命活动具有哪些影响?

认识雾和霾的区别?雾霾天气对我们生活产生了怎样的影响?为什么北京雾霾多发?应当如何治理?

(3)学习目标量规(表4-63)。

表4-63 "大气组成与影响"学习目标量规

学习目标		达成评价			
		A独立完成	B经同伴帮助完成	C经教师点拨完成	D未完成
记忆	回顾:地球的内部圈层与外部圈层的具体构成				
	再认识:近地面大气的组成				
理解	解释:大气的垂直分层以及原因				
	说明:大气中二氧化碳含量的变化与人类活动的关系				
	比较:不同气体对自然环境和生命活动的影响				
运用	执行:了解大气含氧量的减少对人类产生的影响				
分析	结构化:绘制感知图以及精细图				
评估	辩证:举例说明,充分认识大气与人类活动之间的相互影响				
创造	假设情况:人类活动怎样改变大气的组成,以及怎样遏制北京雾霾的污染情况				

(4)课前导学(图4-62)

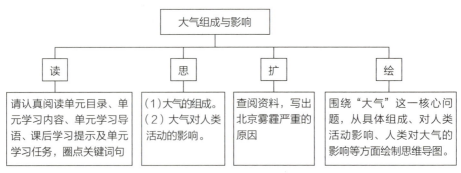

图4-62 "大气组成与影响"课前导学图

（5）课中导学（表4-64）

表4-64 "大气组成与影响"课中导学

教学环节	教师活动	活动具体实施	学生活动
学习目标	明确学习目标	对照量规进行初步自我评判，清楚自己的认知起点、待提升处及努力方向	浏览目标明确方向
小组讨论	明确讨论要求，组织小组活动	目标： 通过阅读材料，总结低层大气的组成以及对生命活动的影响。 内容： 分享感知图当中的大气组成部分，小组总结大气的组成状况。 感受大气组成对人类活动的影响，思考题进行交流。 （1）大气中二氧化碳含量的变化与人类活动的关系？ （2）大气含氧量减少对人体产生的影响？ （3）北京雾霾产生的原因？ 要求： 认真阅读材料，两个人一组进行分享交流，针对不明白的问题小组讨论	同伴交流合作建构
全班交流	明确研讨任务，引导全班交流	目标：解决小组内未能解决的问题，将人类活动与低层大气的相互影响进行关联，进而体会人地关系之间的相互影响。 内容：各组同学分享对思考题的认识： （1）结合问题，说明大气当中的气体组成 （2）结合材料，说明人类活动是如何通过影响大气组成，进而影响人类活动的 要求：小组汇报，简介表达想法，其他小组认真聆听，进行质疑或者补充，完善思维导图	全班交流深入研讨
凝练小结	引导探寻规律，凝练总结提升	目标：巩固重点，建立联系 内容：以大气的组成为核心，分别从对人类活动的影响以及受人类活动的影响两个方面总结归纳本节课重点 体现人地关系的地理核心素养 要求：每个人绘制凝练图	盘点收获自主建构
巩固提升	明确反馈要求，引导学会自评	目标：巩固课堂所学 内容：完成习题检测 要求：自主完成，对照量表自评	完成练习自评改进

2. 核心任务二

（1）学习内容。

"大气垂直分层"。

（2）核心问题。

①利用大气垂直分层示意图，了解大气垂直分层的依据，说明每一层的特点和与人类活动的关系。

②结合大气垂直分层示意图，说出大气的垂直分层。

③说明大气垂直分层各层的主要特点（温度变化、大气运动、天气状况等）。

④结合案例与材料，分析大气各层与人类活动的关系。

（3）学习目标量规（表4-65）

表4-65 "大气垂直分层"学习目标量规

	学习目标	达成评价			
		A独立完成	B经同伴帮助完成	C经教师点拨完成	D未完成
记忆	回顾：大气的组成及其与生产生活的联系				
	再认识：大气的垂直分层以及划分理由				

续表

学习目标		达成评价			
		A独立完成	B经同伴帮助完成	C经教师点拨完成	D未完成
理解	分类：对于大气圈进行垂直分层				
	说明：不同大气层次的温度、大气运动状况以及天气状况的垂直变化				
	比较：对比不同大气层次的温度、大气运动状况以及天气状况的垂直变化，尝试分析产生原因				
运用	执行：结合大气不同分层的性质，描述适合开展的人类活动				
分析	结构化：绘制大气垂直分层图，体现出气温随高度的变化规律				
	区分：区分平流层以及对流层的大气运动状态并说出原因				
评估	辩证：大气运动状态不同对天气状况的影响				
创造	建构：建立大气的垂直分布与人类活动之间的相互关系的概念				

（4）课前导学（图4-63）。

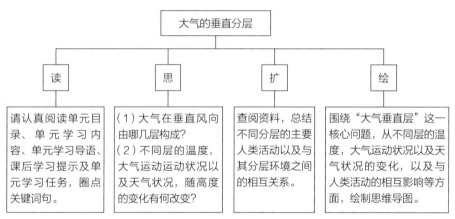

图4-63 "大气的垂直分层"课前导学图

（5）课中导学（表4-66）。

表4-66 "大气的垂直分层"课中导学图

教学环节	教师活动	活动具体实施	学生活动
学习目标	明确学习目标	对照量规进行初步自我评判，清楚自己的认知起点、待提升处及努力方向	浏览目标明确方向
小组讨论	明确讨论要求，组织小组活动	目标： 通过分享，总结大气的垂直分层主要特点（温度变化、大气运动、天气状况等） 内容： （1）各组同学分享对思考题的认识 （2）就思考进行交流 ①对流层云的形成与大气运动有何关联 ②为什么平流层适合飞机飞行 ③无线电通信运用了哪层大气的特性 要求：认真阅读材料，两个人一组进行分享交流，针对不明白的问题，小组讨论	同伴交流合作建构

续表

教学环节	教师活动	活动具体实施	学生活动
全班交流	明确研讨任务，引导全班交流	目标：解决小组内未能解决的问题，核心问题为大气的运动状况以及温度变化，对于人类活动的影响。感受综合思维以及人地关系 内容：探讨不同大气层的基本状况，体会不同运动状况温度对人类活动的影响，感受其对人类活动的影响，预测温度变化规律产生的原因，为下一核心任务做好铺垫 要求：小组汇报，简介表达想法，其他小组认真聆听，进行质疑或者补充，完善思维导图	全班交流深入研讨
凝练小结	引导探寻规律，凝练总结提升	目标：巩固重点，建立联系 内容： （1）各组同学分享对思考题的认识，并进一步交流 （2）结合问题，分析说明不同层次的大气名称与特点间的关系 （3）说明大气层的特点对人类及其活动产生的影响以及原因 要求：每个人画出凝练图	盘点收获自主建构
巩固提升	明确反馈要求，引导学会自评	目标：巩固课堂所学 内容：完成习题检测 要求：自主完成，对照量表自评	完成练习自评改进

3. 核心任务三

（1）学习内容。

"大气受热过程"。

（2）核心问题。

①利用大气受热过程示意图，了解大气对太阳辐射的削弱作用和大气对地面的保温作用原理，从整体上说明大气的受热过程（综合思维）。

②依据所学原理和知识，解释生活中的相关地理现象，指导人类生产、生活实践（区域认知、综合思维、地理实践力、人地协调观）。

③根据"到达地面的太阳辐射"示意图，分析拉萨白天的紫外线为何十分强烈。

④根据"大气对地面的保温作用"示意图，分析拉萨的夜晚为何降温幅度大。

⑤分析月球昼夜温差比地球大的原因。

（3）学习目标量规（表4-67）。

表4-67 "大气受热过程"学习目标量规

学习目标		达成评价			
		A独立完成	B经同伴帮助完成	C经教师点拨完成	D未完成
记忆	回顾：对流层随高度变化，产生的气温变化规律				
	再认识：近地面空气的受热过程				
理解	分类：区分大气受热过程当中出现的不同的辐射类型				
	说明：大气受热过程当中的根本热源与直接热源				
	比较：不同气体与物质对不同类型的辐射的吸收程度				
运用	执行：绘制大气受热过程示意图				
	实施：运用大气受热过程知识，解释对流层的气温变化				

续表

学习目标		达成评价			
		A独立完成	B经同伴帮助完成	C经教师点拨完成	D未完成
分析	结构化：绘制大气受热过程感知图以及精细图				
	区分：月球比地球昼夜温差大的原因				
评估	辨证：掌握大气的削弱作用和保温作用对昼夜气温的影响				
创造	建构：建立人类根据大气受热过程规律，改善农业活动的意识				

（4）课前导学（图4-64）。

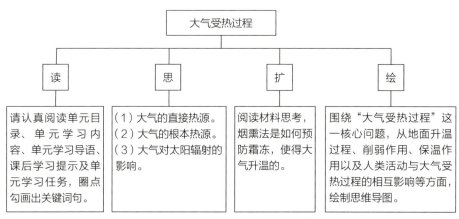

图4-64 "大气受热过程"课前导学图

（5）课中导学（表4-68）。

表4-68 "大气受热过程"课中导学

教学环节	教师活动	活动具体实施	学生活动
学习目标	明确学习目标	对照量规进行初步自我评判，清楚自己的认知起点、待提升处及努力方向	浏览目标明确方向
小组讨论	明确讨论要求，组织小组活动	目标： 说出大气受热过程，根据材料总结大气受热过程对人类生活的影响。 内容： （1）根据"到达地面的太阳辐射"示意图，分析拉萨白天的紫外线为何十分强烈。 （2）根据"大气对地面的保温作用"示意图，分析拉萨的夜晚为何降温幅度大。 （3）分析月球昼夜温差比地球大的原因。 要求：认真阅读材料，两个人一组进行分享交流，针对不明白的问题小组讨论	同伴交流合作建构
全班交流	明确研讨任务，引导全班交流	目标：解决小组内未能解决的问题，核心问题为人类利用大气受热过程；解决生活问题，建立大气受热过程与人类活动相互影响的意识 内容：在解决组内问题的基础上，运用大气的组成、大气受热过程等知识解释"烟熏法"预防霜冻的原理 要求：小组汇报，简洁地表达想法，其他小组认真聆听，进行质疑或者补充，完善思维导图	全班交流深入研讨

续表

教学环节	教师活动	活动具体实施	学生活动
凝练小结	引导探寻规律，凝练总结提升	目标：巩固重点，建立联系 内容：围绕"大气受热过程"这一核心问题，分析地面升温过程、削弱作用、保温作用以及人类活动与大气受热过程的相互影响。 要求：绘制凝练图，体现核心素养人地关系与综合思维	盘点收获自主建构
巩固提升	明确反馈要求，引导学会自评	目标：巩固课堂所学 内容：完成习题检测 要求：自主完成，对照量表自评	完成练习自评改进

4. 核心任务4

（1）学习内容。

"热力环流"。

（2）核心问题。

①通过热力环流模拟实验，观察、描述热力环流的形成过程，说明大气热力环流的形成原理（综合思维、地理实践力）。

②依据所学知识和原理，合理描述和解释特定区域内的热力环流状况，包括海陆风、山谷风、城市风的形成过程，感悟其与人类活动的相互影响（区域认知、综合思维、地理实践力、人地协调观）。

③通过热力环流模拟实验，分析当地面冷热不均时气流将会如何运动？

④说出海边与岸边陆地的气温、气压对比情况如何。分别绘制出白天、夜间的大气热力环流模式图，根据示意图分析白天吹海风、夜晚吹陆风的原因。

⑤举一反三，总结城市热岛环流与山谷环流，绘制出山谷风、城市风的热力环流模式图。

（3）学习目标量规（表4-69）。

表4-69 "热力环流"学习目标量规

	学习目标	达成评价			
		A独立完成	B经同伴帮助完成	C经教师点拨完成	D未完成
记忆	回顾：大气受热过程				
	再认识：地面冷热不均对大气运动方向的影响				
理解	分类：了解不同类型的热力环流的产生原因以及过程				
	说明：热力环流形成的基础动力				
	比较：同一地区白天和夜晚的热力环流差异（海边与山区）				
运用	执行：绘制不同地区热力环流示意图				
	实施：运用热力环流，解释实验当中出现的现象				
分析	结构化：完善"热力环流"的感知图与精细图				
评估	辩证：水平方向和垂直方向的大气运动规律				
创造	设计：基于热力环流设计城市工厂的布局位置				

（4）课前导学（图4-65）

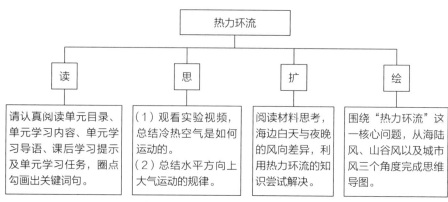

图4-65 "热力环流"课前导学图

（5）课中导学（表4-70）。

表4-70 "热力环流"课中导学

教学环节	教师活动	动具体实施	学生活动
学习目标	明确学习目标	对照量规进行初步自我评判，清楚自己的认知起点、待提升处及努力方向	浏览目标 明确方向
小组讨论	明确讨论要求，组织小组活动	目标： 根据感知图以及热力环流模拟实验，小组讨论总结地面冷热不均为热力环流产生的原因，完善三种热力环流模式图 内容： 结合感知图中的问题进行交流，同时结合思考题进行讨论 （1）通过热力环流模拟实验，分析当地冷热不均时气流将会如何运动 （2）说出海边与岸边陆地的气温、气压对比情况如何。分别绘制出白天、夜间的大气热力环流模式图，根据示意图分析白天吹海风、夜晚吹陆风的原因 （3）结合海陆风变化，绘制城市风以及山谷风的热力环流模式图 要求：自己观看实验，完善思维导图当中的热力环流。两个人一组进行分享交流，针对不明白的问题小组讨论	同伴交流 合作建构
全班交流	明确研讨任务，引导全班交流	目标：解决小组内未能解决的问题，核心问题为三种热力环流示意图的绘制以及讲解 内容：在解决组内问题的基础上，全班交流总结，并且探讨问题 （1）城市热环流以及山谷环流的模式图绘制 （2）进行城市规划时，为了减轻大气污染，应该如何布局大气污染严重的工业企业？了解热力环流对人类生活的影响 要求：小组汇报，简洁地表达想法，其他小组认真聆听，进行质疑或者补充，完善思维导图	全班交流 深入研讨
凝练小结	引导探寻规律，凝练总结提升	目标：巩固重点，建立联系 内容：以地面冷热不均为核心，分别从城市热力环流，海陆热力环流以及山谷热力环流三个角度，凝练热力环流的形成 要求：每个人绘制凝练图	盘点收获 自主建构
巩固提升	明确反馈要求，引导学会自评	目标：巩固课堂所学 内容：完成习题检测 要求：自主完成，对照量表自评	完成练习 自评改进

三、单元知识图谱

单元知识图谱，如图4-66所示。

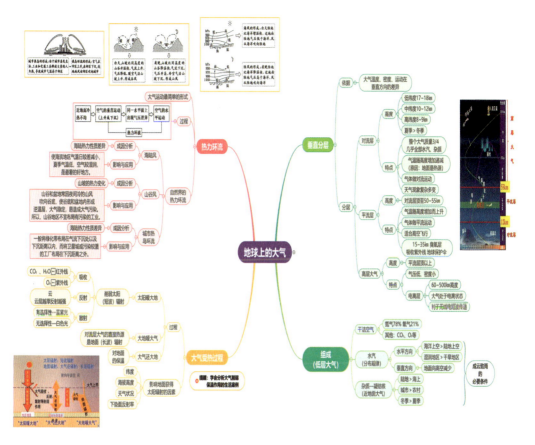

图4-66 单元知识图谱

四、单元学习凝练图

单元学习凝练图，如图4-67所示。

图4-67 单元学习凝练图

单元教学设计 10：

高中美术"淳朴之情——民间美术"

一、单元设计思路

本单元的整体设计思路依据美术学科核心素养进行构建，从民间美术的特点、概念、呈现方式、规律、价值等方面入手，使学生对本民族的传统文化有更深入的理解，追寻民间文化所带来的心灵慰藉。

依据美术学科的核心素养，本单元从以下五个方面展开。

（一）**图像识读**：通过教材中民间美术作品的赏析帮助学生认识到民间美术形式的夸张、色彩强烈、具有乡土气息的艺术形式显示出了民间艺人们淳朴的审美方式和独特而鲜活的艺术创造力。走访相关的民间艺人工作坊，参观工艺美术馆或小微艺术博物馆，通过生动的活动引发兴趣。

（二）**美术表现**：绘制民间美术相关主题的思维导图，设计某类民间美术文化创意产品，画出设计图。

（三）**审美判断**：通过展现具有典型性的民间美术作品让学生感受这种强烈的、具有民族趣味的审美艺术形式，进而领会其中包含的道德理念、生活态度、价值取向和善意的美好。

（四）**创意实践**：通过各种媒介，如相关的公众号、网站、书籍、报刊等查阅资料，深入探究，解决现实问题。查阅民间美术的相关资料。就自己感兴趣的部分，进行班级演讲或展演。以民间美术的形式之一"葫芦艺术"为例，体验制作民间美术作品。

（五）**文化理解**：学习、理解民间美术的民族土壤，并扩大视野，提高自己的艺术修养。大多数民间美术作品富于教化意义，在让人欣赏的同时也能起到一些包括道德品质的宣传教育作用。这些作品直接或间接地反映出作者对社会是非曲直的判断，寓意不同的思想情感。通过对民间美术与现代生活脱节原因的剖析，让学生对民间美术产生理解与共情。

民间美术渗透在生活的各个方面，关联着千家万户的日常起居、岁时风俗、礼仪规范，在人类的历史发展进程中扮演着非常重要的角色。它反映社会、反映自然，在展示生活的过程中体现着对人的关怀。希望此单元的学习能潜移默化地影响学生对民间美术的认识，使学生以此为契机与起点，真正读懂民间美术淳朴而真挚的情感以及她的独特魅力，进而激发学生的想象力与创作力，打破思维的边界，点燃深埋在他们心中那世世代代传承不息的进取精神和开拓精神的火种。

二、单元学习核心概念

核心概念图重在提炼民间美术的中心内容与思想，对应了美术学科核心素养中的文化理解部分的核心逻辑和内容。该核心概念图的中心图部分提取自古代经典民间装饰纹样的最具特色的涡旋部分，形成抽象的图示，以显示提取核心之意。涡纹象征生命循环不息，也正是分支的三个关键词之间的内涵与关联。文化根源与造型体系和民间美术的保护与传承理念环环相扣，相互作用、相互影响，如图4-68所示。

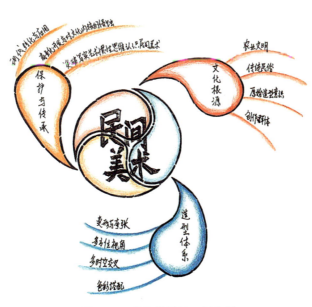

图4-68 单元学习核心概念图

三、单元学习核心任务

1. 核心任务一

（1）学习内容。

"理解民间美术的内涵与价值"。

（2）核心问题。

如何理解"民间美术"？民间美术的造型意识及主题内涵源于哪里？如何保护和传承民间美术？

（3）学习目标量规（表4-71）

表4-71 "理解民间美术的内涵与价值"学习目标量规

学习目标		达成评价			
		A独立完成	B经同伴帮助完成	C经教师点拨完成	D未完成
记忆	回顾：民间美术的基本概念				
	再认识：民间美术的特点				
理解	解释：民间美术的文化根源				
	举例：以节庆民俗为例				
	分类：民间美术的分类				
	表征：图示民间美术的造型体系、表现手法、画面结构				
	推论：原始思维意识对民间美术创作的作用				
	说明：如何保护传承民间美术				
运用	执行：向大家介绍你喜欢的一件民间美术作品的基本制作过程和作品鉴赏				
分析	区分：民间美术与古代宫廷艺术的异同之处				
	结构化：绘制民间美术的价值与内涵的感知图、精细图				
	解构：民间美术的文化根源和造型体系				
评估	辩证：商业化和网红经济开发对于民间美术的传承和发展的影响				
创造	假设：为某个民间艺术博物馆设计相关的文创产品				
	设计：根据自己的喜好，设计某类民间美术文化创意产品，画出设计图				
	建构：绘制民间美术核心价值与内涵凝练图				

（4）课前导学（图4-69）

看	思	拓	绘
图像识读：走访相关的民间艺人工作坊，参观工艺美术馆或小微艺术博物馆，通过生动的活动引发兴趣，再认真阅读单元目录、单元学习内容及单元学习任务，从以下几方面点勾画出关键词句。 （1）民间美术的分类。 （2）民间美术的造型特点。 （3）民间美术的色彩搭配。 （4）民间美术的画面结构。	审美判断：通过自学本单元学习内容，对以下的几个问题得出自己的判断与解读： （1）民间美术与农业文明的关系。 （2）民间美术对传统民俗的传承。 （3）民间美术的创造者。 （4）你对本单元的主题词"民间美术"是如何理解的？ （5）你对本单元的学习预期是什么？你认为该采取什么样的学习策略及学习顺序？	文化理解：通过各种媒介，如相关的公众号、网站、书籍、报刊等查阅资料深入探究，解决现实问题。 （1）民间美术与古代宫庭艺术的异同之处。 （2）商业化和网红经济开发对于民间美术的传承和发展的影响。 （3）查阅民间美术的相关资料，就自己感兴趣的部分做特别标注和记录，做"我最喜欢的民间美术"班级演讲或展演。	美术表现：请依据本单元学习任务，并结合你的思考，选择不同特点的材料进行创意实践： （1）以"民间美术"为核心绘制思维导图。在得息处标记"★"，在疑问处标记"？。" （2）设计某类民间美术文化创意产品，画出设计图。

图4-69 "理解民间美术的内涵与价值"课前导学图

（5）课中导学（表4-72）

表4-72 "理解民间美术的内涵与价值"单元导学课中导学

环节	教师活动	活动具体实施（目标、内容、要求）	学生活动
学习目标	明确学习目标	对照量规进行初步自我评判，清楚自己的认知起点、待提升处及努力方向	浏览目标明确方向
小组讨论	组织小组交流	目标：解释：民间美术的文化根源 举例：以节庆民俗为例 分类：民间美术的分类 表征：图示民间美术的造型体系、表现手法、画面结构 推论：原始思维意识对民间美术创作的作用 说明：如何保护传承民间美术 内容：教师预设学习任务： （1）本单元学习内容在思维、侧重角度等方面有何关联 （2）围绕学习预期，制定单元学习规划、学习策略及学习顺序的方案 要求： （1）两个人交流：分别介绍自己的"民间美术的内涵与价值"导图，重点交流各自的得意处和疑问处，并讨论有分歧之处。若分歧能达成一致，则自行修改；若不能解决，则在分歧处用"?"标记，并在启发最大处标记"!" （2）四个人交流：明确重要结论（如民间美术的内涵和外延及价值意义等），讨论各自标记的疑问处，并将共同的疑问提炼成问题，写在白纸上，准备在全班交流。没有问题的小组完成教师预设的学习任务	同伴交流互构重构
全班交流	引导全班探究	目标： 分析： 区分：民间美术与古代宫廷艺术的异同之处 结构化：绘制民间美术的价值与内涵的精细图 解构：民间美术的文化根源和造型体系 评估： 辩证：商业化和网红经济开发对于民间美术的传承和发展的影响 内容：学习支架：课件、微视频、网站、公众号等的相关知识等 要求： （1）呈现各组学生的问题，归类整合，聚焦主要问题，引导全班研讨交流。 （2）聚焦教师预设任务中学生出现问题较多的任务，引导全班研讨交流，给学生提供必要的学习支持。 （3）教师出示自己的导图，与学生PK。学生对教师的导图进行评判（赞同或不赞同，说明理由） （4）全体同学修正自己的感知图，在启发最大处标记"!"	全班交流深入研讨
凝练小结	指导凝练提升	目标： 建构：绘制民间美术内涵与价值凝练图 内容：师生共同聚焦民间美术内涵与价值的核心素养 要求： （1）学生总结收获，构画凝练图。 （2）教师出示自己的凝练图，引领学生总结提升	反思总结凝练建构
巩固提升	评估学习效果	目标： 执行：向大家介绍你喜欢的一件民间美术作品基本的制作过程 假设：为某个民间艺术博物馆设计相关的文创产品 设计：根据自己的喜好，设计某类民间美术文化创意产品，画出设计图。 内容：请围绕单元学习预期，依据单元学习内容、单元学习导语、课后学习提示及单元学习任务，结合你的思考，为某个民间艺术博物馆设计相关的文创产品 要求：设计某类民间美术文化创意产品，画出设计图；最后，借助反馈训练，学生再次对标评估，从而明确优势和不足，及时弥补缺漏	训练反馈对标再评

2. 核心任务二

（1）学习内容。

"民间美术的现代转化与应用"（以葫芦烙画挂饰制作为例）。

（2）核心问题。

辨析单元学习内容间的关联；理解民间美术中的特色代表"葫芦艺术"的内涵及价值意义。以葫芦烙画为例，了解葫芦艺术的分类及图示葫芦烙画的方法步骤，进行中外葫芦烙画艺术欣赏。

（3）学习目标量规（表7-73）。

表4-73 "民间美术的现代转化与应用"课堂学习目标量规（自评）

班级＿＿＿＿　姓名＿＿＿＿

学习目标		达成评价			
		A独立完成	B经同伴帮助完成	C经教师点拨完成	D未完成
记忆	回顾：民间美术的内涵与价值				
	再认识：民间美术的现代转化与应用				
理解	解释：民间美术中的葫芦艺术的前世今生				
	举例：以葫芦烙画为例				
	分类：葫芦艺术的分类				
	表征：图示葫芦烙画的方法步骤，中外葫芦烙画艺术欣赏。				
	说明：如何保养葫芦艺术品及安全使用葫芦烙画工具				
运用	执行：制作葫芦烙画挂饰				
分析	区分：中外民间葫芦艺术的异同之处				
	结构化：绘制葫芦艺术的内涵与外延价值的感知图、精细图				
	解构：葫芦艺术的文化源流和丰富的种类				
创造	假设：为某个非遗活动或非遗市集设计相关的文创产品				
	设计：根据自己的喜好，设计并制作一件葫芦烙画挂饰				
	建构：绘制葫芦艺术核心价值与内涵凝练图				

（4）课前导学（图4-70）。

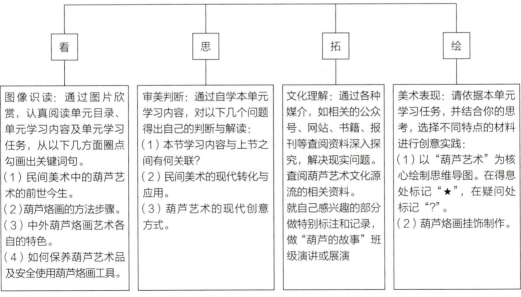

图4-70 "民间美术的现代转化与应用"课前导学图

（5）课中导学（表4-74）

表4-74 "民间美术的现代转化与应用"课中导学

环节	教师活动	活动具体实施（目标、内容、要求）	学生活动
学习目标	明确学习目标	对照量规进行初步自我评判，清楚自己的认知起点、待提升处及努力方向。	浏览目标明确方向
小组讨论	组织小组交流	目标： 解释：民间美术中的葫芦艺术的前世今生 举例：以葫芦烙画为例 分类：葫芦艺术的分类 表征：图示葫芦烙画的方法步骤，中外葫芦烙画艺术欣赏 说明：如何保养葫芦艺术品及安全使用葫芦烙画工具 内容：教师预设学习任务： （1）本单元学习内容在思维、侧重角度等方面有何关联 （2）围绕学习预期，制定单元学习规划、学习策略及学习顺序的方案 要求： （1）两个人交流：分别介绍自己的"葫芦烙画挂饰制作"导图，重点交流各自的得意处和疑问处，并讨论有分歧之处。若分歧能达成一致，则自行修改；若不能解决，则在分歧处用"？"标记，并在启发最大处标记"！" （2）四个人交流：明确重要结论（如葫芦烙画挂饰制作等），讨论各自标记的疑问处，并将共同的疑问提炼成问题，写在白纸上，准备在全班交流。没有问题的小组完成教师预设的学习任务	同伴交流互构重构
全班交流	引导全班探究	目标： 区分：中外民间葫芦艺术的异同之处 结构化：绘制葫芦艺术的内涵与外延价值的精细图 解构：葫芦艺术的文化源流和丰富的种类 内容：学习支架：课件、微视频、网站、公众号等的相关知识等 要求： （1）呈现各组学生的问题，归类整合，聚焦主要问题，引导全班研讨交流 （2）聚焦教师预设任务中学生出现问题较多的任务，引导全班研讨交流，给学生提供必要的学习支持 （3）教师出示自己的导图，与学生PK。学生对教师的导图进行评判（赞同或不赞同，说明理由）。 （4）全体同学修正自己的感知图，在启发最大处标记"！"	全班交流深入研讨
凝练小结	指导凝练提升	目标： 建构：绘制葫芦艺术核心价值与内涵凝练图 内容：师生共同聚焦葫芦艺术核心素养 要求： （1）学生总结收获，构画凝练图 （2）教师出示自己的凝练图，引领学生总结提升	反思总结凝练建构
巩固提升	评估学习效果	目标： 执行：制作葫芦烙画挂饰 假设：为某个非遗活动或非遗市集设计相关的文创产品 设计：根据自己的喜好，设计并制作一件葫芦烙画挂饰 内容：请围绕单元学习预期，依据单元学习内容、单元学习导语、课后学习提示及单元学习任务，结合你的思考，为某个非遗活动或非遗市集设计相关的文创产品 要求：根据自己的喜好，设计并制作一件葫芦烙画挂饰；最后，借助反馈训练，学生再次对标评估，从而明确优势和不足，及时弥补缺漏	训练反馈对标再评

四、单元学习知识图谱

知识思维导图分类总结民间美术的核心知识点，其中心图部分是选取具象的民间美术形象，绘制的骑鲤莲花童子葫芦纳福图，体现民间美术的内容纳福迎祥，海纳百川。本单元学习知识图谱如图4-71所示。

图4-71 单元学习知识图谱

五、单元学习凝练图

凝练图是为凝其灵魂之意。该图运用了民间美术中剪纸艺术的形式进行设计。中国民间剪纸艺术除了带给人们吉祥，还有寄喻灵魂之意，是借剪纸之意象表达民间美术的内涵与价值，层层深入，落地生根，开枝散叶，生生不息，如图4-72所示。

图4-72 单元学习凝练图

单元教学设计 11：

高中俄语"节日课例"

一、单元设计思路

本单元的主题是节日，隶属于人与社会的大主题语境。本单元教材主要围绕"节日"展开三个子话题的学习："о праздниках в России и в Китае""о поздравлениях с праздником""о праздничныхподарках"（谈论俄罗斯和中国的节日、节日的祝福和祝愿、节日礼物），学习形容词和副词的最高级的构成和用法，并在语境和语篇中得以运用。在《普通高中俄语课程标准（2017年版2020年修订）》的指导下，本次教学设计重新整合了教材内容，将重心放在中俄主要节日上，将主要节日的筹备、庆祝活动和习俗、节日祝福、节日礼物以及其他节日的庆祝串联起来，旨在培养学生在生动形象的教学情境中对节日话题的交流及表达能力，初步了解中国和俄罗斯的主要节日和有特色的节日传统，使学生了解、尊重、包容他国文化，并能够向俄罗斯小伙伴介绍自己民族的节日习俗和传统，从而落实立德树人根本任务，突出俄语学科的育人功能。本单元学习核心概念图如图4-73所示。

二、单元学习目标

学生在本单元将围绕对"节日"这一主题的学习，对节日主题的相关对话、课文、补充材料、视频、歌曲等多模态语篇进行信息提取和梳理；围绕"节日"话题在情境中结合已有的语言知识和生活经验，根据交际任务进行语言输出，体验真实环境中的语用功能。具体目标如下。

（一）语言能力：能够用目标语言准确阐释节日准备、节日庆祝及相关的文化含义；在节日语境中结合已有的语言知识、文化知识和生活经验，根据不同的交际任务选择合适的语体送出得体的节日祝福。

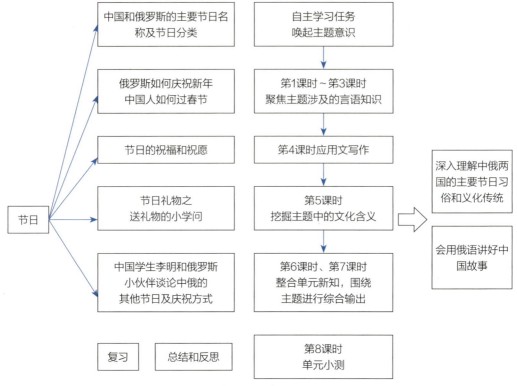

图4-73 节日课例学习核心概念图

（二）思维品质：在语篇整合及头脑风暴中训练自己的分析、综合能力；能够通过观察，找出富有中华文明特色和俄罗斯风情的新年文化符号，并从多元视角进行思考。

（三）学习能力：利用思维导图对节日主题从节日类型、筹备、庆祝活动等方面进行梳理，提高信息分类及组织能力；通过节日情境下的小组合作活动，提高团队协作能力；学会运用工具及网络资源进行节日文化的延伸学习。

（四）文化意识：能够比较中俄节日习俗的异同，尊重文化的差异性，培养自己的跨文化交际意识。

三、单元学习核心任务

1. 核心任务一

（1）学习内容。

如何根据不同交际对象送出恰当的节日祝福和祝愿。

（2）核心问题。

Как поздравляют друг друга с праздником?

Чего желают своим родным и друзьям?

（3）学习目标量规（表4-75）

表4-75 节日祝福和祝愿学习目标量规（自评）

班级_____ 姓名_____

学习目标			达成评价			
			A独立完成	B经同伴帮助完成	C经教师点拨完成	D未完成
记忆	回顾	初中俄语中简单的节日祝福句型				
	再认识	Разрешите\ Позвольтекомупоздравлять等新的表达方式				
理解	解释	新的主题词汇：официальныепоздравления，общиежелания，хотеться，поступление，разрешить，позволить и т.п.				
	举例	分别列举официальныепоздравления与общиежелания				
	分类	将официальныепоздравления与общиежелания进行分类				
运用	实施	在贴近生活的情景中选择合适的言语材料进行表达				
分析	假设	创设相关节日情景，根据不同的语言情境选择合适的祝福语				
创作	建构	完成节日祝福库的建构				
其他（根据学科特点增设的项目，没有可不填）		在语言实践中运用所学语法知识，并从中理解节日祝福中隐含的文化意义				

（4）课前导学（图4-74）。

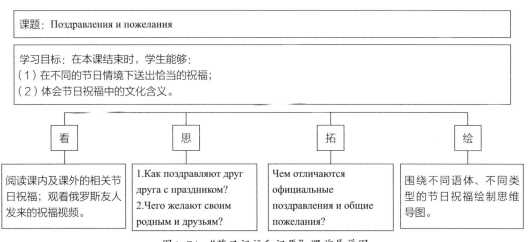

图4-74 "节日祝福和祝愿"课前导学图

（5）课中导学（表4-76）。

表4-76 "节日祝福和祝愿"课中导学

环节	教师活动	活动具体实施（目标、内容、要求）	学生活动
学习目标	明确学习目标	对照量规进行初步自我评判，清楚自己的已有知识储备，明确新的学习目标和学习任务	浏览目标明确方向

续表

环节	教师活动	活动具体实施（目标、内容、要求）	学生活动
小组讨论	组织小组交流	目标：解决目标量规中记忆和理解的部分 内容：分类梳理официальныепоздравления和общиежелания，提高学生的语言能力、思维品质和学习能力 要求：以图形组织器的方式分组展示официальныепоздравления及общиежелания。在此过程中注意不同语体及修辞色彩的变化	同伴交流互构重构
语言应用	创设不同交际任务	目标：解决目标量规中运用和分析部分 内容：思考问题Чемотличаютсяофициальныепоздравления и общиежелания 要求：教师在提供语言支架的基础上，创设不同的交际情景，使学生完成不同的交际任务；同时，引导学生在语言运用中及时反思，在已有感知图的基础上，用不同颜色的笔及不同符号进行补充修正，突出两种语体的修辞差异	全班交流深入研讨
凝练小结	指导凝练提升	目标：解决目标量规中建构的部分 内容：完成节日祝福库的建构 要求：按照официальныепоздравления及общиежелания两种类型重新建构祝福语料库，尽可能使用多种句式进行表达	反思总结凝练建构
巩固提升	评估学习效果	借助反馈训练，学生再次对标评估，从而明确优势和不足，及时弥补缺漏	训练反馈对标再评

说明：

首先，学生借助目标量规进行自我评价，在教师的引导下，以小组合作的形式围绕自身的主要问题和教师预设的启发性问题进行研讨，建构感知图，同时，教师密切关注讨论过程，并给学生提供必要的语言支持；

其次，在第二环节的深入学习中，学生在贴近生活的语言情景中选择恰当的语言材料完成交际任务，同时进一步在语言输出中对自己的感知图进行补充和修正，感知图升华为精细图，在此过程中学生完成语言的迁移创新；

再次，在第三环节的凝练小结中学生进一步进行反思提升，在旧知和本节课新知的基础上构建祝福语料库，从而完成创造和建构，提升学科核心素养；

最后，借助反馈训练，学生再次对标自评或互评，相互学习，及时弥补缺漏。

2. 核心任务二

（1）学习内容。

中国春节和俄罗斯新年的节日准备和节日庆祝习俗。

（2）核心问题：

①КакпразднуютНовыйгод в России?

②КакотмечаютпраздникВесны в Китае?

（3）学习目标量规（表4-77）

表4-77 "中国春节和俄罗斯新年的节日准备和节日庆祝习俗"学习目标量规（自评）

班级_____ 姓名_____

学习目标			达成评价			
			A独立完成	B经同伴帮助完成	C经教师点拨完成	D未完成
记忆	回顾	初中俄语中节日主题的相关词汇和句型：праздник，желать，поздравлять，собраться，открытка，делать\купить\даритькомуподарок，получитьподароккоткого等，以及简单的节日祝福				
	再认识	желать，поздравлять等动词的其他用法				

续表

学习目标			达成评价			
			A独立完成	B经同伴帮助完成	C经教师点拨完成	D未完成
理解	解释	新的主题词汇：отмечать，праздновать，изображаться，принято，означать，символизировать и т.п.				
	举例	以中俄最主要的节日——俄罗斯新年和中国春节为例，探究节日准备和庆祝方面的习俗				
	分类	分类梳理俄罗斯新年和中国春节的准备和庆祝习俗				
	比较	比较中俄新年习俗的异同，思考背后的文化差异				
	说明	结合实际，谈谈两国新年习俗的新变化				
	实施	在贴近生活的情景中选择合适的言语材料进行表达				
评估	辩证	如何正确地看待俄罗斯新年及中国春节的一些传统习俗或新变化				
创造	假设	创设相关节日情景，在情境中进行语言输出				
	建构	完成节日主题词汇库的建构				
其他		在语言实践中运用所学语法知识，并从中提升文化意识，增强文化自信				

（4）课前导学（图4-75）。

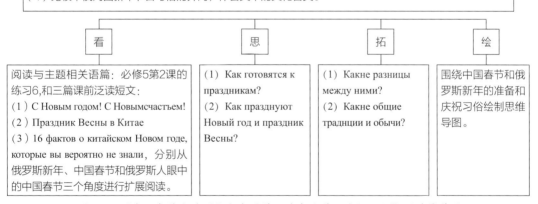

图4-75 "中国春节和俄罗斯新年的节日准备和节日庆祝习俗"课前导学图

（5）课中导学（表4-78）

表4-78 "中国春节和俄罗斯新年的节日准备和节日庆祝习俗"课中导学

环节	教师活动	活动具体实施（目标、内容、要求）	学生活动
学习目标	明确学习目标	对照量规进行初步自我评判，清楚自己的已有知识储备，明确新的学习目标和学习任务	浏览目标 明确方向

续表

环节	教师活动	活动具体实施（目标、内容、要求）	学生活动
小组讨论	组织小组交流	目标：分类梳理俄罗斯新年和中国春节的准备和庆祝习俗，提高学生的语言能力、思维品质和学习能力。 内容：获取、整合与节日相关的信息，通过课前任务和课堂学习提取并再加工与节日筹备、庆祝活动、节日习俗相关的重要信息。 要求：以图形组织器的方式从节日筹备和节日庆祝两个方面分组展示中国春节和俄罗斯新年的习俗。在此过程中注意模块的划分与关键词的设定	同伴交流 互构重构
全班交流	引导全班探究	目标：找出中俄两国新年习俗的异同点，思考背后的文化差异，增强学生的文化意识。 内容：思考问题（1）Какие разницы между ними? （2）Какие общие традиции и обычаи? 要求：教师通过问题的提出适时点拨思考，并给学生提供必要的词汇和句型作为语言支架；学生在已有感知图的基础上，用不同颜色的笔及不同符号进行补充修正，突出异同点的表达	全班交流 深入研讨
凝练小结	指导凝练提升	目标：引导学生思考两国新年习俗的新变化，建构、完善节日语料库。 内容：凝练节日主题词库，补充近几年经济发展及疫情背景下两国新年习俗的新变化。 要求：引导学生建构自己的节日表达词库，学会尊重不同国家的节日传统，在新年新习俗的思考中做到与时俱进，全面提升俄语学科核心素养	反思总结 凝练建构
巩固提升	评估学习效果	借助反馈训练，学生再次对标评估，从而明确优势和不足，及时弥补缺漏	训练反馈 对标再评

说明：

首先，课中导学从学生借助目标量规对自己的课前任务进行自我评价开始，在教师的引导下，以小组合作的形式围绕自身的主要问题和教师预设的学习任务进行研讨，建构感知图，深化对重点难点的理解认识，同时，教师密切关注讨论过程，并给学生提供必要的核心问题引导及语言支持；

其次，在深入学习中，学生要用不同颜色的笔及不同符号对自己的感知图进行补充修正，在异同点比较的过程中，感知图升华为精细图，能力层级从感知理解到分析评判再到迁移创新。此外，在外语学习中，还需要创设贴合生活的语言情景，让学生在语境中选择合适的语言进行自我表达，完成内化与输出；

再次，凝练小结既注重学生的反思总结，更注重教师的凝练提升，引领学生对核心问题有深刻的认识，从而实现创造建构，提升学科核心素养；

最后，借助反馈训练，学生再次对标评估，从而明确优势和不足，及时弥补缺漏。

3. 核心任务三

（1）学习内容。

借助相关节日文化符号的象征意义探讨俄罗斯新年和中国春节的文化含义。

（2）核心问题。

Что символизируют эти праздничные знаки?

Какие значения имеет Новый год в России и в Китае?

（3）学习目标量规（表4-79）。

表4-79 俄罗斯新年和中国春节的文化含义学习目标量规（自评）

班级_____ 姓名_____

学习目标		达成评价			
		A独立完成	B经同伴帮助完成	C经教师点拨完成	D未完成
记忆	回顾：节日主题的相关词汇和句型：праздновать, отмечать, год, пельмени, уборка...				
	再认识：отметить, изображать, встретить等动词的其他用法				
理解	解释：新的主题词汇：символ, символизировать, означать, благополучие, богатство, гармония, согласие, гороскоп.				

续表

学习目标		达成评价			
		A独立完成	B经同伴帮助完成	C经教师点拨完成	D未完成
理解	举例：列举一些具有中俄特色的新年文化符号，例如ёлка，дедмороз，снегурочка，куранты，новогодниекартинки，фонарь，расныеконверты，пельмении，рыба，т. п.				
	比较：比较中俄新年文化符号的象征意义				
	说明：挖掘两国新年习俗的文化内涵，并得出结论				
运用	实施：创设相关节日情景，在情境中完成语言输出				
创造	设计：设计一场中俄学生新年文化交流会				

（4）课前导学（图4-76）。

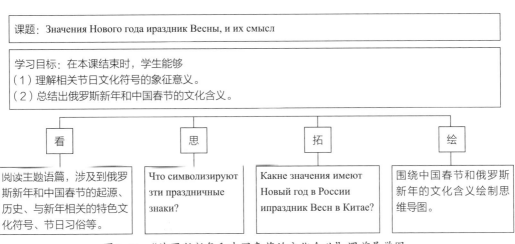

图4-76 "俄罗斯新年和中国春节的文化含义"课前导学图

（5）课中导学（表4-80）

表4-80 "俄罗斯新年和中国春节的文化含义"课中导学

环节	教师活动	活动具体实施（目标、内容、要求）	学生活动
学习目标	明确学习目标	对照量规进行初步自我评判，清楚自己的已有知识储备，明确新的学习目标和学习任务	浏览目标明确方向
小组讨论	组织小组交流	目标：完成解决目标量规中记忆和理解的部分内容 内容：分类整理出与新年相关的文化符号及其象征意义，提高学生的语言能力、思维品质和学习能力。 要求：发散思维，尽可能多地用俄语列举出与新年相关的文化符号及其象征意义，并通过图形进行展示	同伴交流互构重构
全班交流	引导全班探究	目标：完成解决目标量规中理解的部分内容 内容：思考问题Чтосимволизируютэтипраздничныезнаки 要求：教师通过问题的提出适时点拨思考，并给学生提供必要的词汇和句型作为语言支架；学生在已有感知图的基础上，用不同颜色的笔及不同符号进行补充修正，尽可能准确地用俄语表达出这些新年文化符号的象征含义	全班交流深入研讨
凝练小结	指导凝练提升	目标：完成解决目标量规中运用和创造的内容。 内容：凝练节日主题词库，引出节日的意义及文化内涵：праздникнадежд；счастье，и единство в семье；лучшиепоздравления и пожеланиядругим 要求：设计一场中俄学生间的新年文化交流会，在语言情景中运用做学的语言知识及文化知识，更深刻地理解节日的意义，全面提升俄语学科核心素养	反思总结凝练建构

续表

环节	教师活动	活动具体实施（目标、内容、要求）	学生活动
巩固提升	评估学习效果	借助反馈训练，学生再次对标评估，从而明确优势和不足，及时弥补缺漏	训练反馈对标再评

说明：

首先，课中导学从学生借助目标量规对自己的课前任务进行自我评价开始，在教师的引导下，以小组合作的形式围绕自身的主要问题和教师预设的学习任务进行研讨，建构感知图，深化对重点难点的理解认识，同时，教师密切关注讨论过程，并给学生提供必要的核心问题引导及语言支持；

其次，在深入学习中，学生要用不同颜色的笔及不同符号对自己的感知图进行补充修正，深入阐释这些新年文化符号的象征含义；

再次，凝练小结既注重学生的反思总结，更注重教师的凝练提升，引领学生对核心问题有深刻的认识，在语境中实现创造建构，提升学科核心素养；

最后，借助反馈训练，学生再次对标评估，从而明确优势和不足，及时弥补缺漏。

四、单元知识思维导图

本单元知识思维导图，如图4-77所示。

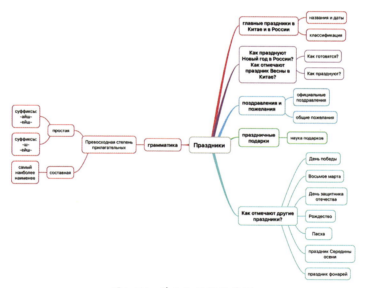

图4-77　单元知识思维导图

五、单元学习凝练图

本单元学习凝练图，如图4-78所示。

图4-78　单元学习凝练图

第五章

草根实践：课堂重构教学课例

高中数学"函数的单调性"

一、案例背景

(一) 学习内容分析

本节课是人民教育出版社《普通高中课程标准试验教科书·数学必修1（B版）》的第三章第一节"函数的单调性"第一课时。函数的单调性是数学中的核心概念，是函数最重要的性质之一。图5-1可以清楚地表明函数的单调性在高中数学中的地位和作用。

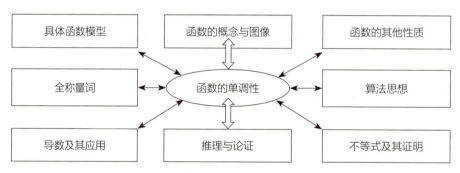

图5-1 函数的单调性在高中数学中的地位和作用

从知识结构上看，函数的单调性既是在学生学过函数概念等知识后的延续和拓展，又是后面研究具体函数（指数函数、对数函数、三角函数各类函数）单调性的基础，在整个高中数学中起着承上启下的重要作用；从应用角度上看，函数的单调性是研究变量的变化范围的强有力工具；从研究函数单调性的过程看，体现了数学的"数形结合"等思想方法和"从特殊到一般""从具体到抽象"的研究问题的思维方法。这对培养学生的创新意识、发展学生的思维能力，掌握数学思想方法具有重大意义。

（二）学情分析

从知识储备上，学生在初中已经学习过一次函数、二次函数、反比例函数，能画出一些简单的函数图像，并从图像的直观变化中得到函数的增减性。从能力基础上，通过初中对函数的学习，学生已具备了一定的观察事物能力、抽象归纳的能力和语言转换能力。从学习心理上，函数单调性是学生已经学习过的函数中比较容易发现的一个性质，学生渴望进一步学习。对"从函数图像的升降性来直观描述函数单调性的特征"学生并不感到困难。本节课的难度在于把具体的、直观形象的函数单调性的特征用数学符号语言进行定量刻画，其中最难理解的是为什么要在区间上任取自变量的两个大小不同的数值，这就要求培养和提升学生的抽象思维能力。

（三）学习目标

（1）学生从"形"与"数"两方面理解函数单调性的概念，初步掌握利用函数图像和单调性定义判断函数单调性的方法，并能利用定义证明函数单调性。

（2）从实际生活和已有所学知识出发，探索函数单调性的概念；通过应用函数图像和单调性的定义解决函数单调性问题，始终贯穿数形结合的思想方法，培养学生观察、归纳、抽象、用数学符号语言形式表达能力、用函数的思维研究函数性质的意识和数学抽象、几何直观、逻辑推理、数学运算等核心素养。

（3）通过知识的探究过程培养学生细心观察、认真分析、严谨论证的良好思维习惯，学生感知从具体到抽象、从特殊到一般、从感性到理性的认知过程和不断探求新知识的精神。

（四）教学思路

为了凸显学生的学习主体地位，在课堂中聚焦共性问题，有更充分的时间通过生生互动、师生互动对教学难点进行交流，借助"三图六构"思维导图模式设计教学。首先，在课前准备学习阶段，借助课前导学图指导学生阅读教材相关内容，特别是情景引入的记忆规律和遗忘曲线的知识的自主阅读，让学生了解到在学习的过程中，要想提高记忆保持量，要及时进行复习的科学的学习方法。引导学生能够根据课前导学图完成相应任务，并查找出自己在自主学习中存在的问题，绘制感知图。然后根据课中导学图在课堂上组织学生围绕函数单调性概念的三个核心任务和一系列问题展开交流，从而逐步有层次地实现难点的突破，培养学生数学抽象的核心素养。

二、教学过程

（一）课前学习

课前给学生提供课前导学图（图5-2）和课前小测（图5-3）。根据课前导学图的要求，学生阅读教材相应内容，结合导学图提供的思考问题和拓展问题绘制思维感知图。

这样的课前学习是学生与教材对话的重要途径和方式。所谓与教材对话，就是学生在课前自主地对教学内容进行阅读与理解、感悟和发现。在与教材的对话中画出主干知识点，圈出重点，记下疑点。通过与教科书对话，主动解决自己应知应会的问题。例如，凡是属于"是什么"的这类问题，基本上都是学生可以在与教科书对话中解决的问题，可以在绘制感知图中梳理清楚，而教师的作用就是对于一些概念难点的突破性理解在课堂上组织学生交流。学生绘制的感知图示例，如图5-4所示。

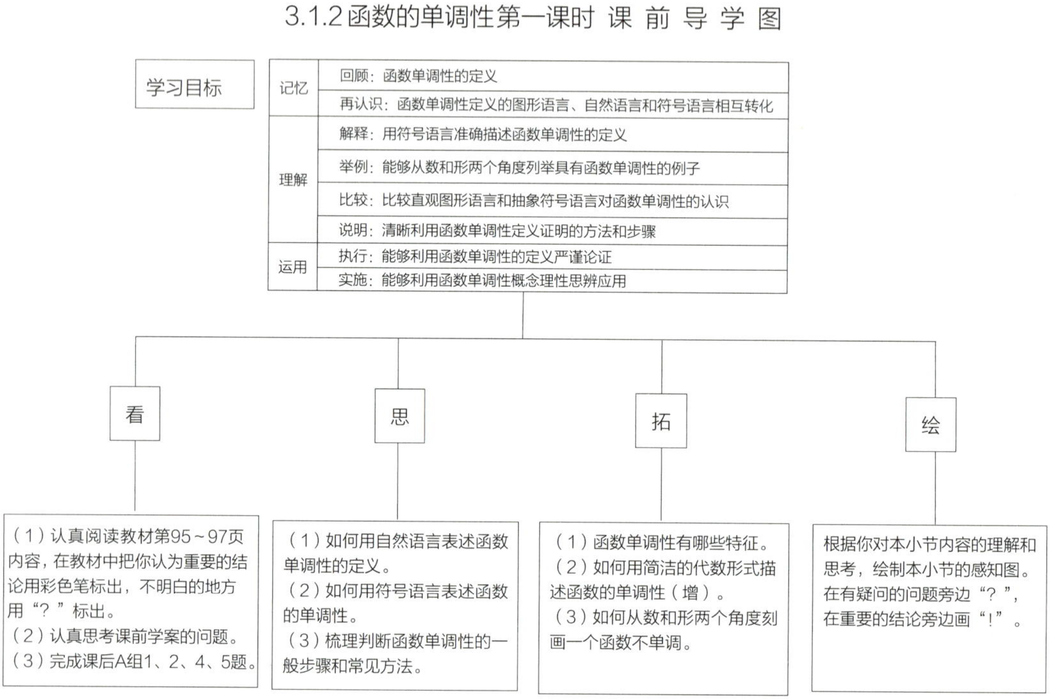

3.1.2 函数的单调性第一课时 课前导学图

学习目标	记忆	回顾：函数单调性的定义
		再认识：函数单调性定义的图形语言、自然语言和符号语言相互转化
	理解	解释：用符号语言准确描述函数单调性的定义
		举例：能够从数和形两个角度列举具有函数单调性的例子
		比较：比较直观图形语言和抽象符号语言对函数单调性的认识
		说明：清晰利用函数单调性定义证明的方法和步骤
	运用	执行：能够利用函数单调性的定义严谨论证
		实施：能够利用函数单调性概念理性思辨应用

看	思	拓	绘
（1）认真阅读教材第95~97页内容，在教材中把你认为重要的结论用彩色笔标出，不明白的地方用"？"标出。 （2）认真思考课前学案的问题。 （3）完成课后A组1、2、4、5题。	（1）如何用自然语言表述函数单调性的定义。 （2）如何用符号语言表述函数的单调性。 （3）梳理判断函数单调性的一般步骤和常见方法。	（1）函数单调性有哪些特征。 （2）如何用简洁的代数形式描述函数的单调性（增）。 （3）如何从数和形两个角度刻画一个函数不单调。	根据你对本小节内容的理解和思考，绘制本小节的感知图。在有疑问的问题旁边"？"，在重要的结论旁边画"！"。

图5-2 函数的单调性课前导学图

1. 课前小测
（1）根据图像完成填空
　　如图所示函数 $y=f(x)$ 在 $[-7,-5]$ 上是增函数，在 $[-5,-2]$ 上是减函数，在 $[-2,1]$ 上是_____函数，在 $[1,4]$ 上是_____函数，在 $[4,10]$ 上是_____函数。
（2）函数的增区间有哪些？

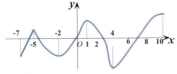

2. 判断下列命题的真假，并给出理由说明
（1）观察函数 $f(x)=\dfrac{1}{x}$ 的图像，当 $f(-1)<f(2)$ 时，函数 $f(x)$ 就是增函数。
（2）若函数 $f(x)$ 满足 $f(2)<f(5)$ ，则函数 $f(x)$ 在区间 $[2,5]$ 上为增函数。
（3）所有的函数在给定的定义域或者定义域内的集合上都有单调性。

图5-3 函数的单调性课前小测

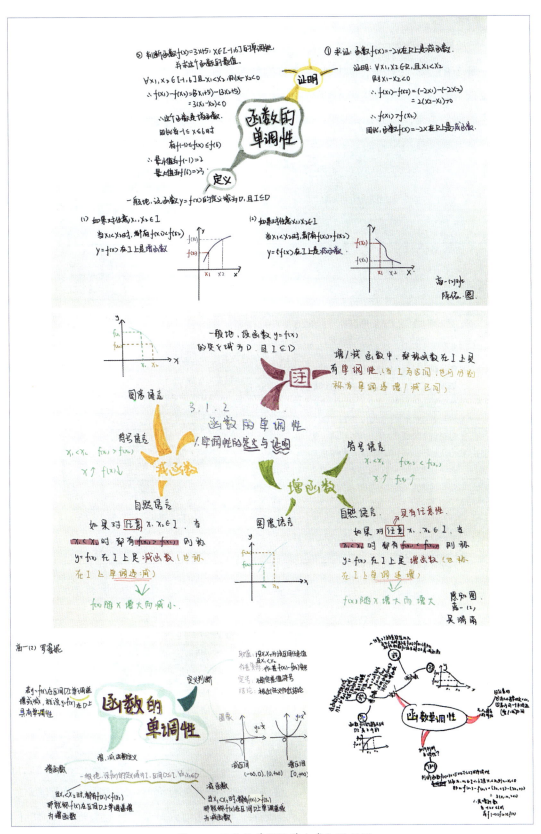

图5-4 函数的单调性学生感知图示例

（二）课中学习

1. 浏览目标，明确方向

这一环节的主要任务是，教师下发本节课学习目标自评表（表5-1），指导学生对照学习目标逐条进行自评。评估达到A（独立完成）水平的内容，在相应栏目处打√。教师及时收集学生的评估结果。实施结果表明大部分同学只能独立完成记忆和理解的部分目标，高层次目标独立完成都有困难。

表5-1 学习目标自评表

《3.1.2函数的单调性》课堂学习目标量规（自评）

班级＿＿＿＿ 姓名＿＿＿＿

学习目标		达成评价			
		A独立完成	B经同伴帮助完成	C经教师点拨完成	D未完成
记忆	回顾：函数单调性的定义				
	再认识：函数单调性定义的图形语言、自然语言和符号语言相互转化				
理解	解释：用符号语言准确描述函数单调性的定义				
	举例：能够从数和形两个角度列举具有函数单调性的例子				
	比较：比较直观图形语言和抽象符号语言对函数单调性的认识				
	说明：清晰利用函数单调性定义证明的方法和步骤				
运用	执行：能够利用函数单调性的定义严谨论证				
	实施：能够利用函数单调性概念理性思辨应用				
分析	区分：如何从数和形两个角度刻画函数不单调				
	结构化：以函数单调性为核心绘制本节课思维感知图和精细图				
	解构：能够对函数的单调性从图形语言、自然语言、符号语言角度解读				
评估	判断：清晰判断函数单调性的方法				
创作	设计：创编函数单调和不单调相关概念的辨析题目				
	建构：围绕函数单调性核心概念画出凝练图				

设计意图　通过学习目标的浏览自评，除了让学生了解自己目前自主学习的认知起点到哪儿，也让学生通过目标有层次的设计，明晰自己本节课要完成对哪些核心问题的理解，掌握哪些核心知识和思维方法，从而引领学生更好地配合课堂教学的节奏。

2. 小组交流，合作探究

学生在小组中的交流实际上就是与同伴合作、探究、对话与分享，这一环节希望达成目标量规中的记忆、理解、应用目标。当然，合作探究的任务是有价值的，而不是随意的，也就是结合课中导学图的内容要求和目标量规的内容。合作的前提是学生已经与有待探究的问题对过话，然后把对话中有障碍的问题拿出来共同探究，从而让学生在小组这个学习共同体中共享资源、共享智慧、共同完成学习任务，共同进步。同时教师要给学生足够的时间与空间进行有效的合作，还要深入到学生中细心倾听他们的对话，以便作出合理客观的评价或发现有待进一步讨论或解释的问题。如果感知图和目标达成的问题都解决了，每个小组将从老师手中领取核心任务问题条，进行深度思考。

本节课第一个核心任务：能对函数单调性定义的图形语言、自然语言和符号语言准确描述及相互翻译转化，了解单调区间的概念，总结函数单调性的特征。

问题1：观察艾宾浩斯记忆曲线，从函数变量角度分析具有什么规律？你能从中得到什么启发？

问题2：请同学们分别作出函数 $y=2x$，$y=-x+2$，$y=x^2$，$y=\frac{1}{x}$ 的图像，观察图像变化趋势，当自变量变化时，函数值的变化规律是什么？

问题3：如何用不等式符号表示"y随着x增大而增大""y随着x增大而减小"？

问题4：如果抽象成函数的一般形式 $y=f(x)$，定义域为 A，$M\subseteq A$，你能用准确的数学符号语言给出增（减）函数的定义吗？

谈谈你对定义中"任意性"的理解？思考：所有的函数在给定的定义域或者定义域内的集合上都有单调性吗？

上述核心任务问题设计是想让学生主要经历以下三个认识过程：直观图形语言、数学自然语言和数学符号语言。通过这三个过程，学生对函数单调性定义的图形语言、自然语言和符号语言能够准确描述及相互翻译转化，深刻理解单调性是在某个集合内的整体性质和自变量取值的任意性，有层次地逐步完成数学抽象的过程，也为后面利用函数单调性定义判断和证明突破难点做好铺垫。

本节课第二个核心任务：能用更简洁的符号语言形式表达函数的单调性，理解如何定义一个函数在某区间上不单调。

问题1. 设函数 $y=f(x)$ 的定义域为 D，且 $I\subseteq D$，如果对任意 x_1，$x_2\in I$，当 $x_1<x_2$，都有 $f(x_1)\leqslant f(x_2)$，能判断函数 $y=f(x)$ 在区间 I 上是增函数吗？

问题2. 设函数 $y=f(x)$ 的定义域为 D，且 $I\subseteq D$，如果对任意 x_1，$(x+1)\in I$，都有 $f(x+1)>f(x)$，能判断函数 $y=f(x)$ 在区间 I 上是增函数吗？

问题3. 能用简洁的形式概括下面4种情况吗？

（1）如果 $y=f(x)$ 在 I 上是增函数，且任意 x_1，$x_2\in I$，当 $x_1<x_2$ 时，有 $f(x_1)<f(x_2)$

（2）如果 $y=f(x)$ 在 I 上是增函数，且任意 x_1，$x_2\in I$，当 $x_1>x_2$ 时，有 $f(x_1)>f(x_2)$

（3）如果 $y=f(x)$ 在 I 上是增函数，且任意 x_1，$x_2\in I$，当 $f(x_1)<f(x_2)$ 时，$x_1<x_2$

（4）如果 $y=f(x)$ 在 I 上是增函数，且任意 x_1，$x_2\in I$，当 $f(x_1)>f(x_2)$ 时，有 $x_1>x_2$

学生通过问题1，体会定义中小于和小于等于的区别和联系。通过对问题2的思考，体会定义中的"任意"，定义中用任意两个自变量，用有限的两个独立的量刻画集合里的每一个，借助几何直观分析问题。而且通过举反例，不断明晰"任意"的数学内涵，帮助学生慢慢形成分析抽象函数的学习经验，让学生体会"数缺形时难直观"，渗透数形结合思想方法。通过问题3总结函数单调性定义的等价形式，自变量的改变量和函数值的改变量之间的关系，改变量符号相同的函数是增函数，改变量符号相反的是减函数，体会函数单调性恰是自变量与函数值之间相互转化的桥梁，同时也是解决不等关系的依据。

本节课第三个核心任务：总结判断或证明函数单调性的方法和一般步骤。

问题1：小结判断函数单调性的方法。

问题2：归纳概括判断函数单调性的一般步骤。

设计意图 希望学生通过小组交流及对一系列核心任务问题的思考，深化对函数单调性概念的理解，培养逻辑推理、数学抽象、数学运算等核心素养。

3. 全班交流，深入研讨

这一环节的主要目标是达成"分析"和"评价"层面水平。在这个环节同伴经过对于学习目标、感知图及核心任务问题的讨论之后，分别提出自己还存在的问题，把本组都未解决的问题写在小纸条上作为课堂交流的内容。如果本组的问题都解决了，就直接帮助解决其他小组的问题。进行全班交流时，也就是由各个小组派代表提出问题，让其他的小组帮助解决问题，对于小组之间解决不了的问题，老师再点拨指导。最终通过全班交流，老师点拨，让学生对所学内容有一个新的认识和高度感悟，并及时用红笔补充在自己的思维感知图上，最后经过整理加工，完成思维精细图，学生和教师的思维精细图如图5-5和图5-6所示。

同学们对于核心问题，即在阐述的前提条件下，是否可以判断函数在区间上是增函数，纷纷举出很多函数的反例，有给出解析式形式的，更多的是给出函数图像直观的举例，特别是有些同学想到了构造分段函数，发散了大家的思维，得到了老师当场高度的认可和表扬。

在解决第一个小组提出的问题：用简洁的形式概括函数单调性的符号语言表示时，所有同学都遇到了困难。所以老师进行点拨指导，引导学生思考两个数的大小关系用不等式还可以怎样表述？自变量和函数值的变化关系随着函数的单调性变化是怎样的？如何用数学的符号语言表达一致和相反？两个代数式的同号和异号可以通过什么形式表达？改变量相乘的表示和改变量相除的表示有什么区别？为什么相除的形式可以反映改变量快慢？再引导学生思考课前预习的材料"记忆曲线"除了下降所体现的单调性，如何感受下降的速度快慢，从而和学生共同归纳概括出改变量比值的正负反映函数单调性的最简洁形式，让深度学习在课堂发散，也培养了学生有逻辑地进行推理的抽象思维能力。

活动意图 全班交流环节给学生提供了充分展示的时间和空间，生生互助解决问题也激发了学生合作互助的意识，教师的点拨提升让教学的难点得以顺利突破。

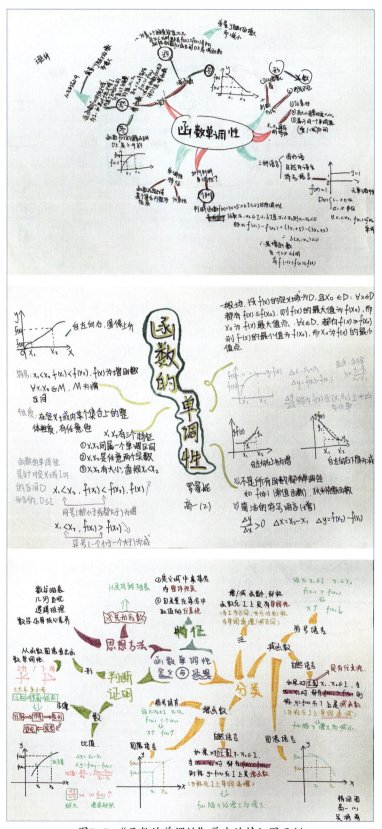

图5-5 "函数的单调性"学生的精细图示例

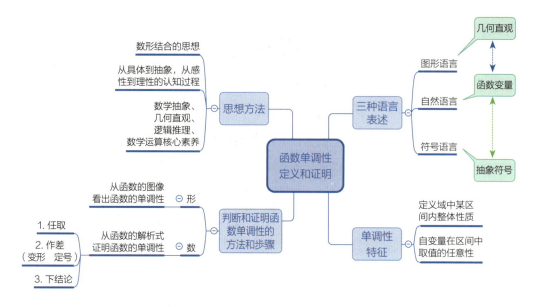

图5-6 "函数的单调性"教师的精细图

4. 凝练小结,反思提升

"三图六构"的最后一个环节是课堂上绘制思维凝练图,也就是将本节课自己认为学到的核心内容和思想方法加以凝练,从而培养学生抽象概括等核心素养和能力,学生和教师的凝练图如图5-7和图5-8所示。

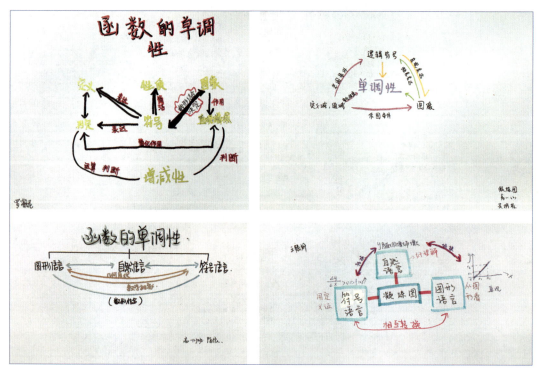

图5-7 "函数的单调性"学生的凝练图

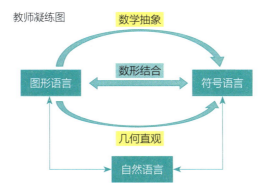

图5-8 "函数的单调性"教师的凝练图

设计意图

学后反思也是巩固和完善课上知识的必要阶段，它指向更深邃、更新颖、更富有启发性的自我对话。对话本身具有一种自我生长的内在机制，学生通过反思性的自我对话可以不断产生新的视界，让知识内化并升华为精神智慧，让真理的探求不断增加新的可能性，进而生成或建构自己的认知。教学的任务就是要使学生的自我对话自觉化、习惯化、理性化。教学中为了让这种对话得以外显，可以让学生课后绘制反思图，从而让学生学会反思。学生和教师的反思图示例如图5-9和图5-10所示。

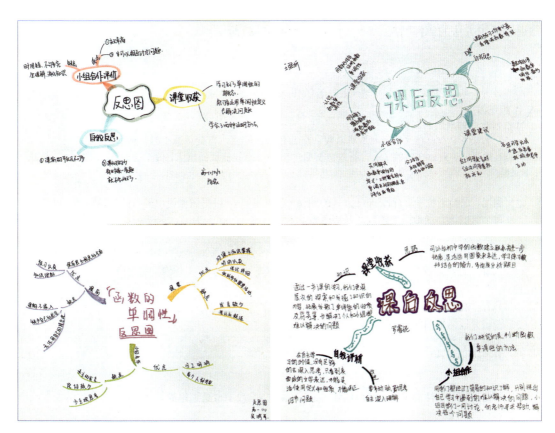

图5-9 "函数的单调性"学生的反思图

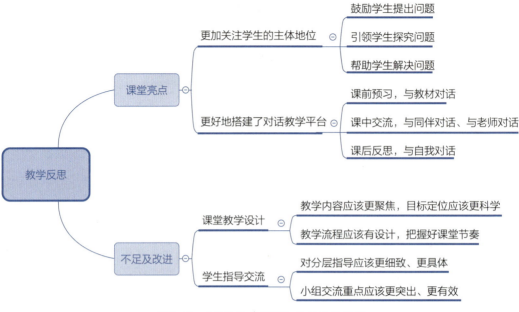

图5-10 "函数的单调性"教师的反思图

5. 效果检测，回扣目标

为了检测和巩固学习效果，设计分层课堂小测，反馈不同能力层级的学生经过课堂学习知识和思想方法的掌握情况。课堂小测示例如图5-11所示。

《3.1.2 函数的单调性》课堂小测

A组练习

（1）判断下列命题的真假。
  （1）如果 $y=f(x)$ 在区间 I 上是增函数，那么在该区间上，自变量减小时，函数值也减小。
  （2）如果 $y=f(x)$ 在区间 I 上，随着自变量的减小，函数值反而增大，那么 $y=f(x)$ 在间 I 上是减函数。

（2）如图，已知函数 $y=f(x)$，$y=g(x)$ 的图像（包括端点），根据图像说出函数的单调区间，以及在每个区间上，函数是增函数还是减函数。

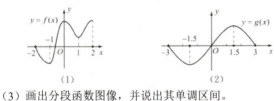

（3）画出分段函数图像，并说出其单调区间。
$$f(x)=\begin{cases} x, & x<0 \\ -x, & 0\leq x\leq 1 \\ 3x, & x>1 \end{cases}$$

（4）根据函数单调性的定义，证明函数 $f(x)=x+\dfrac{1}{x}$，$x\in(2,+\infty)$ 是递增的。

图5-11 "函数的单调性"课堂小测示例

B组练习

（1）已知函数 $y=f(x)$ 在区间 $[-1,2]$ 上单调递增，在区间 $[2,5]$ 上单调递减，那么下列说法中，一定正确的是_____

　　①$f(0)<f(2)$　　　②$f(3)>f(2)$　　　③$f(0)$ 与 $f(3)$ 大小关系不确定

（2）判断下列命题的真假

　　①如果 $y=f(x)$ 在 I 上是增函数，且 $x_1,x_2\in I$，那么当 $f(x_1)>f(x_2)$ 时，$x_1<x_2$；

　　②如果 $y=f(x)$ 在 I 上具有单调性，且 $x_1,x_2\in I$，那么当 $f(x_1)=f(x_2)$ 时，$x_1=x_2$．

（3）若函数 $f(x)$ 定义域为 **R**，则甲："$\forall x\in \mathbf{R}, f(x+1)>f(x)$" 与乙："函数 $f(x)$ 为 **R** 上的增函数" 关系是（　　）

　　A. 甲能推出乙，乙推不出甲　　　B. 甲推不出乙，乙能推出甲

　　C. 甲能推出乙，乙也能推出甲　　D. 甲推不出乙，也不能推出甲

（4）能说明"若 $f(x)>f(0)$ 对 $\forall x\in(0,2)$ 都成立，则 $f(x)$ 在 $[0,2]$ 上是增函数"为假命题的一个函数是_____

图5-11　"函数的单调性"课堂小测示例（续）

设计意图　通过课堂小测，回扣教学目标，让学生更重视巩固落实，进行查漏补缺。

三、案例反思

1. 教学设计紧扣核心概念展开，助力学生高阶思维发展

本节课的设计中注重"数"与"形"的结合，由直观到抽象、由特殊到一般的数学思维能力的培养始终贯穿于函数单调性概念教学过程中。同时，通过核心任务下核心问题串的设计，使得对核心概念的理解层层递进实现突破。对函数单调性概念的深入而准确的认识往往是学生认知过程的难点。因此在教学中突出对概念的分析一方面是为了分析函数单调性的定义，另一方面让学生掌握如何学会、弄懂一个概念的方法，也为今后对其他数学概念的学习有所帮助。函数单调性的研究方法具有典型性，体现了对函数研究的一般方法。在函数单调性的教学中要引导学生逐步学会"直观感受—定性描述—定量刻画—具体应用"的探究方法，这样既便于对单调性的概念有更好理解，同时也为今后学习函数的其他概念和性质提供一定的参考。

2. 基于思维工具的课堂能够更好地激发学习主动性

广义思维导图的使用为学生增加课堂参与性搭建了平台。本节课改变学生被动接受老师分析的传统教学模式，通过课前感知图、课中精细图、课后凝练图，学习目标量规来帮助学生明确和记录自己的学习过程，展示自己的想法，暴露自身问题，彼此纠正改进。"三图六构"式的广义思维导图为构建以对话为中心的课堂教学提供了操作基础。让学生通过生本对话、生生对话、师生对话、自我对话构建认知，以绘图为线索，借助平等的对话课堂，让学

习真实主动地发生。特别是融入了课堂目标量规的学习，让学生更加明确自己的对话导向，看到自己在学习上的收获，从而激发他们的内在学习动力。

学生自主学习能力在强化的课堂参与中逐渐得到发展。在传统的数学课堂教学中，教师的任务就是按书中的知识尽快地、尽可能地传授给学生。这种方式下教师成了课堂的主宰者，学生只能被动地接受，学生的创造能力和创造精神被无情地扼杀了。但在基于思维工具的课堂中，课前导学图、课中导学图等让学生明确了每个学习环节的任务，学生采用自主或以小组合作的方式进行新知识的学习，引导学生逐渐养成良好的学习习惯，让学生"自己走路"寻找到问题的答案，把学习的主动权交给学生，使学生真正体验到了自主学习的快乐，进而培养了学生的自主能力。

广义思维导图下的课堂教学范式为学生营造了平等、民主的学习氛围，为学生的思维搭建了"脚手架"，从而使学生的能力有了质的飞跃。思维导图下的课堂教学也通过师生交流、生生交流、师生与文本交流、学生的自我反思来达到促进学生主体的自我构建和生命成长的目的，教师真正把课堂的主动权交给了学生，学会倾听学生的心声，想方设法引导学生有效互动，并主动质疑，形成真正意义上的让学习发生、让课堂更加有趣有效，从而培养了学生的数学核心素养。

作者简介

宋丽荣，北京外国语大学附属中学高中数学教师，高级教师，高一年级组长，北京市骨干班主任，北京市第31届"紫禁杯"优秀班主任一等奖，海淀区"班主任带头人"，海淀区优秀"四有教师"、海淀区"优秀班主任"、海淀区教育系统"优秀共产党员"。多篇论文在市区获奖，多次承担区级公开课和讲座任务，两次参与国培视频录制、一次参与海淀区空中课堂录制，参与两次高考阅卷和一次会考阅卷。参加教育部"一师一优课、一课一名师"活动，获部级优课奖，北京市说课展示二等奖，北京市中小学第一届"京教杯"三等奖，海淀区第二届和第三届"风采杯"展示教学设计和作业设计一等奖。2019年开始参加实践广义思维导图下课堂重构教学模式，多次开展组内研究课。

高中数学"等比数列的定义与求和"

一、案例背景

(一)学习内容分析

本单元的主题是数列——一种特殊的函数,并研究两种特殊的数列——等差数列和等比数列,探索它们的取值规律,建立它们的通项公式、前n项和公式,并应用它们解决实际问题。在本章学习中,用函数的思想研究数列,体验通过数学抽象获得一个数学对象,并通过数学运算、逻辑推理进行研究的过程和方法,通过建立数学模型刻画具有递推规律的事物,提高解决实际问题的能力。

(二)学情分析

本节课为"等比数列的定义与求和"的复习课,是在复习完等差数列及求和后进行的。等比数列是高考的热点。本节课主要围绕着等比数列的定义、通项和求和来进行,锻炼学生的计算能力和培养学生的逻辑思维,其内容与等差数列内容是类似的。由于我们刚学习了等差数列的定义、性质与求和,所以学生对数列的知识以及研究的方式和研究途径都有所掌握。本节课的内容为学生提供了很好的自主学习的机会,同时借助等差数列与一次函数的关系类比得到等比数列与相应函数的关系,可以让学生在等差数列的基础上,自己去发现研究对象,并针对研究对象提出研究内容,探索等比数列的定义、性质、通项公式及求和公式等,从而获得研究结论。

(三)学习目标

(1)通过生活中的实例,理解等比数列、等比中项和通项公式、求和公式的意义。

(2)探索并掌握通项公式和求和公式的推导过程以及两者之间的关系。

(3)运用通项公式和求和公式解决实际问题。

(4)探究等比数列的性质并能熟练应用。

(5)发展数学运算、数学建模、逻辑推理的核心素养。

(四)教学思路

本节课计划采用学生为主体、教师为主导的教学理念，学生自主学习，教师精讲点拨。课前，学生基于教师设计的量规和课前导学图来绘制对本节课思维感知图，明确本节课的教学内容和学习目标，标注自己已知和未知的内容；课中，教师通过短视频导入课堂内容，激发学生学习兴趣，然后通过小组讨论、全班交流、凝练小结和巩固提升来有效实现本节课教学效果。

通过这样的教学过程设计，更能提高学生自主学习的能力和学习兴趣，人人参与课堂学习，学生变被动学习为积极主动学习，成为课堂的主人。思维成为课堂的主旋律，体现以人为本、生生互动、师生互动的教学理念，师生共同生长。

二、教学过程

(一)课前学习

学生在认真阅读教材的基础上，以等比数列的定义为核心绘制思维感知图，将等比数列的定义、通项、性质以及求和联系起来，呈现本节课的基本框架，完成思维感知图。课前导学图如图5-12所示。

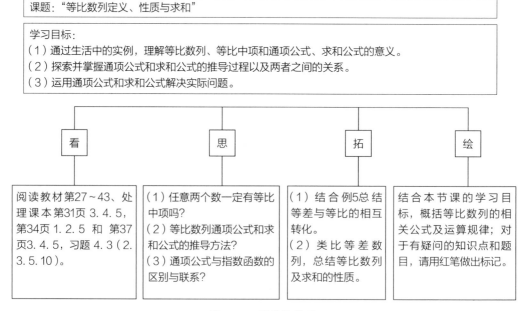

图5-12　课前导学图

（二）课中学习

1. 明确学习目标

这一环节的主要任务是教师下发本节课学习目标自评表（表5-2），指导学生对照学习目标逐条进行自评。评估达到A（独立完成）水平的内容，在相应栏目处打√。教师及时收集学生的评估结果。

实施结果发现，90%以上的学生能够独立完成课前导学单中的学习目标：在"等比数列定义和等比中项""等比数列的通项与求和公式""利用通项公式及求和公式解决'知三求二'问题"对应栏目处打了√。这说明课前学习效果已经达到预期，为课中学习的推进打下了良好的基础。

> **设计意图**
>
> 学习目标自评表有以下三个方面的作用。一是引导学生对课前学习效果进行自我评估：哪些目标通过课前自主学习已经达成，学习中的问题和疑惑还有哪些。通过评估让学生了解自己，提高自我反思能力，暴露出的问题还能够激发持续学习的内驱力。二是明确本节课的学习目标，让学生清晰地了解本节课学什么，应该掌握的基础知识、基本技能、基本活动经验和基本思想方法，以及这些目标应该达到的水平，促使学生带着目标感进入学习过程，学习会更持久。充分发挥了目标引领学习、促进学习的功能。三是学习目标自评也是教师了解学情的重要环节，为进一步的教学活动的安排和调整提供信息。

表5-2 "等比数列与求和"课堂学习目标量规（自评）

班级_____ 姓名_____

学习目标		达成评价			
		A独立完成	B经同伴帮助完成	C经教师点拨完成	D未完成
记忆	回顾：等比数列的定义、等比中项的概念				
	再认识：等比数列的基本性质				
理解	解释：等比数列通项公式及求和公式的推导过程				
	概要：等比数列的基本性质				
	说明：等比数列通项与指数函数之间的关系				
	比较：等差数列、等比数列的通项公式和求和公式的区别与联系				
运用	利用通项公式及求和公式解决"知三求二"问题				
	应用等比数列相关知识判断等比数列				
分析	区分：等比中项与等差中项的区别				
	结构化：绘制《等比数列与求和》思维导图				
评估	结合本节课所学知识，评价学习等比数列及求和的意义				
创造	设计生活中的实例并用等比数列知识解决				
	建构：绘制《等比数列定义与求和》的凝练图				
其他（根据学科特点增设的项目，没有可不填）					

2. 小组讨论，合作交流（12分钟）

（1）目标：讨论课前复习过程中遇到的问题"（包括课本、教辅材料等）以及感知图中的疑惑。

（2）内容：完善感知图，构建精细图。

（3）要求：

①先两个人交流，再小组交流。

②小组中解决不了的问题写在便利贴上交给教师。

③讨论之后没有问题的小组举手领取问题条。

在此环节中，学生进一步明确教学目标，展开小组讨论，通过小组合作学习解决自己尚未解决或不理解的问题。教师在巡回指导过程中，把设计好的教师问题条给讨论完没有问题的小组来解决。讨论之后仍有问题的小组将问题条贴到黑板上。

教师问题条：

①任意两个实数 a、b 一定有等比中项吗？

②试探究等比数列 $\{a_n\}$ 的单调性。

③等比数列的通项公式及求和公式的推导过程及理论方法是什么？求等比数列的和时应注意哪些细节？

④通过类比等差数列，抽象出等比数列的性质。

⑤通过类比等差数列，概括出证明等比数列的方法。

> **设计意图**　学生就某个知识相互问答，不但可以促进讲解者对某个知识更加深入细致的理解，也有利于倾听者解除疑难问题，从不同于老师的角度去理解知识，达成理解的目标。生生互动可以让我们的课堂有质疑声、辩论声和赞美声。例如有的同学对于"等比中项与等差中项的区别不甚理解"，通过相互交流得知一个成等差数列、一个成等比数列；同时任意两个实数一定有等差中项，未必有等比中项；若两个数有等比中项，则一定成对存在；等等。

3. 全班交流，深入研讨（14分钟）

目标： 突破重难点　总结规律方法

内容： 小组求助，解决问题条上比较集中的问题

要求： 认真倾听　完善感知图

在此环节中，教师把问题条快速地归类整理，找出有共性、重难点的问题，请提问题的小组上台提问，请其他小组同学来回答，如学生解答不全面则由教师点拨补充，由提问题的小组来复述同学或教师给出的答案。然后请领到教师问题条的小组上台讲解问题，教师在课件中展示该问题的详细答案。学生讲得不透彻的地方同样由教师予以补充。在这个环节中，教师把讲台让给学生，教师作为导演在学生需要帮助的情况下予以指导点拨，让学生成为课堂的主人。

设计意图

这一环节的主要目标是达成"分析"和"评价",采取的主要策略是,通过核心问题的探究,引导学生深入到现象背后的本质,得出等比数列与函数的关系以及等比数列的性质特点,为数学建模提供了一种更好的模型。在学生总结了等比数列的定义、通项和性质的基础上,进一步组织全班讨论,引导学生关注等比数列单调性的判断、等比数列求和公式的推导方法(错位相减法)、构建等比数列模型的基本步骤以及判断等比数学方法等,从而完善感知图,形成精细图。教师和学生的精细图示例如图5-13和图5-14所示。

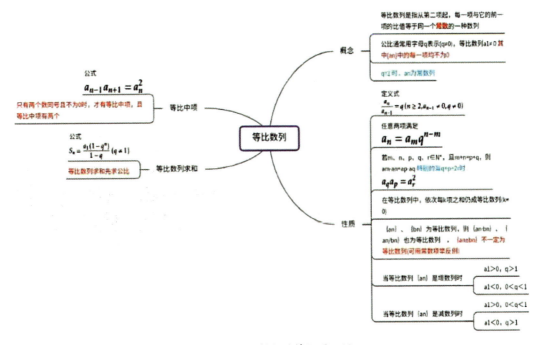

图5-13 教师的精细图示例

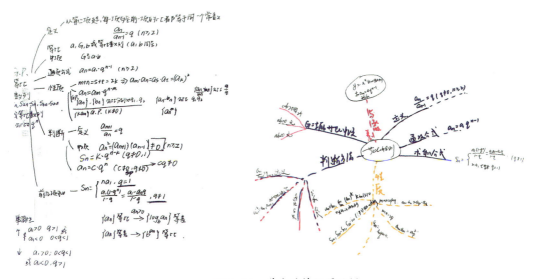

图5-14 学生的精细图示例

4. 凝练小结、反思提升

（1）目标：高度概括本节课知识结构与内在联系

（2）内容：独立完成凝练图

设计意图 　学生根据所学内容对本节课的重点进行总结归纳，独立完成凝练图。然后教师展示自己的凝练图，对重点进行精讲点拨。教师和学生的凝练图如图5-15和图5-16所示。

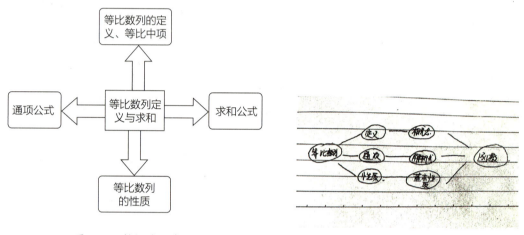

图5-15　教师的凝练图　　　　　　　图5-16　学生的凝练图

5. 效果检测、回扣目标

（1）目标：巩固所学内容并在知识和能力方面得到提升。

（2）内容：完成教师设计的巩固自测题。

设计意图 　学生完成自测题，检验所学内容，对本节课所包含的情感态度、主题语境有进一步的理解，树立正确的价值观。巩固自测题如图5-17所示，学生完成的情况示例如图5-18所示。

1. 若 $\{a_n\}$ 是公比为 q（$q\neq 0$）的等比数列，记 S_n 为 $\{a_n\}$ 的前 n 项和，则下列说法正确的是（　　）

A. 若 $a_1>0$，$0<q<1$，则 $\{a_n\}$ 为递减数列　　B. 若 $a_1<0$，$0<q<1$，则 $\{a_n\}$ 为递增数列

C. 若 $q>0$，则 $S_4+S_6>2S_5$　　D. 若 $b_n=\dfrac{1}{a_n}$，则 $\{b_n\}$ 是等比数列

2. 在等比数列 $\{a_n\}$ 中，$a_n>0$，若 a_3，a_{15} 是方程 $x^2-6x+2=0$ 的根，则 $\dfrac{a_2 a_{16}}{a_9}$ 的值为

A. $\dfrac{2+\sqrt{2}}{2}$　　B. $-\sqrt{2}$　　C. $\sqrt{2}$　　D. $-\sqrt{2}$ 或 $\sqrt{2}$

3. 已知数列 $\{a_n\}$ 是递增的等比数列，且 $a_1+a_5=17$，$a_2 a_4=16$.

（1）求数列 $\{a_n\}$ 的通项公式；

（2）若数列 $\{a_n\}$ 的前 n 项和为 S_n，且 $S_{2n}>\dfrac{160}{9}a_n$，求 n 的最小值

4. 在正项等比数列 $\{a_n\}$ 中，$a_1=1$，$a_2 a_4=9$.

（Ⅰ）求 $\{a_n\}$ 的公比 q；（Ⅱ）设 $b_n=a_{2n+1}$，求数列 $\{b_n\}$ 的前 n 项和 S_n

图5-17　巩固自测题

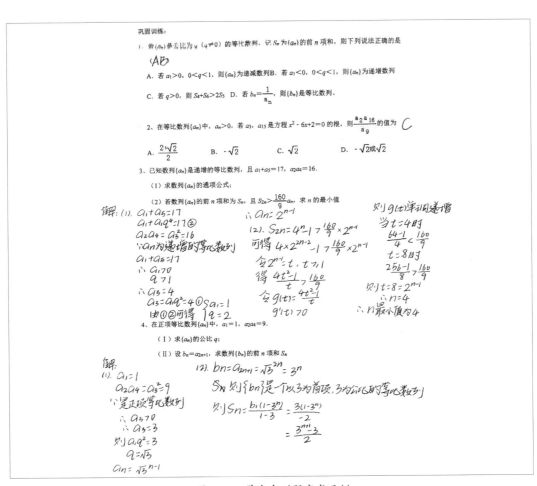

图5-18　学生自测题完成示例

学生量规完成情况如图5-19所示,东阿一中学生评价量规如图5-20所示。

反思:等比数列的问题可用最普遍的方法(化为a与q)解决对性质的知识也可掌握,便于在作题时更加快速,从而节约时间,在数列求和方面,对于分奇偶性进行求和等类型的题还是掌握不熟、对于等比数列的"知三求二"的问题,可同化为a与9来解决。对于其他的等比的问题,可以都化为a与q来解决。

班级_____ 姓名_____

	学习目标	达成评价			
		独立完成	经同伴	经教师点拨完	未完成(未完)
记忆	回顾:等比数列的定义、等比中项的概念	✓			
	再认识:等比数列的基本性质	✓			
理解	解释:等比数列通项公式及求和公式的推导过程	✓			
	概要:等比数列的基本性质		✓		
	说明:等比数列通项与指数函数之间的关系			✓	
	比较:等差等比数列的通项和求和的区别与联系	✓			
运用	利用通项公式及求和公式解决"知三求二"问题	✓			
	应用等比数列相关知识判断等比数列		✓		
分析	区分:等比中项与等差中项的区别	✓			
	结构化:绘制《等比数列与求和》思维导图	✓			
评估	结合本节课所学知识,评价学习等比数列及求和的意义	✓			
创造	设计生活中的实例并用等比数列知识解决				✓
	建构:绘制《等比数列定义、性质与求和》的凝练图	✓			
	其他(根据学科特点增设的项目,没有可不填)				

图5-19 等比数列与求和课堂学习目标量规(自评)

评价项目	学习目标	小组讨论		全班交流				凝练提升		评价反思		综合评价
	独立完成	倾听	质疑 解疑	倾听	质疑	解疑	PK 精细图	独立完成	分享	独立完成	效果优秀	四生课堂
等级	优秀	优秀	优秀 良好	优秀	优秀	良好	优秀	优秀	优秀	优秀	优秀	优秀

图5-20　东阿一中学生评价量规

设计意图　此环节的目的是让学生通过自测题检测自己所学内容，进一步巩固提升所学知识，与高考题型接轨，提高答题能力。同时通过进一步量规自评，使本节课目标落地，让学生学会自我评价和自我反思。

三、案例反思

新课程标准的颁布与实施，以及新高考的改革，为新一轮教学改革指明了方向，同时也为教师的发展指明了道路。因此，作为老师，我们必须认真学习新课程标准和现代教学教育理论，深刻反思自己的教学实践，并上升到理性思考，把理论与实际相结合。教师不仅要关注学生学习的结果，更重要的是要关注学生的学习过程，促进学生学会自主学习、合作学习，同时引导学生探究学习，让学生亲历感受，理解知识产生和发展的过程，培养学生的数学素养和创新思维能力，逐步培养学生发现问题、提出问题、分析问题、解决问题的能力，重视学生的可持续发展，培养学生终身学习的能力。

本节课按照我校"双星四生"课堂进行，符合新课标要求，首先我感受到同学们的课前预习还是比较充分的，这主要是因为我们的目标量规提前呈现，课前导学图的引入也让同学们对于课前的预习有了目标与方向，同时也能发现一些问题，培养学生自主学习的能力，也为课堂的小组讨论做好充分准备；第二环节是小组讨论，同学们比较积极活跃，各小组针对组内存在的问题讨论解决，已经解决的小组举手示意领取问题条，适应课堂的流程。经过激烈的小组讨论之后，到了全班交流的环节，同学们把小组解决不了的问题交给我，我在短时间内把问题集中归类，最终停留在等比数列性质的推导和等比中项的应用上。首先由个别小组同学进行讲解，而后由我精讲点拨，让同学们对等比中项以及等比数列的性质了解到位，应用熟练并能解决实际问题。小组讨论和全班讨论环节是学生合作探究的集中体现。在这两个环节中以问题为主线，以对话为常态，以思维为主旋律，有质疑声、辩论声，更有赞美声。讨论的过程中，学生体会到了探究新知的过程和获得新思想方法的喜悦。第三个环节是完善感知图形成精细图，让知识成体系，数学素养得到提升，数学能力得到培养。第四环节是凝练小结，同学们根据课堂所学，绘制凝练图，抓住本节课的核心内容。最后一个环节是巩固提升环节。同学们进入训练状态，检验落实本节所学。整节课我感觉自己围绕的主题不是我教了多少知识，而是同学们学会了多少知识，掌握了解决问题的方法，提升了数学思想。在同学们写的反思中，我也看到了这一点。

本节课我感觉有一些不足，比如，个别学生还是不敢积极踊跃地发言；个别学生的表达不是很有激情，这是下一步我需要激励孩子们的；对于比较难的问题当个别学生讲完之后，应该再由之前不明白的学生重复一遍，效果就更好了。

总而言之，一生只为一堂课。课堂上，学生们永远是主角，要把时间还给他们；相信学生、依靠学生、发展学生，与学生共同成长永远，是我们追求的愿景。

作者简介

张存峰，2006年毕业于山东师范大学数学与应用数学学院，从事数学教学工作15年来，在"教书育人"这个平凡而神圣的工作岗位上默默地挥洒着汗水，以自己的行动履行了一个教师的职责，以自己的工作实绩赢得了学生和家长的信任，得到了学校和社会的肯定。2009年发表的论文《如何优化高中数学课堂》荣获市级一等奖。2011年获县优质课一等奖，同年获市级优质课一等奖，2011年9月被评为东阿县优秀教师。2013年9月被评为聊城市优秀班主任。2014年获得聊城市"青年岗位能手"称号。2015年获东阿县教学能手一等奖。2016年被评为聊城市高中教学优秀教师。2018年发表的论文《剖析数学学习的心理障碍与对策》被评为全国一等奖。2019年被评为聊城市高中教学优秀教师。

高中数学"空间向量与立体几何总复习"

一、案例背景

（一）学习内容分析

《空间向量与立体几何》是高中数学选择性必修1第一章的内容，它属于"几何与代数"主线的内容。学生将在必修（第二册）"平面向量"和"立体几何初步"的基础上，学习空间向量及其运算、空间向量基本定理，并利用空间向量解决立体几何问题。由于空间向量的概念和运算与平面向量的概念和运算具有一致性，因此教学中注意引导学生与平面向量及其运算做类比，让学生感受由平面向空间推广的过程。最后，利用空间向量描述空间直线、平面间的平行、垂直关系，用空间向量解决空间距离、夹角问题，让学生进一步体会用空间向量解决立体几何问题的思想和方法。

（二）学情分析

本部分属于高二上学期的学习内容。通过前面必修2的学习，学生掌握了传统的几何推论证明方法，并且具备了一定的归纳、类比、自主探究及合作交流的能力。经历一个章节的学习之后，学生迫切需要对本章知识进行高度的概括，参与本节学习的积极性比较高。

（三）学习目标

（1）了解空间向量的基本概念和基本定理，掌握空间向量的运算。
（2）学会选择适当的方法解决位置关系、夹角、距离等问题。
（3）体会利用空间向量解决立体几何问题的数学思想。

（四）教学思路

学习是学生自主建构和社会建构的过程，在与客观事物对话、与他人对话、与自我对话的过程中，产生经验的变化。为了促进对话，借助"三图六构"思维导图模式设计本节课的教学。一是课前准备学习阶段，借助课前导学图指导学生阅读教材相关内容。二是课中学习阶段。教师创设科学问题的探究情境，引导学生开展合作探究学习，以课中五环节为思路引导学生通过对感知图、精细图、凝练图的自构和互构，构建新认知，发展学科的核心素养。

二、教学过程

（一）课前学习

1. 备课环节

充分解读教材，了解学生认知水平，确定学习目标，制定出较为合理的课前导学图、课中导学图、量规，教师结合教材和核心素养的要求，画出感知图和凝练图，尽量多从学生的思维角度设置问题。制作含金量高的问题条，拓展学生思维。制定合适的课后小测，巩固提升学生运用水平。

2. 给学生提供课前导学图

根据课前导学单的要求，学生阅读教材相应内容，结合导学图提供的思考问题和拓展问题绘制思维感知图。课前导学图如图5-21所示。

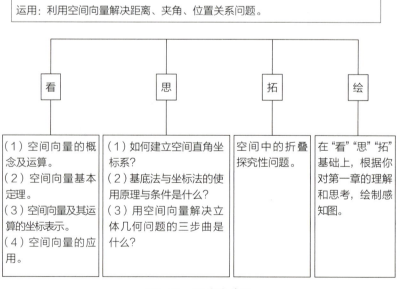

图5-21 课前导学图

（二）课中学习

以课堂五环节为思路引导学生完成本节课的学习任务并对学习效果进行评价。

1. 浏览目标，明确方向（预设2分钟，实际用时2分钟）

教师活动： 指导学生明确学习目标。

学生活动： 浏览目标，明确方向。

这一环节的主要任务是，教师下发本节课学习目标自评表（表5-3），指导学生对照学习目标逐条进行自评。评估达到A（独立完成）水平的内容，在相应栏目处打√。教师及时收集学生的评估结果。

实施结果表明，90%以上的学生能够独立完成课前导学单中的学习目标，为课中学习的推进打下了良好的基础。

表5-3 课堂学习目标量规（自评）

班级_____ 姓名_____

学习目标		达成评价			
		A独立完成	B经同伴帮助完成	C经教师点拨完成	D未完成
记忆	回顾：空间向量有关概念				
	再认识：解决空间向量问题的"三部曲"				
理解	解释：如何建立空间直角坐标系				
	列举：长方体、三棱锥、四棱锥等				
	分类				
	概括：建立空间直角坐标系的步骤				
	推论：所有题目都适合建立空间直角坐标系吗？				
	比较基底法与坐标法的使用原理与条件				
	说明				
运用	执行：空间向量的应用				
	实施：结合题目解决夹角、距离、最值问题				
分析	区分				
	结构化：化绘制空间向量与立体几何的感知图				
	解构化：完成复习参考题一				
评估	解决立体几何问题方法的选择				
	绘制"空间向量与立体几何"的凝练图				

设计意图 一是明确本节课的学习目标，让学生清晰地了解本节课学什么，充分发挥了目标引领学习、促进学习的功能。二是教师了解学情的重要环节，为下一步教学活动的安排和调整提供信息。

2. 小组讨论，合作探究（预设10分钟，实际用时12分钟）

教师活动：组织学生进行小组交流。

学生活动：组内交流，自构、互构重构。

具体实施：组内交流讨论，答疑解惑。

①依据量规记忆、理解部分自评结果，两个人相互交流感知图和课前导学图中思、拓的问题，各自完善感知图，可以红笔标注，如图5-22所示。

②两个人一组未解决的问题由多人组再次讨论解惑，再次完善感知图（红笔）。对仍有疑问的问题做好记录并由组长贴在黑板上，待全班讨论时解决。

其中第三组、第五组、第七组、第八组的组长把问题做好记录贴到黑板问题栏上，主要有：基底法与坐标法的使用原理与条件是什么？章末复习检测题第13题如何解答？

③没有问题的小组，领取核心问题条。（其中优生组第一组、第二组的同学领取了核心问题条）

核心问题条：

已知矩形$ABCD$，$AB=20$，$BC=15$，沿对角线AC将$\triangle ABC$折起，使得$BD=\sqrt{481}$，则二面角$B-AC-D$的大小是_____.

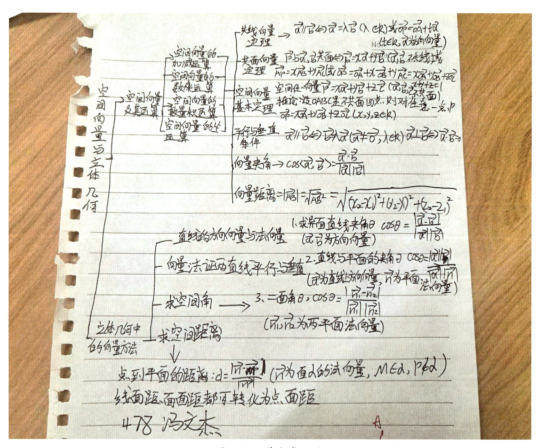

图5-22 学生感知图

3. 全班交流（预设15分钟，实际用时20分钟）

（1）教师活动：引导全班交流。

（2）学生活动：全班交流，深入探讨。

（3）具体实施：依据量规运用、分析、评估部分完成学习，生成《空间向量与立体几何》的精细图。

①小组派代表领问题寻求其他小组帮助，由提出问题的小组成员复述。

第二组、第七组代表段鹏举提出问题：基底法与坐标法的使用原理与条件是什么？杨文萱同学上台解答：基底法就是选择三个不共面的向量，空间中其他的向量都能用它们表示，坐标法就是用坐标表示其他向量。教师提问：其他同学有补充吗？朱鑫尧同学上台补充：基底法的使用原理是空间向量基本定理，若存在三个不共面的向量a，b，c，那么对于空间中任一p，存在唯一有序实数组$\{x,y,z\}$，使得$p=xa+yb+zc$。坐标法是基底法的代数表达形式，使用原理相同；基底法适用于任何题目，而坐标法更适用于能够建立两两相互垂直的空间直角坐标系，所求坐标比较好求的情况。

教师点拨：先点评杨文萱的回答不够完整，表扬朱鑫尧的回答完整准确，掌声鼓励两位同学。最后由提出问题的第二组、第七组代表复述答案。所有同学复述并完善感知图。

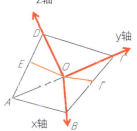

图5-23 复习检测题第13题

第五组、第八组领取问题：章末复习检测题第13题如何解答（图5-23）？耿佳爽同学上台解答：

如图5-22所示，连接OB，OD，则$OD \perp AC$，$OB \perp AC$.

因为二面角D-AC-B为直二面角 所以$OD \perp OB$

以O为坐标原点，OB，OC，OD所在直线分别为x轴，y轴，z轴建立空间直角坐标系。

设原正方形边长为1，则$A\left(0,-\dfrac{\sqrt{2}}{2},0\right)$，$B\left(\dfrac{\sqrt{2}}{2},0,0\right)$，$C\left(0,\dfrac{\sqrt{2}}{2},0\right)$，$D\left(0,0,\dfrac{\sqrt{2}}{2}\right)$。

因为点E，F分别为AD，BC的中点，所以$E\left(0,-\dfrac{\sqrt{2}}{4},\dfrac{\sqrt{2}}{4}\right)$，$F\left(\dfrac{\sqrt{2}}{4},\dfrac{\sqrt{2}}{4},0\right)$。

$\therefore \overrightarrow{OE}=\left(0,-\dfrac{\sqrt{2}}{4},\dfrac{\sqrt{2}}{4}\right)$，$\overrightarrow{OF}=\left(\dfrac{\sqrt{2}}{4},\dfrac{\sqrt{2}}{4},0\right)$，$|\overrightarrow{OE}|=\dfrac{1}{2}$，$|\overrightarrow{OF}|=\dfrac{1}{2}$。

$\therefore \cos\angle EOF=\dfrac{\overrightarrow{OE}\cdot\overrightarrow{OF}}{|\overrightarrow{OE}||\overrightarrow{OF}|}=-\dfrac{1}{2}$，$\angle EOF=120°$。

教师点评：耿佳爽同学回答完整准确，掌声鼓励。

由提出问题的第五组、第八组同学复述解题思路。

②领取核心问题条的小组讨论后，派两名同学上台解答（图5-24）。

第一组王一泽上台解答：

如图5-23所示，过点D，B分别作$DE \perp AC$，$BF \perp AC$，则二面角B-AC-D即为＜

$\overrightarrow{ED}, \overrightarrow{FB}>$

由 $AB=20$，$BC=15$ 可求得 $AC=25$，$DE=BF=12$，在 Rt$\triangle DEC$ 中，可求得 $CE=16$，在 Rt$\triangle BCF$ 中，可求 $CF=9$，所以 $EF=7$。

以 $\{\overrightarrow{ED}, \overrightarrow{EF}, \overrightarrow{FB}\}$ 为一组基底，则 $\overrightarrow{DB} = \overrightarrow{DE} + \overrightarrow{EF} + \overrightarrow{FB}$，$(\overrightarrow{DB})^2 = (\overrightarrow{DE} + \overrightarrow{EF} + \overrightarrow{FB})^2$，$481 = 144 + 49 + 144 + 2 \times 12 \times 12 \times \cos<\overrightarrow{ED}, \overrightarrow{FB}>$。

所以 $\cos<\overrightarrow{ED}, \overrightarrow{FB}> = -\dfrac{1}{2}$，二面角 $B-AC-D$ 的平面角为 $120°$。

回答准确，全班师生给予王一泽同学热烈掌声。

教师点评：王一泽同学的回答非常漂亮。

全班组内相互复述，全班同学再次完善感知图，并生成精细图，教师的精细图和学生的精细图如图5-25和图5-26所示。

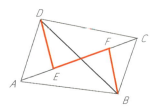

图5-24 核心问题条例题

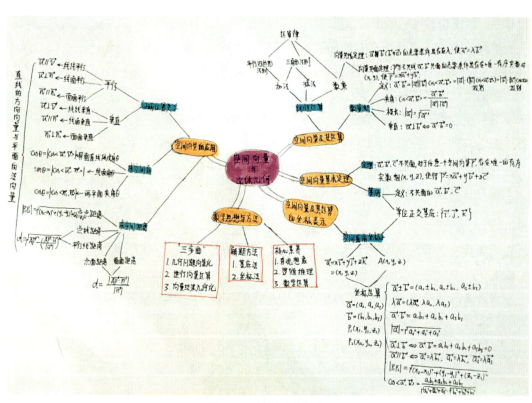

图5-25 教师的精细图

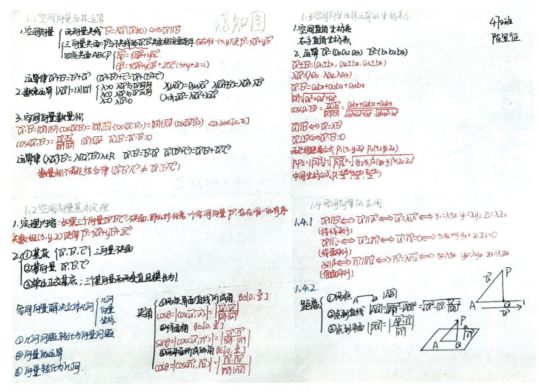

图5-26 学生的精细图

4. 凝炼小结（预设8min，实际用时12min）

教师活动： 指导学生凝炼提升。

学生活动： 反思总结，凝炼建构。

具体实施： 绘制《空间向量与立体几何》凝练图。

学生用5分钟的时间自主绘制，教师从内容的准确性、完整性和图形的美观性等角度精选出优秀的凝练图并展示。学生的凝练图与教师的凝练图如图5-27和图5-28所示。

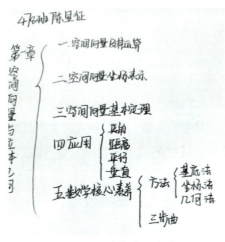

图5-27 学生的凝练图

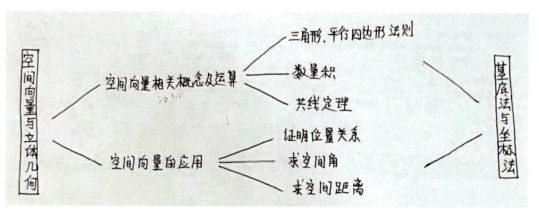

图5-28 教师的凝练图

5. 巩固提升（预设8分钟）

教师活动：指导学生评估学习效果。

学生活动：训练反馈，对标再评。

具体实施：完成课堂小测，最后拿出量规，再次评价。

课堂小测：多媒体展示问题。

学生自主解答生成答案，小组讨论完善。

王一凡同学上台解答：如图5-29所示，建立空间直角坐标系，则$A(0,0,0)$，$B(0,2,0)$，$B_1(2,0,3)$，$A_1(0,0,3)$，$P(1,1,\frac{3}{2})$

设$Q(m,m,3)$，$M(1,m,2)$

$\therefore \overrightarrow{PQ}=\left(m-1,m-1,\frac{3}{2}\right)$，$\overrightarrow{MC}=(-1,2,0)$，$\overrightarrow{CA_1}=(0,-2,3)$

设面A_1CM的法向量$n=(x,y,z)$，则有$n \cdot \overrightarrow{MC}=0$，$n \cdot \overrightarrow{CA_1}=0$

故 $\begin{cases} -x_1+2y_1=0 \\ -2y_1+3z_1=0 \end{cases}$ 令$z_1=2$，则$n=(6,3,2)$

若$PQ // 面A_1CM$，则$\overrightarrow{PQ} \cdot n = 0$

$\therefore 6(m-1)+3(m-1)+3=0$，$\therefore m=\frac{2}{3}$ $\therefore Q\left(\frac{2}{3},\frac{2}{3},3\right)$

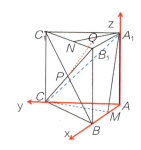

图5-29 课堂小测例题

则Q为A_1N上的三等分点（靠近N）

教师点拨：王一凡同学思路基本完整、书写规范，掌声鼓励。

全班组内相互复述，最后量规再评。

三、案例反思

教师通过对这种新教学模式的深入学习，教学案例的精心设计、反复打磨，最后进行了课堂教学重构的展示，其间有收获和惊喜，亦有不足和遗憾。

1. 教师的收获

（1）教师的专业素养和教育理念得以提升

该教学模式符合现代先进的教育理念，转变传统的以教师为中心的教学模式，使教师由知识和技能的传授者成为学生发展的引导者。

课中五环节的生生交流、师生互动，相互建构，使学生充分发挥创造性思维，碰撞出智慧的火花。它不仅是一种教学活动方式，更是一种教育情景和精神氛围，使学生自觉地担负起学习的责任，成为课堂的主人。学生的反思如图5–30所示。

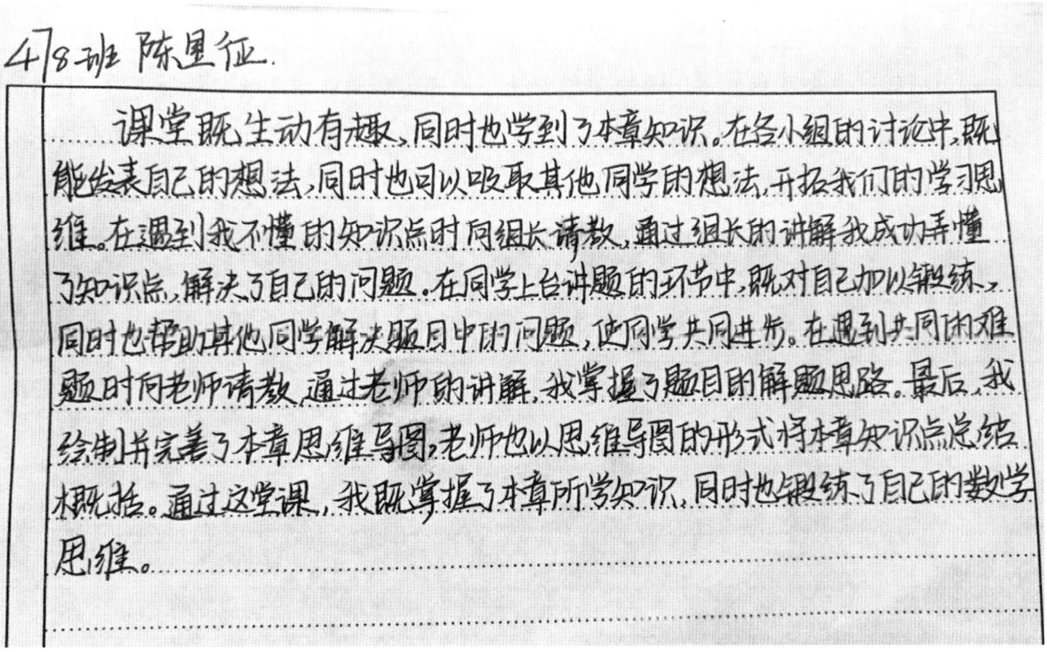
4/8班 陈里征

课堂既生动有趣，同时也学到了本章知识。在各小组的讨论中，既能发表自己的想法，同时也可以吸取其他同学的想法，开拓我们的学习思维。在遇到我不懂的知识点时向组长请教，通过组长的讲解我成功弄懂了知识点，解决了自己的问题。在同学上台讲题的环节中，既对自己加以锻炼，同时也帮助其他同学解决题目中的问题，使同学共同进步。在遇到共同的难题时向老师请教，通过老师的讲解，我掌握了题目的解题思路。最后，我绘制并完善了本章思维导图，老师也以思维导图的形式将本章知识点总结概括。通过这堂课，我既掌握了本章所学知识，同时也锻炼了自己的数学思维。

图5–30　学生的反思图

（2）因材施教做到实处

此教学模式根据学生的个体差异性合理安排教学内容，使不同层次的学生都能得到相应的进步，尤其是给优等生更多的发展空间，真正做到因材施教，如依据量规的两次自我评价，问题栏中各种疑难问题的提出和领取，核心问题的领取和解答。

2. 有待提升之处

首先，时间不充足，一堂课50分钟，所以时间比较紧张，个别问题解决得还不够透彻，因此在各个环节的时间设置要合理，做好预设；其次，备课环节应该更加充分，以前只是注重如何备教材，但是在课堂重构中，每一个学生都参与其中，应该给他们更多的发挥空间，而不是只有几个人发言。所以备课要充分，给更多学生发挥的空间。学生能够发现问题非常可贵，但是能够从合理的角度以恰当的方式加以阐述，还是一个有待提升的过程；最后，课堂重构让学生有更多自主性，但是同时给教师提出了更高的要求，要求教师不光要吃透教材，在设置问题方面，更要多考虑如何有效落实核心素养的理念，如何促进学生的思维发展，提高鉴赏能力，将课堂延申到课外，与生活实际相联系、与立德树人的教育理念相契合，这是在以后教学中应该多侧重思考的问题。

3. 改进建议

课堂重构模式难度较大，建议备课组全体成员共同参与、各尽所能，充分发挥集体智慧，使教学环节更细致和全面，不仅要生生互构、师生互构，还要有教师与教师之间的相互建构，以提升教师整体业务水平和专业素质，能够更好地为教学服务。

作者简介

李巧敏，中央民族大学附属中学雄安校区（河北容城中学）数学教师，学校优秀教师、先进德育工作者。多次参加省市级高中数学教学方面的课题研究，从教10年来多次荣获省、市、县级教学大赛奖项。

高中语文《我与地坛》课例

一、案例背景

（一）学习内容分析

《我与地坛》是史铁生的散文代表作，出自人教版必修上册第七单元。史铁生的《我与地坛》追述了"我"的经历，写出了地坛这一古老的场景对于"我"的意义，景物描写与对往事的回忆交织在一起，充满哲理意味，表达了作者对生命的思考和对母亲的怀念之情。

本单元是人教版必修教材中唯一的散文单元，属于学习任务群中的"文学阅读与写作"。这一任务群的主要学习目标与内容是：精读古今中外的优秀文学作品，使学生在感受形象、品味语言、体验情感的过程中提升文学欣赏能力。能根据不同文学体裁不同的艺术表现形式，从语言、构思、形象、意蕴和情感等多个角度欣赏作品，获得审美体验，认识作品的美学价值，感受作者独特的艺术创造。

（二）学情分析

经过初中三年的学习，学生具备了一定的知识储备，能够认真细致地观察，具备了一定景物描写、人物形象分析的能力，为了解地坛和分析我的母亲打下了基础。另外，高一学生具有了一定的抽象思维能力，有助于其理解其中的哲理和意蕴。

（三）学习目标

1. 语言建构与运用

品味文章沉静、深沉、绵密的语言特色，学习本文借景抒情、情景交融的写法。

2. 思维发展与提升

了解作者残疾后在地坛的启示下对生命产生新理解、新感悟的心理历程。

3. 审美鉴赏与创造

从把握文章的线索入手，理解母爱的深沉伟大和作者痛悔的心情。

4. 文化传承与理解

感悟作者由"死"到"生"的复杂情感，形成健康的生命观。体验"母爱"的崇高，形成正确的亲情观。

（四）教学思路

本节课以思维导图为抓手进行课堂重构。首先为达到充分的自学效果，让学生结合课前导学图有目标地预习并绘制感知图。其次教学过程中教师以课中五环节为思路引导学生对感知图、精细图、凝练图进行自构和互构。接着以进行小练笔、制作散文MV的形式对本节课进行巩固提升。最后利用量规再次对学习效果进行自评。

二、教学过程

（一）课前学习

让学生结合教师制作的课前导学图和量规，进行充分的课前预习并独立完成感知图。课前导学图如图5-31所示。

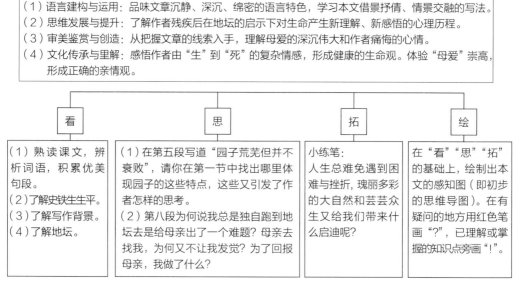

图5-31　课前导学图

设计意图　会听课的人成绩好一阵子，会自学的人成绩好一辈子。预习的过程，是学生主动探索的过程，在预习中可以发现并弥补自己的薄弱环节，扫清听课的障碍；在预习中可以明确本课的重点、难点，以便听课时做到有的放矢。

（二）课中学习

通过课堂五环节引导学生完成本节课的学习任务并对学习效果进行评价。

课前导入：

人生不如意十之八九，我们总免不了苦痛。鲁迅在《呐喊》里说："痛苦不是人生的终点，而是人生的转折点。"今天就让我们一起学习一位年轻人在失去双腿的苦痛中是如何抉择的。

1. 浏览目标，明确方向

教师活动： 指导学生关注学习目标，明确学习方向。

学生活动： 对照量规进行初步自我评判，清楚自己的认知起点、待提升处和努力方向。

具体实施： 教师念量规，学生会的打"√"，不会的用"?"做标记。让学生学会思考、质疑，从而提高听课质量。"我与地坛"课堂学习目标量规（自评）如表5-4所示。

表5-4　"我与地坛"课堂学习目标量规（自评）

班级_____　姓名_____

	学习目标	达成评价			
		A 独立完成	B 经同伴帮助完成	C 经教师点拨完成	D 未完成（未完成的关键问题）
记忆	（1）积累词语和优美句段 （2）了解作者史铁生以及写作背景				
理解	作者残疾后在地坛的启示下对生命产生新感悟的心理历程				
	理解母爱的深沉伟大				
运用	执行：生活中还有哪些身处逆境却顽强成长的人或物				
分析	结构化：绘制《我与地坛》的感知图、精细图				
	解构：运用语言描述感知图、精细图				
评估	辨析：感悟作者由"死"到"生"的复杂情感，形成健康的生命观。体验母爱的崇高，形成正确的亲情观				
创造	假设：小练笔（200字）——人生总难免遇到困难与挫折，瑰丽多彩的大自然和芸芸众生又给我们带来什么启迪呢？				
	建构：绘制确定立意的凝练图				
其他（根据学科特点增设的项目，若没有可不填）					

设计意图　把一个大的目标分成若干个小目标，那你在实现的路上会充满成就感。

2. 小组交流，合作探究

教师活动：组织学生进行小组交流。

学生活动：组内交流，自构、互构重构。

具体实施：组内交流讨论，答疑解惑。

（1）依据量规记忆、理解部分自评结果，两个人相互交流感知图和课前导学图中思、拓的问题，各自完善感知图（红笔）。

（2）两人组未解决的问题由四人组再次讨论解惑，再次完善感知图（红笔）。仍有疑问的问题做好记录并由组长贴在黑板上，待全班讨论时解决。

经过热烈的讨论，各小组整理出的问题如下：

①作者的腿是怎样残疾的？

②文中连用六个"譬如"写古园的景物，有什么作用？

③第八段为何说我总是独自跑到地坛去是给母亲出了一个难题？母亲去找我，为何又不让我发觉？

（3）没有问题的小组，领取核心问题条。

设计意图　　五人团结一只虎，十人团结一条龙。学生就疑难问题在小组内进行交流合作探究，不但有利于为倾听者解决疑难问题，也有利于促进讲解者对知识更加系统深入细致的理解，从而达到教学相长。

3. 全班交流，深入研讨

教师活动：引导全班交流。

学生活动：全班交流，深入探讨。

具体实施：依据量规运用、分析、评估部分完成学习，绘制《我与地坛》的精细图

（1）小组派代表领问题条帮助其他小组解决问题，由提出问题的小组成员复述。

问题①：作者的腿是怎样残疾的？（第五组孙佳正提出问题）

第二组王天一同学上台解答：1971年，是史铁生高中毕业后下放陕北第二年。一天他如常给生产队放牛，走到山里，突然天昏地暗，风沙四起，暴雨夹杂着冰雹劈头盖脸地砸了下来。回村之后，史铁生就病倒了，数日不退的高烧伴随着腰腿的剧烈疼痛。当地医院治不好，他被送到北京友谊医院，治了一年多，还是控制不住病情。结果，史铁生从开始时还能自己一步一步走进医院，最终变成父亲用轮椅把他推回了家。

教师点拨：先肯定了王天一同学对作者了解的深入细致。后引领更多的学生了解史铁生生平，了解到史铁生曾经是运动健将，是跨栏高手，做一名专业运动员一度是他的梦想，从而更深刻地感受史铁生失去双腿后的痛苦。

问题②：文中连用六个"譬如"写古园的景物，有什么作用？（第四组李肖提出问题）

第三组李双上台回答：连用六个"譬如"写古园的景物，六个"譬如"构成排比，从视

觉、听觉和嗅觉的角度，从夕阳的灿烂、雨燕的高歌、孩子的脚印、苍黑的古柏、暴雨中的草木和泥土的气味，写到秋风里落叶的味道，博大与细微，沉静与轻盈，古老与年轻，都显示了生命的激情，处处洋溢着生命的律动。

教师点拨：人的生命又何尝不是如此？地坛给了作者一个生命的启示：生命的力量和永恒。

问题③：第八段为何说作者总是独自跑到地坛去是给母亲出了一个难题？（第六组凌艺真提出问题）

第一组谢慧婷同学上台解答：她知道我心里的苦闷，知道不该阻止我出去走走，知道我若总是待在家里，结果会更糟，但她又担心我一个人在荒僻的园子里会自杀。她不但要想儿子今后的人生道路该怎样走，还要随时准备接受儿子自杀的噩耗。所以说这是一个难题。

教师点评：谢慧婷同学认识到了作者和母亲的痛苦，掌声鼓励。

（2）领取核心问题条的小组讨论后，派两名同学上台解答。

核心问题一：叙述作者残疾后在地坛的启示下对生命产生新理解、新感悟的心理历程。

引导学生在问题②的基础上感悟。

地坛"荒芜冷落"具体景象：琉璃剥蚀，朱红淡褪，高墙坍圮。雕栏散落，但无法掩盖的是它的生气与活力。老柏苍幽，野草荒藤茂盛得自在坦荡。正是这些吸引了作者，使作者走进了地坛。

置身其中，作者看到了许多有生命的东西。蜂儿稳停，蚂蚁疾行，瓢虫升空，露水滚动、聚集，摔开万道金光。满园草木竞相生长，片刻不息，印证了"荒芜并不衰败"。作者终于明白了：生，是无可辩驳的事实；死，是不必急于求成的。

至于如何活的问题也将会在地坛的万千景象中找到答案。六个譬如让人明白人生要靠自己去悟去品才能明了。

核心问题二：母亲这一形象，最令你震撼的地方是哪里？

引导学生在问题③的基础上深入分析人物。

第七组张卓雅：如第二节中，写"母亲"无言地帮"我"准备，又目送"我"去地坛时，连用了五个"知道"和一个"不知道"，体现了"母亲"对"我"的理解和深爱，"无言"二字包含着浓浓的爱意，一切尽在不言中。

第五组李茵畅：开头这个细节很感人。（读）"有一回我摇车出了小院，想起一件什么事又反身回来，看见母亲仍站在原地，还是送我走时的姿势，望着我拐出小院去的那处墙角，对我的回来竟一时没有反应。""仍"表示站的时间长。"仍"字体现"母亲"对"我"去地坛不放心，她还在出神地想事，对"我"的回来竟一时没有反应。一个"仍"字，让我们可以看出母爱就是一份牵挂、一种担忧。这一细节看似平淡，可在这平淡当中蕴含着的是浓浓的爱意。

第五组槐萌："母亲"爱"我"，还体现在她常常到地坛找"我"。

母亲担心"我"到地坛去会做傻事，怕"我"自杀。母亲虽然在家已作了最坏的打算，但总是要当心的，所以要找。怎么找？就是悄悄地找，不让"我"知道。找到了就悄悄、缓缓地离开，找不到就"四处张望""端着眼镜像在寻找海上的一条船""步履茫然又急迫"。

教师引导：母亲为什么不让"我"知道她在找"我"？因为母亲理解儿子，一方面担心儿子，另一方面又要顾及儿子的自尊心，不能伤了儿子。母亲懂得儿子的心理，可儿子在那时却不能体谅、回应母亲的心。有一回，"我"还故意不让母亲找到"我"。多年后，我听见两个散步的老人说"真没想到这园子有这么大"时，头一次意识到"这园中不单是处处都有过我的车辙，有过我的车辙的地方也都有过母亲的脚印"。

教师引导总结：

①母亲帮"我"上地坛：无言目送。

②母亲在家担忧"我"：坐卧难安。

③母亲到地坛找"我"：悄悄、缓缓。

"我"所承受的，是"我"自己的不幸；母亲不但要承受"我"的痛苦，还要承受不能将这种痛苦现于形色的痛苦。她不但要想儿子今后的人生道路该怎样走，还要随时准备接受儿子自杀的噩耗。因此，作者说"这样一个母亲，注定是活得最苦的母亲"。

组内相互复述。全班同学再次完善感知图，生成精细图。

（3）老师精选出学生的优秀精细图和自己的作品同步展示，如图5-32和图5-33所示。

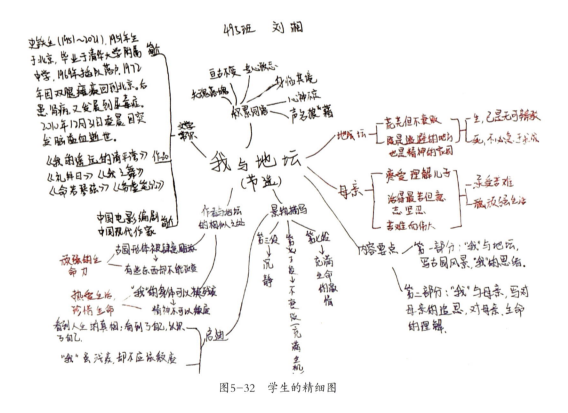

图5-32 学生的精细图

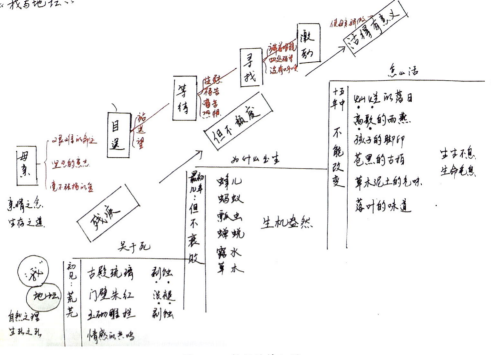

图5-33 教师的精细图

4. 凝练小结，反思提升

教师活动：指导学生凝炼提升。

学生活动：反思总结，凝炼建构。

具体实施：建构《我与地坛》凝练图。

绘制《我的地坛》凝练图，学生用5分钟的时间自主建构，教师从内容的准确性、完整性和图形的形象性等角度精选出优秀的凝练图与教师凝练图进行比拼，如图5-34和图5-35所示。

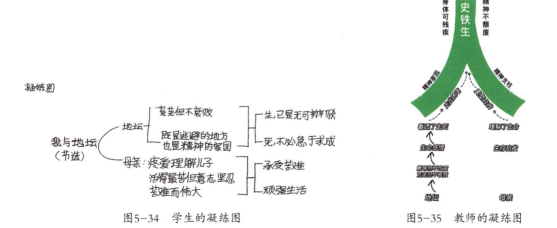

图5-34 学生的凝练图　　　　　　　　图5-35 教师的凝练图

课堂小结：作者以自己的经历为基础，叙述了自己多年来在地坛沉思流连所观察到的人生百态和对命运的感悟，讲述了人应该怎样看待生命中的苦难。文中母亲与地坛融为一体，地坛是"我"虚化了的母亲，母亲是"我"心中永远的地坛。文章借地坛抒发了作者关于生命、生存等问题的哲思，表达了对母亲无尽的思念。

5. 效果检测，回扣目标

小练笔的内容与要求：人生难免遇到困难与挫折。当你遇到困苦的时候，瑰丽多彩的大自然和芸芸众生又给我们带来什么启迪呢？（请在6分钟内完成200字左右的小片段）

经过小组评选，同学们把优秀作品在班内进行了展示。

小练笔一：

高中生的困难无非就是函数这座大山了，它令我们着迷，它又让我们从这里摔倒。它总是让我们琢磨不透，像是在诠释它美丽的同时又不忘给我们保留神秘感。我在这美丽的函数面前伤坏了脑细胞。我常常在这里苦恼。每当我走在学校的小花园：寂静的光辉平铺的那一刻，仿佛每一个坎坷都被映照得灿烂；掉落在地上的毛毛虫，它们在躲避着我们庞然大物的脚丫，坚强的等待成蝶的双翅；败落的花儿，被风吹打着，也不忘把最后的美丽留下，将芳香传递。衰败的落日，泥泞的沟坎也是如此壮丽！我这点挫折又算的了什么？（作者：李双）

小练笔二：

人生在世，难免会与朋友闹出一点小小的矛盾，重要的是无论何时，我们都要保持一颗宽容的心。我跟我的好朋友也有过分歧，当时我并不了解什么是宽容，我只认同我自己的观点，丝毫不接纳别人的想法，可后来我才发现这种行为是不可取的。正是天空宽容了云朵，才有烂漫的云霞；大海宽容了波浪，才有涌动的浪花；草地宽容了花种，才有美丽的鲜花。我便尝试站在他人的角度上看问题，不再那么绝对，不再那么自私，不再那么小气。人与人之间，多一分宽容，少一分计较，生活才会充满真诚和欢笑。（作者：边庚浩）

小练笔三：

有时，我会感受到自己渺小、无用，自己没有存在感，也不优秀。可是在那片草地上的那棵大树下，忙忙碌碌地寻找宝藏的小蚂蚁，它们小小的身躯，但汇聚起了大大的能量。脆弱的、新鲜的小草，毫不吝啬地展示它们的舞姿，自信的、自由自在地在风中摇曳着。看茫茫林海中，我背后倚靠的这棵老树，几十年坚定不移、默默无闻，它不会表现自己，却给人们荫庇。它们和我们一样渺小、脆弱，在芸芸众生中没什么特殊的，可是世界上也不能没有这些小生命的存在。和这样的小生命相比，我这样的人也一定有存在的意义。（作者：李姿莹）

课后活动提升：制作散文MV

在本单元写景散文中选择一段优美的文字，制作成有配乐、插图的视频，在班内展示，评选班级"媒介小达人"

最后量规再评，如表5-5所示。

表5-5 学习目标量规

评价项目（要求）	优秀	良好	合格
文本选择（典型性）			
朗读情感（充沛）			
插图（准确性）			
配乐（协调性）			

设计意图　博学而不穷，笃行而不倦。操千曲而后晓声，观千剑而后识器。通过课后小练笔的形式，巩固本文借景抒情、情景交融的写法。发展和提升思维，对生命产生新的理解、新的感悟，回扣教学目标。

三、案例反思

1. 观察生活

课堂有限，生活无限，大自然中还有很多令我们感动和震撼的生命，我要启发孩子们认真观察生活并记录下来。社会生活学习中，有很多人和事令我们感动和震撼，我要引领孩子们去感悟理解。让孩子们切实学会面对挫折和打击，学会坚强、学会勇敢。珍爱生命，看重生命，不要承受不住时就想到用死亡的解脱。生，是我们每个人所需要承担的义务，苦难的角色同样也需要人去扮演。伤悲自弃改变不了现实，那就改变自己，换一种心境，优雅地面对现实。

2. 教学思想

"不愤不启，不悱不发"是大教育家孔子论述启发式教学的重要名言，即学生如果不是经过冥思苦想而又想不通时，就不去启发他；如果不是经过思考并有所体会，想说却说不出来时，就不去开导他。在本课的教学中我充分落实了孔子的这一教学思想：在预习阶段，学生在课前导学图的引导下看、思、拓、绘，充分调动了学生的学习积极性，引导他们独立思考、主动探索。在小组活动中学生就疑难问题小组内进行交流合作探究，不但有利于倾听者解除疑惑，也有利于促进讲解者对知识更加深入细致的理解，从而达到教学相长。班级交流中同学们的疑难问题和核心问题的解决过程，就是典型的启发过程，就是孔子所强调的"愤"后"启"，"悱"后"发"。这时候的同学的热心解答，教师的适时点拨、评改就如久旱后的甘霖滋润了学生的心田。这样的学习，让学生自觉地掌握了知识，锻炼了技能，并提升了自己的能力。

3. 思维导图

感知图和精细图的建立有利于同学们对其所思考的问题进行全方位和系统的描述与分析，让同学们对所研究的问题进行深刻和富有创造性的思考，系统梳理作者残疾后在地坛的启示下对生命产生新理解、新感悟的历程。凝练图的绘制更是激发了同学们丰富的想象力和联想力，他们把哲学层面的许多思考方式毫无障碍地表现出来，将抽象的母亲对"我"的影响比喻成了太阳、大伞。将地坛和母亲比喻成了两个支撑。这体现了思维导图的巨大魅力。

作者简介

任敏，中国人民大学附属中学雄安校区（河北容城中学）教师，本科毕业于北京师范大学。中学语文学科带头人，教学一线中学语文兼职教研员，优秀教育科研型教研组长，有二十七年一线教学经验。主持"十二五"规划课题"作文三阶三步序列化训练研究"。《用我眼看世界，用我手书写我心》《"从自学成果展示课"谈课堂的转变》《每一个人都是英雄——浅谈作文的赏识教育》《做一只爬上金字塔的蜗牛》等多篇论文获奖或发表。在光明日报出版社出版的《2010完美中考方案》中担任副主编并获"优秀编委"称号；出版著作《45.60课时双测》一书。

高中语文"劳动光荣"

一、案例背景

（一）学习内容分析

必修上第二单元的人文主题是"劳动光荣"，其中的第4课是三篇报道优秀劳动者杰出事迹的通讯，都是新闻传媒类文本，对应《普通高中语文课程标准（2017年版2020年修订）》中的"实用性阅读与交流"任务群。人物通讯往往借用文学的表现手法表现人物，因此也涉及"文学阅读与写作"任务群的学习。

本节课是一节高一年级的语文新授课，课题源自人民教育出版社《普通高中语文·必修上册》第二单元"劳动光荣"第4课《喜看稻菽千重浪》《探界者"钟扬"》。主要学习内容包括：阅读通讯，感受劳动者的先进事迹，体会劳动的美好与崇高，深化对劳动的认识，树立劳动光荣的观念。了解人物通讯的特点，学会抓住典型事件，把握人物精神，理解劳动的价值和意义。

（二）学情分析

1. 学习优势

从阅读能力看，学生能对相关文本进行前后关联性的整体感知，对文本内容能说出自己的体验。从阅读方法看，能熟练运用圈点批注读书法表达自己的感想。

从掌握思维导图的熟练程度来看，学生能够运用思维导图来加深自己对文章结构、人物、主旨、艺术特点等方面的理解。

从学习准备来看，在学习本课之前，学生已经完成了单元活动一"描绘古诗中的劳动画面"这一任务，对于劳动场面的热烈生动有一定的认识和体会。

2. 学习劣势

在先进科技飞速发展的今天，部分高中学生在实际生活中并不怎么关注劳动，学生对劳动这个概念、价值及意义的认识是比较浅显的。通过对学生进行问卷调查，我发现了以下几点问题：第一，在学习这一课之前，学生认识的劳动更多的是指体力劳动，对脑力劳动提及较少，对于创造性劳动也没有关注。第二，学生不太关注表彰劳动模范这类的社会新闻，能够说出的劳动模范仅集中在王进喜、时传祥、李素丽等几个人身上，对于最新评选出的劳模不了解。第三，学生对劳动意义的认识仅停留在能够获得在社会上立足的本领，做家务能减轻父母的负担，能够提高自己的自理能力等粗浅的认识上，鲜有学生能从更高的层面思考劳动对于个人、社会和时代的意义。由此可见，学生对于劳动的认识不够全面，也没有和时代发展联系起来。通过这节课的学习要帮助学生感悟劳动者的优秀品质和精神，将劳动和时代精神建立关联。

（三）学习目标

（1）挖掘典型事例和细节，理解人物的内心世界，把握人物精神。
（2）依据文本内容，理解创造性劳动者的精神品质及其时代意义。
（3）深刻认识劳动的价值与意义，树立劳动光荣的观念。

（四）教学思路

语文的单元学习是一个有着密切逻辑关联的有机整体。本单元要引领学生在对劳动的认识逐渐深化的过程中发展与提升思维品质。在教学中，教师借助思维导图"三图六构"模式指导学生阅读教材相关内容，聚焦单元核心知识能力，丰富、提升学生对于劳动的认识。本课创设了拍摄《创造性劳动者》纪录片的学习情境来激发学生的学习热情，通过绘制思维导图、小组交流、全班研讨、教师点拨等方式进行学习。在这个过程中，学生精细研读创造性劳动者的先进事迹，发现劳动者的美，获得过程性的学习经验和情感体验，不断丰富对于劳动者崇高品质和伟大精神的感悟，从而探究创造性劳动的价值与意义，加深对单元人文主题的理解。通过这节课的阅读研讨，学生从创造性劳动者这一核心概念出发，抓住典型事件和细节，分析揣摩人物的劳动精神及其时代意义，就能够将劳动和时代精神建立联系，从而对劳动这一概念的自主建构更加丰富、深刻。

二、教学过程

（一）课前学习

教师给学生提供课前导学图。学生根据课前导学图的要求，仔细阅读课文，结合导学图提供的思考问题和拓展问题绘制思维感知图。学生会先确定一个最能突出本课内容的核心概念作为思维感知图的核心词，比如"创造性劳动者""时代楷模""劳动精神"等。

下一步，学生围绕所选的核心词，梳理人物的典型事件和细节、通讯结构、人物精神品质、时代意义等，在此基础上设计主线和分支，呈现出对课文的基本理解，完成思维感知图。《喜看稻菽千重浪》《"探界者"钟扬》课前导学图，如图5-36所示。学生感知图和教师感知图如图5-37和图5-38所示。

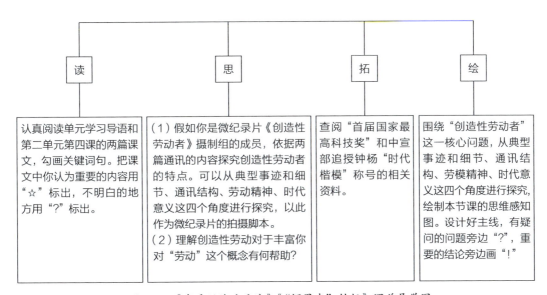

图5-36 《喜看稻菽千重浪》《"探界者"钟扬》课前导学图

（二）课中学习

1. 浏览目标，明确方向

这一环节的主要任务是，教师下发本节课的学习目标量规，如表5-6所示。教师指导学生对照学习目标量规逐条进行自评。评估有A、B、C、D四个等级水平的内容，学生在相应

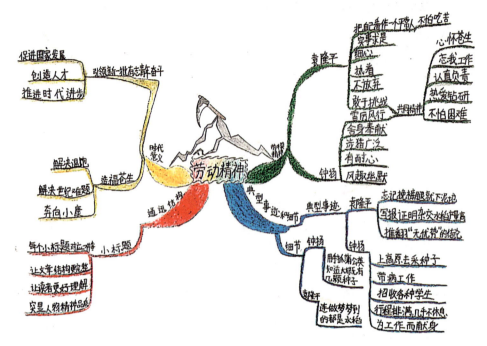

图5-37　学生感知图

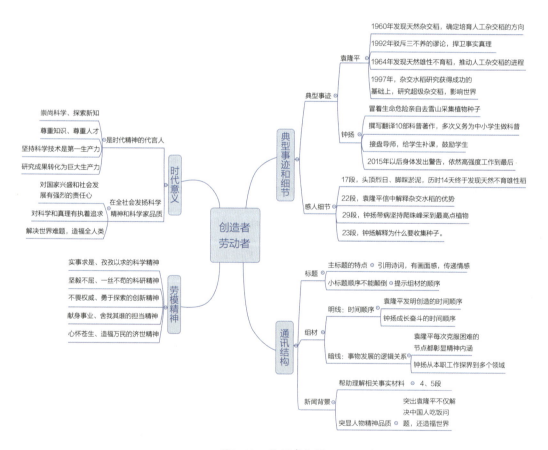

图5-38　教师感知图

栏目处打√。学生对照学习量规评价明确本学期该掌握的内容，评价自己本节课的学习情况。教师及时收集学生的评估结果。

实施结果表明，92%以上的学生能够独立完成课前导学图中的学习目标，在"认识通讯的特征及阅读方法""列举文中的典型事迹和描写来分析人物""比较两篇课文的异同""解释创造性劳动的内涵及意义"对应栏目处打了√。这说明课前学习效果已经达到预期，为课中学习的推进打下了良好的基础。

设计意图　设计学习目标量规的目的有两个：第一，让学生明确学习目标，让学生明确本节课要学什么，要掌握哪些语文核心知识和能力，每个学习目标应该达到的水平。只有明确本节课的学习目标，学生的学习才有方向性，学习才会更持久。第二，学生在课中对照学习目标量规来评价自己的学习效果，能清楚自己的认知起点、待提升处及努力方向，从而及时调整学习状态，查漏补缺。

表5-6　课堂学习目标量规（自评）

班级_____　姓名_____

		达成评价			
		A独立完成	B经同伴帮助完成	C经教师点拨完成	D未完成
记忆	回顾：已学过的新闻定义，文体特征				
	再认识：通讯的分类、阅读方法，能说出新闻和通讯的区别				
理解	解释：创造性劳动的内涵、外延及其价值意义				
	举例：文本中的典型事迹和细节描写来分析人物				
	依据：文本内容，理解创造性劳动者的精神品质及其时代意义				
	比较：两篇课文的异同				
运用	观察身边的创造性劳动者，体会其工作的不平凡				
	选取典型事例及细节，表达对劳动价值意义的深刻思考				
分析	分析通讯的结构，关注小标题之间的关联				
	结构化：以"创造性劳动者"为核心，绘制出本课的思维感知图和精细图				
	解构：合并同类，提取共性特征；甄别取舍，抓住典型事例.				
评估	辨证看待创造性劳动，理解创造性劳动包括人工智能影响下的劳动				
	对同学的看法做出准备判断，在辩证思考中加深认识				
创造	建构：围绕创造性劳动者这一核心概念，画出思维凝练图				
其他	（根据学科特点增设的项目，若没有可不填）				

2. 小组交流，合作探究

学生以小组为单位，讨论交流，整合聚焦问题。结合自己绘制的思维感知图进行讨论，完成课堂上老师布置的学习任务：假如你是微纪录片《创造性劳动者》摄制组的成员，依据两篇通讯的内容探究创造性劳动者的特点，可以从典型事迹和细节、劳模精神、时代意义这三个角度进行探究。确定视频题目，设计一个或一组镜头，要求有精细的画面、画外音（旁白）。

这个环节要完成本节课的一个重点——挖掘典型事例和细节，理解人物的内心世界，把握人物精神。高一的学生具备这样的能力，但是要完成拍摄视频脚本的学习任务，就需要小组里的几名同学把自己挖掘到的人物细节和精神品质有机地整合到一起，并且能够用拍摄脚本的语言建构出来。完成这个学习任务既要抓住典型情节和细节对人物表现有一个摹写，又要通过视频"旁白"的形式把自己对人物的评价（比如赞美人物的崇高精神）通过写议论抒情句的形式表达出来。所以，这个任务是有一定难度的，教师要在巡视的过程中不断提醒学生修改、完善本组的视频脚本，达到要求并且要能体现本组对"劳动精神"的认识高度。两个小组为视频拍摄脚本所做的准备如表5-7所示。

表5-7　第二小组和第四小组视频拍摄角本

小组	视频标题	镜头（一个或一组）	画外音（旁白）	画面（原文细节）	精神、境界
第二小组	时代楷模袁隆平	一个镜头	提起袁隆平，我们听的最多的就是"杂交水稻之父"，但农民们对他的昵称是"泥腿子专家"，因为他热爱土地，热爱水稻，扎根田间	"袁隆平眯起双眼，出神地打量着这几百亩大的试验田，然后跨过水渠，迈步走进田间。他蹲下身子翻看着土壤。"	敬业（深入稻田、脚踏实地、扎根土地）；富有家国情怀的责任担当，心怀天下的仁厚
第四小组	执着追梦的创造性劳动者——钟扬	一组镜头	"不是杰出者才善梦，而是善梦者才杰出"，钟扬以他自己对梦想的执着追求，为我们留下了极其珍贵的精神财富，为我们勾勒出一幅感人至深的人生画卷，清晰、丰富、厚重、鲜活	（1）对时间争分夺秒的利用（"西藏大学的老师展示了钟扬2017年6月24日的工作安排……""而他双肩包里很多张小纸条显示出，他的工作依然很满……"） （2）"他（钟扬）会忽然在吃饭时得意扬扬告诉大家他的译法。"	坚持不懈，执着追梦，热爱科学，乐于奉献。朝着"改变人类命运"的终点，争分夺秒地奋斗，同时在筑梦途中，以一己之力点亮、助推更多人的科学梦

在此基础上，各组要写出完成的拍摄视频脚本。例如，第二小组拍摄视频的主题是"时代楷模袁隆平"，他们的视频脚本如下：

盛夏的稻田里稻穗金黄饱满、一片丰收景象，91岁的袁隆平佝偻着背站着，稻秆高出他不少，老人擦擦汗，举着放大镜一株一株仔细观察着眼前的水稻。他穿着薄衬衫，肩上搭了个毛巾，转过头看到一个青年学生手拿一株稻穗出现在稻田里。学生手里的麦穗远远没有袁隆平背后的稻穗饱满，甚至还有点短小，但他右手夹着书本，背部挺直，坚定地望向远方。看着青年，91岁的袁隆平露出了欣慰的神情。

年复一年，关注着水稻的成长，这是袁隆平几十年来的生活写照。当时的中国科技落后，人民遭受饥荒，他毅然地站了出来。不顾西方发达国家的否认和嘲讽，他坚持自己的研究成果；听到自己的研究遭到质疑，他勇敢地在《人民日报》发声，证明自己。他的研究，解决了中国当时11亿人的温饱，让饥饿的威胁逐步退却，让我们看到了"稻菽千重浪"的景象。中国人民亲切地称他为"杂交水稻之父"，他就是时代楷模、首届国家最高科学技术奖得主——袁隆平。

从第二小组呈现的视频脚本来看，学生描写人物生动，能够结合新闻事实发现人物的贡献，并能概括人物身上蕴藏的精神品质。不足之处是人物精神品质提炼得比较浅显，不能从时代的高度来认识这种精神的价值、意义。

> **活动意图**
>
> 这一环节的主要目的是互相学习，聚焦到本课的重点内容，同时发现学习中自身难以解决的难点问题。在这个环节，学生因为有一定的细读文本基础，比较容易达成的内容是抓住典型事件和细节分析人物的精神品质。在小组研讨过程中，对于一些简单内容学生能够交换意见，通过探究合作对自己的思维导图做进一步的分析和修改。比较困难的地方是理解创造性劳动者的时代意义。针对这个小组内没有解决的问题，会在下一环节全班交流的时候进行集中突破。老师也先引而不发，等待在后面课堂中师生智慧的碰撞。

3. 全班交流，突破难点

在完成自学任务的时候，小组先汇总每个人提出的问题，其中比较有价值的问题有两个：①劳动者很多，但是受表彰的劳动模范每年一个市也就评选十几名，全国的劳动模范也就上百人。劳动模范身上到底有哪些品质是普通劳动者所不具备的呢？②什么样的劳动才能称得上创造性劳动，是只有像袁隆平、钟扬那样的科学家所从事的高端研究才是创造性劳动吗？这两个问题都是学生在理解课文的基础上，关注"劳动"这一核心概念所思考出来的问题，从中能发现学生思维的辩证性。

要解决学生提出的第一个困惑，就是把课上拍摄视频的学习任务讲透，小组交流阶段学生的问题在于不能从时代的高度来认识劳动精神的时代价值。在课前绘制思维感知图时，大多数学生对于创造性劳动者的认识停留在"辛勤耕耘、甘于奉献、责任心强"这些特点上，但这些并没有和劳动的时代价值建立关联。照这样分析，可能整个单元的人物通讯都能笼统地贴上这类标签，这就需要学生突破这个难点。

针对这一点，课上老师组织学生讨论：袁隆平作为时代楷模，他的劳动价值体现在哪里？学生七嘴八舌纷纷回答：解决了当时8亿人的温饱问题，几代超级杂交水稻实现了全国粮食产量"三连跳"。在这种思路的牵引下，学生再一次细读文本，发现文章倒数第二段写道：近十几年来，杂交水稻工程技术研究中心已成为圣地。还有学生从老师下发的补充材料中也找到：中国杂交水稻帮助非洲改善粮食问题。全班学生几乎同时惊喜地喊道："杂交水稻还造福了世界。"在这种"生生交流"的碰撞下极容易产生智慧的火花，学生加深了对"创造性劳动"意义和价值的理解，对创造性劳动者的精神品质的把握也会提升一个台阶。

由此，全体学生经过讨论，对劳动模范身上所体现的超出常人的精神品质有了更加深刻的理解。劳动模范身上不仅有不慕名利、不畏艰辛、忘我工作、舍身奉献的优秀品质，更可贵的是他们还有心怀苍生、为民造福的济世精神。袁隆平、屠呦呦等科学家的科研成果推动了全人类的科技进步，意义深远。学生感悟出来劳模、创造性劳动者不仅通过劳动实现自身的价值，还心怀天下，为社会、民族的发展做出更大的贡献。

有了更高的认识之后，每个小组再回看本组的视频脚本，就能在时代意义方面达到一定高度，也明确了具体该如何修改本组的视频脚本。这个环节就是通过各组的交流汇报，全班形成一个共同深入思考的"场"。

下面是第二小组修改完的视频拍摄脚本：

盛夏的稻田里稻穗金黄饱满、一片丰收景象，91岁的袁隆平佝偻着背站着，稻秆高出他不少，老人擦擦汗，举着放大镜一株一株仔细地观察着眼前的水稻。他穿着薄衬衫，肩上搭了个毛巾，转过头看到一个青年学生手拿一株稻穗出现在稻田里。学生手里的麦穗远远没有袁隆平背后的稻穗饱满，甚至还有点短小，但他右手夹着书本，背部挺直，坚定地望向远方。看着青年，91岁的袁隆平露出了欣慰的神情。

从苦苦寻找天然雄蕊不育的雌稻，到一代代培育人工杂交水稻，他走的是一条科技创新之路。他用自己的行动为我国粮食产能提高做出不可磨灭的贡献，也为世人留下了宝贵的物质和精神财富。严于律己、淡泊名利的高尚情操，一心为民、造福人类的崇高品德，不畏艰险、执着追求的坚强意志，与时俱进、勇攀高峰的创新精神，是当代中国人学习的楷模，更是新世纪呼唤的时代精神。他的成就不仅是中国的骄傲，更是世界的骄傲。

第二组汇报的时候，其他小组的同学需要认真聆听和思考，再对发言的小组进行补充，全班形成一个共同深入思考的"场"，这个环节是课堂最重要的一环。经过老师的点拨和同学的讨论，最后大家总结得更加有层次了：袁隆平作为时代楷模，他的劳动价值是深远的：从实际效果上看，杂交水稻解决了温饱和粮食产量的大问题；从科学技术上看，袁隆平推动了我国农业科技振兴；从精神价值上看，以袁隆平教授为代表的一大批创造性劳动者以他们崇高的人格境界，献身事业、舍我其谁的担当精神，不惧权威、孜孜以求的创造精神，为国分忧、为民造福的济世精神感染和引领了各行各业的劳动者在新时代砥砺前行，再创佳绩。

面对学生提出来的第二个疑问，教师引领学生要深入理解"创造性劳动"这个概念，是不是只有像袁隆平、钟扬那样的科学家所从事的科技研究才是创造性劳动者呢？学生再探讨这个问题的时候形成了两种看法：第一，创造性劳动者，他们创造出了什么？显而易见，他们创造出了价值。学生列举了在故宫修复文物的师傅，做手工的匠人，在B站自己做视频的人，IT公司的编程人员……在此基础上，又有学生举手发言：劳动创造出的价值可能有大有小，但是证明了一点：判断一个人是否是创造性劳动者，不是看他从事的工作是高端的还是低端的，实际上工作是没有高低贵贱之分的，而是看他从事的工作是否具有"创造性"这个因素。科学家做研究是创造性劳动，各行各业的普通劳动者创造出新的成果也是创造性劳动。

看到学生形成了自己对"创造性劳动者"的认识之后，老师从反面追问了一个问题：那么，哪些劳动者算不上创造性劳动者呢？学生经过再一次的讨论，又认为从事简单重复的劳动、缺少创造因素的劳动者从某种程度上算不上创造性劳动者。例如，《心有一团火》一课所写的售货员张秉贵的事迹,更多的是突出他的敬业负责。通过课堂上全班同学的互相启发、互相借鉴,辩证地看待这个问题,学生就发现了创造性劳动者所具有哪些独一无二的特质,很好地解决了这个问题。课堂上这些结论的呈现是学生深入钻研文本、深刻理解概念的体现,也是学生们思维品质提升的表现。经过这样的一个过程,学生对劳动精神的认识有了更深一层的感悟。

通过交流讨论,学生在每一个环节有了新的认识和感悟后就及时地用红笔补充在自己的思维感知图上,最后经过整理加工,完成思维精细图。对比思维感知图和思维精细图,我们能够看到学生丰富的阅读收获,看到他们的成长。学生精细图和教师精细图如图5-39和图5-40所示。

设计意图 这个环节是全班研讨学生的主要问题和教师预设的学习任务。在教师的引导下,学生得出重要结论,深化对重点、难点的理解认识。在此过程中,教师需要适时点拨,提供学生必要的学习支持;学生要用不同颜色的笔及不同符号对自己的感知图进行补充修正,感知图变身精细图,能力层级从感知理解到分析评判。通过难点的解决,学生不仅明白了什么样的劳动者才称得上"创造性劳动者",更具体分析出了劳动者身上所体现出的辛勤劳动精神及其时代价值,这是对本单元人文主题的深入理解。

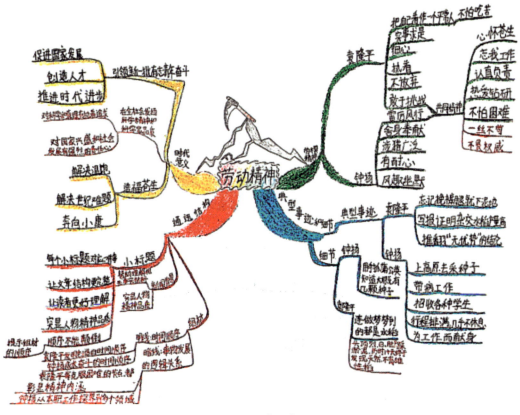

图5-39 学生精细图

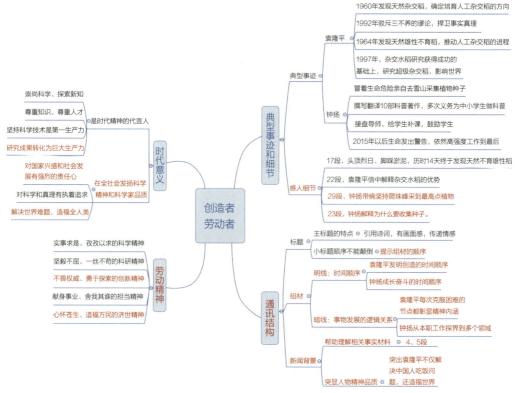

图5-40 教师精细图

4. 凝练小结，反思提升

学生在课堂上热火朝天的研究讨论要经过精心沉淀和消化才能真正成为自己的阅读积累，才能内化成能力。"三图六构"的最后一环是课堂上趁热打铁，结合自己课上的阅读收获绘制"思维凝练图"，达到在头脑中"高度概括，形成理解"的效果。

引导性问题：本节课歌颂的创造劳动者为什么不平凡？从他们身上你感悟到了什么？请用简单的"文字加图"的形式表达出来。学生会选择自己认为最重要的内容以文字+图形的简洁的形式加以"凝练"，把自己对于劳动意义和价值的认识、对于通讯的写法等重点知识"提炼"出来。学生的凝练图和教师的凝练图分别如图5-41和图5-42所示。

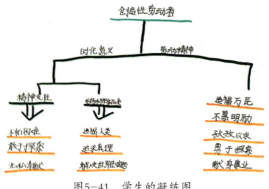

图5-41 学生的凝练图

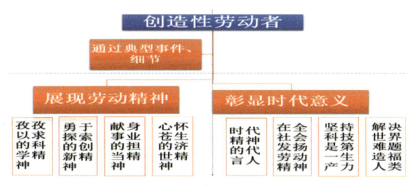

图5-42 教师的凝练图

设计意图　语文的阅读课上,学生经常会有思维广度的发散,但是在学完课文内容之后,学生的思维更要有深度的收束。凝练小结环节既注重学生的反思总结,更注重教师的凝练提升,引领学生对核心问题(核心概念)有深刻的认识,从而实现创造建构,提升学科核心素养。

三、案例反思

(一)教师反思

单元教学的关键在于落实核心知识和关键能力。本单元的核心概念就是"劳动",但是学生真正建构起对"劳动"这一概念内涵、外延、意义价值等的认识不是一蹴而就,而是通过整个单元的学习循序渐进,不断丰富和深化的。这就需要教师能够根据课标要求和教材的编写思路进行重新组织,发现课文之间的内在关联,从而按照合理的逻辑来设计每课的教学。在落实单元核心知识、关键能力的时候也要注意课文之间前后的融合贯通,这就需要把多篇课文重新组合排序,从而使得经过整合后的每一课都有自己明确的学习目标。就这一课而言,是把第二单元第4课中的两篇课文《喜看稻菽千重浪》《"探界者"钟扬》整合在一起,形成了"让劳动精神绽放时代光芒"的主题,侧重创造性劳动者的精神品质及时代意义。本节课学生对创造性劳动的体悟实际上是对劳动的认识和理解的深化,这就是落实单元的核心知识;设置"学校举办劳动光荣探秘"的情境,通过思维导图"三图六构"模式对课堂进行重构,是以组织活动的方式落实本单元的关键能力——抓住典型事件,把握人物精神。

从学生学习的效果来看,这节课充分发挥了学生的主体性,老师只做一个引导者和组织者。两篇课文本身深刻的意蕴,带给学生深入思考和交流探究的无限可能。学生前期绘制了思维导图,有所准备,在小组交流和全班交流环节能够积极参与,说出自己个性化的理解,特别是对于"创造性劳动"的理解能够结合时代背景有更深一层的感悟。学生通过学习活动,学习优秀劳动者的精神品质,探究劳动的价值与意义,体会劳动的崇高与美丽,加深了对单元人文主题的理解。

（二）学生反思

学生反思图，如图5-43所示。

图5-43　学生反思图

作者简介

郑芳宁，北京外国语大学附属中学语文教师，海淀区骨干教师。从教十一年，开展思维导图教学实践已有五年。2019年5月参加"全国首届思维导图走进中小学全学科教学观摩研讨会"，完成观摩课《阿长与〈山海经〉》和专题讲座。2021年完成北京市优秀人才培养课题"运用思维导图提升中学生名著阅读能力的实践研究"。另有多项课题成果，多次在市区级比赛及征文活动中获奖。

课例6

高中语文《师说》复习课

一、案例背景

（一）学习内容分析

本课为一篇古代议论性散文的复习课，教学的价值定位：首先，培养学生深入自主解读该文章的能力，积累文言文词汇，了解通假字的运用，掌握其规律，建构起语料库，在写作和阅读中加以运用，并且要了解作者、了解写作背景。其次，分析《师说》的写作思路和文中所用到的议论手法，并将这些议论手法运用到实际的写作实践当中，提升思辨能力；最后，对于《师说》所阐释的道理要有深刻的体会，要学会对人物进行审美鉴赏，或批判或赞扬，领悟人生哲理，并将自己的感受融入到写作当中，传承优秀的传统文化，树立正确的价值观，增强为祖国奋斗的责任感、使命感。

（二）学情分析

《师说》是新教材《高中语文》第六单元第10课的一篇古代议论性散文，面对的对象是高中一年级的学生，该阶段学生已经基本具备了解读文言文的能力，对于议论问题学生有了比较清晰的认识，但是在运用方面还存在欠缺；本文虽历经千年，但是所传达的道理、批判的弊端在学术界并不过时。学习本文对教育学生有很好的启迪作用，可以鞭策学生树立正确的师生观、学习观。

（三）教学思路

教学的过程也是教学相长的过程，在教学过程中要充分发挥学生的主动性，调动其参与课堂学习的积极性和对思维提升、审美架构的自主性。为达到此目标，借助"三图六构五环节"的思维导图模式,开展教学,完成以下两个方面的工作。一是课前准备阶段。指导学生借助课前导学图阅读课文,查阅相关资料,疏通文意,再次体会时代背景和作者的伟大,以及初步得出文章对现实的启示意义,为课上对问题的深入探究做准备。二是课中学习阶段。教师创设科学问题的探究情境,引导学生开展合作探究学习,设计典型任务,让学生通过深入情境,在多角度和开放空间中完成对《师说》的复习,包括对语言的积累、方法的学习、情感的认知,并展示个性化的学习成果。

二、教学过程

按照基于思维导图"三图六构五环节"的课堂重构模式进行课堂架构。

(一)课前学习

给学生出示课前导学图和量规,让学生根据课前导学图进一步研读课文,具体如图5-44所示。通过查阅资料,能够从古代汉语语言层面、文章结构层面做好梳理。

学生在充分预习的基础上,绘制出包含基础知识、文章结构、作者相关知识以及对文本感悟的感知图。

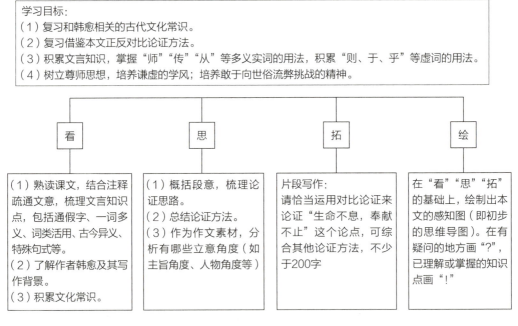

图5-44 "师说"导学图

（二）课中学习

1. 出示学习目标，明确方向

复习和韩愈相关的古代文化常识。

复习和借鉴本文正反对比的论证方法。

积累文言知识，掌握"师""传""从"等多义实词的用法，积累"则、于、乎"等虚词的用法。

树立尊师思想，培养谦虚的学风；培养敢于向世俗流弊挑战的精神。

这一环节的主要任务是，教师下发本节课学习目标自评表，如表5-8所示，指导学生对照学习目标逐条进行自评。评估达到A（独立完成）水平的内容，在相应栏目处打√。教师及时收集学生的评估结果。

实施结果表明，90%以上的学生能够独立完成课前导学单中的学习目标：在"概括段意，梳理论证思路""举例说明论证方法"对应栏目处打了√。这说明课前学习效果已经达到预期，为课中学习的推进打下了良好的基础。

对照量规进行初步自我评判，清楚自己的认知起点、待提升处及努力方向。完成的要打"√"，不明确的要画"?"。

表5-8 "师说"一课学习目标自评表

_____ 课堂学习目标量规（自评）

班级 _____ 姓名 _____

学习目标		达成评价			
		A 独立完成	B 经同伴帮助完成	C 经教师点拨完成	D 未完成（未完成的关键问题）
记忆	回顾：文言知识点，作者、写作背景以及文化常识				
理解	解释：概括段意，梳理论证思路				
	举例：说明文中运用的论证方法及其作用				
运用	执行：进行对比论证方法的片段练习，巩固提升				
分析	结构化：绘制《师说》复习课的感知图、精细图				
	解构：运用提取的观点，确定立意的角度				
评估	辨证：正确使用正反对比论证的方法，从不同角度挖掘观点				
创造	假设：假设同学耻于下问，你该如何劝导				
	建构：绘制确定立意的凝练图				
其他（根据学科特点增设的项目，若没有可不填）					

设计意图 引导学生对课前学习效果进行自我评估，哪些目标通过课前自主学习已经达成，学习中的问题和疑惑还有哪些，通过评估让学生了解自己，提高自我反思能力，暴露出的问题还能够激发学生持续学习的内驱力。二是明确本节课的学习目标，让学生清晰地了解本节课学什么，应该掌握的核心知识、生命观念、思维技能，以及这些目标应该达到的水平，促使学生带着目标感进入学习，学习会更持久。要充分发挥目标引领学习、促进学习的功能。三是教师了解学情的重要环节，为进一步的教学活动的安排和调整提供信息。

2. 组织小组讨论

这一环节的目的是达成记忆和理解部分的目标。

为了达成上述目标，学生要交流各自的感知图和疑问点，倾听、提问和表达自己的理解，澄清概念和解决疑难问题。例如，有的同学基础比较薄弱，文言知识依旧不能形成体系，对于词类的活用、特殊句式的类型不能理解，或者内容无法罗列全面，可以借助小组讨论的形式，解决疑惑，进行知识补充；对于文章结构进行梳理，小组成员逐一阐释，其他人倾听并评价。

设计意图 学生就某个知识点相互问答，不但能促进讲解者对某个知识更加深入细致的理解，也有利于倾听者解除疑惑，从不同于老师的角度去理解知识，达成理解的目标。

第一个学习任务：互相补充感知图中涉及的重要知识点。

作为复习课，学生必须有对知识的整体把控能力，即形成知识体系。在梳理了重点字词句的基础上，重点梳理"则""于""乎"三个虚词的用法。找出本文中涉及的三个词的用法，以及关联到的其他文本中的用法，不断补充，形成体系。

位卑则足羞，官盛则近谀。（就）

于其身也，则耻师焉。（但是）

河内凶，则移其民于河东。（就）

此则岳阳楼之大观也。（表示判断）

第二个学习任务：理清本文的论证思路。

引导学生从整体到局部分析。即先提出提出论点，从老师的作用、择师的标准、择师的原则三个角度，指出"古之学者必有师"，进而运用对比论证、举例论证（以孔子为例），进一步论证观点。

学生在交流过程中，能从整体上梳理出结构，但是对于对比论证不能阐释到位，如为何形成对比，有何作用？这也是论证手法中的重点和难点，可以留到下个环节解决。

设计意图 如果文言知识是血肉，本文的论证思路就是内在的骨架，需要完整搭建，才能在此基础上吸收精华，提升逻辑思维，灵活运用到写作中。

第三个学习任务：了解人物背景。

在进一步了解作者韩愈以及探索文中士大夫、孔子、子蟠等人物的特征后，发掘他们的特点，从不同的角度或批判或赞扬，得出一些心得体会，为下一步写作立意或者演讲表达做好训练。

设计意图 如果文言知识是血肉，本文的论证思路是骨架，那么对于文本文意的分析、对人物的评价就是魂。在此基础上，引导学生进行审美鉴赏和创造，形成能力，为文化的传承和理解做好铺垫。

要求：两个人互相介绍感知图，讨论有疑问的地方，各自修改。两个人未解决的问题在四人组再次讨论。仍未解决的问题，由组长写在小纸条上，留待全班讨论解决。用红笔修改自己的感知图。无问题提交的小组，找老师领取问题条。

此环节过后，学生留下了以下亟待全班讨论的问题。

①第二自然段的论证思路是什么？

②"句读之不知，惑之不解，或师焉，或否焉，小学而大遗，吾未见其明也。"对这句话该如何理解？

③以"古之学者必有师"为论点合适吗？

④李蟠只是一位默默无闻的后生，为什么韩愈要为其写这样一篇流传千年的文章？

3. 引导全班探究

以下是交流探讨过程。

（1）关于第①个问题。

第一组代表答疑：第二自然段用了总分的结构，先提出小论点"师道之不传也久矣，欲人之无惑也难矣"，接着通过三组形成对比的论据进行论证。

师引导：回答得非常漂亮。这是我们高考题目中常见的一种题型，那么我们由点到面，想一想这篇文章的整体论证思路是怎样的？

本组其他人员补充。

（2）关于第②个问题。

第二组代表答疑："之"字作为宾语前置的标志，这句话可以翻译成"不了解句读，不能解决心中大的疑惑，有的人跟老师学习，有的人不跟老师学习，小的方面学习了，大的方面遗失了。"

师引导："或"的含义可是不止于"有的人"，如果翻译成"有的人"，联系后文"非吾所谓传其道解其惑者也"，意思有点说不通哦。所以两个"或"应该翻译成什么更准确？

第二组代表答疑：我认为应该翻译成"有的……有的……"。

师引导：对了，这句话是说同一个人对待不同知识时是否从师的态度，不是不同的人，所以在翻译的时候注意语境。

（3）关于第③个问题。

第三组代表答疑：通过复习发现本文的论点应该强调"古之学者必有师"的"学者必有师"，之所以加上"古之"，是为了抨击当代社会不从师、不尊师重教的现象。首先提出问题：作者在第一段提出论点，然后用一个疑问句"人非生而知之者，孰能无惑？"来进一步论证，并且指出应该如何做，即无论身份高低、年龄大小，只要他有做老师的资本，都要以他为师。接着分析问题：第二段针对现实状况，从反面提出小分论点"师道之不传也久矣"，通过三组对比论证了这个观点。最后得出方法：第三段从"圣人无常师"论证如何从师。最后一段交代写作缘由。

师引导：回答得很好，而且再一次梳理了文章的结构，对于论点的合理能够自圆其说。既然对"古之学者必有师"作为观点有质疑，就说明有自己的想法。你们这一组来说说理由。

第四组成员答疑：我们组认为论点应该是"无贵无贱，无长无少，道之所存，师之所存也"。针对韩愈写作的背景，是为了抨击当时扭曲夸张的不从师学习的现象，在第二段很清楚地写到士大夫阶层考虑到年龄、地位甚至不从师也能为官的现实，认为从师是可耻的现象；第三段再一次从圣人角度出发，论证要从师学习的道理。最后交代李蟠能行古道，不拘于时，从师学习，再次论证了这一观点。

师引导：说得也很有道理，甚至到后来学者们对这篇文章的论点众说纷纭，没有定论，但是同学们这种敢于质疑的精神、敢于挑战的精神不就是韩愈所提倡的吗？所以我们接着解决第4个问题，韩愈为何要为李蟠写《师说》呢？

（4）关于第④个问题。

第四组成员回答：李蟠本身固有高贵品质，六艺经传皆通习之，很难得；同时能"不拘于时"向作者求学，于是韩愈写了这篇文章赠送给他，也是借助这篇文章给对当时不尊师重教现象的一种批判。

同学们再次修改感知图，老师拿出自己的感知图和同学们的做对比，如图5-45和图

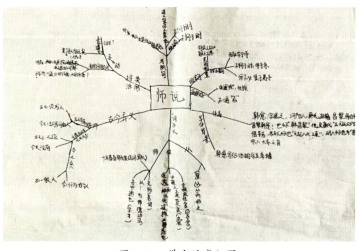

图5-45　学生的感知图

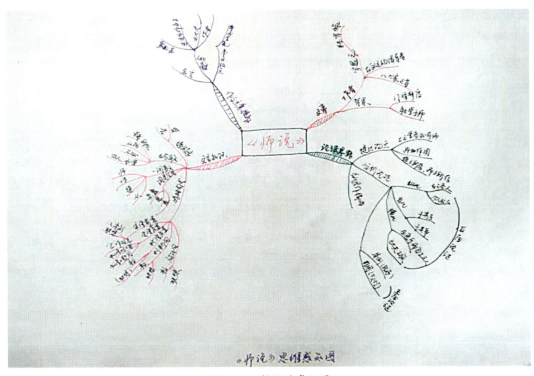

图5-46 教师的感知图

5-46所示。

师引导：修改完感知图，同学们对文章内容的理解更深了一步，再加之刚才的讨论，有些同学甚至开始和韩愈感同身受。那么，我们就趁热打铁，探讨老师在问题条里提出的问题吧。

问题条里的问题如下：

① 概括段意，梳理论证思路。

② 作为作文素材，分析有哪些立意角度（如主旨角度、人物角度等）？

师引导：

问题①我们在探讨中已经解决，问题②可以结合主旨（刚才我们探讨过）、人物（韩愈、李蟠、士大夫、圣人等）角度挖掘素材。

要求：①全班交流，各组将本组的问题条贴在黑板上，由其他小组帮忙解决；解决老师出示的问题。②将重要的结论和知识点落实在书面上，所有同学第三次修改自己的感知图，形成精细图。③老师出示精细图，和学生的精细图进行对比。

设计意图　　此环节是学生思维发展的重要过程，对于知识的建构上一环节已经基本完成，但是越深入挖掘文本，越会发现问题。把问题表达出来，其他小组成员对问题提出自己的见解，不仅是在答疑，也是在训练自我、展示自我、提升自我。同时这是教学相长的过程，教师不只是站在自己的角度预设问题，而是给学生思维的空间，使学生在鉴赏文本的过程中，能够追求正确的价值观，提升审美品位。

4．凝练小结

根据对课文的理解和课堂习得画出凝练图，用时3分钟左右；展示凝练图；老师小结，生成凝练图。教师和学生的凝练图如图5-47和图5-48所示。

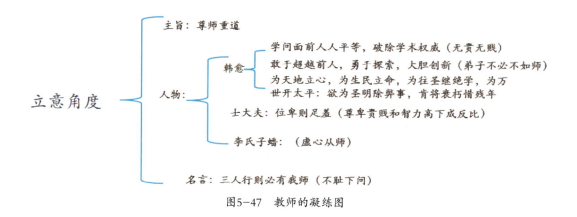

图5-47　教师的凝练图

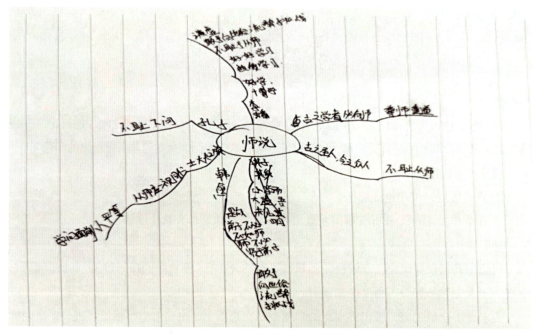

图5-48　学生的凝练图

学习本来就是一件很光荣的事情。作为学生，要谦虚努力，汲取知识的营养，但是就像《师说》里所讲，不单是在单纯学习"句读"，还要学习做人的道理，树立正确的价值观，将个人命运与国家命运联系在一起，做一个有担当、有责任感的青年。作为老师，我们不是传统的教书匠，而是学生人格的塑造者。对于不良现象，也要纠正，传递有益于学生发展的正能量，正所谓"立德才能树人"；我们要放低姿态，走进学生的内心，以一个聆听者的身份倾听他们的声音，和他们一起切磋，把书教活。接下来，给学生布置两个写作任务。第一个小片段当堂完成，大作文课下完成。在完成大作文时，要有意识地模仿韩愈在《师说》中运用的方法。

设计意图

凝练反思活动，目的是引导学生本节课的探究全过程。在一步步深入探究的基础之上，挖掘文本的内涵、精华。语言是台阶，是基础；思维是阶梯，是过程。而到了此环节 ，学生已经捕捉到本节课的精华，即从这篇文章中所感悟的道理，在学习生活中应该秉持什么样的态度？具备何种精神？这对我们今后的学习、生活具有重要的指导意义。

5. 效果检测，回扣目标

为了检测和巩固学习效果，呈现练习思考题和学习过程性自评。

练习思考题：

（1）恰当运用对比论证，论证“生生不息，奉献不止”这个论点，学生作品如图5–49所示。

（2）对照学习目标量规，再次评估学习效果。

（3）根据自己的实际表现，按照课堂小组合作学习自评量表（表5–9）以及量表的等级评标准对本课的学习情况进行评价（表5–10）。

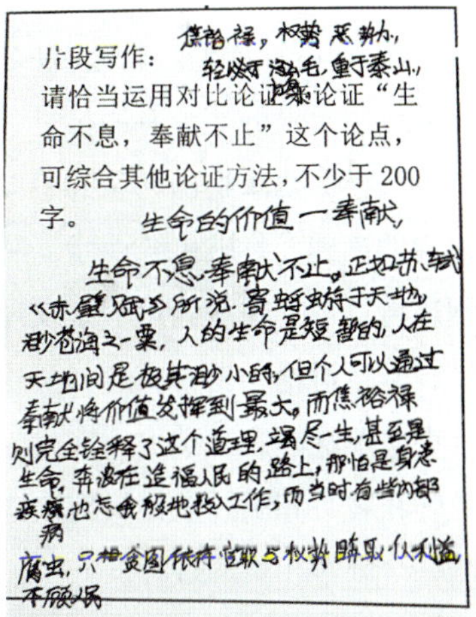
片段写作：焦裕禄，权势惹欺小，轻于鸿毛，重于泰山，
请恰当运用对比论证来论证“生命不息，奉献不止”这个论点，可综合其他论证方法，不少于200字。

生命的价值——奉献

生命不息，奉献不止。正如苏轼《赤壁赋》所说，寄蜉蝣于天地，渺沧海之一粟，人的生命是短暂的，人在天地间是极其渺小的，但个人可以通过奉献将价值发挥到最大。而焦裕禄则完全诠释了这个道理，竭尽一生，甚至是生命，奔波在造福人民的路上，哪怕是身患疾病也忘我般地投入工作，而当时有些内部腐虫，只贪图保持官职与权势，睁取私利，不顾人民

图5–49 学生的作品

表5–9 课堂小组合作学习自评量表

评价维度	学习目标	小组讨论			全班交流				凝练提升		评价反思	
	独立完成	倾听	质疑	解疑	倾听	质疑	解疑	PK精细图	独立完成	分享	独立完成	效果优秀
等级												

表5–10 课堂小组合作学习自评量表等级标准

等级	优秀	良好	待改进
学习目标	在规定时间内，独立完成目标自我检测，能够正确理解其内涵，并做出适合实际的判断	基本能够完成目标自我检测，能够理解其内涵，并做出判断	不能完成目标自我检测
倾听	非常专注、深入思考、积极回应（及时记录、发表观点），不打断对方	比较专注、有思考、不打断对方	不专注；基本没有回应
质疑	有证据的提问，提问与主题相关性强	有提问，提问与主题相关	没有提问或提问与主题无关
解疑	针对性强的回应，清晰表达观点，观点合理	有回应，不能清晰表达观点	不能针对问题作出回应
精细图	中心词反映核心概念、框架合理、层次清晰、逻辑性强；内容全面、概括精准，无科学性错误；效果美观。在PK环节，亮点突出，有启发	中心词反映核心概念、框架合理，层次清晰；呈现了主要内容，有提炼概括，无科学性错误	有中心词，层次间逻辑不清晰；主要内容不够全面，欠提炼概括或存在科学性错误
凝练图	内容聚焦可迁移的观念、思想或方法，概括准确。在分享时，能够清晰表达观点	内容聚焦可迁移的观念、思想或方法，概括和表达不太精准	不能领悟到思想或方法，不能绘制凝练图
评价反思	在规定的时间内独立完成检测题目和评价任务，客观公正；检测题目正确率达到85%及以上，或教师评定为优秀等级的	能够独立完成大部分检测题目，正确率达到75%及以上，或教师评定为良好等级的	大部分检测题目不能独立完成，或教师评定为待改进的

> **设计意图**
> 目标是教学的出发点和归宿。证明目标的达成情况需要根据和证据，通过学习评价活动可以获得证据。学习评价活动既有利于目标的进一步落地，又能促进自我反思。

三、案例反思

1. 成功之处

本堂课是一节复习课，加之学生对文本已经有了初步认知，所以课堂进行得比较顺利，能够按照预设的环节有序推进。课前导学图和目标量规使学生有了比较明确的学习方向，学生可以根据要求绘出初步的感知图，对文言知识、文化常识等进行自主梳理，初步奠定语言建构的基础，打破传统课堂老师讲授、学生被动接受的枯燥模式；对课前导学图中提出的问题进行思考，在探索过程中发现新的问题，充分发挥了学生的主观能动性。在课堂进行过程中，学生讨论，发言表达，又是一个解决问题的过程，在不断的探索中进行思维的锻炼，提升审美鉴赏能力。学生乐在参与其中，在自构互构的过程中不断突破瓶颈，达到新的高度。教师在聆听和引导中得到新的发现，比如学生对本文中心论点到底是什么的质疑、讨论，这是一个教学相长的过程。

2. 不足之处

首先，时间不充足，一堂课50分钟很紧张，个别问题解决得还不够透彻，因此在各个环节的时间设置要合理，做好预设。其次，备课环节应该更加充分，以前只是注重如何备教材，但是在课堂重构中，每一个学生都在参与，应该给他们更多的发挥空间，而不是只让几个人发言。所以备课过程中也要充分备学生，给更多学生发挥的空间。学生能够发现问题非常可贵，但是能够从合理的角度以恰当的方式加以阐述，还是一个有待提升的过程。除了学生的语文表达能力之外，积累也很重要。最后，课堂重构让学生有更多的自主性，但是同时给教师提出了更高的要求，要求教师不光要吃透教材，在设置问题方面，更要多考虑如何有效落实核心素养的理念，如何提升学生的思维发展，提高鉴赏能力，将课堂延伸到课外，与生活实际相联系、与立德树人的教育理念相契合，这是在以后的教学中应该多侧重思考的问题。

作者简介

王静，中共党员，2015年毕业于江苏师范大学汉语国际教育专业，硕士研究生，现任中国人民大学附中雄安校区（河北容城中学）高三语文教师。

高中英语 "Wildlife Protection 野生动物保护"

一、案例背景

（一）学习内容分析

野生动物保护这一话题对应于《普通高中英语课程标准（2017版2020年修订）》第四章课程内容之主题语境模块三《人与自然》中的四个主题群中之一：人与环境、人与动植物，这一主题旨在引导学生深刻理解保护野生动物是维护生态系统平衡的重要环节。野生动物、植物与周围的各种生物组成了食物链，只有食物链平衡，才能保证整个生态系统的平衡。要求学生懂得野生动物是文明发展的试金石，文明的发展与自然有着密切的关系，我们需要保护野生动物，不违法捕杀野生动物。培养尊重生命、热爱自然、喜欢动物的价值观，对提升社会生态文明发展有着重要的意义。

本节课是高三年级的一节英语写作课，课题源自人民教育出版社《普通高中英语》必修2第4单元Wildlife Protection。主要学习内容包括：了解野生动物现状，重视野生动物保护，明确倡议信的写作意图，熟知倡议信的模板，有效搭建倡议信的框架结构，独立写出一篇符合高考要求的关于野生动物保护话题的倡议书。

（二）学情分析

经过前两年的学习，高三学生积累了固定数量的词汇和短语搭配，掌握了基本的句型表达方法，综合语言运用能力有了较大的提升，为写好倡议信打下了基础。另外，高三学生具有了一定的鉴别和判断能力，这使得培养学生的逻辑思维和批判性思维、引导学生建构多元化的文化视角成为可能。

（三）学习目标

在以主题语境之——人与自然（人与野生动物保护）为引领的课堂上，通过创设与主题意义密切相关的语境，充分挖掘特定主题所承载的文化信息和发展学生思维品质的关键点，基于对主题意义的探究，以解决问题为目的，整合语言知识和语言技能，将特定主题与学生的生活建立密切关联，鼓励学生学习和运用语言开展对语言意义和文化内涵的探究。

提高学生的鉴别和判断能力，培养学生的逻辑思维和批判性思维，引导学生建构多元化的文化视角。在野生动物保护主题探究活动的设计上，激发学生参与活动的兴趣，调动学生已有的基于该主题的经验，帮助学生建构和完善新的知识结构，深化对该主题的理解和认识。能够深刻理解保护野生动物的重要性，树立正确的世界观、人生观和价值观，实现知行合一，丰富人生阅历和思维方式。

（四）教学思路

借助"三图六构五环节"思维导图模式设计本节课教学过程，引导学生发现问题、解决问题。一是课前准备学习阶段，借助课前导学图指导学生阅读教材相关内容，透过阅读材料中的词汇思考文章的主题语境，为下一环节打下良好的基础。二是课中学习阶段。教师创设科学问题的探究情境，引导学生开展合作探究学习，层层深入，引领高阶思维的形成，完善精细图。围绕野生动物保护的话题开展学习，通过阅读、发现、分类、推理、质疑、讨论、交流、反思等活动，构建自己新的认知，并绘制凝练图。同时引导学生领悟写作方法，发展学科的核心素养。

二、教学过程

（一）课前学习

课前，准备一篇关于野生动物保护的阅读文章，提前发给学生，并给学生提供课前导学图（如图5-50所示）。根据课前导学图的要求，学生阅读教材相应内容，结合导学图提供的思考问题和拓展问题提前绘制思维感知图。

学生在认真阅读教材内容的基础上，以野生动物保护为核心词，课前绘制思维感知图，如图5-51所示，并在课上逐步完善。将野生动物现状、野生动物的处境、濒危的野生动物种类、野生动物保护措施等概念关联起来，呈现出本节课知识的基本框架，为完成倡议信的写作做好铺垫。

课题：读写课

学习目标：
（1）阅读文章，弄清文章的文体。
（2）分析四道阅读理解题的考察内容，做好四道阅读题，理解文章大意。
（3）深层分析，直击高考主题语境：人与自然（人与动植物之野生动植物保护）。

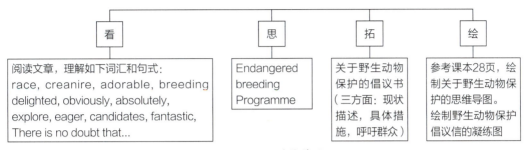

图5-50　课前导学图

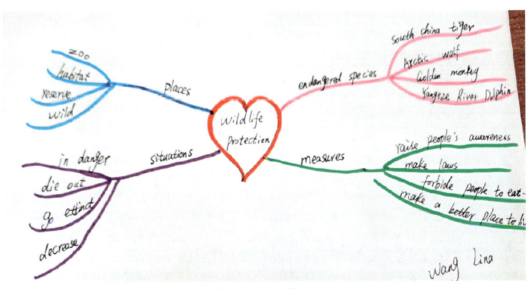

图5-51　思维感知图

（二）课中学习

1. 浏览目标，明确方向

这一环节的主要任务是教师下发本节课目标学习量规，如表5-11所示，指导学生对照学习目标逐条进行自评。参考量规中的记忆、理解和运用环节的学习目标，进行勾画，评估达到A（独立完成）水平的内容，在相应栏目处打√，未完成的打？。

教师及时收集学生的评估结果。实施结果表明，65%以上的学生能够独立完成课前导学单中的学习目标：在"回顾认识重点词汇""找出文章细节线索，理解文章主旨大意"，"推断作者写作目的和观点态度""探索文章背后的主题语境"对应栏目处打了√。这说明课前学习效果基本达到预期目标，为课中学习的推进打下了良好的基础。

表5-11 "野生动物保护"一课"学习目标"量规自评表

_____英语_____课堂学习目标量规（自评）

班级_____ 姓名_____

学习目标		达成评价			
		A独立完成	B经同伴帮助完成	C经教师点拨完成	D未完成
记忆	回顾：rare, eager, fantastic, There is no doubt that				
	再认识：breeding obviously, absolutely, candidates				
理解	概要：文章主旨大意				
	推论：作者的写作目的及观点态度				
	比较：说明文所用的词汇和手法				
	说明：文章背后的主题语境				
运用	执行：找出文中细节线索，做好阅读理解题				
	实施：写出倡议信初稿				
分析	结构化：在感知图基础上完善精细图，绘制凝练图				
	解构：使用恰当的词汇和规范的结构，按照格式撰写小文章				
评估	判断：是否合理运用了倡议信的模板				
创造	假设：完成倡议信				
	设计：构思一篇关于保护野生动物的倡议信				
	建构：完成凝练图，完善关于野生动物保护的倡议信				

设计意图

一是明确本节课的学习目标，让学生清晰地了解本节课学什么，应该掌握的核心词汇、语言表达、思维技能，以及实现这些目标应该达到的水平，促使学生带着一种目标感进入学习过程，学习会更持久。充分发挥了目标引领学习、促进学习的功能。二是引导学生对课前学习效果进行自我评估，哪些目标通过课前自主学习已经达成，学习中的问题和疑惑还有哪些，通过评估让学生了解自己、提高自我反思能力，暴露出的问题还能够激发持续学习的内驱力。三是方便教师了解学情，为进一步的教学活动的安排和调整提供信息。

2. 同伴交流，互构重构

这一环节的主要目标是，达成学习目标中的"记忆""理解"和"运用"水平的目标。

为了达成上述目标，第一个小组学习任务是：透过词汇思考文章的主题语境，交流各自的感知图和疑问点，倾听、提问和表达自己的理解，澄清概念和解决疑难问题。例如有的同学不能清晰地知道"濒危的野生动物有哪些"，通过相互交流，学生了解到东北虎、华南虎、扬子鳄、长须鲸、丹顶鹤、环尾狐猴等都处于这样的濒危状况。有位同学提问："都有什么样的措施可以保护野生动物？"在问答讨论中，学生深刻理解了保护野生动物的重要性，我们需要保护野生动物，不违法捕杀野生动物。通过学习可以使学生尊重生命、热爱自然，树立正确的世界观、人生观和价值观，实现知行合一。同伴交流如图5-52所示。

设计意图 学生就某个知识相互问答，不但能促进讲解者对某个知识更加深入细致的理解，也有利于倾听者解除疑难问题，从不同于老师的角度去理解知识，互相分享，达成理解的目标。

第二个小组学习任务：完善精细图，如图5-53所示。

图5-52　同伴交流

图5-53　完善精细图

实施过程中，每个小组都能够规范完成交流研讨，可以对照感知图交流各自的感知图和疑问点，倾听、提问和表达自己的理解。

设计意图 学生共同合作完成一项任务，激发学习兴趣，培养语言技能和思维能力。通过交流、提问、答疑解惑了解自己英语词汇储备的差距，明确改进的方向和目标。

第三个小组学习任务：组内共同研究"怎样写关于野生动物保护的倡议书"。

学生通过讨论、分享，初步写出倡议信所需要的一些单词、短语和句型结构框架，通过升级词汇和句型，让自己的表达更上一个台阶，完善思维，具体如图5-54和图5-55所示。

设计意图 学生通过小组交流和讨论，在已知词汇和短语搭配基础上，形成了基本的句型表达方法，丰富了自己的词汇储备量，综合语言运用能力有了较大的提升，为写好倡议信打下了基础。同时学生也经历了知识建构的一个过程，培养学生解构、建构的学习能力。

这个环节教师给出的思考问题条主要有以下两个。

No.1. What situations do wildlife animals face?

No.2. What measures should humans take to protect wildlife animals?

图5-54 学生分享小组汇总词汇

图5-55 学生课堂作答情况

3. 全班交流，深入研讨

这一环节的主要目标是达成"分析"和"评估"层面水平。教师采取的主要策略是，通过核心问题的探究，使学生了解野生动物现状，重视野生动物保护，引导学生深入到话题语境背后，主要任务是明确倡议信的写作意图，熟知倡议信的模板，有效搭建倡议信的框架结构。

教师在学生初步罗列倡议信简单表达结构的基础上，进一步组织全班讨论，引导学生丰富词汇、升级句型，思考怎样通过不断打磨，多次润色，独立写出一篇符合高考要求的关于野生动物保护的倡议书。

第一个小组的代表为大家提供了一些可用于野生动物保护类作文中的亮点单词和固定短语。第二个小组的代表分享了对"倡议信的框架结构"这一问题的讨论和思考。学生总结出来的模式是：野生动物保护的倡议信用三段式来写，即现状描述、讲解问题的严重性和提出可采取的措施。分享结束后其他小组纷纷进行补充，在全体师生讨论交流的基础上，达成了共识，在倡议信中又补充了提出呼吁这一部分，使得应用文更加严谨。具体如图5-56和图5-57所示。

图5-56 学生提供亮点单词和固定短语

图5-57 学生总结出的倡议信模式

接下来，教师布置当堂课小组任务：写倡议信初稿。倡议信属于应用文的一种，由标题、称呼、正文、结尾、落款五部分组成，一般用将来时态或一般现在时态来写。题目常会给出标题、称呼、结尾、落款这四部分，学生只需完成正文即可。这类写作的正文包括现状描述及倡议的目的、具体倡议的内容和呼吁，如图5-58所示。

教师追问学生的不同观点，适时地进行补充、指导。为了发展学生的批判性思维，教师继续引导讨论：有没有写倡议信的模板句子，初稿写好后怎么润色来提升作文档次？

在全班讨论的基础上，学生完善自己的感知图，将现状、措施、呼吁等进行关联，同时使知识结构更加精细化，形成精细图，如图5-59所示。

图5-58　教师布置任务

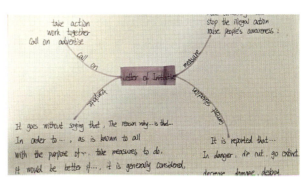

图5-59　学生绘制的精细图

活动意图　引导学生在不同信息间建立关联，通过讨论，引导学生学会交流共享，领悟探究式学习的乐趣。让学生体验自主学习解构、建构的思路和方法，体验"三图六构五环节"的课堂学习模式对自己知识能力构建的推动作用。通过讨论问题，建立完善、严谨的知识框架结构，并让学生学习模板句型在文章中的应用。

4．凝练小结，反思提升

认识反思活动对理解学科思维模式、领悟学科本质是极其重要的。通过引导性问题可以引导学生关注学科思维方法，深入到学科本质层面，培养英语学科核心素养。通过凝练小结、反思提升，有利于学科思维方式和学科观念教育的外显化，有利于学生获得具有持续价值、迁移的知识。

引导性问题：通过本节课的学习，你学会了什么？用图的形式表达出来，形成凝练图，学生和教师的凝练图如图5-60和图5-61所示。在教师的指导下，学生学会了从以下三个方面来组织一封保护野生动物的倡议信，即现状描述、采取的措施以及如何进行呼吁，同时学生通过交流分享，梳理出了相关单词、短语和句型，即It is reported that…, in danger, dieout, go extinct, decrease, damage, destroy, raise people's awareness, stop the illegal action, make concerning laws，make a better place for…, call on，advertise，work together, take action等，为进一步的英语学习注入了源动力。

为了让作文内容更加充实，学生可以选择如下黄金句型。

In order to...,

As is known to all

With the purpose of...,

Take measures to do...,

It is suggested that...,

It would be better if...

It is generally considered/Acknowledged that...

There is no doubt that...

It goes without saying that...

There in no need to do...

It is said/reported that...

The reason why...is that...

> **设计意图** 凝练反思目的是引导学生回顾问题的探究全过程，从一个话题开始，通过发现、交流、分享、归纳、讨论、反思等活动，构建自己新的认知，寻找更多词汇、短语、句型，找出组建倡议信的规律，建构新的知识模块，培养创造性和发散性思维，让学生领悟到解构、建构的自主探究式学习的乐趣。

图5-60　学生凝练图

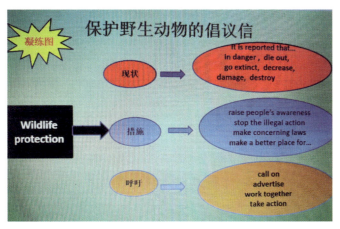

图5-61　教师的凝练图

5. 训练反馈，对标再评

为了检测和巩固学习效果，呈现仿真高考题和学习过程性自评。学生的写作情况如图5-62所示，课堂小组合作学习自评量表和课堂小组合作学习自评量表等级标准如表5-12和表5-13所示。

假定你是李华，请以中国野生动物保护协会（China Wildlife Conservation Association，CWCA）的名义用英文给广大市民写一封倡议信。内容包括：

（1）野生动物的现状；

（2）可采取的措施（加大宣传力度、增加资金、选派志愿者等等）；

（3）对广大群众进行呼吁。

注意：

（1）写作词数应为80～100个；

（2）可根据内容适当增加细节。

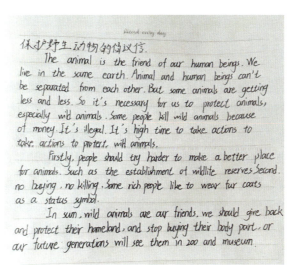

图5-62　学生的写作情况

表5-12 课堂小组合作学习自评量表

评价维度	学习目标	小组讨论			全班交流				凝练提升		评价反思	
	独立完成	倾听	质疑	解疑	倾听	质疑	解疑	PK精细图	独立完成	分享	独立完成	效果优秀
等级												

表5-13 课堂小组合作学习自评量表等级标准

等级	优秀	良好	待改进
学习目标	在规定时间内,独立完成目标自我检测,能够正确理解其内涵,并做出适合实际的判断	基本能够完成目标自我检测,能够理解其内涵,并做出判断	不能完成目标自我检测
倾听	非常专注、深入思考、积极回应(及时记录、发表观点),不打断对方	比较专注、有思考、不打断对方	不专注,基本没有回应
质疑	有证据的提问,提问与主题相关性强	有提问,提问与主题相关	没有提问或提问与主题无关
解疑	针对性强的回应,清晰表达观点,观点合理	有回应,不能清晰表达观点	不能针对问题进行回应
精细图	中心词反映核心概念、框架合理,层次清晰,逻辑性强;内容全面,概括精准,无科学性错误;效果美观。在PK环节,亮点突出有启发	中心词反映核心概念、框架合理,层次清晰;呈现了主要内容,有提炼概括,无科学性错误	有中心词、层次间逻辑不清晰;主要内容不够全面,欠提炼概括或存在科学性错误
凝练图	内容聚焦可迁移的观念、思想或方法,概括准确。在分享时,能够清晰表达其观点	内容聚焦可迁移的观念、思想或方法,概括和表达不太精准	不能领悟到思想或方法,不能绘制凝练图
评价反思	在规定的时间内独立完成检测题目和评价任务,客观公正;检测题目正确率达到85%及以上,或教师评定为优秀等级的	能够独立完成大部分检测题目,正确率达到75%及以上,教师评定为良好等级的	大部分检测题目不能独立完成,或教师评定为待改进的

> **设计意图**　目标是教学的出发点和归宿点,证明目标的达成情况需要根据证据,通过学习评价任务能够获得证据。学习评价活动既有利于目标的进一步落地,又能促进自我反思。

三、案例反思

思维导图是引导学生横向拓展思维、纵向深入思维的工具,更是撬动课堂深度学习的有效工具。按照知识发展和创造的过程设计探究学习活动,从课前阅读活动到课中学习的阅读、观察、思考、推理、提问、比较、描述、评估、反思活动,形成一个完整的合作探究学习过程。基于广义思维导图的"三图六构五环节"课堂重构能够培养成长性思维,让学生能够直面问题、解决问题。学习活动是学生发展的基础,是促进学科思维养成、走向深度学习的重要途径。丰富的学习活动,促进了课堂的多重对话,让学生成为学习的主人,实现从教走向学的转变。通过课堂上思维的碰撞,学生逐步地进行深度思考、深度学习,进而培养高阶思维,提升学习能力。

思维导图在对文本内容的深刻理解、学科知识结构体系的构建方面有着独特的价值。学生以某个核心概念为中心主题绘制思维导图，可以展示学生对这一核心概念的整体理解。在这个过程中，学生利用交流、研讨、分享、质疑、解惑等过程，有效地对知识进行解构和建构。学生绘图的过程就是知识网络化的过程、概念内涵显性化的过程，也是知识内化和深度学习的过程。

运用思维工具改变课堂教学方式，要重视学生的独立思考，给学生充足的时间阅读和绘制图，重视学生作品的展示、交流和反思，在展示交流中发现问题，修正完善思维图。还要重视教师的引导，抓住学生认知障碍精准点拨，使学生对概念的理解更加深刻，学科观念更加突显，学科方法更加清晰，促进学生深度学习。

作者简介

王丽娜，中国人民大学附中雄安校区（河北容城中学）英语学科教师，英语学科带头人，雄安新区骨干英语教师，优秀班主任，容城县先进德育工作者。曾主持"十二五"规划市级课题，顺利结题并被评为优秀成果一等奖。作为主研人员参与雄安新区重点课题，已于2021年顺利结题。2022年申请的"十四五"省级课题已获批准立项，现正在研究中。撰写的《优化阅读教学过程 提高阅读教学效果》《乘着AI的翅膀，在英语的天空翱翔》《落实任务型教学 走进英语新课堂》《提高理解能力 完善阅读技巧》等多篇论文在核心期刊和报纸上发表。

课例 8

高中英语 "A Journey of Discovery"

一、案例背景

（一）学习内容分析

本单元的主题语境是"人与自然"，内容是关爱地球、保护环境。本节课教学内容为外研版新教材选择性必修第一册第五单元"Revealing Nature"中的"Understanding Ideas"环节的课文，语篇类型为记述文，以时间及行程路线为线索，介绍了著名生物学家达尔文的发现之旅以及他基于此次旅行写成的《物种起源》一书。在本课教学中，教师应牢牢把握主题语境，帮助学生深度理解主题和语篇，体会达尔文具有重大历史意义的发现之旅，让学生感受达尔文探索科学、追求真理之路的艰辛，学习其不畏困难、大胆质疑、勇于探索的科学精神与创新精神。

（二）学情分析

本节课面向的是高二学生，通过高一的学习，学生已经能够适应初中到高中英语学习的变化，对外研版新教材每个单元的结构有了一定的了解，但是学生之间又有一定的差距，水平参差不齐。班上很多学生英语基础不好，而导致这种状况的原因主要有以下这些方面：①这些学生对学习英语无计划、无目标、无学习责任，而且不少学生惰性大，依赖性强，缺乏学习主动性和自觉性。②这些学生仍然延续初中的学习习惯和方法。③这些学生不能自觉预习、自觉复习、自觉完成作业。对于基础差又想学习的学生来说，培养其学习兴趣，多鼓励，无疑是最好的方法。鼓励学生自觉预习，对本节课内容先搜索相关资料，然后基于课文内容，根据教师制定的量规和课前导学图绘制感知图，明确自己已知和未知的内容，在课堂上通过小组讨论、合作学习的方式，积极参与课堂教学，会收获更好的教学效果。

（三）学习目标

（1）理解语篇中的单词和短语。

（2）学会通过思维导图来理解课文内容和结构。

（3）运用批判性思维来分析课文，理清作者的观点和写作意图。

（4）学会基于课文内容联系实际生活，发表自己的意见和观点，学习勇于探索的科学精神。

（四）教学思路

本节课计划采用以学生为主体、教师为主导的教学理念，学生自主学习，教师精讲点拨。课前学生基于教师设计的量规和课前导学图绘制关于本节课内容的感知图，明确本节课的教学内容和学习目标，找出自己已知和未知的内容。课中教师通过短视频导入课堂内容，激发学生学习兴趣。然后通过小组讨论、全班交流、凝练小结、巩固提升的环节实现本节课教学效果。

通过这样的教学过程设计，能提高学生自主学习能力和学习兴趣，人人参与课堂，学生变被动学习为积极主动学习，成为课堂的主人。思维成为课堂的主旋律，体现以人为本，生生互动、师生互动的教学理念，师生共同生长。

二、教学过程

（一）课前学习

课前教师精心设计量规表（表5-14）和课前导学图（图5-63）。学生基于教师设计的量规和课前导学图来绘制本节课的感知图，明确本节课的教学内容和学习目标，找出自己已知和未知的内容。对未知的内容作标记，在课上小组讨论和全班交流中解决。

（二）课中学习

观看动漫小视频《进化》，引出话题，激发学生兴趣。提出问题：What can you see from the video? 引入进化论话题，进化论是谁提出的？又是如何提出的？进而导入本节课内容。

1. 浏览目标，明确方向

出示量规，指导学生对照学习目标逐条进行自评。评估达到A（完成）的水平，在相应栏目处打"√"，教师及时收集学生的评估结果。

通过学生自评，发现80%以上的学生在"记忆"和"理解"两部分内容对应栏目打了"√"，说明学生课前学习效果达到预期，为课中学习打下基础。

表5-14 "A Journey of Discovery" 课堂学习目标量规（自评）

班级＿＿＿＿ 姓名＿＿＿＿

学习目标		达成评价			
		A 独立完成	B 经同伴帮助完成	C 经教师点拨完成	D未完成（未完成的关键问题）
记忆	Remember the words and phrases in the passage, such as "distant, disgrace, sample, evolve, suspect, ancestor, evolution, geologist, answer the call, finch, beak"				
理解	Understand the meaning of the passage				
	Summarize the main idea of the passage				
	Understand how Darwin generated the theory of evolution. (five steps)				
运用	Organise information from the passage to complete the puzzle pieces of Task4 on Page52				
分析	Finish Task4 on Page52: Number the puzzle pieces in order				
	Find out the structure of the passage				
评估	What spirits are needed to explore the world and make great scientific discoveries				
	How can the spirits help you in your life and studies				
创造	Draw the condensed map				
	Write a composition about Charles Darwin to describe his journey of discovery and learn from his spiris				

课题："A Journey of Discovery"

学习目标：
（1）Understand the words and phrases in the passage;
（2）Understand the meaning of the passage. Summarize the main idea of the passage. Understand how Darwin generated the theory of evolution.
（3）Organize information from the passage to complete the puzzle pieces of Task4 on Page52. Find out the structure of the passage.
（4）Learn the spirits needed to explore the world and make great scientific discoveries. Write about Darwin's journey of discovery and his spirits.

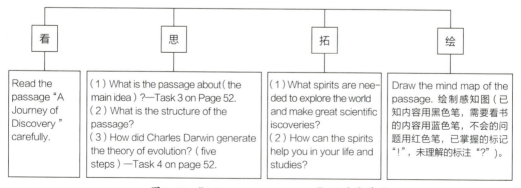

图5-63 "A Journey of Discovery" 课前导学图

设计意图　一是通过引导学生对课前预习效果进行自我评估，明确哪些目标通过课前自主学习已经达成，还有哪些问题和疑惑，为课中学习做好准备。二是学生进一步明确了本节课的学习目标，让学生明确本节课的基本目标和深层目标，让学生带着问题，有目标地进行课中学习，体现了目标引领教学的作用，学习效果会更好。三是在此环节中，教师进一步了解了学情，有助于下一步教学活动的安排和调整。

2. 小组讨论，合作探究

这一环节的主要目标是，重点完成量规中"记忆""理解"和"运用"中的内容。理解文章中的单词和短语；理解文章内容，总结文章的大意；理解达尔文提出进化论的过程，组织信息完成课本第52页Task4的内容；找出文章结构。

要求：学生先两个人交流，再小组交流。解决自己课前学习中的疑惑，探讨量规中的问题。小组中解决不了的问题写在纸条上贴在黑板左侧，以待全班交流环节解决。讨论之后没有问题的小组举手领取教师提前设计的问题条。

教师问题条内容：

①Why are people shocked by Darwin's theory?（According to Paragraph3）

②What spirits are needed to explore the world and make great scientific discoveries? How can the spirits help you in your life and studies?

设计意图　在此环节中，学生进一步明确教学目标，展开小组讨论，通过小组合作学习解决自己尚未解决或不理解的问题。教师在巡回指导过程中，把设计好的教师问题条给先讨论完且没有问题的小组来解决。讨论之后仍有问题的小组写问题条贴到黑板上。通过此环节，学生学会了合作，互帮互助，解决各自的疑惑，共同提出问题，学习主动性和积极性得到提高，思维能力也得到改善，学生不会感到课堂乏味。教师提前设计好问题条给先讨论完且没有问题的小组，保证课上人人有事做，思维不间断。同时，问题条上的内容是量规后面"分析""评估"中内容，为后面的学习打下基础。

3. 全班交流，深入研讨

这一环节的主要目标是解决小组讨论中没有解决的问题，理解文章中的重难点。达成量规后面"分析""评估"中的目标。要求：学生清晰表达自己的问题，请其他小组同学帮忙讲解。在此环节中，教师把黑板上问题条快速归类整理，找出有共性、重难点的问题，请提问题的小组上台提问，请其他小组同学来回答。如学生解答不全面，由教师点拨补充，然后提问题的小组来复述同学或教师给出的答案。然后请领到教师问题条的小组上台讲解问题，教师在课件中展示该问题及详细答案。学生讲得不透彻的地方同样由教师补充。

为了提高学生思维能力和语言表达能力，教师引导学生进一步思考：达尔文的进化论对世界有什么影响？在发现进化论的过程中体现了达尔文的哪些精神？我们应该学习达尔文的哪些精神？这些精神会对你的学习和生活有哪些帮助？学生进一步思考和自由表达，分享自己的观点。

在全班交流的基础上，学生完善自己的感知图，把课前学习中的问题答案标注在图上，加上在此环节中新的收获，使知识结构更加精细，形成精细图（如图5-64所示）。教师分享自己绘制的精细图（如图5-65所示）。学生对自己的精细图进行补充和完善。

设计意图　在此环节中，教师把讲台让给学生，教师只是在学生需要帮助的情况下予以指导点拨，学生是课堂的主人。学生勇于上台提出问题、解答问题，有利于培养学生互帮互助的品质、清晰的语言表达能力、良好的思维品质和心理素质。在此过程中，学生讲解其他小组有问题的地方，如有不足之处，教师补充，提问题的小组同学复述答案，巩固所学知识。教师问题条的内容是重难点题目，由小组讨论中先讨论完且没有问题而拿到问题条的小组同学先讲解，教师补充并点拨，展示详细答案，这样重难点问题在师生互动、共同参与课堂学习中得到了解决，比教师直接讲解效果要好，学生学习的持久性更长，记忆会更牢固。

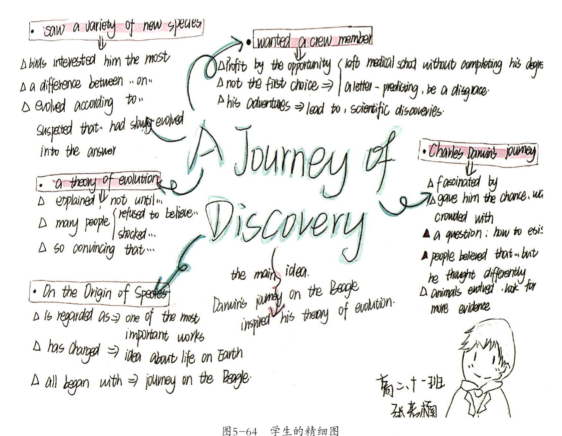

图5-64　学生的精细图

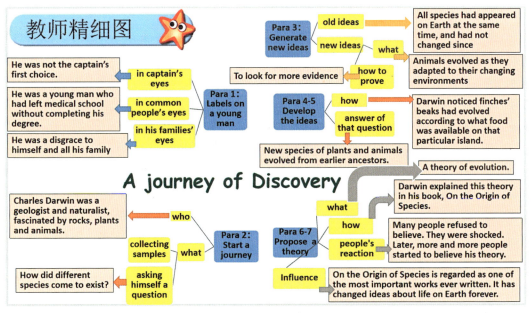

图5-65 教师的精细图

4. 凝练小结，反思提升

学会总结反思是进步的阶梯，有助于更好地把握所学内容，领悟学科重点，培养学科核心素养所要求的思维品质、语言表达能力、价值观等重要的品质。在此环节中，学生根据所学内容对本节课重点进行总结归纳，独立完成凝练图。然后教师展示自己的凝练图，对重点进行精讲点拨。学生通过总结反思，能够形成持续性、迁移性的知识，为未来的进一步学习提供帮助。

教师引导问题：这节课你学到了什么？达尔文是如何提出进化论的？经历了哪几个过程？你学会了达尔文的哪些科学精神？选择一方面或者你学到的所有方面，用画图的方式表达出来，绘制凝练图（如图5-66所示）。教师展示自己的凝练图（如图5-67所示），精讲凝练图中内容和思路，帮助学生复习本节课内容。

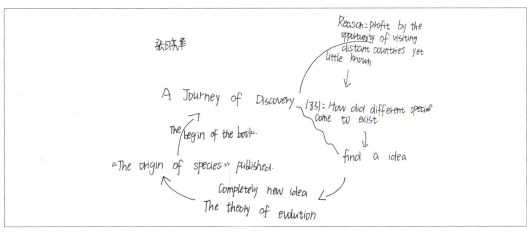

图5-66 学生的凝练图

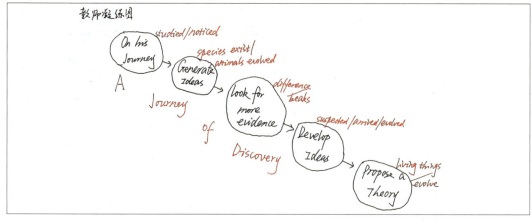

图5-67 教师的凝练图

设计意图 此环节的目的是引导学生学会回顾本节课所学内容,通过总结反思,建构自己的知识网络,把自己的所得系统化、结构化,更加清晰明确自己的收获。学会总结和反思,也有助于思维品质和良好的学习习惯的培养,是一个成功的学习者必备的品质和能力。

5. 效果检测,回扣目标,巩固提升

此环节目标是巩固所学内容,并使学生在知识和能力方面得到提升。学生完成教师设计的巩固提升自测题(题型与高考题型语法填空题一致)。

学生完成自测题(如图5-68所示),检验所学内容,对本节课所包含的情感态度、主题语境有进一步的理解,树立正确的价值观。同时进一步巩固和练习高考语法填空题型。教师展示自测题答案。

再一次呈现本节课量规,让学生通过本节课学习之后再一次进行自我评价(表5-15),检测本节课内容的掌握程度,为之后的进一步学习做准备。

根据自己的实际表现,按照课堂小组合作学习自评量表学生评价量规(表5-16)、参考课堂小组合作学习自评量表等级标准(表5-17),对本课的学习情况和自我表现作出评价(表5-18)。

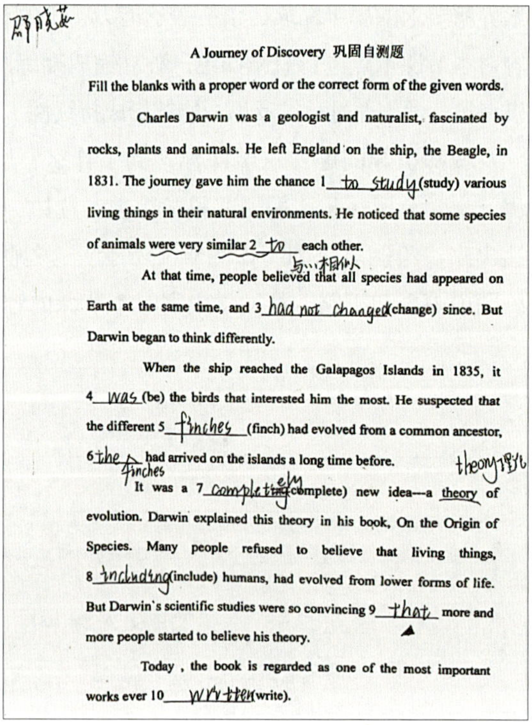

图5-68 学生完成的巩固自测题

巩固自测题：

A Journey of Discovery

Fill the blanks with a proper word or the correct form of the given words.

Charles Darwin was a geologist and naturalist, fascinated by rocks, plants and animals. He left England on the ship, the Beagle, in 1831. The journey gave him the chance 1_____ (study) various living things in their natural environments. He noticed that some species of animals were very similar 2_____ each other.

At that time, people believed that all species had appeared on Earth at the same time, and 3_____ (change) since. But Darwin began to think differently.

When the ship reached the Galapagos Islands in 1835, it 4_____ (be) the birds that interested him the most. He suspected that the different 5_____ (finch) had evolved from a common ancestor, 6_____ had arrived on the islands a long time before.

It was a 7_____ (complete) new idea——a theory of evolution. Darwin explained this theory in his book, On the Origin of Species. Many people refused to believe that living things, 8_____ (include) humans, had evolved from lower forms of life. But Darwin's scientific studies were so convincing 9_____ more and more people started to believe his theory.

Today, the book is regarded as one of the most important works ever 10_____ (write).

表5-15 课堂学习目标自评表

班级 高二11　姓名 曲教腾

学习目标		达成评价			
		A 独立完成	B 经同伴帮助完成	C 经教师点拨完成	D未完成（未完成的关键问题）
记忆	Remember the words and phrases in the passage, such as "distant, disgrace, sample, evolve, suspect, ancestor, evolution, geologist, answer the call, finch, beak"	√			
理解	Understand the meaning of the passage	√			
	Summarize the main idea of the passage	√			
	Understand how Darwin generated the theory of evolution. (five steps)		√		
运用	Organise information from the passage to complete the puzzle pieces of Task4 on Page52		√		
分析	Finish Task4 on Page52: Number the puzzle pieces in order		√		
	Find out the structure of the passage			√	
评估	What spirits are needed to explore the world and make great scientific discoveries			√	
	How can the spirits help you in your life and studies			√	
创造	Draw the condensed map	√			
	Write a composition about Charles Darwin to describe his journey of discovery and learn from his spiris		√		

（本量表现依据布鲁姆认知领域教育目标构建，具体课堂可根据需求自行调整）

表5-16 课堂小组合作学习自评量表

评价维度	学习目标	小组讨论			全班交流				凝练提升		评价反思		综合评价
	独立完成	倾听	质疑	解疑	倾听	质疑	解疑	PK精细图	独立完成	分享	独立完成	效果优秀	四生课堂
等级													

表5-17 课堂小组合作学习自评量表等级标准

评价等级	等级		
	优秀	良好	待改进
学习目标	在规定时间内，独立完成目标量规自评，能够正确理解其内涵，并得出适合自己实际的判断	基本能够完成目标自我检测，能够理解其内涵，并做出判断	不能完成目标自我检测
倾听	非常专注、深入思考、积极回应（及时记录、发表观点），不打断对方	比较专注、有思考、不打断对方	不专注，基本没有回应
质疑	有证据地提问，提问与主题相关性强	有提问，提问与主题相关	没有提问或提问与主题无关
解疑	针对性强地回应，清晰表达观点，观点合理	有回应，不能清晰表达观点	不能针对问题给出回应
精细图	中心词反映核心概念，框架合理，层次清晰，逻辑性强；内容全面，框括精准。无科学性错误；效果美观。在PK环节，亮点突出，有启发性	中心词反映核心概念，框架合理，层次清晰，呈现了主要内容，有提炼概括，无科学性错误	有中心词、层次间逻辑不清晰，主要内容不够全面，欠提炼概括或存在科学性错误
凝练图	内容聚焦可迁移的观念、思想或方法。概括准确。在分享时，能够清晰表达观点	内容聚焦可迁移的观念、思想或方法，概括和表达不太精准	不能领悟到思想或方法，不能绘制凝练图
评价反思	在规定的时间内独立完成检测题目和评价任务。客观公正，检测题目正确率达到85%及以上	能够独立完成大部分检测题目，正确率达到75%及以上	大部分检测题目不能独立完成
综合评价	在本节课中充分体现了一中的"四生"理念：生命激扬、生动表达、生活再造、生长自然	"四生"理念中只体现了其中的两项	不能体现"四生"理念

表5-18 东阿一中课堂小组合作学习自评量表

评价项目	学习目标	小组讨论			全班交流				凝练提升		评价反思		综合评价
	独立完成	倾听	质疑	解疑	倾听	质疑	解疑	PK精细图	独立完成	分享	独立完成	效果优秀	四生课堂
等级	优秀	优秀	优秀	良好	优秀	优秀	良好	优秀	优秀	优秀	优秀	优秀	优秀

设计意图 此环节的目的是学生通过自测题检测自己所学内容，进一步巩固提升所学知识，与高考题型接轨，提高答题能力。同时通过进一步量规自评，使本节课目标落地，让学生学会自我评价和自我反思。

三、案例反思

这节课总体来说进展顺利，效果较好。学生通过课前自主预习提高了新课标学科素养所要求的学习能力，变被动学习为主动学习。学生通过信息加工，自主建构知识体系、能力体系，形成本节课知识框架。在课中小组讨论和全班交流过程中培养了学科素养所要求的语言能力，同时提高了合作意识，这也是社会所需要的品质。学生在合作学习中建构思维路径，通过凝练小结和巩固提升，提高了对知识的迁移运用能力，同时也促进了对文化意识的培养。学生对知识进行重构拓展，生成并完善自己的知识结构、能力结构、逻辑结构和价值意义结构。不足之处是学生课前自主建构和自主学习能力还需培养，学生主动回答问题的勇气、积极性和表现力也有待提高。

现代教育更加重视脑科学的研究，包括观察力、记忆力、思维力，想象力。其中思维力很重要，所以我们在教学中要重视培养学生的思维能力，开发学生的大脑。思维导图可以教给学生正确的思维方式，开发思维潜力，教学生从"会学"到"学会"。"怎样用脑就有怎样的人生"，要学会解构、建构，迁移运用。教育者不能仅以传授知识，更应该教会学生正确的思维模式，让学生学会自己学习、自己思维，成为自己学习的主人。

通过思维导图来重构课堂，老师可以让每个学生都参与课堂、享受课堂，学会自己学习。老师不仅要表扬学生，还要多鼓励，不说空话，多给方法。学生也能提高学习的自主性和积极性，敢于面对自己、表达自己。学会帮助别人，在帮助别人过程中也能提高自己。这样的课堂模式对学生和老师都是非常有益的。

怎样结合学生的学情，制定出适合学生的教学方法，是我们需要探讨的问题。在未来的教学中，我们要更多关注学生，与学生对话、交流，从"演员"变成"导演"，让学生更多地学会自主学习，合作探究。

总的说来，我们通过广义思维导图重构课堂，实现"生命激扬，生活再造，生动表达，生长自然"的"四生"教育理念，课堂中师生互动、生生互动，师生共同生长，实现"双星四生课堂"的美好教育理念。

作者简介

张瑜，2006年6月毕业于山东师范大学教育学专业，现任山东省聊城市东阿县第一中学英语教师。自参加工作以来，爱岗敬业，努力探索科学有效的教育教学方法，爱护、关心学生，所教班级成绩名列前茅。有上进心，多次担任高三重点班教育教学工作并且成绩优秀。多次参与县市优质课评选活动，2013年获得市优质课一等奖，2014年被评为县教学能手。2015年获国家优质课展评课例二等奖，2017年参与聊城市课题研究并结题。2019年被评为聊城市教学能手。2020年录制线上教学聊城市公开课效果良好。2020年获市级优课一等奖，多次指导学生获得全国英语能力竞赛及聊城市竞赛奖项。参与学校思维导图教学、"双星四生课堂"教学研究，多次展示公开课且效果良好。

课例 9

高中英语 "Film Review"

一、案例背景

（一）学习内容分析

Unit 6 The media 是北师大新版教材选择性必修二的内容，属于"人与社会"主题。本单元学习语料丰富，话题涉及电影、广告、新媒体等形式。通过本单元的学习，学生了解文学作品在改编成电影时要进行材料选择和电影制作者所面临的挑战，也开始关注科技发展在日常生活中的体现以及其对人们媒体选择的影响。

Film review 作为本单元的写作部分，是写一篇影评。在本篇影评中，作者简要介绍了《美女与野兽》电影的主要内容，以具体例子客观评价了电影的优缺点，如影片以一种巧妙地方式通过Beauty的容颜在镜子中的变化来突出Appearance 这一主题，作者用会说话的家具等具体例子阐释了电影的特效运用。同样，影评作者也提及了影片的不足之处，如Beast 的声音奇怪等。文本结构清晰，首段介绍影片的基本信息，如导演、主演等。第二段概括了影片的情节或主要内容。第三、四两段则是对影片的评价部分。该影评的语言通俗易懂，但却具有吸引力，也使用了相关的影评语言如The film deals with the theme of..., the film also uses some clever special effects, it speaks to the people of all ages 等。

在撰写影评的过程中，学生有针对性地收集素材，并对素材按照相应的逻辑进行合理的安排。根据所获得的多种信息，归纳共同要素，构建新的概念，从多个角度认识、分析电影。学生在评析与撰写的过程中，能够从电影最具吸引力的方面与相应的不足之处进行全面、客观的评价。在撰写的过程中，学生能够学会用相应的例子来支撑自己的观点，使写作逻辑更加严谨，同时提出批判性问题，辨析、判断观点和思想的价值，并形成自己的观点。在这一过程中，学生的思维品质得以训练，对中外的优秀影视作品所传递的主题意义会有更深刻的理解。

（二）学情分析

授课班级的学生为我校2018级"1+3"复语实验班的学生，他们从2018年开始小语种的学习（俄语或阿拉伯语）。进入高二后，有10名同学选择用英语参加高考，其余同学为俄语。这10名同学在英语学习方面热情比较高，希望在有语言支持的情况下，能发挥自己的创造力。并且在有语言支持和理解的基础上，他们乐于分享，发表个人的见解。

学生在之前的学习中虽然看过一些影评，但是对于影评的结构、组成部分、语言特点没有关注，并且在写作的过程中，不能很好地运用事实性细节来支撑自己的观点，欠缺在阅读的过程中探究主题的意识。

（三）学习目标

（1）获取影评中的事实信息，梳理影评的文本结构，辨别影评的组成部分及具体内容。

（2）概括总结出影评的特点：主题突出，语言简洁严谨，客观。

（3）为自己喜爱的电影撰写影评，合理选择支撑素材，突出主题。

（4）提出批判性问题，辨析、判断观点和思想的价值，并形成自己的观点。

（四）教学思路

借助"三图六构"思维导图模式设计本节课教学过程，实现课堂上师生互动、生生互动。一是课前准备学习阶段，借助课前导学图指导学生阅读教材相关内容，获取影评中的事实信息，梳理影评的文本结构，辨别影评的组成部分及具体内容，为撰写影评打下良好的基础。二是课中学习阶段。教师创设问题的探究情境，引导学生开展合作探究学习提出批判性问题，辨析、判断观点和思想的价值，并形成自己的观点。通过分类、推理、质疑、讨论、交流、反思等活动，构建自己新的认知，领悟影评主题突出，语言简洁严谨、客观等方面的特点。

二、教学过程

（一）课前学习

课前，教师在出示的课前导学图中，明确指出这节课的学习目标和学习任务，如图5-69所示。本节课的教学目标确定为：①获取影评中的事实信息；②梳理影评的文本结构，辨别影评的组成部分及具体内容。学生根据课前导学图学生绘制思维感知图，形成自己的初步认识。

| 课题：Beauty and the Beast |

学习目标：
（1）了解影评Beauty and the Beast的结构。
（2）举例列出作者在撰写影评Attractive scenes和Drawbacks的过程中使用的例子。
（3）概括影评所要传递的信息。

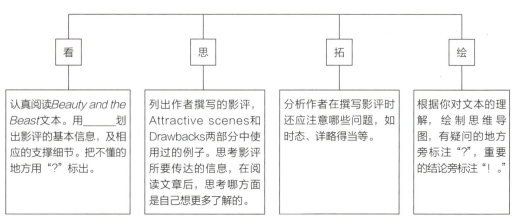

图5-69 "Film Review"课前导学

学生在认真阅读教材内容的基础上，以"Film Review"为核心词，绘制思维感知图，将影评中的事实信息、文本结构、语言特征、作者观点关联起来，呈现出本节知识的基本框架，完成思维感知图。学生和教师的思维感知图如图5-70和图5-71所示。

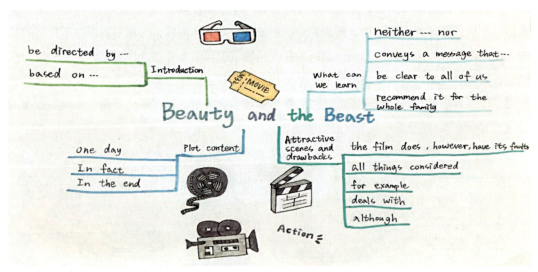

图5-70 学生的思维感知图

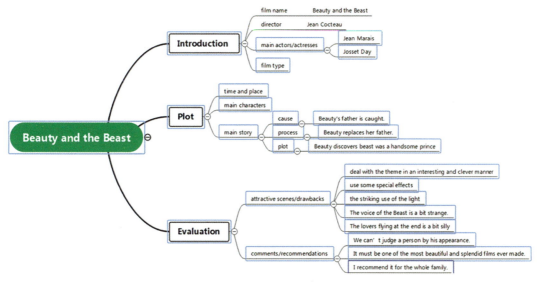

图5-71　教师的思维感知图

（二）课中学习

1. 明确目标

这一环节的主要任务是，教师下发本节课学习目标自评表（表5-19），指导学生对照学习目标逐条进行自评。评估达到A（独立完成）水平的内容，在相应栏目处打"√"。教师及时收集学生的评估结果。

实施结果表明：90%以上的学生能够独立完成课前导学单中的学习目标：（1）获取影评中的事实信息；（2）梳理影评的文本结构，辨别影评的组成部分及具体内容。这说明课前学习效果已经达到预期，为课中学习的推进打下了良好的基础。

设计意图

引导学生对课前学习效果进行自我评估：哪些目标通过课前自主学习已经达成，学习中的问题和疑惑还有哪些。通过评估让学生了解自己、提高自我反思能力，暴露出的问题还能够激发持续学习的内驱力。二是明确本节课的学习目标，让学生清晰地了解本节课学什么，应该掌握的核心知识、主题意义、思维品质以及这些目标应该达到的水平，促使学生带着一种目标感进入学习过程，学习会更持久。充分发挥了目标引领学习、促进学习的功能。三是有助于教师了解学情，也为进一步的教学活动的安排和调整提供信息。

表5-19 "Film Review"课堂学习目标自评表

班级 _____ 姓名 _____

学习目标			掌握程度			
			A能独立完成	B经同伴帮助完成	C经教师点拨完成	D未完成
记忆	回顾	回忆并分享所了解的影评Beauty and the Beast 的结构：The introduction of the film The plot of the film The evaluation of the film				
理解	举例	举例列出作者在撰写影评Attractive scenes的过程中使用的例子，如 Beauty's face is transformed into the beast's. The whispering furniture is frightening				
	概要	能够通过阅读，获取信息，概括出影评所要传递的信息：You shouldn't judge a book by its cover				
分析	结构化	构画以"Beauty and the Beast"为核心的感知图精细图				
评估	判断	判断出好的影评有应该具有的因素				
创作	构建	完成以 The core of a film review 凝练图				
	创作	为自己最喜欢的的一部电影撰写Film review				

2. 小组讨论

这一环节的主要目标是达成学习目标中的"记忆"和"应用"水平。

为了达成上述目标，第一个学习任务是，交流各自的感知图和疑问点，倾听、提问和表达自己的理解。同学们分别介绍自己的思维导图（感知图），重点交流影评的主要结构，最具吸引力的场景Attractive scenes和不足之处Drawbacks部分的详细例子和电影所传递的主题意义，交流自己的理解和疑问点，讨论有分歧之处。

同学们借助思维导图，能够梳理出电影中引人入胜之处。在第2小组讨论的过程中，孙雨柔同学在感知图中标记了一些关于影评术语中不太理解的关键点。在小组讨论中，她得到了同学们的帮助，这一部分的问题得到解决。第1小组中的尹鹤霏同学提出问题："推荐电影，为什么除了列出电影吸引人的地方，还要涉及电影中的不足之处呢？"这个问题与老师预设问题条中的问题不谋而合。

预设问题条（学生给出问题条答案，并展示在黑板上）

Why does the author mention attractive scenes and drawbacks in the film review?
What are the useful expressions used in different part?

设计意图 学生就某个知识相互问答,不但能促进讲解者对某个知识更加深入细致的理解,也有利于倾听者解除疑惑,从不同于老师的角度去理解知识,达成理解的目标。

3. 全班交流

这一环节是主要目标是达成"分析"和"评价"层面水平。采取的主要策略是,通过核心问题的探究,引导学生深入到现象背后的本质,得出如何写好影评的核心知识。

探讨核心问题:撰写影评过程中各个部分丰富的表达。先由学生阐述和展示观点,讨论交流;最后呈现教师针对核心问题绘制的结构图,相互评判和探讨。必要时由教师为学生提供支持。

在全班交流的过程中,学生们对文本的理解从浅层走向深层,对文本的语言有深度的理解。两组同学均能在交流过程中关注影评文章中的写作语言,并且大家集思广益,对目标语言进行补充。

关于影评中提及电影的缺点部分,王健玮和李佳竞两位同学也大胆地表达出了自己的看法。他们表明电影评论的目的在于分析、鉴定和评价,解释影片中所表达的主题,既能通过分析影片的成败得失,帮助导演开阔视野,提高创作水平;又能通过分析和评价,影响观众对影片的理解和鉴赏,提高观众的欣赏水平,从而间接促进电影艺术的发展。听了两位同学的发言,之前对此抱有疑问的同学收获颇丰。

教师以思维导图为辅助工具,便于学生在主题的引领下,对主题词汇的学习自然而然地融入对主题意义的探究中。学生的词汇学习不应是脱离语境的,而是结合具体主题、在特定语境下开展的综合性语言实践活动。

学生完成的精细图,如图5-72所示。教师以结构图提供语言支持,如图5-73所示。

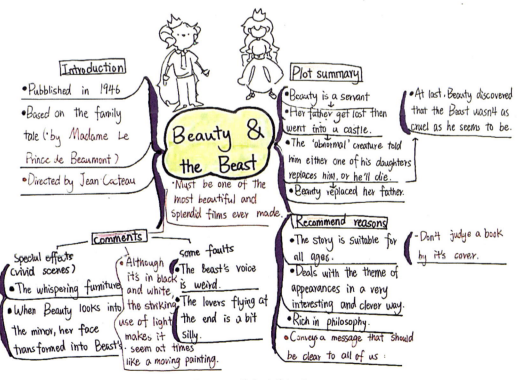

图5-72 学生的精细图

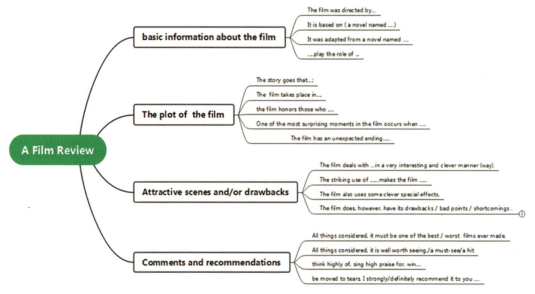

图5-73 教师以结构图提供语言支持

活动意图

通过讨论，学生能够学会用相应的例子来支撑自己的观点，使写作逻辑更加严谨，同时提出批判性问题，辨析、判断观点和思想的价值，并形成自己的观点。在这一过程中，学生的思维品质得以训练，对中外的优秀影视作品所传递的主题意义会有更深刻的理解。

4. 凝练小结

本部分内容富有艺术性地对所学知识和技能进行总结、归纳和转化、升华。

引导性问题：完成以"The core of a film review"为核心的凝练图。

借助The core of film review凝练图，学生对本节课的所学进行小结。高蒂乔同学在凝练图中展示出影评的核心部分要包含客观的对角色、对电影本身的评价，主观感受部分主要包括个人的感受。学生和教师的凝练图如图5-74和图5-75所示。

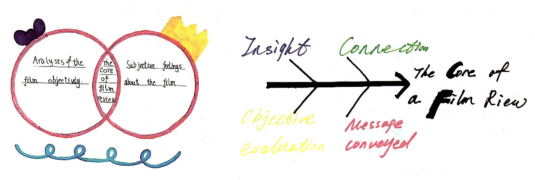

图5-74 学生的凝练图　　　　　　图5-75 教师的凝练图

> **设计意图**
>
> 教师和学生们借助凝练图，表达出影评人深刻的见解、客观的评价。电影与实际生活的联系和传递的信息是影评的核心元素。完美的凝练小结可以使整个课堂教学结构严谨、浑然一体，显示出课堂教学的和谐和完美；可以诱发学生积极思维，进行深入探究。

5. 巩固提升

为了检测和巩固学习效果，呈现本节课的写作任务和学习过程性自评。

（1）本节课的写作任务：Choose one of your favorite films and write a film review.

学生的影评作品（王健玮）

The Wandering Earth is a Chinese science fiction movie which is directed by Guo Fan，one famous director of China. It costs more than 530 million RMB. It was published on Jan.1st of Chinese Lunar Year in 2019，and has attracted crowds of people watching it.

　　The movie has a wonderful plot. It tells a story when the inner core of the sun is getting older at a rapid speed，and it will consume the Earth in the next couple of decades. In order to let human stay alive，the United Government decided to push the Earth out of the solar system by 10 000 Earth Engines. And when we arrive at the new galaxy，half of mountains on Earth will be used to power the engines. The epic project is named as "The Wondering Earth". The main character and his team manage to make this come true.

　　The movie has a lot of advantages. For example，it has the most realistic special effects ever made in a Chinese movie. The vivid image of Jupiter and vast glacier make the audience feel in the scene and impressive. And it also shows the unique spirit of China，including persistence，creativity and so on. The film does，however have its drawbacks. Some of the young actors still have a lot to improve in the acting skills to involve the audience. But this doesn't stop its way of being the best Chinese science fiction ever made.

　　In my opinion，this movie not only represents the most advanced movie technique in China，but also shows a new era of Chinese science fiction. To me，this is definitely the most breath-taking Chinese movie I have seen. I strongly recommend it to people of all ages.

　　在上面的影评作品中，我们可以看出学生熟练地掌握了影评的基本结构、内容，并在写作的过程中能够运用文章中的目标语言，在写作过程中也能够关注到对电影客观的评价与分析。

（2）对照学习目标量规，再次评估本节课学习效果，示例如表5-20所示。

表5-20 "Beauty and Beast"课堂学习目标自评表

班级_____ 姓名 尹鹤霏

学习目标			掌握程度			
			A能独立完成	B经同伴帮助完成	C经教师点拨完成	D未完成
记忆	回顾	回忆并分享所了解的影评Beauty and the Beast的结构：The introduction of the film The plot of the film The evaluation of the film	√			
理解	举例	举例列出作者在撰写影评Attractive scenes的过程中使用的例子，如Beauty's face is transformed into the beast's. The whispering furniture is frightening	√			
	概要	能够通过阅读，获取信息，概括出影评所要传递的信息：You shouldn't judge a book by its cover				
分析	结构化	构画以"Beauty and the Beast"为核心的感知图精细图	√			
评估	判断	判断出好的影评有应该具有的因素	√		√	√
创作	构建	完成以a brief film review凝练图			√	√
	创作	为自己最喜欢的的一部电影撰写film review			√	√

（3）根据自己的实际表现，按照"三图六构五环节"课堂小组合作学习自评量表对本课的合作学习情况进行评估，并对学习方式进行反思。

> **设计意图** 目标是教学的出发点和归宿点，证明目标的达成情况需要根据证据，通过学习评价任务可以获得证据。学习评价活动既有利于目标的进一步落地，又能促进自我反思，学生反思图如图5-76所示。

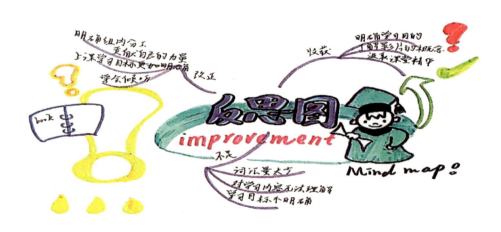

图5-76 学生的反思图

三、案例反思

高中英语教师在教学过程中可以引导学生学习运用思维导图，对英语阅读内容进行有效分析，了解各个段落之间的联系。高中英语教师还可以从教学目标出发，注重重难点知识讲解，引导学生进行有效的沟通和交流，鼓励学生讨论问题，一起制作思维导图。除此之外，高中英语教师还可以创新教学方法，通过小组合作的方式让学生进行讨论。教师给学生提出问题，然后在学生身边辅助学生进行讨论，以此有效提高学生的自主探究能力。教师给学生布置巩固自测题，让学生对所学知识进行有效巩固。

重构课堂是指课堂从"知识课堂"向"生命课堂"的转变，是课堂教学价值观"从单一地传递教科书上呈现的现成知识"转变为"培养能在当代社会中主动、健康发展的一代新人"。借助思维导图的课堂重构，是要"把课堂还给学生，让课堂焕发生命的气息""把创造还给教师，让教学成为充满智慧的事业"和"把班级还给学生，让班级充满成长的气息"。学生在利用思维导图交流的过程中实现思维的碰撞，课堂上重难点更加突出，学生在学习的过程中目标更加清晰。

英语学科核心素养出台，要求英语教学要培养学生的语言能力、学习能力、文化意识和思维品质。其中思维品质对学生的终生学习和可持续发展起着至关重要的作用，是学生思维构建能力的重要体现。

思维导图能有效地构建起知识之间的联系，在学生的头脑中形成一定的思维网络。它以直观形象的方法让我们的各种观点自然地在图上表达出来。在英语学习中，学生通过构建个性化、可视化的思维导图，达到构建属于自己的知识网络的学习效果。

思维导图既促进思维品质的提升，也适应课程内容和教学方式的变革。创建一个完整清晰的知识网络结构，既锻炼思维的逻辑性、批判性和创新性，又提升分析问题、解决问题的能力。学生对文本信息进行收集、加工、处理，从而建立新旧知识的联系，同时还能够加深对文本信息的记忆和深入理解文本信息。

教师简介

林飞，北京外国语大学附属中学英语教师，海淀区骨干教师。曾被评为海淀区青年岗位能手。多篇论文获奖。曾荣获优秀指导教师奖，组织学生参演的英语戏剧获"希望中国"北京赛区一等奖、全国二等奖。

课例10

高中物理"电路中的能量转化"

一、案例背景

(一)学习内容分析

教学设计内容为人教版普通高中教科书《物理》必修第三册第十二章第一节,主要学习内容有:电功和电功率、焦耳定律和电路中的能量转化。虽然学生在初中也学习过相关知识,但大多是在实验的基础上建立的概念。高中对这部分知识的要求是从理论和物质微观结构角度认识,更抽象也更加符合实际。其中焦耳定律是本单元核心知识,电路中的能量转化帮助学生提升对"功能关系"的认识。

课标要求:理解电功、电功率及焦耳定律,能用焦耳定律解释生产生活中的电热现象;在初中所学知识的基础上,要求学生能够从功能关系角度,恒定电场的电势能向其他形式能的转化深入理解电功以及电功率;能从能量的转化和守恒理解电功和电热的区别;注重区分纯电阻电路与非纯电阻电路。

(二)学情分析

1. 学习优势

从知识基础看,学生经过高一物理的学习基本理解功和能的关系,能够对简单情景进行做功和能量转化分析。高二学生对电功和电热有感性认识,学习过电功和电热的公式,能够运用公式计算简单电路中电功和电热的问题。

从掌握思维导图的熟练程度来看,学生能够简单运用思维导图来梳理基本物理概念的特性。

2. 学习障碍点

学生对具体运动中的做功和能量转化问题能够较好地理解,但是对电路中电流做功这样的抽象情景，理解起来存在一定的困难，尤其不容易理解所谓的电能就是电势能，而电流通过用电器是将电势能转化为其他形式能。生活中由于用电器的种类繁多，能量转化形式复杂，所以学生对电动机能量转化可以分成电热和机械能认识不够。

（三）学习目标

理解电功、电功率及焦耳定律，能用焦耳定律解释生产生活中的电热现象；了解电动机的能量转化特点。

（四）教学思路

通过分析电荷在电场力作用下运动，理解电能转化为其他形式能是通过电流做功来实现的，加深对功与能关系的认识。

通过电功和焦耳定律公式的理论推导，理解电功和电热的区别和联系，并会计算电功率和热功率。

通过测量电动机转动和不转动状态下电压、电流，计算电压与电流的比值，体会非纯电阻电路的能量转化与守恒，增强理论与实际问题联系的意识。

二、教学过程

（一）课前学习

根据课前导学单的要求，学生阅读教材相应内容，结合导学图提供的思考问题和拓展问题绘制思维感知图。学生通过认真阅读教材，多数以"电能 电路中的能量转化"作为本节的核心词。学生围绕所选的核心词，梳理出"电功和电功率""焦耳定律""电路中的能量转化"等概念和规律，在此基础上完成思维感知图，如图5-77和图5-78所示。

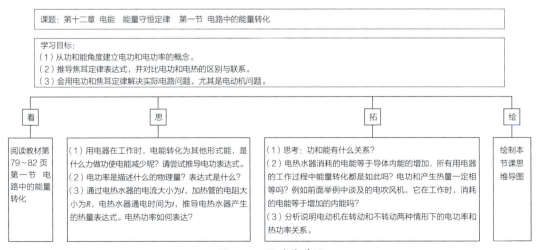

图5-77　课前导学图

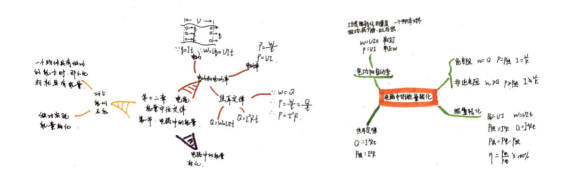

图5-78 学生感知图

（二）课中学习

教师根据课中导学流程表完成整个课上教学过程，如表5-21所示。

表5-21 课中导学流程表

环节	教师活动	活动具体实施	学生活动
明确目标	明确学习目标	对照量规进行初步自我评判，清楚自己的认知起点、待提升处及努力方向	浏览目标 明确方向
小组讨论	展示讨论要求 组织小组交流	目标：解决目标量规中记忆和理解的内容。 内容：功和能的关系；推导电功的表达式；电功实现什么能量的转化；推导电功率、电热表达式。 要求：先两人交流，分别介绍自己的思维导图（感知图），重点交流功能关系、电功和电热的表达式，交流自己的理解和疑问点，讨论有分歧之处。 四人交流：讨论各目标记的疑问点，并将共同的疑问提炼成问题	同伴交流 合作建构
全班交流	收集疑难问题 引导全班探究	目标：解决小组讨论中的问题，解决目标量规中运用、分析的内容。 内容：纯电阻电路和非纯电阻电路中电功和电热的关系。 要求：各组交流疑难问题，归类整合，聚焦共性，展开全班讨论，达成共识。 探讨核心问题：非纯电阻电路电功与电热的关系。先由学生阐述和展示观点，讨论交流；最后呈现教师针对核心问题绘制的结构图，相互评判和探讨	质疑提问 参与研讨
凝练小结	指导反思总结 引导凝练提升	目标：解决小组讨论中的问题，解决目标量规中评估、创造的内容。 内容：根据所学知识辨识概念、分析具体情境中的电功和电热的问题。建立功是能量的转化量度观念。 要求：学生修正完善感知图，形成精练图	反思提炼 自主建构
巩固提升	明确反馈要求 评估学习效果	（1）完成反馈练习 （2）对照量表再评	完成训练 对标再评

1. 明确目标

课中，教师出示学习目标量规，明确指出这节课的学习目标，指导学生对照学习目标自主评价课前的学习情况，在相应栏目处画"√"。

大部分学生在"电功的表达式""电功率的物理意义及表达式"对应栏目处打了"√"。这说明课前学习效果基本达到预期，为课中学习的推进打下了良好的基础。学习目标自评表如表5-22所示。

表5-22 "电路中的能量转化"课堂学习目标自评表

学习目标		达成评价			
		A独立完成	B经同伴帮助完成	C经教师点拨完成	D未完成
记忆	回顾：功能关系				
	再认识：电热器实现什么形式能量间的转化				
理解	概述：电流做功的特点				
	推导：电流做功表达式				
	推导：电功率的物理意义及表达式				
	推导：电热的表达式				
	解释：电功和电热的区别和联系				
运用	实施：根据电功、电功率、电热的定义，进行简单的电路能量分析				
分析	区分：根据电动机特点，理解电功实现哪些能量间的转化				
	解构：电动机能量转化特点				
	结构化：完善电功和电热的感知图				
评估	辩证：功能关系及能量转化与守恒思想				
创造	建构：根据能量转化与守恒定律，分析不同用电器能量转化关系				

设计意图 评估学生的课前学习效果，可以使学生发现通过阅读教材，已经了解和还未了解的知识。提供了学生思考和讨论的路径，方便学生交流时相互启发和补充。帮助学生直面自己浅层次的认识，促使他们为有意义的建构做好准备。

2. 小组讨论

通过小组交流，学生可以达成学习目标中的"记忆"和"理解"水平的目标。小组学习任务是交流各自的感知图和疑问点，相互交流并解答。如有的小组成员对电功表达式的推导存有疑问，通过同组其他同学的帮助明白了电流做功的实质就是导体中的恒定电场对自由电荷的静电力在做功。也有对推导电热不理解的同学，其障碍点在于对电热器电路元件的理解上。经过学生间的交流，该同学理解了电热器的核心元件是电阻，电流与电压、电阻间的关系满足欧姆定律，所以可以通过电功实现将电能转换为热能，推导出电热的表达式。通过合作学习学生对自己的感知图做进一步的修改和完善。

设计意图 这一环节的主要目的是在小组研讨过程中，进一步唤起学生对以前学习过知识的回忆，促进了提出问题的学生对知识来源的了解，学生更容易接受同学的讲解方式，同时也促进解答同学对知识的深刻理解。通过学生间的互相学习，逐渐聚焦到本课的重点知识"功能关系"上，同时学生也发现了学习中自身难以解决难点问题。针对小组内没有解决的问题如"电路中的能量转化"，则在接下来全班交流的环节进行集中突破。

3. 全班交流

本环节通过全班交流可以达成目标量规中"运用""评估"层次的要求。主要策略是通过核心问题的探究，引导学生理解纯电阻电路和非纯电阻电路的中电功和电热的关系。

经过小组讨论后，大部分小组留下的问题是"电功和电热的区别和联系"。解决这一问题就要涉及本节课的核心方法"功与能的关系"。

教师布置小组学习任务：①实验探究：电动机在转动和不转动两种情况下电功率和热功率的关系是什么？②理论分析：纯电阻电路和非纯电阻电路中电功和电热的关系。实验过程先闭合开关，使电动机转动，待电流表和电压表示数稳定后读出示数并记录。然后用手捏住电动机，使之卡住不转动，观察电流表和电压表示数变化，通过调节滑动变阻器，使电压表示数与之前电动机转动时相同，如图5-79所示。待电表示数稳定后，记录电流表示数和电压表示数，并计算两个状态下U/I，与电动机电阻做比较，电动机不同状态下的物理量如表5-23所示。

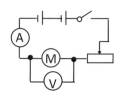

图5-79 电路图

表5-23 电动机不同状态下的物理量

电动机状态	电压表示数U/V	电流表示数I/A	电功率$P_电$/W	热功率$P_热$/W	电阻R/Ω	$\dfrac{U}{I}$/Ω
转动						
卡住不转动						

学生通过理论分析得出电动机消耗电能转化为机械能和内能，所以应该有$W>Q$。再通过实验探究发现，电动机在转动时$P_电 > P_热$，线圈电阻$R < \dfrac{U}{I}$，通过线圈电流$I < \dfrac{U}{R}$，欧姆定律不成立。电动机不转动时$P_电$与$P_热$大小近似相等，电阻R与$\dfrac{U}{I}$接近。

再通过教师点拨和讲解，学生能够理解电路中的能量问题还是要通过电流做功来分析，特别要注意区别纯电阻电路和非纯电阻电路两种不同类型。纯电阻电路是电能转化为电热；非纯电阻电路电能除了转化为电热，还有其他形式能量。尤其像电动机一类的元件，如果忽略掉其他形式能量的损耗，其机械能$E_机=W-Q$。

通过探究交流讨论，学生在对物理概念和规律的理解上有了新的认识和感悟，及时用红笔补充在自己的思维感知图上，完成思维精细图。对比思维感知图和思维精细图，我们能够看到学生的思维成长。学生和教师的精细图如图5-80和图5-81所示。

 活动意图   引导学生通过理论推导和实验探究，根据对实验数据分析，理解电路中不同元件能量转化形式不同，建立对电路中能量守恒的深刻理解，并掌握分析电路能量转化的方法。

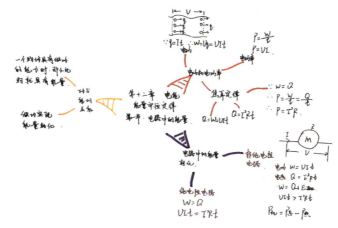

图5-80 学生的精细图

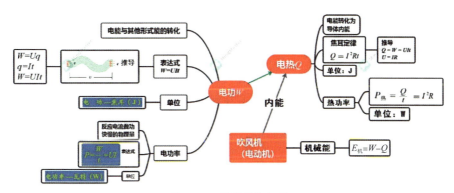

图5-81 教师的精细图

4. 凝练小结

思维导图教学模式中最重要的一环是学生结合自己课上的收获绘制思维凝练图，以达到在头脑中"高度概括，深度理解"的目的。学生会选择自己认为最重要的内容以文字+图形的简洁形式加以"凝练"，显化物理的核心素养。

教师引导学生总结提升：通过本节课的学习，大家有哪些收获？请用图的形式表达出来。

学生能够用能量的观念分析电路，理解功是能量的转化量度观点，特别是会注意区分纯电阻电路和非纯电阻电路。同时教师分享自己的凝练图。学生和教师的凝练图如图5-82和图5-83所示。

图5-82 学生的凝练图　　　　　　　图5-83 教师的凝练图

完善凝练图之后,学生再次对照课堂学习目标量规进行自查评价。针对每一项的学习目标来判断自己本节课学习的效果,从而找出不足,弥补缺漏。通过思维导图"三图六构"模式的重构课堂,学生落实了核心知识,掌握了科学的方法。学生学习自评结果如表5-24所示。

表5-24 "电路中的能量转化"课堂学习目标自评表

学习目标		达成评价			
		A独立完成	B经同伴帮助完成	C经教师点拨完成	D未完成
记忆	回顾:功能关系	√			
	再认识:电热器实现什么形式能量间的转化	√			
理解	概述:电流做功的特点	√			
	推导:电流做功表达式		√		
	推导:电功率的物理意义及表达式		√		
	推导:电热的表达式		√		
	解释:电功和电热的区别和联系			√	
运用	实施:根据电功、电功率、电热的定义,进行简单的电路能量分析。			√	
分析	区分:根据电动机特点,理解电功实现哪些能量间的转化。			√	
	解构:电动机能量转化特点			√	
	结构化:完善电功和电热的感知图		√		
评估	辩证:功能关系及能量转化与守恒思想			√	
创造	建构:根据能量转化与守恒定律,分析不同用电器能量转化关系			√	

设计意图 引导学生对本节课的探究进行总结和反思,不仅能理清知识脉络,而且能促进学生科学思维方法的显化和内化,让学生形成自己的思维策略,懂得如何去思考、分析,有效地发展科学思维能力。

5. 巩固提升

教师提供生活中的带有电动机的家用电器的铭牌数据,要求学生分析。如洗衣机在烘干时,所用加热的电阻丝的电阻约为多少。学生可以通过数据分析理解烘干过程中既有加热也有电机转动,所以烘干总功率等于热功率加电机产生的机械功率,利用$P_电 = P_热 + P_机$进行计算。这种方式可以体现从物理走向社会的观念。

设计意图 物理来源于生活。在物理教学过程中与生活紧密联系、将枯燥的学科知识融入现实生活中有意义的情境中,可以激发学生作为生活主体参与学习活动,让他们在生活中学习、在学习中更好地生活,有效地落实核心素养。

三、案例反思

高中物理课程标准明确要求促进学生自主学习，让学生积极参与、乐于探究、勇于实验、勤于思考。通过多样化的教学方式，帮助学生学习物理知识，培养其探究能力，使其逐步形成科学态度与科学精神。

在本课的设计中教师有意识地培养学生的自主学习能力。在小组讨论过程中，通过对学生思考进行引导，促进学生对物理概念进行比较分析、归纳综合，让学生在充分表达分析的过程中，实现将初中在感性认识上建立的知识上升为理性分析。在实验探究环节，展现物理情境，利用数据帮助学生理解非电阻性元件的特点，同时体验探索知识的乐趣和获得知识的喜悦。反复利用功与能的关系解决问题，促使学生自主建立正确的能量观念。

背景介绍

姚彬，北京北京外国语大学附属中学物理教师，从教21年，多次在市区级比赛及征文活动中获奖。

高中物理"功能关系 能量守恒定律"习题课

一、案例背景

(一)学习内容分析

本习题课讲评是高三物理复习第五章《机械能守恒定律》的第4课时的习题讲评,旨在进一步巩固基本知识,提升对不同功能关系的理解能力;通过习题练习培养学生应用功能关系和能量守恒解决问题的能力;通过习题讲评培养学生处理问题的物理思维并构建该类题目的解题模型。

(二)学情分析

通过第4课时的基础知识复习,同学们已经基本掌握了几种常见的功能关系并理解功是能量转换的量度。在上一节的授课中已经引导学生在自主复习学习常见的功能关系的基础上进行了基础题目的练习,同学们已经能够在单一过程和简单问题中应用各种功能关系解决问题,对于功能关系和能量守恒定律的基础知识构建、基本知识理解和基本题型已经有了初步的掌握。为了进一步地提升应用所学知识解决问题的能力,根据高考主要考查的四个命题点编制习题,进行定时训练,批改过后进行习题课讲评。

(三)学习目标

(1)回顾几种常见的功能关系,深入理解功是能量转化的量度;
(2)对于每一种功能关系都能准确理解功与能的对应;
(3)熟悉四种常考查的命题点;
(4)能够对综合问题熟练进行拆分,把复杂问题简单化;
(5)规范应用功能关系能量守恒解题的基本步骤,确保表达式书写的严谨性和准确性。

（四）教学思路

让同学们再回顾几种常见的功能关系和能量守恒定律，对本节课的基本知识进行巩固。

通过批改发现本检测题2、3、6、7四个题目出错率比较高。根据课前导学图的设置让同学们先根据自己的实际情况进行自我分析、检查，从而发现问题并提出问题。课中同学们带着自己的疑问先小组讨论，小组内的共同疑问由全班集体讨论共同突破和解决。在教学中注重学生之间的有效合作和高度配合，同时注重同学们之间合作的效率。通过师生间共同努力解决学生常见的问题并进行修正和补充。

应用功能关系和能量守恒定律最常见的错误是表达式书写不正确或者表达式与文字描述不对应。在PPT中重点展示同学们的真实书写，让同学们共同批阅修改，从而加深对规范的理解。

二、教学过程

（一）课前学习

通过本节课具体学情和本节课的学习目标，结合批阅试卷中发现的问题并根据同学间共同调研结果制定本节课的目标量规，如表5-25所示。课前导学如图5-84所示。

表5-25 "功能关系和能量守恒定律"课堂学习目标自评表

班级_____ 姓名_____

	学习目标	达成评价			
		A独立完成	B经同伴帮助完成	C经教师点拨完成	D未完成
记忆	回顾：几种常见的功能关系和能量守恒定律				
	再认识：功是能量转化的量度				
理解	举例：对巩固提升第2题中B、C和D三个选项进行分析以加深理解；探究第3题中B和D两个选项，思考漏选或错选的原因				
	举例：对巩固提升第6题进行分析，认真审题，理解何处为轨迹的最高点，并思考错选A或D选项的原因				
	比较：对比小组内成员答案卷例2和第7题中被老师用红笔标注的内容，共同讨论标注的原因				
	说明：例2和第7题出现不同错误的原因				
运用	实施：第7题完整的解题思路和规范表达				
分析	结构化：绘制本节课的感知图和精细图				
	解构：剖析第7题，熟悉多过程问题的读题、审题和拆题，准确进行单过程的受力分析和运动分析，体会解决多过程问题蕴含的递进思维方式				
评估	辩证：展示书写规范性的不同对阅卷的影响				
创造	设计：第7题不同的求解方案和对应不同求解方案应注意的问题				
	建构：绘制功能关系，能量守恒定律的凝练图				

课题:"功能关系和能量守恒定律"习题课

学习目标:
(1)几种常见的功能关系和能量守恒定律,功是能量转化的量度。
(2)巩固提升第2题中B、C和D选项进行分析;探究第3题B和D两个选项,思考漏选或错选的原因;认真审题第6题,理解何处为轨迹的最高点,并思考同学们错选A或D的原因。
(3)仔细研究答案卷中被用红色标注的内容,思考被标注的原因。
(4)功能关系 能量守恒定律习题讲评。

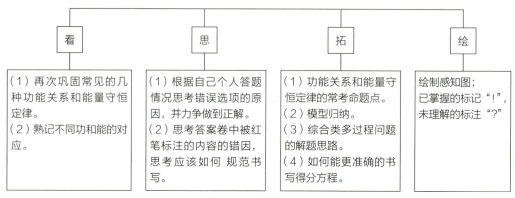

图5-84 课前导学图

设计意图

引导学生基于课前导学图深入思考重点题型和易错点,认真分析问题并进行自我纠正。有能力的同学可以总结该知识点的命题点和常考题型;引导学生进行有效的自查,正确评估自己对知识的掌握程度;在对知识进行系统整理后依据典型题目绘制基于认真预习的感知图,且在绘制感知图时就有了对应不同题目和类型的初步的物理思想,能够摆脱浅显的知识罗列。

(二)课中学习

1. 试卷批阅评析并出示学习目标,明确共同努力的方向

分析试卷题目的考点分布;明确试卷中出错率比较高的题目和对应的选项;表扬优秀学生,重点明确表扬的原因。

出示量规,老师读量规中的记忆理解部分,明确本节课的学习目标和小组讨论中需要重点分析的题目。

设计意图　老师读量规时通过语气和不同的词语能够突出重点,同学们能更好地进入研究状态。

2. 小组讨论

目标：

（1）对第2题中B、C和D三个选项进行深度分析；

（2）再分析第3题B和D两个选项，思考同学漏选或错选的原因；

（3）对第6题再读题，认真思考理解何处为轨迹的最高点并探究部分同学错选A项或D项的原因；

（4）小组内成员共同研究本组成员答案卷中例2和第7题书写解题步骤中被老师用红笔标注的内容，思考被标注的原因。

内容： 利用量规和感知图进行讨论。

要求：

（1）先两人交流，再小组交流；

（2）小组交流后解决不了的问题，写到纸条贴到黑板上。无疑问小组举手示意领取老师预设问题条，解决问题条中的问题。小组讨论情况如图5-85所示。

（a） （b）

图5-85 小组讨论情况
（a）教师主导；（b）小组交流

设计意图 通过批阅试卷情况和对学生的调查，小组讨论中需要解决的问题主要集中在学生出错率较高的三个题目上。目标比较集中，学生在讨论过程中能更准确、投入。

对于老师提出的问题，通过小组合作基本上能够解决。对第3题解决得很彻底，但对第6题的探究还是比较浅显，对题目挖掘得不够深入。另外对于小组内互看答案卷中标注的内容这一目标，一开始同学们不是很在乎，在老师提醒下才认真对待，主要原因是同学们对解题的规范性和表达的准确性不够重视，经过互相观察讨论，大家有了很大的收获。

虽然目标中题目不多，但是因为选项设置的难度和广度比较大，还是有一定的难度。最终只有三个组同学完成了任务，领取了老师预设的问题条。

3. 全班交流

目标：

（1）对于常见的功能关系中各种功和能的对应更为熟练；

（2）解决问题时有清晰的解题思路，培养物理素养。

内容： 小组问题条，老师预设问题条。

聚焦问题：

（1）第2题中C选项：物体的动能和弹簧的弹性势能的总和为定值的原因。

（2）第6题没找到其他同学错选D选项的原因，如何更快地求解水平位移？

聚焦问题（1），由丛一小组领取任务。首先，丛一小组问全班同学："读C选项物块的动能和弹簧的弹性势能的总和为定值时同学们想到了什么？"小组代表很详细地讲解了C选项是A选项的直接应用。既然重力的分力与滑动摩擦力大小相等，第一种解决方法是总和为定值的条件：重力分力和滑动摩擦力平衡，可理解为只剩弹簧弹力做功，则物块的动能和弹簧的弹性势能相互转化。第二种方法是总能量守恒，如果动能和弹簧的弹性势能的总和为定值，那么其他能的总和也应该为定值。因为重力分力和滑动摩擦力大小相等，所以重力势能的减少量和因摩擦产生的热相等。由能量守恒知，其他两种能量即动能和弹性势能的总和为定值。丛一小组与全班同学高度配合并注意观察同学们的反应，完成了任务。经过丛一小组的讲解，同学们都表示已经理解做功分析前要进行准确的受力分析，抓住受力分析中的特点去解决问题。老师表扬了丛一小组的综合思维能力和多种方法解决问题的能力，并对该题目做了简单补充，鼓励同学们对受力分析和做功分析再进行总结。

聚焦问题（2），由陈帅小组领取任务。小组代表对于第6题提出了自己的观点：①第一个易错点是认为C是最高点，而且在计算机械能的增量时错计算为合外力的功，错选为A；②第二个易错点是认为C是最高点，但是在计算机械能的增量时准确知道是除重力之外的其他力的功，但错计算为$3mgR$，从而没找到答案；③第三个易错点是离开C点后运动分析出错，C点的竖直速度计算错误和水平位移计算错误会导致错选B和D。陈帅小组在介绍离开C点的运动时谈到了竖直方向和水平方向运动是对称的。这个观点虽然表述不是特别准确，但是在学生心中产生了共鸣。老师对该观点适当地进行了修正，指出：竖直方向是加速度为g的匀减速直线运动，减至速度为零；在该时间内，水平方向为初速度为0、加速度为g的匀加速直线运动，在最高点时水平速度加为和C的初速度一样大。两个分运动平均速度和时间大小相同，则位移大小相等。所以水平位移用竖直分运动计算比较方便。

在学生上交的问题条解决完毕后，老师在PPT中展示了第7题部分同学的解题实况并进行了全班共同分析批阅。

图5-86是一个典型错误示例，师生共同分析出现的问题。

（1）加速度求解时没有分析加速度的方向，导致合力的书写不准确，牛顿第二定律的物理得分方程书写时因没有注重方向而不得分。收获：在处理问题时一定要注意牛顿第二定律中合力F与a的方向的对应。

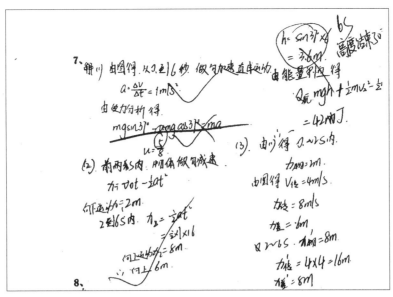

图5-86 典型错误示例1

（2）在计算机械能的增量时，该同学只分析了前6s内的摩擦力的功，忽视了6～8s内匀速直线运动时摩擦力也是做功的。

同学们在求解机械能增量时大部分采用的方法是末状态的机械能减初状态的机械能。利用这幅图片，老师引导同学们思考求解机械能增量的第二个方法就是其他力的功，在本题中也就是摩擦力的功。这正好跟老师的预设问题条内容是吻合的。

师生共同分析图5-87出现的错误：题目要求计算的是机械能的增量，而该同学计算的是$W_{增}$，虽然数据正确但是因为没有最终回答题目中的问题，也就是功和能在使用时混乱。

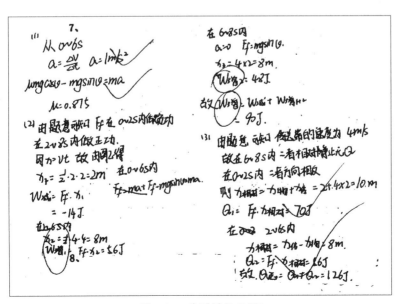

图5-87 典型错误示例2

师生共同分析图5-88出现的错误：

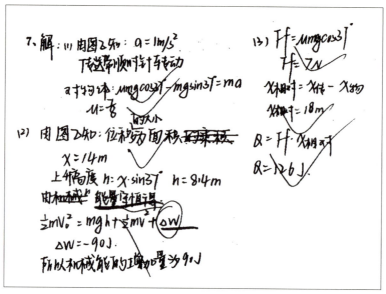

图5-88 典型错误示例

在书写表达式时文字叙述是能量守恒定律，但是在表达式中出现了W，这表明能量守恒定律和功能关系的不同还没有完全掌握。能量守恒定律中一定是只有能，而功能关系中是功和能的对应。

设计意图

　　同学们在解决问题时知道用功能关系，但是最常见的错误有以下几点：①用错功能关系；②书写的功能关系不符合正确表达形式；③选取的过程与所用功能关系不对应。通过展示答案卷中同学们的不同错误形式，老师和同学们一同批阅并寻找问题，同学们应用的准确性得到了很大的提升，效果比老师直接书写标准答案要好得多。

出示问题条：

用能量守恒观点求解机械能增量；用功能关系观点求解机械能增量；总结两种求解方法的易错点。

问题条内容由李文哲小组解决。李文哲小组代表很好地介绍了两种求机械能增量的方法，并准确指出第2种方法的易错点有两个：第一，是摩擦力在匀速直线运动时会变为静摩擦力，大小发生改变，计算时容易忽视；第二，计算摩擦力做功时一定要注意，前后两个过程摩擦力都做功。李文哲小组代表很完整地解决了问题条的内容。同学们收获很大。老师对同学们的表现提出了表扬。

在全班讨论过程中和讨论完毕后，同学们及时对自己的感知图进行了补充和完善。老师和同学们一起分享了精细图，如图5-89和图5-90所示。

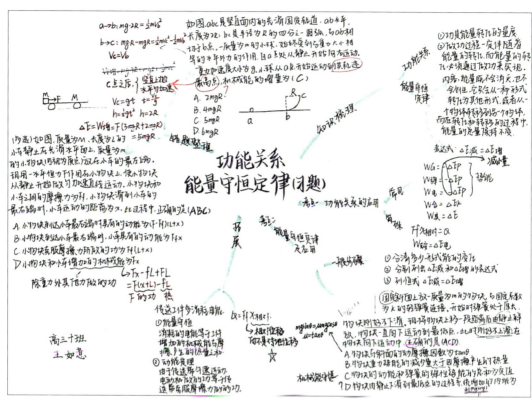

图5-89 学生的精细图

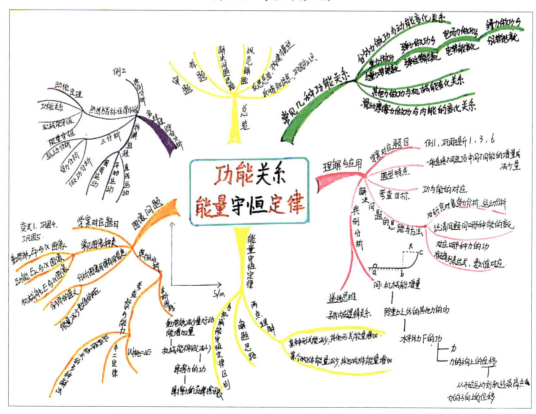

图5-90 教师的精细图

4. 凝练小结

目标：用简洁的语言概括出本节课的重要知识点、学科思想方法，归纳自己的收获。

内容：绘制本节课的凝练图，如图5-91所示。

要求：老师重点讲解凝练图，引领学生总结提升，如图5-92所示。

图5-91 学生的凝练图

图5-92 老师的凝练图

5. 巩固提升

目标：巩固本节课所学知识，归纳收获

内容：①完成达标检测题；②对照量规完成自评。

要求：出示答案，小组内完成互评，有错误的组内互助讲解。

巩固提升

1.（多选）如图5-93所示，轻质弹簧的左端固定，并处于自然状态。小物块的质量为 m，从 A 点向左沿水平地面运动，压缩弹簧后被弹回，运动到 A 点恰好静止。物块向左运动的最大距离为 s，与地面间的动摩擦因数为 μ，重力加速度为 g，弹簧未超出弹性限度。在上述过程中（　　）

A. 弹簧的最大弹力为 μmg

B. 物块克服摩擦力做的功为 $2\mu mgs$

C. 弹簧的最大弹性势能为 μmgs

D. 物块在 A 点的初速度为 $\sqrt{2\mu gs}$

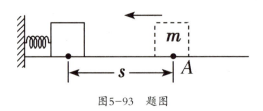

图5-93 题图

2. 如图5-94所示，一个可视为质点的小物块的质量为$m=1$ kg，从光滑平台上的A点以$v_0=2$ m/s的初速度水平抛出，到达C点时，恰好沿C点的切线方向进入固定在水平地面上的光滑圆弧轨道，最后小物块滑上紧靠轨道末端D点的质量为$M=3$ kg的长木板。已知长木板上表面与圆弧轨道末端切线相平，水平地面光滑，小物块与长木板间的动摩擦因数$\mu=0.3$，圆弧轨道的半径为$R=0.4$ m，C点和圆弧的圆心连线与竖直方向的夹角$\theta=60°$，不计空气阻力，g取10 m/s²。求：

（1）小物块刚要到达圆弧轨道末端D点时对轨道的压力；

（2）要使小物块不滑出长木板，长木板长度的最小。

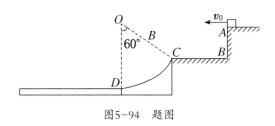

图5-94 题图

6. 根据自己的实际情况，根据"三图六构五环节"课堂小组合作学习自评量规（表5-26），对本节课进行学习自评。评价等级标准如表5-27所示。学生评价量规示例表5-28所示。

表5-26 课堂小组合作学习自评量表

评价维度	学习目标	小组讨论			全班交流				凝练提升		评价反思		综合评价
	独立完成	倾听	质疑	解疑	倾听	质疑	解疑	PK精细图	独立完成	分享	独立完成	效果优秀	四生课堂
等级													

表5-27 课堂小组合作学习自评量表等级标准

评价等级	优秀	良好	待改进
学习目标	在规定时间内，独立完成目标量规自评，能够正确理解其内涵，并做出适合自己实际的判断	基本能够完成目标自我检测，能够理解其内涵，并做出判断	不能完成目标自我检测
倾听	非常专注、深入思考、积极回应（及时记录、发表观点），不打断对方	比较专注、有思考、不打断对方	不专注，基本没有回应
质疑	有证据的提问，提问与主题相关性强	有提问，提问与主题相关	没有提问或提问与主题无关
解疑	针对性强的回应，清晰表达观点，观点合理	有回应，不能清晰表达观点	不能针对问题进行回应
精细图	中心词反映核心概念、框架合理，层次清晰，逻辑性强；内容全面，框括精准。无科学性错误；效果美观。在PK环节，亮点突出，有启发性	中心词反映核心概念、框架合理，层次清晰，呈现了主要内容，有提炼概括，无科学性错误	有中心词，层次间逻辑不清晰，主要内容不够全面，欠提炼概括或存在科学性错误

续表

评价等级	优秀	良好	待改进
凝练图	内容聚焦可迁移的观念、思想或方法。概括准确。在分享时，能够清晰表达观点	内容聚焦可迁移的观念、思想或方法，概括和表达不太精准	不能领悟到思想或方法，不能绘制凝练图
评价反思	在规定的时间内独立完成检测题目和评价任务。客观公正，检测题目正确率达到85%及以上	能够独立完成大部分检测题目，正确率达到75%及以上	大部分检测题目不能独立完成
综合评价	在本节课中充分体现了一中的"四生"理念：生命激扬、生动表达、生活再造、生长自然	"四生"理念中只体现了其中的两项	不能体现"四生"理念

表5-28　课堂小组合作学习自评量表

评价项目	学习目标	小组讨论			全班交流				凝练提升		评价反思		综合评价
	独立完成	倾听	质疑	解疑	倾听	质疑	解疑	PK精细图	独立完成	分享	独立完成	效果优秀	四生课堂
等级	优秀	良好	优秀	良好	优秀	优秀	良好	优秀	优秀	优秀	良好	优秀	优秀

三、案例反思

物理学科核心素养是学生在接受物理教育过程中逐步形成的适应个人终身发展和社会发展需要的必备品格和关键能力，是学生通过物理学习而内化的带有物理学科特性的品质。学生之间虽有差异，但每个人都有自己的特点。学生主动思考的学习能力，直接决定学生课堂中学习的水平和质量。学生带着问题走入课堂，小组间共同合作，充分的相互尊重，让思维活跃起来，全面开花。整个教学活动的开展，都是以学生课前预习的结果为中心。通过对话与合作使课堂成为播撒思考的种子、展开交流的场所，所以课堂教学给提供了学生多样性发展的方向与机会。

"独学而无友，则孤陋而寡闻。"这句话充分说明了合作学习的重要性。在本节课的小组讨论中全班同学都能能围绕重点问题积极思考，敢于发表自己的观点，也愿意为组内伙伴贡献自己的思维。全班讨论中老师把握好全体学生的参与度，在同学讲解问题时边聆听学生讲解边观察所有学生的状态，看是否都能领悟，以便针对个别问题做好适当的补充。老师的正确引领是保证学习的方向和有效性的重要前提。

注重物理思想方法的传授，为学生终身学习奠定基础。物理教学中有效地向学生渗透一些基本的物理思想方法，是落实核心素养，培养学生分析、解决的问题能力和独立学习能力的重要途径，也是未来社会的要求和物理教育发展的必然结果。要让学生在学习物理知识的过程中，领会科学思维方法，学会应用这些方法解决各种各样的实际问题。

教师应是深化课程建设、课堂教学和课程评价改革的推动者和实践者。学生的核心素养在课程学习中养成，教师是核心素养实施的主体。引导学生逐步树立起崇高的理想以及人生观和价值观，学会思考和生活，学会感恩和珍惜，学会探索和创新，这是这个时代赋予我们的责任。

作者介绍

张少华，山东省东阿县第一中学物理学科教师，东阿一中物理学科学科主任，东阿一中通慧教师发展中心副主任，曾获得山东省远程研修优秀学员，聊城市教学能手，聊城市高中教育教学优秀教师，聊城市师德标兵，"水城"最美教师，聊城市"三八红旗手"，东阿县教学能手；东阿县优秀教师、东阿县师德标兵、东阿县先进教师、东阿县优秀班主任等荣誉称号。课堂中将物理和生活进行良好的结合，坚持物理来源于生活，物理服务于生活。课堂中落实先学后教、以学定教的优秀教学方式，主动探索及学习如何更好地落实先进的教学理念。

课例12

高中化学"影响反应速率的因素"

一、案例背景

（一）学习内容分析

本节内容在《化学反应原理》教材的学习中有举足轻重的地位。它既是对必修部分与此相关内容学习的延伸与深化，也是后续学习化学平衡及移动内容的基础。

化学反应速率是重要的化学反应原理之一，是高考的热点。课标中对本部分内容的要求为：通过实验探究温度、浓度、压强和催化剂对化学反应速率的影响，认识其一般规律；知道活化能的涵义及其对化学反应速率的影响；通过催化剂实际应用的实例，认识其在生产、生活和科学研究领域中的重大作用。纵观整个高中化学，这部分内容是对必修二化学反应速率的深化。就本教材而言，这部分内容是继化学反应的方向和限度后，对化学反应的进一步认识，并为学习第四节化学反应条件的优化做好准备。

（二）学情分析

在学习该内容前，学生已经学习过必修二的内容，能认识到化学反应有快有慢，知道外界条件对化学反应速率有影响。在选修教材中，这部分内容的设置则是充分考虑学生认知发展规律，在已有知识的基础上，引导学生从有效碰撞理论去分析影响因素，进而从微观角度加以解释，实现由感性认识到理性认识的发展。

高二的学生，经过高一学年的学习和锻炼，在心理上逐渐趋于理性，认识事物的能力得到加强，并具备了一定的分析和抽象思维能力。教师应激发学生的求知欲，加强过程与方法的培养，提高学生的定量分析能力和综合归纳能力。

（三）学习目标

（1）理解浓度、压强、温度、催化剂等对化学反应速率的影响，知道化学反应是有历程的，认识基元反应活化能对化学反应速率的影响，能够运用有效碰撞理论、过渡态理论等相关理论简单解释浓度、压强、温度、催化剂等对化学反应速率的影响。

（2）通过小组交流、全班交流等方式，讨论、归纳等学习活动，体验科学探究、主动获取知识的过程。提升证据推理与模型认知、微观辨识与宏观探析的化学学科核心素养。

（3）能够运用所学理论解释生活中的实际现象，将化学知识应用于生产生活实际，培养科学态度与社会责任的学科素养，树立辩证唯物主义的世界观。

（四）教学思路

教学活动是教与学的互动过程，在课堂中必须充分发挥学生的主体作用，使之相互促进，协调发展。根据这一基本原理，本节课的教学，教师采用包含学习目标、小组讨论、全班交流、凝练小结、巩固提升五个环节的教学模式，应用教材图形、图表的分析，结合补充的课外资料，应用以广义思维导图为核心的教学方法，引导学生通过生生、师生间的交流，逐步深入思考影响化学反应速率的因素，结合有效碰撞理论进行解释论证，落实学习目标。

二、教学过程

（一）课前学习

课前导学图是依据教学内容以及教学目标设计的一些思考问题或任务，是对学生预习提出的要求，也是为学生自学提供支架，更是为学生独立思考提供方向，旨在引导学生依照课前导学图的要求，在课前预习学习内容，形成对知识的初步认识，完成感知图的绘制，具体如图5-95和图5-96所示。应用思维导图点、线、面、图四步进行绘制，建议学生自己全会的用黑色笔、需要看书解决的问题用蓝色笔、不会的部分用红色笔进行标记。在本部分，学生通过课前学习，可以掌握影响化学反应速率的因素有哪些，并能够具体描述这些因素对反应速率的影响效果，对于运用有效碰撞理论解释影响化学反应速率的的实际现象只有少部分同学能够解释清晰。因此在课堂中，学生需要通过小组讨论或全班交流环节对自己不能够独立解决的问题进行学习交流，以达成学习目标。

```
┌─────────────────────────────────────────┐
│ 课题：影响反应速率的因素                        │
└─────────────────────────────────────────┘
┌─────────────────────────────────────────┐
│ 学习目标：                                │
│ （1）知道影响反应速率的因素。                   │
│ （2）能基于有效碰撞理论解释反应速率的影响因素。       │
│ （3）能基于反应速率规律预测条件改变时反应速率的变化。   │
│ （4）能基于图像、数据分析影响速率的因素。           │
└─────────────────────────────────────────┘
```

看	思	拓	绘
阅读教材P68~74，在书上圈点批注重要词句。在有疑问处画"?"，重点词句处画"★"。根据要求概括所需信息。	（1）影响反应速率的因素有哪些？ （2）这些因素如何影响反应速率？ （3）什么是反应速率常数？它与什么相关？ （4）分析P69表格数据，找出化学反应速率与反应物浓度之间的关系，尝试写出相应的数学表达式。	（1）反应物的浓度与化学反应的速率之间存在定量关系吗？ （2）结合有效碰撞理论解释浓度、压强、温度、催化剂如何影响反应速率？	请你以反应速率的影响因素为核心，用每一种因素作为分支，结合问题来绘制思维感知图。有疑问的问题旁边画"?"，重要的结论旁边画"!"。

图5-95 "影响反应速率的因素"课前导学图

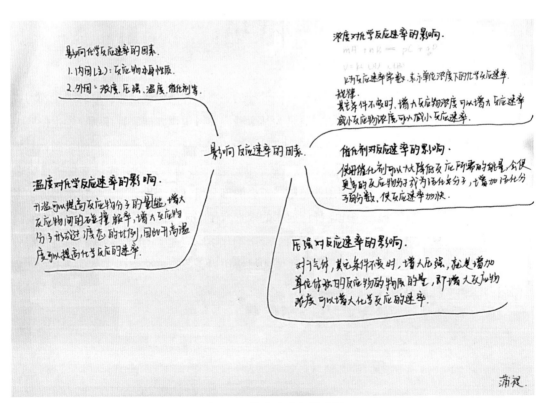

图5-96 学生的感知图示例

（二）课中学习

课中导学如表5-29所示。

表5-29 "影响反应速率的因素"课中导学

环节	教师活动	活动具体实施（目标、内容、要求）	学生活动
学习目标	明确学习目标	对照量规进行初步自我评判，清楚自己的认知起点、待提升处及努力方向 （1）知道影响反应速率的因素 （2）能基于有效碰撞理论论证反应速率的影响因素 （3）能基于反应速率规律预测条件改变时反应速率的变化 （4）能基于图像、数据分析影响速率的因素 分组目标：从思考题入手，结合学习目标，深入理解影响反应速率的因素，能够结合有效碰撞理论进行论证	浏览目标 明确方向
小组讨论	组织小组交流	内容：化学反应有快有慢，可以用化学反应速率来描述反应的快慢。先回顾影响反应速率的因素有哪些，再分别从任务和核心问题进行讨论，得出相应结论。 浓度核心问题：反应物的浓度与化学反应的速率之间存在着定量关系吗？ 问题1：分析 P69 表格数据，找出化学反应速率与反应物浓度之间的关系，并尝试写出相应的数学表达式 问题2：分析 P70 表格数据，思考为什么相似的化学反应形式速率关系式不同？同一反应的速率关系式可能也不一样 问题3：改变压强如何改变反应速率 温度 核心问题：温度如何影响化学反应的速率 问题1：温度对化学反应速率有着怎样的影响 问题2：升高相同温度，对不同化学反应的反应速率的影响程度一样吗 问题3：基元反应如何进行？如何利用活化能解释升高温度对化学反应速率的影响 问题4：为什么升高相同温度，对不同化学反应的反应速率的影响程度不一样 催化剂核心问题：催化剂如何影响化学反应速率 问题1：分析 P73 表格，谈谈催化剂对化学反应速率有着怎样的影响 问题2：为什么催化剂对化学反应速率有影响 问题3：分析 P73 图，讨论催化剂是否参与该化学反应，催化反应中，起催化作用的是何种物质 要求： （1）两人交流：分别介绍自己的思维导图，重点交流各自的得意处和疑问处，并讨论有分歧之处。若分歧能达成一致，则自行修改；若不能解决，则在分歧处用"？"标记，并在启发最大处标记"！"。 （2）小组交流：明确重要结论（如各因素如何影响反应速率等），讨论各自标记的疑问处，并将共同的疑问提炼成问题写在本组的白纸上，准备在全班交流	同伴交流 互构重构
全班交流	引导全班探究	目标：结合实际例子，结合有效碰撞理论论证浓度、压强、温度、催化剂等如何影响化学反应速率 内容： （1）问题归类整合：先将各组提出的问题归类整合，聚焦共性问题，引导全班研讨。 （2）核心问题探究：各组从宏观影响因素及影响结果出发，深入讨论从微观角度看，各因素如何影响化学反应速率，说出前后关联及影响结果。 先由学生阐述和展示观点，讨论交流；最后呈现教师针对核心问题绘制的结构图，相互评判和探讨。 要求：全体同学修正自己的感知图，在启发最大处标记"！"	全班交流 深入研讨
凝练小结	引导凝练提升	目标：完成思维凝练图 内容：宏观与微观相结合，结合有效碰撞理论论证各因素对反应速率的影响过程及结果 教师点拨要点，关键之处：能够影响反应速率的关键因素：活化分子百分数还是单位体积内活化分子数 要求：（1）学生总结收获，构画凝练图。 （2）教师出示自己的凝练图，引领学生总结提升	反思总结 凝练建构
巩固提升	评估学习效果	目标：通过实际问题的解决对这节课所学内容进行巩固 内容：几个典型问题的分析解答 要求：课后完成	训练反馈 对标再评

1. 明确目标

学习目标是依据布鲁姆教育目标分类法进行设定，是教师根据学习内容及学习重难点设计的阶梯式学习目标，分别对应记忆、理解、运用、分析、评估、创造等不同的能力层级。学习目标是学习活动的最终指向。学生依据目标量规进行自评，明确学习目标，清楚自己实现思维进阶的努力方向。学习量规既是学习目标又是评价标准。

在授课开始时，教师出示学习量规，让学生明确学习目标，并对照量规对自己的学习效果进行初步评判，清楚自己的认知起点以及待提升处，如表5-30所示。

表5-30 "影响反应速率的因素"课堂学习目标量规

学习目标		达成评价			
		A独立完成	B经同伴帮助完成	C经教师点拨完成	D未完成（未完成的关键问题）
记忆	回顾：能够说出影响反应速率的具体因素				
理解	举例：能够用实际例子说明以上因素如何影响反应速率				
	概括：能够基于数据或实验现象等概括影响化学反应速率的因素				
运用	实施：能依据数据、图像等信息，从过渡态等新的角度分析影响反应速率的因素				
分析	结构化：以影响反应速率的因素为核心，构画思维感知图和思维精细图				
	解构：能够将关联因素具体化，从影响原因、影响过程等角度结合有效碰撞理论论证反应速率的影响因素				
评估	辩证：能够从宏观影响因素深入到微观影响因素，建立宏微之间的关联，解释外界条件的改变对反应速率的影响				
创造	建构：能根据信息或实验事实发现与速率相关的新问题和新规律，完成思维凝练图				
	应用：能够综合应用已有知识解决实际问题，并能从影响因素角度论证原因				

在课前由老师逐条念出学习目标量规，学生依据自己的真实情况在独立完成的内容对应部分处画"√"；对于其他还未完成的部分先不处理，待课后再进行评判。

实施结果表明，大部分同学对于记忆、理解对应的内容可以独立完成，但在"能够将关联因素具体化，从影响原因、影响过程等角度结合有效碰撞理论论证反应速率的影响因素""能够从宏观影响因素深入到微观影响因素，建立宏微之间的关联，解释外界条件的改变对反应速率的影响""能根据信息或实验事实发现与速率相关的新问题和新规律，完成思维凝练图"等方面需经教师点拨完成。

2. 小组讨论

小组讨论的目的是解决量规中记忆、理解、分析的内容，老师将课前预习的指导性问题投影在PPT上，老师设置的问题应在学生思维发展的节点上，要求学生以小组为单位进行讨论，规定时间为8分钟。小组内两人间对课前预习的内容进行讨论，主要讨论目标量规和感知图中的疑问处，如果不能解决，则在感知图相应位置用问号标出。接下来进行四人交流，通过研讨交流明确重点结论，并将共同的疑问提炼成问题写到纸上，贴到黑板上。没有问题的小组，在补充完成感知图后，完成老师发给的核心问题。讨论过程中，学生不断用红笔修改自己的感知图。此过程老师要给予及时的点拨和帮助，引导学生学会发现问题、提出问题。

在本节课中，将学生分为六个小组，为了降低学习的难度，每两个小组讨论相同的问题，每个小组只讨论一个问题，分别为温度、浓度、催化剂对化学反应速率的影响以及结合有效碰撞理论解释影响原因及结果。学生在讨论过程中对于新的公式$V=kc^m(A)\cdot c^n(B)$和反应历程与能量变化（如图5-97所示）难以解释清楚，于是学生将其总结成如下具体问题写到纸上，并张贴在黑板。

问题1：什么是过渡态？升高温度和过渡态有什么关系？
问题2：速率方程中的幂是怎么来的？与系数是什么关系？
问题3：催化剂对化学反应速率的影响如何与有效碰撞理论相结合？

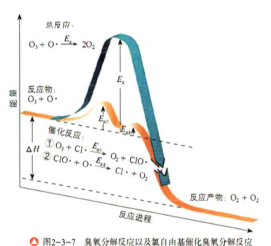

图5-97 "反应历程与能量变化"示意图

在此过程中，有一个小组解决了所有的课前问题，于是得到一张核心问题条，内容为：反应物的浓度与化学反应速率之间存在着定量关系吗？此问题旨在引导学生能够依据数据、图像等信息，从过渡态、活化能等新的角度结合有效碰撞理论分析影响反应速率的因素。

设计意图　通过将驱动任务解剖，分散本节课的难点。学生在小组讨论过程中及时沟通课前学习中的问题。通过核心问题的讨论，学生能够有效提高证据推理能力。

3. 全班交流

此过程的目标为解决目标量规中分析、评估的内容，先组织学生解决各小组提出的未解决的问题，再解决核心问题。这个过程中，老师先将学生提出的问题进行归类，按不同的类别将问题纸条张贴在黑板上，由提出问题的学生到讲台前说出自己的问题，交流自己的思维障碍点，由其他组同学来解决这个问题。

例如：余同学提出问题：什么是过渡态？升高温度和过渡态有什么关系？为什么要达到过渡态？过渡态是怎样达到的？此时，其他小组的田同学示意他可以解释这个问题，于是他结合书中图像，引导大家一起看图5-98并进行解释：过渡态相当于我们所了解的分子处于活化分子的状态，只有普通分子由普通状态获得能量进入过渡态，分子具有足够的能量才能够为有效碰撞创造条件。有效碰撞次数增多后，反应速率自然就加快了。通过升高温度可以提供给普通分子足够的能量，这样获得能量的普通分子就会达到过渡态，进而提高化学反应速率。

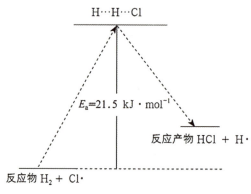

图5-98　温度对化学反应速率的影响示意

此时催化剂小组的高同学一直举手示意，得到老师的允许后，他也站到讲台上，代表他的小组阐述观点。高同学说："我们小组讨论的是催化剂如何加快化学反应速率的问题。我发现我们的问题与这个问题有相关联的地方，正好可以补充怎样达到过渡态的问题。催化剂的作用是可以降低反应的活化能，活化能是普通分子变成活化分子所需要的能量。正如刚才俞同学所说，活化分子数目增多，化学反应速率加快，因此除了升高温度使普通分子直接获得能量之外，加入催化剂后，降低了普通分子变成活化分子的'门槛'，活化分子的百分含量也会增多，也就是说更多的分子可以达到过渡态，所以我觉得升高温度和加入催化剂都可以使分子达到过渡态，都可以提高活化分子百分数，也就都可以加快化学反应速率。"

此时，台下自发地响起了掌声。余同学表示两位同学讲解得非常清楚，她已经理解了刚才的问题。

后续以相同的方式将问题逐一解决后，黑板上的问题条也都逐一被摘下，所有的问题在全班交流之后都迎刃而解。

此时学生的感知图在逐步充实，我将自己的感知精细图展示给学生，让学生在原有基础上进行修改、补充。教师和学生的精细图如图5-99和图5-100所示。

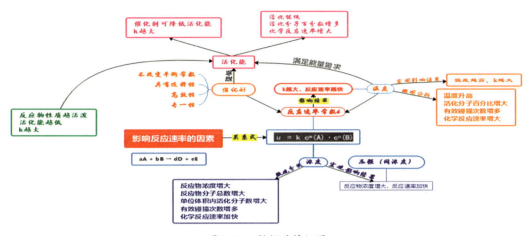

图5-99　教师的精细图

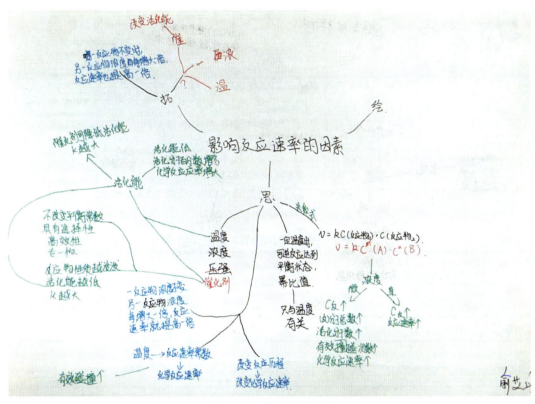

图5-100　学生的精细图

设计意图　通过展示、讨论问题，学生将自己的思维外显，暴露问题，进而通过小组间的补充和完善，解决问题。

4. 凝练小结

此过程的目标是解决目标量规中的创造内容,使知识得到整合和提炼,综合能力和创新能力得到发展,学科核心素养得以提升。在此过程中,通过老师的点拨,学生分享自己的收获,自主构画凝练图。然后教师展示自己的凝练图,引领学生总结提升。之后学生用红笔修改自己的凝练图,具体如图5-101和图5-102所示。

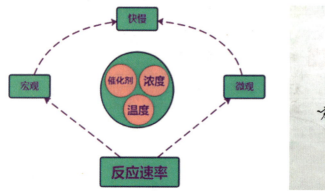

图5-101 教师的凝练图

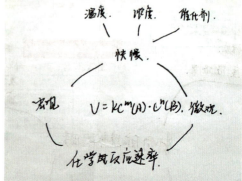

图5-102 学生的凝练图

设计意图 通过对知识和方法的凝练总结,引导学生整体感知本节课内容之间的关联,体会知识间的内在联系。能够将宏观与微观相结合,引导学生深入理解影响反应速率的因素,能根据信息或实验事实发现与速率相关的新问题和新规律。

5. 巩固提升

课堂小组合作以及量表的等级标准学习自评量表如表5-31和表5-32所示。

表5-31 课堂小组合作学习自评量表

评价维度	明确学习目标	小组讨论			全班交流				凝练小结		巩固提升	
	独立完成	倾听	质疑	解疑	倾听	质疑	解疑	完善精细图	独立完成	分享	独立完成	效果优秀
等级												

表5-32 课堂小组合作学习自评量表等级标准

维度	优秀	良好	待改进
学习目标	在规定时间内,独立完成目标自我检测,能够正确理解其内涵,并做出适合实际的判断	基本能够完成目标自我检测,能够理解其内涵,并做出判断	不能完成目标自我检测
倾听	非常专注,深入思考,积极回应(及时记录、发表见解),不打断对方	比较专注,有思考,不打断对方	不专注,基本没有回应
质疑	有证据的提问。提问与主题相关性强	有提问,提问与主题相关	没有提问或提问与主题无关

续表

维度	优秀	良好	待改进
解疑	针对性强的回应，清晰表达观点，观点合理	有回应，不能清晰表达观点	不能针对提问进行回应
精细图	中心词反应核心概念，框架合理，层次清晰，逻辑性强；内容全面，概括精准，无科学性错误；效果美观；与其他同学相比，亮点突出，有启发性	中心词反应核心概念，框架合理，层次清晰；呈现了主要内容，有提炼概括，无科学性错误	有中心词，层次间逻辑不清晰；主要内容不够全面，欠提炼概括或存在科学性错误
凝练图	内容聚焦可迁移的观念、思想、方法，概括精准。能够自己创作出凝练图	内容聚焦可迁移的观念、思想、方法，概括和表达不太精准。能够积极参照教师的凝练图后创作出自己的凝练图	不能领悟到思想或方法，不能绘制凝练图
分享	在课堂中分享自己的凝练图	能够在小组内分享自己的凝练图	不能分享自己的凝练图
巩固提升	在规定的时间内独立完成检测题目和评价任务，客观公正；检测题目正确率达到85%及以上，或教师评定为优秀等级	能独立完成大部分检测题目，正确率达到75%及以上，或教师评定为良好等级	大部分检测题目不能独立完成，或教师评定为待改进

此环节解决目标量规中运用、创造的假设和设计内容，完成自测题，完成后组内两人互相评判，完成后，各自对照课堂学习自评量表评价自己的学习效果，明确自己实际与学习目标的差距，为查漏补缺、反思改进做好准备。

设计意图 通过学生完成自测题的过程和结果，检测自己对于本节课目标的落实情况，明确与目标的差距，再次进行查漏补缺。

三、案例反思

（一）优点

本节课应用"三图六构五环节"的课堂模式进行。与传统的教学模式不同的是，这种模式真正地将课堂还给学生，从学生依照课前导学图进行课前学习，到课堂中的小组讨论、全班交流，教师始终都是引导者的角色，在必要时给予学生帮助和点拨，使学生经历深入的思考和思辨，做课堂真正的主人。

传统的课堂大多都是老师的讲授或是个别学生的"独角戏"。而"三图六构五环节"的课堂尊重每个学生的发展，从小组讨论到全班交流，每个学生都参与其中，或质疑、或解疑、或分享，在每一个环节中都能够看到不同层次学生的发展。

传统的课堂更多的是学生依照老师的思路进行思考，依然是老师设计的课堂，而"三图六构五环节"的课堂始终解决的都是学生自己的问题，真正做到了培养学生的核心素养，提升学生的实际问题解决能力。

(二）待改进之处

对学生的感知图的指导不够到位。学生初次尝试这种方式，应在开课之前对学生进行充分的讲解和说明，学生在充分理解后才能有更好的感知。

学生分组进行讨论后还没有解决的问题，应分类贴到黑板上，并在全班交流环节中，每解决一个问题后，将问题从黑板上摘下，直至所有问题都被摘下为止。

作者简介

张学千，北京外国语大学附属中学一级教师，校级学科带头人，班主任带头人。多篇论文、案例在市区级比赛中获奖。在教学工作中，勤奋好学，不断摸索，有较好的亲和力，形成自己的教学风格。曾被评为海淀区青年岗位能手，海淀区优秀班主任，北京市"紫禁杯"优秀班主任。

高中生物"细胞增殖"

一、案例背景

(一)学习内容分析

细胞增殖的内容对应于《普通高中生物课程标准》(2017版)中《分子与细胞》模块的概念2：细胞的生存需要能量和营养物质，通过分裂实现增殖，旨在引导学生深刻理解细胞生命层次的增殖和发展问题。要求学生学会观察处于细胞周期不同阶段的细胞，描述细胞有丝分裂的过程和特征，理解细胞周期是细胞生命中的一系列有规律性的连续事件。理解细胞通过有丝分裂保证了遗传信息在亲代和子代的一致性。本节课是高一年级的一节生物新授课，课题源自人民教育出版社《普通高中生物学 必修1分子与细胞》，第6章《细胞的生命历程》第1节《细胞的增殖》第一课时。主要学习内容包括：制备植物根尖的临时装片；观察根尖分生区中有丝分裂不同时期的细胞；基于观察到的分裂相推测和进一步证实细胞有丝分裂的大体过程；建立细胞周期的概念，理解细胞周期是一系列有规律性的连续事件；知晓有丝分裂过程对于保证亲子代细胞遗传稳定性的重要意义。

(二)学情分析

经过初中阶段的学习，高一学生掌握了显微镜操作和制作临时装片的方法，实验技能有了较大的提升，为"观察根尖分生区细胞的有丝分裂"实验的开展打下了基础。另外，高一学生具有了一定的抽象思维能力，这使得从分子与细胞水平上理解细胞生命历程中发生的种种形态与结构的变化成为可能。

（三）学习目标

（1）能够制作根尖分生区组织临时装片，掌握基本的制片技术，明确技术的适用条件。

（2）观察到同一分生区细胞具有不同分裂相，基于证据还原细胞分裂的过程，体会科学论证是一种解释观点与证据关系的逻辑方法。

（3）建立基本的细胞周期概念。

（4）领悟科学家解决科学问题的思维过程和研究方法，体会科学探究运用多种方法获得更多证据，不断修正和评估创造新的知识，感受科学研究是一个不断发展的过程。

（四）教学思路

学习是学生自主建构和社会建构的过程。在与客观事物对话、与他人对话、与自我对话的过程中，学生学习得以发生，已有经验得以变化。为了促进对话，借助"三图六构"思维导图模式设计本节课教学过程。一是课前准备学习阶段，借助课前导学图指导学生阅读教材相关内容，学习实验操作微课视频，理解实验操作原理、熟悉实验操作流程，为制作清晰完备的根尖分生区临时装片打好基础。二是课中学习阶段，教师创设科学问题的探究情境，引导学生开展合作探究学习，做科学家做过的事、像科学家一样思考，围绕细胞周期概念的建构和科学思维能力的发展开展学习，通过实验、发现、分类、推理、质疑、讨论、交流、反思等活动，构建自己新的认知，领悟终身受用的科学观念和科学思维方法，发展学科的核心素养。

二、教学过程

（一）课前学习

课前，录制"制作根尖分生区组织细胞临时装片"操作视频，发给学生。给学生提供课前导学图（图5-103），并请学生根据要求阅读教材相应内容，结合导学图提供的思考问题和拓展问题绘制思维感知图。

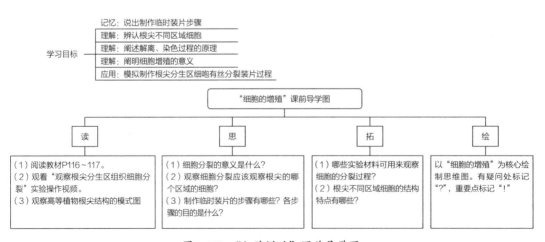

图5-103 "细胞增殖"课前导学图

学生在认真阅读教材内容的基础上，以细胞的增殖为核心词，将制作根尖分生区组织细胞有丝分裂的临时装片的实验目的、原理、流程与细胞周期的概念、细胞增殖的意义关联起来，呈现出本节知识的基本框架，完成思维感知图。

（二）课中学习

1. 明确目标

这一环节的主要任务是：指导学生对照本节课学习目标自评表逐条进行自评。评估达到A（独立完成）水平的内容，在相应栏目处打"√"。教师及时收集学生的评估结果，如表5-33所示。

实施结果表明，90%以上的学生能够独立完成课前导学图中的学习目标：在"说出制作临时装片步骤""说出染色质与染色体的异同""说明制作过程中解离、染色的目的""阐述细胞增殖的意义"对应栏目处打了"√"。这说明课前学习效果已经达到预期，为课中学习的推进打下了良好基础。学生自评表示例如表5-34所示。

表5-33 "细胞的增殖"课堂学习目标自评表

班级_____ 姓名_____

学习目标		达成评价			
		A独立完成	B经同伴帮助完成	C经教师点拨完成	D未完成
记忆	回忆：说出制作临时装片步骤				
	知道：说出染色质与染色体的异同				
理解	说明：说明制作过程中解离、染色的目的				
	概要：阐述细胞增殖的意义				
	比较：比较有丝分裂不同时期细胞的特点				
	解释：解释染色体形态发生规律性变化的意义				
	推论：根据观察到的分裂相推测细胞分裂的过程				
运用	实施：制作根尖分生区细胞有丝分裂临时装片				
分析	区分：区分有丝分裂不同分裂时期				
	解构：分析亲子代细胞保持遗传稳定性的关键事件				
	结构化：概括细胞有丝分裂的过程，形成精细图				
评价	判断：评判通过推理得出细胞分裂过程的可靠性				
创造	建构：提炼对生命现象作出解释的思路，绘制凝练图				

设计意图

一是引导学生对课前学习效果进行自我评估，明确哪些目标通过课前自主学习已经达成，学习中的问题和疑惑还有哪些，通过评估让学生了解自己、提高自我反思能力，暴露出的问题还能够激发持续学习的内驱力。二是明确本节课的学习目标，让学生清晰地了解本节课学什么，应该掌握的核心知识、生命观念、思维技能，以及实现这些目标应该具备的水平，促使学生带着一种目标感进入学习过程，学习会更持久。充分发挥了目标引领学习、促进学习的功能。三是教师通过此环节了解学情，为下一步的教学活动的安排和调整提供信息。

表5-34 "细胞的增殖"课堂学习目标自评表

班级_____ 姓名_____

学习目标		达成评价			
		A独立完成	B经同伴帮助完成	C经教师点拨完成	D未完成
记忆	回忆：说出制作临时装片步骤	√			
	知道：说出染色质与染色体的异同	√			
理解	说明：说明制作过程中解离、染色的目的	√			
	概要：阐述细胞增殖的意义	√			
	比较：比较有丝分裂不同时期细胞的特点	√			
	解释：解释染色体形态发生规律性变化的意义				
	推论：根据观察到的分裂相推测细胞分裂的过程				
运用	实施：制作根尖分生区细胞有丝分裂临时装片				
分析	区分：区分有丝分裂不同分裂时期				
	解构：分析亲子代细胞保持遗传稳定性的关键事件				
	结构化：概括细胞有丝分裂的过程，形成精细图				
评价	判断：评判通过推理得出细胞分裂过程的可靠性				
创造	建构：提炼对生命现象作出解释的思路，绘制凝练图				

2. 小组讨论

这一环节的主要目标是：达成学习目标中的"记忆"和"应用"水平的目标。

第一个小组学习任务：交流各自的感知图和疑问点，倾听、提问和表达自己的理解，澄清概念和解决疑难问题。

例如，有的同学不能清晰地知道"染色质与染色体的异同"。通过相互交流，学生认识到染色体和染色质是同一物质的不同状态，都是主要由DNA和蛋白质组成，在细胞分裂间期时，呈丝状称为染色质；在细胞分裂时期，丝状的染色质高度螺旋化，成为棒状，称为染色体。有同学提问，"观察细胞分裂选择根尖分生区的原因是什么？"学生在问答讨论中，更加明确了根尖不同区域细胞的特点，根尖分生区细胞具有核大、核质比大、旺盛的分裂能力等特点，也理解了选择根尖作为实验材料的原因。

设计意图　学生就某个知识相互问答，不但促进讲解者对某个知识更加深入细致的理解，也有利于倾听者解除疑惑，从与老师不同的角度去理解知识，达成理解的目标。

第二个小组学习任务：学生共同合作完成制作一个根尖细胞有丝分裂的临时装片，并用显微镜观察，找到清晰的不同时期的分裂相，描述其特点，填写在相应表格中。

学生制作临时装片的操作步骤（图5-104）：①取根—②解离—③漂洗—④切尖—⑤染色和敲打—⑥盖和压片。取长度约为2～3cm的整条根完成步骤①②③，操作方便和快捷，且不容易将根丢失。选用质量分数为37%盐酸和体积分数为95%的酒精，按照1∶1混合配制解离液。解离时间可缩短为1分钟（注：解离液所用盐酸浓度较高，提醒学生一定注意安全；

为了减少药物用量,可采用在点滴板[1]小孔中进行解离,四人小组共用一个解离小孔,用量可减少到2~3滴,只浸没根尖,解离后及时清理解离液)。用镊子夹住根尖的伸长区在盛有150mL的清水中转动10圈,即可达到充分漂洗的要求。采用边染色边敲打的方法,使染色更加充分,又可将根尖分成细胞团,分散效果会更好。用吸水纸吸净染液,不至于染色过度,可以排除染液对观察的干扰。

图5-104 "植物根尖组织细胞的临时装片"操作过程图

实施过程中,每个小组都能够规范完成临时装片的制作过程,能够在显微镜下聚焦于方形细胞密集视野找到分生区。观察分生区细胞,学生会发现在一个视野中出现许多形态特征不同的细胞类型。

学生可以对照如表5-35的装片制作技能评价表对自己制作的临时装片进行评估。

表5-35 装片制作技能评价表

评价维度	优秀	良好	需更加努力
操作过程	步骤正确、规范、无误,独立快速找到清晰图像	步骤正确、欠规范性,独立找到图像	步骤有误,找不到图像,在教师指导下能够找到
评价维度	优秀	良好	需更加努力
制片质量	清晰观察到分裂相,细胞分散好,气泡无或少	能观察到分裂相,部分有重叠,气泡多	基本观察不到分裂相

设计意图 学生共同合作完成一项任务,亲自体验实验技能,发现细胞这一微观世界的神奇的现象,引发学习兴趣和探究欲望。通过对操作过程和效果进行评估,了解操作过程差距和不足,明确改进的方向和目标。

第三个小组学习任务:显微镜观察,找到不同时期的分裂相,描述其特点,填写在下列表格中。

学生通过观察,辨认细胞的不同结构:如细胞核、染色体、染色质等,而且能够在不同的视野或同一视野中观察到不同时期的分裂相(图5-105),通过比较不同细胞之间的不同和相似之处,把细胞进行分类,如有核细胞类、没有核细胞类等。参考表5-36内容提示,从核、染色质(体)的存在形态、分布、行

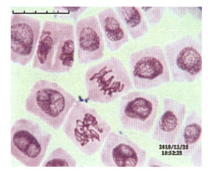

图5-105 蒜根尖分生组织细胞

为、核轮廓有无或是否清晰等角度进行描述，准确客观地描述细胞的特点（学生课堂作答情况如表5-37所示）。

表5-36　不同时期细胞分裂相特征描述（学生课堂作答）

不同分裂相细胞（简图）	分裂相描述角度			
	染色质（体）的存在形态	染色质（体）分布及其位置	核有无及核的轮廓是否清晰	其他

表5-37　不同时期细胞分裂相特征描述

不同分裂相细胞（简图）	分裂相描述角度			
	染色质（体）的存在形态	染色质（体）分布及其位置	核有无及核的轮廓是否清晰	其他
✕KKK	染色体	分布在细胞中央	无核轮廓	数目少
ᴍᴍᴍ ᴠᴠᴠ	染色体	染色体分成两组位于细胞的两端	无核轮廓	数目少

设计意图　通过对比观察，发现分生区细胞多种不同的分裂相，为推断细胞分裂的过程做好铺垫。体会到科学家当面对繁多复杂的实验结果和信息时，利用比较、分类、概括、描述等思维方法，梳理信息和处理信息的过程，培养学生处理信息的思维习惯和能力。让学生经历一个发现事实和现象、获得信息和证据、分析现象的过程，培养学生科学观察、科学发现和科学描述的能力。

这个环节教师给出3个思考问题：①为什么在同一分生组织中具有不同分裂相？这说明了什么？②如何以静态图像反映动态的细胞分裂过程？分组对分裂相进行排序，推测一个细胞动态的分裂过程。说出排序的依据。③在你观察到分生区的细胞中，什么形态特征的细胞数量最多？这说明了什么？

3. 全班交流

这一环节的主要目标是达成"分析"和"评价"层面水平；采取的主要策略是，通过核心问题的探究，引导学生看到到现象背后的本质，得出细胞分裂过程的核心知识。

在学生发现了分生区细胞的特点的基础上，进一步组织全班讨论，引导学生关注不同分裂时相之间的关系，思考怎样通过静态的细胞还原出一个动态的细胞分裂过程。

呈现第一个小组的观察结果，小组代表描述不同分裂时相的细胞特征，引导全班学生发现科学事实：在同一分生组织中具有不同分裂时相的细胞存在。小组代表给出的解释是，组织分生区的细胞都在进行分裂，不同细胞的分裂过程是不同步的，解离过程中导致细胞死亡，细胞分裂过程被中止，停留在当时的分裂状态，出现同一分生组织具有不同分裂时相的现象。

第二个小组分享对"如何以静态图像反映动态的细胞分裂过程"这一问题的讨论和思考。学生的观点是，如果不同分生区细胞分裂过程是相似的，就可以把多个细胞在同一时刻的状态看成一个细胞在不同时刻的状态，相当于电影中的一帧帧图像。通过排序就能揭示出一个细胞的动态分裂过程。师生在讨论、交流的基础上，达成了共识。

接下来，教师布置小组学习任务：教师下发细胞分裂不同时期的图片，请各小组合作对不同分裂时相进行排序，推测出一个细胞分裂的动态分裂过程，并说出排序的依据。各小组交流讨论，不断尝试和调整，最后分享各自的排序结果。学生认为排序的依据是，细胞分裂导致细胞一分为二；染色体一分为二；染色质的凝缩、核膜消失有利于将染色体分配到细胞的两极等。教师指导、追问、关联学生的不同观点，总结细胞分裂可能的过程（图5-106）。

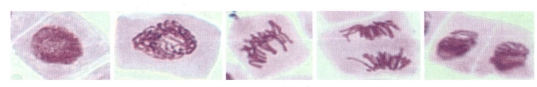

图5-106　细胞分裂过程

为了发展学生的批判性思维，教师继续引导讨论：上述细胞分裂的过程是通过观察、收集信息后经过推理得出的，推理得到的结论是否可靠？推理过程中的前提假设是否成立？细胞分裂真实过程是否如我们所推测的那样？还需要获取更多更可靠的证据，找寻什么样的证据更加可靠呢？有学生认为，因为我们无法知道分生区的细胞分裂过程是否一都样，基于这一前提假设进行的推理得出的结论就不可靠。需要更加可靠的证据支持我们的结论。有的学生认为，科学技术进步了，现在能够观察活细胞的分裂过程了，可以通过观察一个细胞的动态分裂过程获得证据加以佐证。

教师高度认同学生的观点，并播放一个细胞的动态分裂过程微视频。引导学生认识到科学研究手段的发展和进步，能够提供更多更可信的证据，证实或修正推论，形成新的认知，认同推理得出的细胞分裂过程反映了真实的生理过程。

在讨论过程中，有同学向全班同学提问：为什么其他组都能观察到分裂间期的图像，我们组却观察不到中期分裂相？学生的回应道：是不是在细胞分裂过程中，不同时期持续的时间是不同的？如果细胞分裂中期时间短，被固定在这一时期的机会就少，在显微镜下的一个视野中就不容易观察到处于细胞分裂中期的细胞。这一解释得到同学们的认同。教师追问，怎样用这些图像信息估算不同时期的长短？学生经过交流和讨论，得出一个基本方法：选择多个观察视野，分别统计处于不同分裂时期的细胞数，求出平均数，计算占细胞总数的比例，就得出细胞分裂不同时期的时间，从而明确细胞周期的大部分时间处于分裂间期，占细胞周期的90%~95%。为了研究方便，科学家根据染色体的变化规律，把细胞分裂的过程分为分裂间期和分裂期（有丝分裂），分裂期包括前期、中期、后期和末期。连续分裂的细胞，经过再准备、再分裂，周而复始，形成一个细胞周期。

为了加深对细胞分裂过程本质的理解，教师提出讨论问题：在细胞分裂过程中，有哪些关键机制保证了亲子代细胞遗传上保持稳定性？在教师的引导下，学生认识到分裂间期的关键事件是进行染色体的复制，在核膜、核仁和纺锤体的协同配合下，保证染色体在通过分裂期平均分配到两个子细胞中去，实现了亲子代细胞遗传上的稳定性。

在全班讨论的基础上，学生继续完善自己的感知图，将细胞增殖的过程、本质、意义等核心知识进行关联，同时使知识结构更加精细，形成精细图（如图5-107所示）。教师分享绘制的本节课的精细图（如图5-108所示），学生对照自己的精细图进行补充和完善。

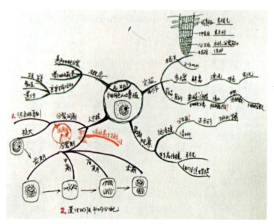

图5-107 学生的精细图

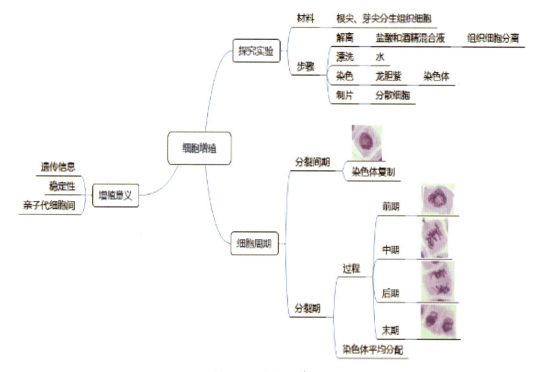

图5-108 教师的精细图

| 活动意图 | 引导学生在不同信息间的建立关联，利用信息和证据进行推理，发现事实背后所折射的规律，发展科学解释能力。通过讨论，引导学生学会评估证据和推理的可靠性，领悟科学需要寻找更多证据支持观点。让学生体验科学家揭示动态生命活动过程的思路和方法，体验到技术对科学发展的推动作用。通过讨论问题，建立细胞周期中间期和分裂期所占时间不同的概念，并让学生体会科学统计法的应用。 |

4. 凝练小结

认识反思活动对理解学科思维模式、领悟学科本质是极其重要的。通过引导性问题可以引导学生关注学科思想方法，深入到学科本质层面，有利于学科思维方式和学科观念教育的外显化，有利于学生获得具有持续价值、迁移的知识。

引导性问题：通过本节课的学习，你学会了什么？用图的形式表达出来，形成凝练图，学生和教师的凝练图如图5-109和图5-110所示。在教师的指导下，学生学会了制作临时装片的技能、运用了通过静态图像还原生命动态过程的方法——时空转换法，体验了分析复杂图解信息的方法，领悟到从科学问题到科学实验、从发现事实到科学预测、从科学证据到科学结论的学科研究思路和方法，理解了细胞周期和细胞分裂过程等。学生还想知道，染色质形成染色体的生物学意义？是什么样的机制保证新细胞和亲代细胞遗传物质稳定的？这些问题为学生接下来的学习注入了学习动力。

| 设计意图 | 凝练反思活动，目的是引导学生回顾科学问题的探究全过程，从一个科学问题开始，通过实验和观察，发现事实和现象，分类和描述、进行推测，提出猜想，寻找更多证据，修改结论，找出规律，建立新的概念，创造新知识，科学就是在这样的过程中不断发展变化的。科学结论要基于现有手段和证据，当研究手段发展，新证据出现，科学结论也可能发生变化。把科学的思维过程和科学本质的教育外显化，让学生感悟科学的魅力。 |

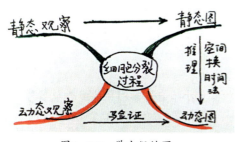

图5-109 学生凝练图

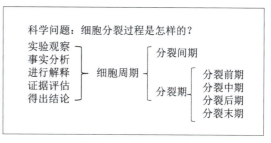

图5-110 教师凝练图

5. 巩固提升

为了检测和巩固学习效果，呈现练习思考题和学习过程性自评。

学生反馈练习情况如图5-111所示。

练习思考题：

（1）识别细胞分裂时期的图像，标注其中的结构名称，说明其所处的分裂时期及主要特点。

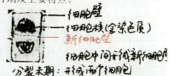

（2）有丝分裂过程中有哪些规律性变化及其适应性意义？

图5-111　学生反馈练习情况

对照学习目标量规，再次评估学习效果，如表5-38所示。

表5-38　"细胞的增殖"课堂学习目标自评表（示例）

班级＿＿＿＿　姓名＿＿＿＿

学习目标		达成评价			
		A独立完成	B经同伴帮助完成	C经教师点拨完成	D未完成
记忆	回忆：说出制作临时装片步骤	√			
	知道：说出染色质与染色体的异同	√			
理解	说明：说明制作过程中解离、染色的目的	√			
	概要：阐述细胞增殖的意义	√			
	比较：比较有丝分裂不同时期细胞的特点	√			
	解释：解释染色体形态发生规律性变化的意义			√	
	推论：根据观察到的分裂相推测细胞分裂的过程			√	
运用	实施：制作根尖分生区细胞有丝分裂临时装片		√		
分析	区分：区分有丝分裂不同分裂时期		√		
	解构：分析亲子代细胞保持遗传稳定性的关键事件				√
	结构化：概括细胞有丝分裂的过程，形成精细图			√	
评价	判断：评判通过推理得出细胞分裂过程的可靠性			√	
创造	建构：提炼对生命现象作出解释的思路，绘制凝练图			√	

根据自己的实际表现，按照"三图六构五环节"课堂小组合作学习自评量表及参考标准（如表5-39）对本课的学习情况做出评估（表5-40），并对学习方式进行反思（图5-112）。

表5-39　课堂小组合作学习自评参考标准

等级	优秀	良好	待改进
学习目标	在规定时间内，独立完成目标自我检测，能够正确理解其内涵，并做出适合实际的判断	基本能够完成目标自我检测，能够理解其内涵，并作出判断	不能完成目标自我检测

续表

等级	优秀	良好	待改进
倾听	非常专注、深入思考、积极回应（及时记录、发表观点），不打断对方	比较专注、有思考、不打断对方	不专注；基本没有回应
质疑	有证据地提问，提问与主题相关性强。	有提问，提问与主题相关	没有提问或提问与主题无关
解疑	针对性强地回应，清晰表达观点，观点合理	有回应，不能清晰表达观点	不能针对问题进行回应
精细图	中心词反映核心概念、框架合理，层次清晰，逻辑性强；内容全面，概括精准，无科学性错误；效果美观。在PK环节，亮点突出，有启发	中心词反映核心概念、框架合理，层次清晰；呈现了主要内容，有提炼概括，无科学性错误	有中心词，层次间逻辑不清晰清晰；主要内容不够全面，欠提炼概括或存在科学性错误
凝练图	内容聚焦可迁移的观念、思想或方法，概括准确。在分享时，能够清晰表达其观点	内容聚焦可迁移的观念、思想或方法，概括和表达不太精准	不能领悟到思想或方法，不能绘制凝练图
巩固提升	在规定的时间内独立完成检测题目和评价任务，客观公正；检测题目正确率达到85%及以上，或教师评定为优秀等级的	能够独立完成大部分检测题目，正确率达到75%及以上，或教师评定为良好等级的	大部分检测题目不能独立完成，或教师评定为待改进的

表5-40　课堂小组合作学习自评量表

评价维度	学习目标	小组讨论			全班交流				凝练小结		巩固提升	
	独立完成	倾听	质疑	解疑	倾听	质疑	解疑	PK精细图	独立完成	分享	独立完成	效果优秀
等级	优	优	良	优	优	良	良	优	优	良	优	优

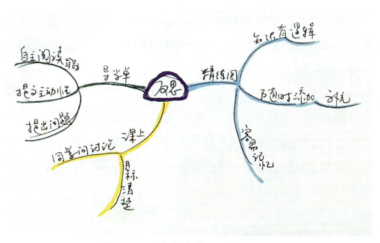

图5-112　学生对学习方式的反思

设计意图　　目标是教学的出发点和归宿点，证明目标的达成情况需要根据证据，通过学习评价任务可以获得证据。学习评价活动既有利于目标的进一步落地，又能促进自我反思。

三、案例反思

从素养高度重新审视和定位实验的教育价值，挖掘知识的素养发展功能，需要把实验的教育功能进行拓展和提升，把实验还原到一个更大的体系中去审视其功能和价值，把实验放到生物学科特定的学科认识方式和推理模式的体系中、放到一个科学问题的解决过程中，从学科深层结构去看实验的价值。实验的价值不只是让学生获得一种技能、帮助学生理解抽象的概念，而是一种获得证据的手段，学生获得的将是科学问题的研究思路、研究动态过程的思维路径（可迁移、持久价值的），并基于此发展学生的科学描述和科学解释能力，让学生感悟科学的实证和理性精神。

丰富的学习活动，促进了课堂的多重对话，让学生成为学习的主人，实现从"教"走向"学"的转变。学习活动是学生发展的基础，是促进学科理解、走向深度学习的重要途径。按照知识发展和创造的过程设计探究学习活动，从课前阅读活动到课中学习的制作、观察、比较、分类、描述、排序、推理、评估到反思活动，关联成一个完整的科学探究过程，展示出一个新知识的发展和创造过程。让学生像科学家一样思考和研究，在一个科学问题的解决过程中获得对科学本质的深刻理解。

思维导图在概念的深刻理解、概念间关系的建立、学科知识结构体系的构建方面有着独有价值。学生以某个核心概念为中心主题绘制思维导图，可以展示学生对这一核心概念的整体理解。在这个过程中，学生利用上位概念引发了一个与中心主题相关的多层级的联想过程，从而有效地打通了上位概念、下位概念和具体事例之间的联系。学生绘图的过程就是知识网络化的过程、概念内涵显性化的过程，也是知识内化和深度学习的过程。思维导图的结构层次、关键词的数量、关键词的概括性、表述的科学性、与核心概念的关联度、层级间的逻辑关系、对概念的独特认识和独到观点等多维度地反映学生对这一中心主题的内涵和外延的理解深度和广度。

运用思维工具改变课堂教学方式，重视学生的独立思考，给学生充足的时间阅读和绘图，重视学生作品的展示、交流和反思，在展示交流中发现问题，修正完善思维图。重视教师的引导，抓住学生认知障碍精准点拨，使学生对概念的理解更加深刻，学科思想和方法更加清晰，学科观念更加突显，达成以习题为载体，促进学生深度学习的教学目标。

作者简介

高俊英，北京市中关村中学生物教师，北京市生物学科带头人，海淀区生物学科督学，中关村中学科研培训中心主任。参加多项国家级和市级综合教育改革项目，用项目推动学校课程整体建设、教学改革和特色发展。在核心概念教学、思维教学、深度学习方面有深入的研究，有《指向学科核心素养的学习评价设计》《指向学生思维发展的教学策略》等二十余篇研究成果和论文正式发表。

课例 14

高中生物"细胞膜的结构和功能"

一、案例背景

（一）学习内容分析

《细胞膜的结构和功能》选自人教版（2019年版）《高中生物 必修一》第三章第一节，课程标准对本节的要求为：概述细胞都是由质膜包裹，质膜细胞与其生活环境分开，能控制物质进出，并参与细胞间信息交流。本节主要介绍细胞膜的功能、对细胞膜结构的探索以及流动镶嵌模型的基本内容。

本节是在学生学习了细胞的化学组成的基础上进行的。通过本节课的学习，学生既可以对前一节知识进一步巩固和深化，又可以为后面学习第四章《细胞的物质输入和输出》打下基础，所以这节是本章的重要内容之一，起着承上启下的桥梁作用。

（二）学情分析

本节课的授课对象为高一学生。此阶段的学生合作意识比较强，有一定合作学习能力。他们思维活跃，有一定的逻辑性，但是抽象思维、归纳总结能力不强。学生好奇心强，遇到困难，有交流、探索的欲望，但是他们兴趣广泛，对知识的探索不深入。因此在本节的学习过程中，注重自主学习和合作学习的同时，教师及时引导并给予适时的鼓励。另外，学生对细胞知识的理解仅限于初中课本。细胞膜的结构和功能可以说是全新的知识，学生对本节难点的理解会有一定的困难，需要教师引导、点拨。

（三）学习目标

（1）阐释细胞膜作为细胞边界的功能。

（2）分析细胞膜结构和成分的关系，概述流动镶嵌模型。

（3）分析细胞膜成分和功能的探索历程，认同科学理论的形成是不断修正完善的发展过程，与科学精神、科学思维和技术手段的结合密不可分。

（四）教学思路

本节为两课时内容，教师利用一节晚自习和一堂课完成课程新授。第一课时依据教材和教师准备的课前导学图学生进行自主预习，第二课时依据课中导学图进行组内交流、班内讨论、精讲点拨与拓展应用环节。

根据奥苏贝尔的先行组织者策略，在学习之前给学生呈现一定的材料，设计一系列具有启发性的问题即课前导学图，导学图可以激发学生思考和探索的欲望，从而使学生在获取知识的同时，找出自己对本节课的理解的误区。另一方面，在教学过程中适度扩展教学内容与生活的联系，扩大学生的知识面，有利于学生发散思维的培养和生物学科素养的提高。然后让学生将预习的结果以感知图的形式展现出来，对于有疑问的问题，在课堂上主要是小组交流、全班讨论的形式解决。教师应大胆放手，将课堂交给学生，强化学生的主体意识，开发学生的潜能，使学生的个性在共性发展的同时也能协调发展，使知识不单是讲课的内容、考试的内容，而成为有利于学生综合素质全面提高的载体。

二、教学过程

（一）课前自学

课前导学图（图5-113）是教师依据教学内容及教学重点设计出来的，是对学生预习提出的要求，更是为学生自学提供的学习支持，为学生提供独立思考的方向。依照课前导学图

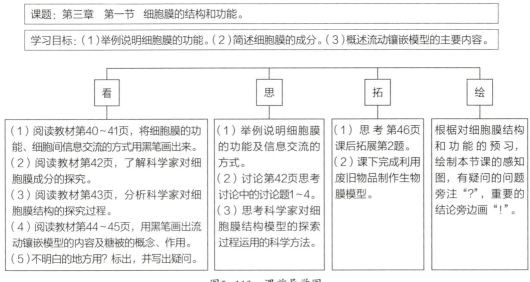

图5-113　课前导学图

的要求，学生课前预习学习内容，通过自主阅读、思考，以旧知带新知，形成对知识的初步认识，完成感知图的绘制。绘制感知图，需要先确定细胞膜这个核心词语，再围绕核心词语设计主线，展开分支。能够脱离教材掌握的建议用黑色笔绘制，需要参考教材才能掌握的建议用蓝色笔绘制，有疑惑的地方建议用红笔标记"？"。

感知图是学生思维可视化的认知起点。这个阶段，学生的思维处于浅表层，呈碎片状，问题多呈点状分布。学生可找出自己的问题为课上的研讨交流打下良好的基础。更重要的是，坚持利用课前导学图自学，学生可以养成独立思考、自主建构的习惯。

（二）课中学习

1. 根据学习目标，完成自评，明确讨论方向

课中导学图如图5-114所示。教师出示学习量规。学习量规是教师依据学习内容及重点难点设计的阶梯式学习目标，分别对应"记忆""理解""运用""分析""评估""创造"等不同的能力层级。学习量规既是学习目标，又是评价标准。学生阅读学习量规，明确学

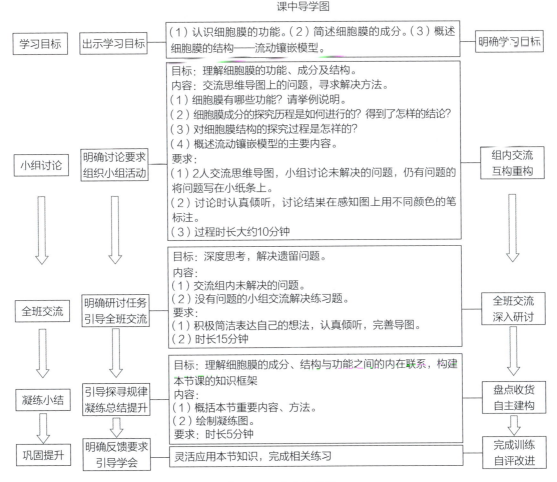

图5-114 课中导学图

习目标，并对着量规对自学效果进行初步评价，清楚自己的认知起点及待提升处。

实施结果表明，80%的同学能够独立完成课前导学单中的目标，在认识细胞膜的结构功能方面达到预期结果，为课中学习打下了基础，但在理解与应用方面欠缺，需要学生之间的互帮互助或者教师的点拨，如表5-41所示。

表5-41 "细胞膜的结构和功能"学习目标自评表

班级_____ 姓名_____

学习目标		达成评价			
		A 独立完成	B 经同伴帮助完成	C 经教师点拨完成	D 未完成（未完成的关键问题）
记忆	回顾：细胞的统一性的体现	√			
	再认识：细胞都由质膜包裹，细胞的边界就是细胞膜	√			
	阐述：细胞膜的功能	√			
	了解：科学家对细胞膜成分的探索过程	√			
	熟知：制备细胞膜的材料			√	
	掌握：磷脂分子在水中分布的特点并分析原因		√		
	了解：罗伯特在电镜下观察到的现象及提出的假说	√			
	荧光标记的细胞膜融合实验的实验过程及结果	√			
	概述细胞膜的结构——流动镶嵌模型	√			
	认识糖被及其作用	√			
理解	举例说明细胞膜的控制作用是相对的		√		
	举例说明细胞膜间信息交流的方式	√			
	理解：选择制备细胞膜的材料的原因		√		
	根据磷脂分子的特点，解释磷脂在空气—水界面上铺展成单分子层			√	
	分析：科学家推导脂质在细胞膜中必然排列为连续两层的实验过程及结果		√		
	理解：细胞膜的结构特点——细胞膜具有一定的流动性	√			
运用	设计实验，验证活细胞膜能够控制物质进出		√		
	探究：制备细胞膜的方法		√		
分析	通过学习细胞膜的组成、结构和功能，初步形成结构和功能相适应的观点，认识到细胞膜流动性的重要意义			√	
	体验科学家研究细胞膜结构的漫长历程，认识到科学的严谨与艰辛	√			
创造	完善精细图	√			
	绘制本节凝练图	√			
	利用废旧物品制作生物膜模型	√			
综合评定		√			

设计意图 （1）学生自我评价，通过课前预习掌握了哪些内容，达到了哪些目标，哪些还需继续研究学习。（2）明确本节课的目标，让学生清晰地知道本节课要学什么，达到什么程度。（3）教师了解学情的依据，对学生的学习难点做进一步的安排。

2. 小组讨论

两人交流：学生分别介绍自己的感知图，重点交流各自的得意处和疑问处，并讨论有分歧之处。若分歧能达成一致，则自行修改；若不能解决，则在分歧处用"？"标记。

四人交流：通过研讨交流，明确重要结论，并将共同的疑问提炼成问题，写在问题条上，准备在全班交流，如图5-115所示。例如大部分小组对于细胞膜的制备展开了激烈的讨论：通过对各类细胞的比较，将含有细胞壁的细胞（如植物细胞、细菌、真菌）的排除，材料锁定在了动物细胞，但对于用动物的什么细胞没有深入讨论。而第六小组有同学提到了用易于取材的口腔上皮细胞，然后对口腔上皮细胞的结构进行了分析，发现膜结构除了有细胞膜外，还有细胞器膜、核膜等，不易分离，于是淘汰了口腔上皮细胞，选用了哺乳动物成熟的红细胞，并总结了原因：没有细胞壁的保护，没有细胞器膜和核膜的干扰。小组讨论的过程中，激发了学生的思维，思维碰撞的过程中学生又发现问题、解决问题，最后整理出结论。这个过程可能比较缓慢，也可能会走入误区，但讨论的过程有利于学生表达自己的观点、获得内心的成就感。而没有问题的小组在补充修改感知图后，可以完成教师预设的学习任务。

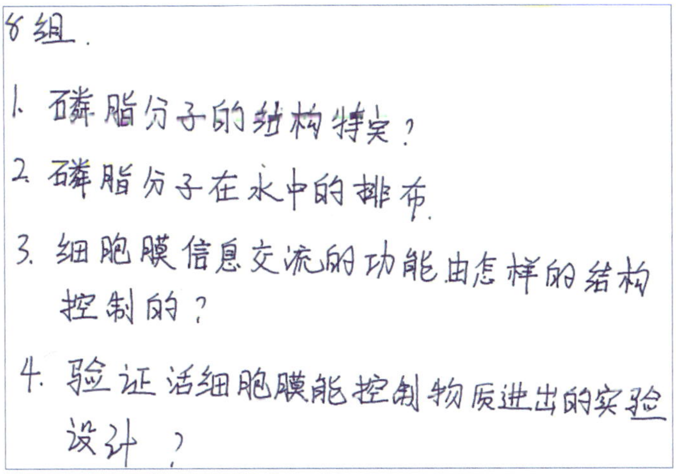

> 8组.
> 1. 磷脂分子的结构特点？
> 2. 磷脂分子在水中的排布.
> 3. 细胞膜信息交流的功能由怎样的结构控制的？
> 4. 验证活细胞膜能控制物质进出的实验设计？

图5-115 小组问题条

讨论过程中学生不断用红色笔修正自己的感知图。

教师在巡回指导的过程中予以点拨和帮助，引导学生学会发现问题，提出问题。

3. 全班交流

教师与学生一起，将各组提出的问题进行归类整合，聚焦共性问题。

学生展示和阐述观点，教师引导全班研讨交流。在小组讨论中，有疑问的小组到讲台上提出自己的疑问：结构决定功能，细胞膜的信息交流功能是由什么样的结构决定的？并指定其他对这个问题无异议的小组给自己解疑。五组同学很积极地介绍了糖被的组成及功能，其他小组进行补充，有疑问的一组同学总结并复述了这个问题的答案。全班交流在这样问—答—总结中得以顺利进行，如图5-116所示。

图5-116 有疑问的小组代表上讲台与其他小组探讨问题

教师为学生提供必要的学习支持，给学生搭建思维台阶，适时点拨引导，助力突破学习重点难点。

学生不断用红色笔修正自己的感知图，在启发最大处标记"！"。在这个环节中，全班聚焦问题，展开研究，例如，大家对于磷脂分子在不同介质的排布问题疑惑不解。第三小组同学主动上讲台画磷脂的示意图，并介绍了磷脂分子含亲水的头部和疏水的尾部，如果在水和空气的界面，磷脂分子的头部在水中，尾部在空气中；如果在水环境中，则头在外尾在内。讲解后大部分同学能够接受，但抽象的描述还是让大家议论纷纷，于是教师点拨："如果我们自己就是一个磷脂分子，身体是亲水的头部，向前伸出的手臂是疏水的尾部，那么大家能否展示一下磷脂的排布呢？"教师的点拨将课堂气氛推入了高潮，小组同学不断地尝试不同的排布，小组长如同导演般指导小组成员，知道小组内没有异议，便举手请求上讲台展示，问题得到了完美的解决，大家还意犹未尽，顺便把课后练习题中涉及的亲水药物、疏水药物的位置也展示解决了。在全班讨论中，学生就是课堂的主导，他们能大胆地提出自己的问题，主动地到讲台上帮助其他同学解决问题，在教师的引导下还能创造性地思考、探索问题，学习的积极性更加浓厚了。课堂现场如图5-117和图5-118所示。

图5-117 教师点拨后，学生代表上台展示磷脂分子在水中的排布情况

图5-118 教师点拨后，小组代表主动上台展示磷脂分子在细胞膜中的排布

4. 凝练小结

学生总结收获，自构凝练图，如图5-119所示。教师出示自己的凝练图，引领学生总结提升，如图5-120所示。

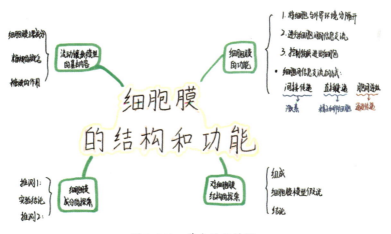

图5-119 学生的凝练图

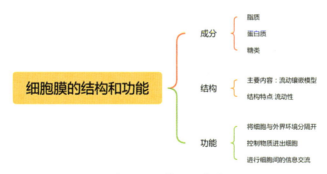

图5-120 教师凝练图

学生在老师讲解后用红色笔修正自己的凝练图。

教师提出引导性的问题：通过本节课的学习，你学会了什么？请用图的形式表达出来，形成凝练图。凝练过程中学生要走出细节，从全课的视角做总结，围绕核心词细胞膜绘制本节主要的知识框架。

5. 巩固提升

为更好地巩固学生的认知与理解，教师设计了如下拓展性的巩固题目：

（1）选用身边的材料，设计实验验证细胞膜能控制物质的进出，课下完成实验。

（2）用橡皮泥等材料制备细胞膜的模型。

（3）根据自己的实际表现，按照"三图六构五环节"课堂小组合作学习自评量表、参考自评标准（表5-42）对本课的学习情况进行评价，学生评价量规示例如表5-43所示。

表5-42　课堂小组合作学习自评量表等级标准

等级	优秀	良好	待改进
学习目标	在规定时间内，独立完成目标量规自评，能够正确理解其内涵，并做出适合自己实际的判断	基本能够完成目标自我检测，能够理解其内涵，并做出判断	不能完成目标自我检测
倾听	非常专注、深入思考、积极回应（及时记录、发表观点），不打断对方	比较专注、有思考、不打断对方	不专注，基本没有回应
质疑	有证据地提问，提问与主题相关性强	有提问，提问与主题相关	没有提问或提问与主题无关
解疑	针对性强地回应，清晰表达观点，观点合理	有回应，不能清晰表达观点	不能针对问题进行回应
精细图	中心词反映核心概念，框架合理，层次清晰，逻辑性强，内容全面，框括精准。无科学性错误；效果美观。在PK环节，亮点突出有启发	中心词反映核心概念，框架合理，层次清晰，呈现了主要内容，有提炼概括，无科学性错误	有中心词、层次间逻辑不清晰，主要内容不够全面，欠提炼概括或存在科学性错误
凝练图	内容聚焦可迁移的观念、思想或方法。概括准确。在分享时，能够清晰表达其观点	内容聚焦可迁移的观念、思想或方法，概括和表达不太精准	不能领悟要到思想或方法，不能绘制凝练图
评价反思	在规定的时间内独立完成检测题目和评价任务。客观公正，检测题目正确率达到85%及以上	能够独立完成大部分检测题目，正确率达到75%及以上	大部分检测题目不能独立完成
综合评价	在本节课中充分体现了一中的"四生"理念：生命激扬、生动表达、生活再造、生长自然	"四生"理念中只体现了其中的两项	不能体现"四生"理念

表5-43　课堂小组合作学习自评量表（示例）

评价维度	学习目标	小组讨论			全班交流				凝练提升		评价反思		综合评价
	独立完成	倾听	质疑	解疑	倾听	质疑	解疑	PK精细图	独立完成	分享	独立完成	效果优秀	四生课堂
等级	优秀	优	优	良	优	优	良	优	优	优	优	优	优

三、案例反思

借助广义思维导图重构"细胞膜的结构和功能"课堂，优点是显而易见的，学生通过自学、自评掌握基本的概念，量规中记忆、了解的内容通过学生的自主思维就解决了，有遗留问题则通过学生的互相帮助包括两人交流、四人交流、全班交流等逐级加深思维火花的碰撞。在理性思维不断提升的过程中，学生通过团队合作、科学探究构建自己的知识体系。在整个教学过程中，学生发挥了主体作用，教师精准的备课为学生的活动提供的学习支持。磷脂分子的分布问题是本节课的难点，也是高考的常考点，学生能够以自己的身体类比磷脂分子并主动地展示出在不同介质中的分布，是一个很大的突破，也是教师意料之外的。结合量规中有层次的目标问题，逐步引导学生思考，使学生认识到结构与功能相适应的生命观，使学生认同科学理论的形成是在科学精神、科学思维和技术手段结合下不断修正与完善的过程。本节课的教学较好地呼应了生命观念、科学思维、科学探究和社会责任四个核心素养的要求。在高中生物教学中巧妙运用思维导图，不仅可以直观地表示知识之间的关系，而且可以更好地培养和提高学生的思维能力，从而优化教学过程，使学生准确把握生物课程。思维导图中可视化、系统化的知识，可以不断发展学生的思维，进而提高生物教学的有效性。

随着课程的改革，新的高中生物课具有以下特点：多概念、多图形以及每个概念之间密切联系。这些特征的出现进一步决定了学生应该使用思维导图这一方式进行学习，特别是对新教材的大单元的学习。这就要求教师不断学习新的教学理论，转变固有的思维，做到教学中的大开大合。

背景介绍

王春莉，于2009年毕业于山东师范大学。现为山东省聊城市东阿县第一中学生物教师。自参加工作以来，爱岗敬业，努力提高自己的专业知识，潜心钻研教学方法，关心爱护学生。

课例 15

高中思想政治"科学社会主义的理论与实践"

一、案例背景

（一）学习内容分析

本课依据《普通高中思想政治课程标准（2017年版）》必修一《中国特色社会主义》内容要求："解释人类社会发展的一般过程，阐明社会发展的历史进程取决于社会基本矛盾的运动"编写的。

"科学社会主义的理论与实践"包含三目学习内容，这三目内容采用历时性的讲述方式，以科学社会主义为主线，讲述科学社会主义形成的历史条件、创立的标志，科学社会主义从理论到实践、从一国实践到多国实践的历史性飞跃，引导学生正确认识和对待世界社会主义运动遇到的曲折，把握人类社会发展的趋势，坚定中国特色社会主义道路自信、理论自信、制度自信、文化自信。

（二）学情分析

在学习本课内容之前，学生已经学习了原始社会的解体和阶级社会的演进，已经对生产力和生产关系的规律有所把握，能够对人类社会发展进程有所了解。本课将围绕科学社会主义的理论与实践展开，学生将在已有认知的基础上继续研究人类社会的发展进程，明确人类社会发展的趋势。但是，由于本课理论性较强，涉及空想社会主义，《共产党宣言》等内容，学生的理论基础还不扎实，会出现畏难情绪。因此，教师需要不断激发学生的求知欲，利用典型人物和典型事件，帮助学生理解。

（三）学习目标

（1）懂得科学社会主义产生的历史前提，阐明唯物史观和剩余价值学说使社会主义实现了由空想到科学的飞跃，知道《共产党宣言》的发表标志着科学社会主义的诞生。

（2）结合所学的历史知识，阐明十月革命的历史意义，懂得科学社会主义从理论到现实、从一国实践到多国实践的价值。

（四）教学思路

本课运用"三图六构五环节"思维导图模式设计教学过程，课前学生根据导学图完成预习任务（科学社会主义产生的历史前提、理论基础等），并绘制思维感知图；课上引导学生深度分析科学社会主义产生的历史条件和思想来源、科学社会主义创立的理论基石和诞生标志，阐释科学社会主义从理论到现实、从一国实践到多国实践的价值，修改完善思维精细图；最后学生根据本节课所学内容绘制凝练图，之后再进行量规自评、巩固提升和课堂反思。

二、教学过程

（一）课前学习

学生根据课前导学图绘制思维感知图，形成自己的初步认识。

课前，教师在出示的课前导学图中，明确指出这节课的学习目标和学习任务，将本节课的教学目标确定为分析科学社会主义的产生与实践过程，理解科学社会主义从一国实践到多国实践、从理论到现实的重要意义。课前导学图如图5-121所示。

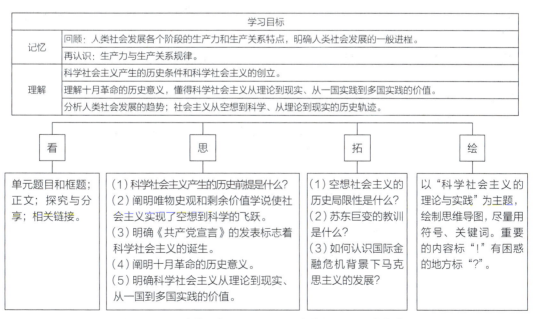

图5-121 "科学社会主义的理论与实践"教师课前导学图

学生根据课前导学图的要求绘制思维感知图。学生需要先确定一个最能突出本课内容的核心概念作为思维感知图的核心词，比如"科学社会主义"等。下一步，学生围绕所选的核心词，梳理科学社会主义的产生条件、创立、社会主义从一国到多国的实践等方面，在此基础上设计主线和分支，完成思维感知图。教师思维感知图和学生思维感知图如图5-122和图5-123所示。

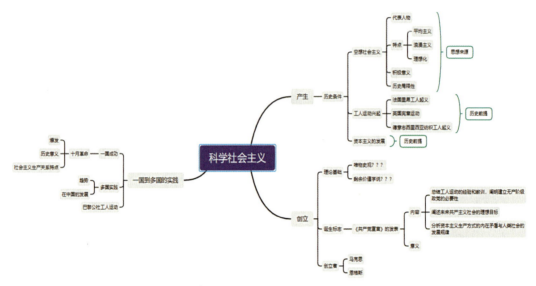

图5-122 "科学社会主义的理论与实践"教师思维感知图

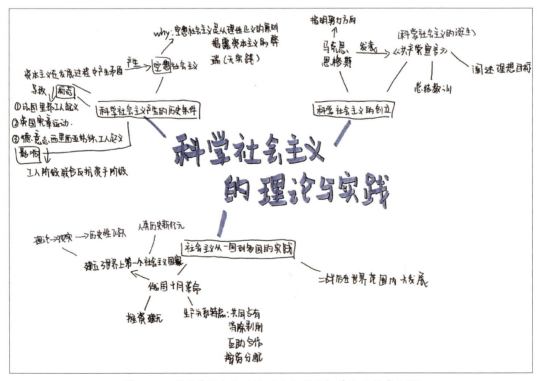

图5-123 "科学社会主义的理论与实践"学生思维感知图

（二）课中学习

1. 明确目标

课上学生通过小组研讨、全班交流加深对科学社会主义的理论与实践的理解，完成思维精细图。根据课中导学图展开教学，这一过程主要在课上完成，有两个大环节。课中导学如表5-44所示。

表5-44 "科学社会主义的理论与实践"课中导学

环节	教师活动	活动具体实施（目标、内容、要求）	学生活动
学习目标	明确学习目标	（1）科学社会主义产生的历史前提 （2）阐明唯物史观和剩余价值学说使社会主义实现了空想到科学的飞跃 （3）明确《共产党宣言》的内容和历史意义 （4）明确科学社会主义从理论到现实、从一国到多国实践的价值，阐明资本主义必然灭亡和社会主义必然胜利的历史趋势	浏览目标明确方向
小组讨论	组织小组交流	目标： （1）科学社会主义产生的历史条件和思想来源 （2）科学社会主义创立的理论基石和问世标志是什么 （3）阐释科学社会主义从理论到现实、从一国到多国实践的价值 内容： （1）关注自评量规 （2）交流思维导图 （3）补充订正内容 （4）找到问题所在（有困惑的地方标注"?"重要内容标注"!"） 要求：小组5人相互交流，把组内未解决的问题写在纸上（例子或关键词），限时10分钟	同伴交流互构重构
全班交流	引导全班探究	目标：能够进一步从整体上理解和把握科学社会主义的理论与实践的内容，明确科学社会主义从理论到现实、从一国实践到多国实践的价值，阐释人类社会发展的趋势 内容：各组派代表领取问题，帮助其他小组解决问题，最后集中问题全班交流 要求：认真倾听，积极表达，继续完成思维导图，解决问题，限时15分钟	全班交流深入研讨
凝练小结	指导凝练提升	目标：强化课堂重点 内容同：概括本节的重要知识点，总结知识点，绘制凝练图 要求：简洁明了，重点突出，限时8分钟	反思总结凝练建构
巩固提升	评估学习效果	目标：完成课堂练习 内容：练习题两道 要求：限时5分钟	训练反馈对标再评

2. 小组讨论

在这个环节，要求小组中的五个同学结合自己绘制的思维感知图完成课堂上老师设置的核心任务：一是科学社会主义产生的历史条件和思想来源；二是科学社会主义创立的理论基石和问世标志；三是阐释科学社会主义从理论到现实、从一国实践到多国实践的价值。这一环节的主要目的是互相学习，聚焦到本课的重点内容，同时发现学习中自身难以解决的难点问题。在小组研讨过程中，一些简答内容学生能够交换意见，给其他同学讲解，通过探究合作对自己的思维导图做进一步的分析和修改。针对小组内没有解决的问题，则在下一环节全班交流的时候进行集中突破。

设计意图 通过小组讨论，让学生在交流中明确本节课所需掌握的核心知识，并明确本小组的问题所在，整合聚焦问题。

就本课而言，因为学生已经对生产力和生产关系的规律、资本主义社会的基本矛盾等进行了学习，加之框题、目题、正文及相关材料等较为清晰，学生容易找到科学社会主义产生的历史条件和思想来源，明确科学社会主义的问世标志，了解《共产党宣言》的意义。学生理解比较困难的地方是科学社会主义从理论到现实、从一国实践到多国实践的价值。针对这个困难，老师及时给予学习支持，给出学案材料，展示社会主义运动从第二次世界大战后到20世纪八九十年代的发展地图。在这个环节中，面对学生的疑问，通过小组共同讨论来激发学生突破难点，从地图中感知社会主义首先从俄国十月革命开始，世界社会主义运动不断蓬勃发展，虽然有曲折，但是中国特色社会主义的成功实践，展示了社会主义的强大生命力，因此，我们要坚定共产主义信念。

3. 全班交流

小组讨论之后，每个小组轮流到前面汇报本组观点，汇报完之后其他小组可以提问，也可以补充，全班形成一个共同深入思考的"场"。这个环节是课堂最重要的一环，学生需要认真聆听和思考前一个汇报小组的看法，然后才能有质疑或补充。在这种"生生交流"的碰撞下极容易产生智慧的火花，学生加深了对科学社会主义的理论和实践的理解，对科学社会主义从理论到现实、从一国实践到多国实践的价值的把握也会提升一个台阶。教师引领学生要深入理解科学社会主义这个主题的相关内容，明确科学社会主义是怎么产生的，又是怎么创立的，通过世界社会主义运动的发展，明确科学社会主义是如何在21世纪焕发出生机的。通过课堂上全班同学的互相启发、互相借鉴，学生最终明确了科学社会主义从一国实践到多国实践的价值：坚定共产主义信念、坚定中国特色社会主义道路……课堂上这些结论的呈现是学生深入钻研文本、深化理解概念的结果，也是学生们思维品质提升的表现。经过这样的一个学习过程，学生对科学社会主义的认识更加深入。

设计意图 通过全班交流，学生可以相互启发和借鉴，共同解决难点问题，明确科学社会主义从一国实践到多国实践、从理论到现实的价值。

这个环节主要是教师发挥引领作用，因为学生在前面已经通过小组讨论和全班交流，明确了本节课的重点问题。但是每一节课的学习目标都有一个难点要突破，这个难点有时候靠学生自己理解可能有一点困难，这个时候老师恰到好处的点拨能够起到"四两拨千斤"的作用。例如，前面学生对从原始社会的解体到阶级社会的演进，以及资本主义社会的基本矛盾和痼疾等知识的掌握得已经比较全面了，但是还没有明确科学社会主义是怎样产生的，以及科学社会主义的产生和创立对于世界社会主义运动、对于我们当前的中国特色社会主义来说所具有的重要意义。实际上，科学社会主义要解决的基本问题是：社会主义为什么必然取代资本主义？社会主义怎样取代资本主义？针对这一难点，教师可以引导学生回顾上节课所学的生产力和生产关系规律，通过这条规律来进行分析和连接，同时，引导学生阅读课本所提供的《共产党宣言》的相关内容，使其明白资本主义本身的局限性，明确人类社会发展的趋势。通过教师点拨,学生发现:当前中国特色社会主义的发展就是科学社会主义在中国的巨大胜利,能够进一步明确社会主义必将取代资本主义,能够坚定共产主义信念。

这节课通过全班交流讨论,学生有了新的认识和感悟,及时用红笔补充在自己的思维感知图上,最后经过整理加工,完成思维精细图。对比思维感知图和思维精细图,我们能够看到学生的阅读收获,看到他们的思维成长。学生思维精细图如图5-124所示。

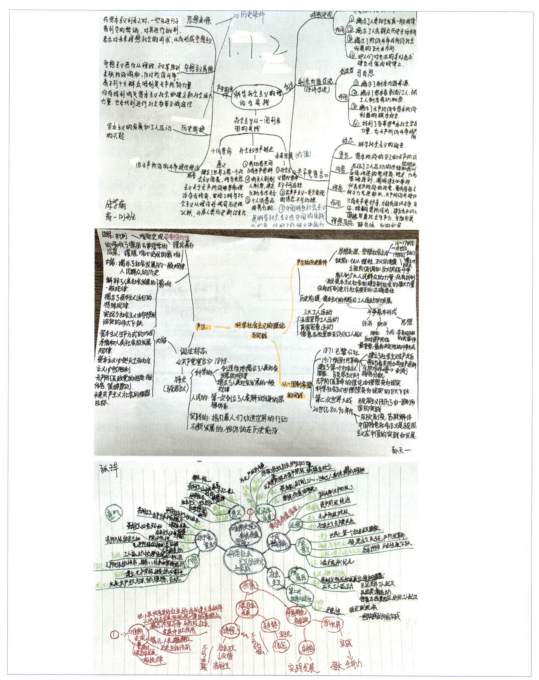

图5-124 "科学社会主义的理论与实践"学生思维精细图

4. 凝练小结

学生在课堂上热火朝天的研究讨论要经过精心沉淀和消化才能真正成为自己的阅读积累，才能内化成能力。因此，本环节旨在让学生自己总结收获，通过凝练图，提炼出自己在本节课所学的所有知识。"三图六构"的最后一环是课堂上趁热打铁，结合自己课上的阅读收获绘制思维凝练图，已达到在头脑中"高度概括，形成记忆"的目的。在这个环节中，学生需要选择自己认为最重要的内容，以文字配合图形的简洁形式加以"凝练"，把自己对于科学社会主义的产生和创立，以及对其价值的认识等重点知识提炼出来。通过这个凝练图，可以看到学生已经能够抓住本节课的核心概念和核心意图，思维凝练图是学生最后思维提升的结果，如图5-125所示。

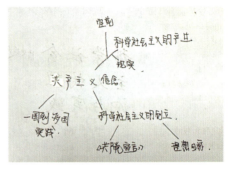

图5-125 "科学社会主义的理论与实践"学生的思维凝练图

> **设计意图**　通过凝练小结，学生自己总结概括本节课所学核心内容，明确科学社会主义的理论与实践的相关核心知识，提炼核心概念，实现思维提升。教师可出示自己的思维凝练图，供学生参考，如图 5-126 所示。

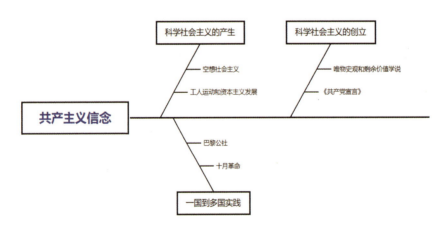

图5-126 "科学社会主义的理论与实践"教师的思维凝练图

5. 巩固提升

整节课学完之后，学生会对照课堂学习目标量规（表5-45）进行自查评价，针对具体的学习目标来判断自己本节课的学习效果，从而找出不足，弥补缺漏。学生自查评价示例如表5-46所示。同时，根据本节课内容，进行巩固提升，学生完成一项课堂练习（示例如图5-127所示）。就此，通过思维导图"三图六构"模式的重构课堂，学生落实核心知识"学以致用"，就形成一个完整的感知→输入→内化→输出的由知识转化为能力的过程。我们也通过这个环节快速检验了学生的学习效果，学生都能够选出正确选项。

表5-45 "科学社会主义的理论与实践"课堂学习目标自评表

班级＿＿＿＿ 姓名＿＿＿＿

	学习目标	达成评价			
		A 独立完成	B 经同伴帮助完成	C 经教师点拨完成	D 未完成（未完成的关键问题）
记忆	回顾：人类社会发展各个阶段的生产力和生产关系特点，再认识生产力与生产关系规律				
理解	科学社会主义产生的历史条件和科学社会主义的创立				
	理解：十月革命的历史意义，懂得科学社会主义从理论到现实、从一国实践到多国实践的价值				
	说明：人类社会发展的趋势，明确社会主义从空想到科学、从理论到现实的历史轨迹				
运用	实施：选取典型案例及事件，表达对社会主义终将代替资本主义的深刻思考				
分析	区分：区分空想社会主义和科学社会主义的不同与联系				
	解构：构画以"科学社会主义的理论与实践"为核心的感知图和精细图				
评估	辨证：整体把握科学社会主义的理论与实践的内容，辩证看待社会主义运动发展过程中的曲折，坚定共产主义信念				
	判断：在整体把握科学社会主义的理论与实践内容的基础上，明确人类社会发展的进程是不可逆转的				
创造	假设：能对科学社会主义的探索充满期待，结合并积极投身社会实践				
	建构：完成以"科学社会主义"为核心的凝练图				

表5-46 "科学社会主义的理论与实践"课堂学习目标自评表（示例）

班级＿＿＿＿ 姓名＿＿＿＿

	学习目标	达成评价			
		A独立完成	B经同伴帮助完成	C经教师点拨完成	D未完成（未完成的关键问题）
记忆	回顾：人类社会发展各个阶段的生产力和生产关系特点，再认识生产力与生产关系规律	√			
理解	科学社会主义产生的历史条件和科学社会主义的创立	√			
	理解：十月革命的历史意义，懂得科学社会主义从理论到现实、从一国实践到多国实践的价值	√			
	说明：人类社会发展的趋势，明确社会主义从空想到科学、从理论到现实的历史轨迹		√		
运用	实施：选取典型案例及事件，表达对社会主义终将代替资本主义的深刻思考		√		
分析	区分：区分空想社会主义和科学社会主义的不同与联系		√		
	解构：构画以"科学社会主义的理论与实践"为核心的感知图和精细图			√	
评估	辨证：整体把握科学社会主义的理论与实践的内容，辩证看待社会主义运动发展过程中的曲折，坚定共产主义信念		√		
	判断：在整体把握科学社会主义的理论与实践内容的基础上，明确人类社会发展的进程是不可逆转的			√	
创造	假设：能对科学社会主义的探索充满期待，结合并积极投身社会实践			√	
	建构：完成以"科学社会主义"为核心的凝练图			√	

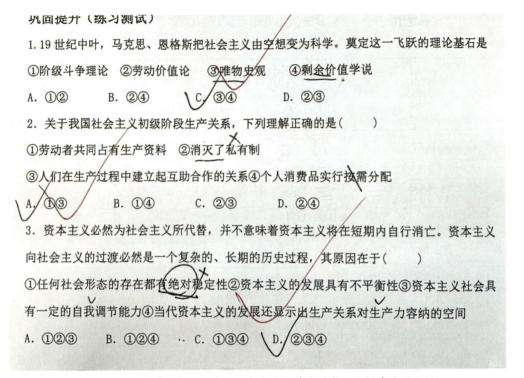

图5-127 "科学社会主义的理论与实践"学生课堂巩固提升练习示例

三、案例反思

（一）教师反思

课堂教学的关键在于落实核心知识和关键能力。本节课的核心概念就是"科学社会主义"，但是学生真正建构起对科学社会主义的产生和创立、意义价值等认识不是一蹴而就，而是通过整个单元的学习循序渐进，不断丰富和深化的。这就需要教师能够根据课标要求和教材的编写思路进行编排，发现本节课与上节课之间的内在关联，从而按照合理的逻辑来设计教学。在落实核心知识、关键能力的时候也要注意框题之间前后的融会贯通，明确学习目标。就这一课而言，实际上是上一框题的延续，学生已经了解了资本主义社会形态的危机，知道资本主义的矛盾和痼疾，因此，本节课也是从下一个社会形态出发，分析社会主义从空想到科学、从理论到实践的过程，明确人类社会发展趋势，把握科学社会主义对于我们当前社会主义建设的重要意义。本节课学生所学到对科学社会主义的体悟实际上是深化对社会主义的认识和理解，明确我们要始终坚定不移地走中国特色社会主义道路，也为下一课学习中国如何走向社会主义道路做了一个铺垫。

从学生学习的效果来看，这节课充分发挥了学生的主体性，老师是引导者和组织者。本节课出现的空想社会主义、《共产党宣言》等，是学生之前未接触和了解过的，也带给学生深入思考和交流探究的无限可能。高中学生思维呈现的特点是想问题比较复杂而散乱，知识一多，自己就梳理不清楚。学生也因为前期绘制了思维导图有所准备，在小组交流和全班交流环节能够积极参与，说出自己个性化的理解。学生通过学习活动，了解了科学社会主义产生的历史条件和创立，明晰了人类社会发展的趋势是社会主义必将代替资本主义，更加坚定了共产主义信念。

（二）学生反思

学生绘制反思示例图，如图5-128所示。

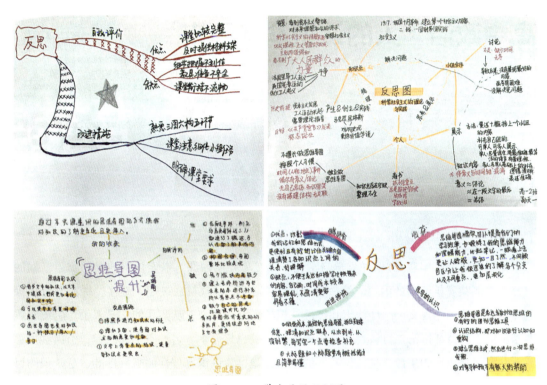

图5-128　学生反思示例图

🏆 作者简介

秦璐，北京外国语大学附属中学政治教师，硕士研究生，目前从教一年半。工作认真负责，上课风格幽默风趣，关注学生思维能力提升。人生格言：教师最大的幸福就是把一群群孩子送到理想的彼岸。

课例 16

高中政治"人的认识从何而来"

一、案例背景

(一)学习内容分析

本课内容是部编版必修4《哲学与文化》第二单元第四课《探索认识的奥秘》第二框的内容,本框共安排两目的内容。第一目"认识与实践",教材通过相关链接、探究与分享等内容,说明认识的含义、感性认识和理性认识的区别与联系;从实践的含义入手,引出实践的基本形式和特征;第二目教材通过相关链接、探究与分享、名词点击等内容,引出学生思考,从实践是认识的来源、是认识发展的动力、是检验认识真理性的唯一标准、是认识的目的四个方面论述了"实践是认识的基础"。

实践的观点是马克思主义哲学的核心观点,理解实践与认识的关系是把握哲学智慧不可或缺的重要途径。学好本框不仅有利于学生从宏观上把握教材各课的联系,而且有利于帮助学生理解马克思主义哲学的本质特征。

(二)学情分析

本节课的教学对象是高二学生,课型是新授课。学生对本节课的基本知识、基本框架有了初步了解。结合我校实行的"三图四环"教学法,学生已经在课前根据课前导学图和目标量规进行预习,高中学生已经通过网络、报刊对实践与认识的关系有体验、感受,在教学实践中体会实践与认识的关系,并深化对这一关系的认识,进而对"认识的两个阶段、实践的直接现实性以及实践是检验真理的唯一标准"等问题有进一步学习的兴趣和求知欲,但是这些问题比较抽象、综合性比较强,使得学生掌握本节课知识有较大的困难。为此,教学要以现实生活中学生熟悉的事情为基础创设情境,贴近生活、贴近学生、贴近社会,引导学生合作探究、质疑解惑，宏观把握实践与认识的辩证关系，牢固树立实践第一的观念，并进一步领会在理论与实践结合中茁壮成长的道理，进而完成本节课的学习。

（三）学习目标

（1）识记感性认识和理性认识的含义、形式；实践的含义。

（2）理解感性认识和理性认识的辩证关系；实践的特征；实践是认识的基础。

（3）运用所学知识，总结实践与认识的辩证关系。

学科素养：分析生活中的具体问题，感悟实践的重要性，树立实践第一的观点，积极投身社会实践；在生活中自觉践行马克思主义的认识论。

（四）教学思路

本节课采用"三图四环"教学法，课前学生预习画出感知图，课中逐渐完善成精细图并在课堂尾声绘制凝练图；课中通过"目标量规呈现、合作释疑解难、精讲点拨提炼和小结反思拓展"四环节，并根据教学需要梳理知识、澄清误区、创设情境、设疑激趣、总结反馈、巩固升华。

通过这样的思路设计，提高学生自主学习能力和学习兴趣，使人人有事做、事事有人做，全体参与课堂、全过程参与课堂，学生变被动学习为积极主动学习，真正成为课堂的主人。思维碰撞成为课堂的主旋律，真正体现教师与学生"双星四生"理念，师生共同生长，共同收获。

二、教学过程

（一）课前学习

学生根据课前导学图（图5-129）和目标量规（表5-47）进行预习，绘制感知图，明确本节课的教学内容和学习目标，找出已知和未知的内容。

课题"人的认识从何而来"

学习目标：
（1）识记感性认识和理性认识的含义、形式；实践的含义。
（2）理解感性认识和理性认识的辩证关系；实践的特征；实践是认识的基础。
（3）运用所学知识，总结实践与认识的辩证关系。
学科素养：分析生活中的具体问题，感悟实践的重要性，树立实践第一的观点，积极投身社会实践；在生活中自觉践行马克思主义的认识论。

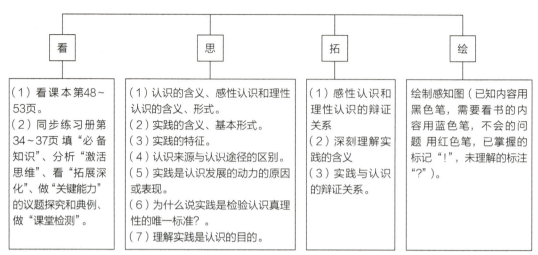

图5-129 "人的认识从何而来"课前导学图

表5-47 "人的认识从何而来"课堂学习目标量规（自评）

班级_____ 姓名_____

学习目标		达成评价			
		A独立完成	B经同伴帮助完成	C经教师点拨完成	D未完成
记忆	感性认识和理性认识的含义、形式				
	实践的含义				
理解	感性认识和理性认识的辩证关系				
	实践的特征				
	实践是认识的基础				
运用	分析生活中的具体问题，感悟实践的重要性，树立实践第一的观点，积极投身社会实践				
分析	执行：总结实践与认识的辩证关系				
	结构化：绘制感知图、精细图				
评估	辩证：学习本课的收获和存在的问题				
	建构：绘制本课凝练图，形成自己对知识的重构				
其他（根据学科特点增设的项目，若没有可不填）					

（二）课中学习

观看视频"三星堆考古新发现"，引出话题，激发学生兴趣。提出问题：关于三星堆人的认识，是如何产生的？

1. 明确目标

教师引导学生根据本课学习目标量规自评表，对照学习目标逐条进行自评。评估达到A（独立完成）水平的内容，在相应栏目处打"√"。教师及时收集学生的评估结果。

实施结果表明，80%以上的学生能够独立完成课前导学单中的学习目标：在"感性认识和理性认识的含义、形式""实践的含义""感性认识和理性认识的辩证关系"对应栏目处打了"√"。这说明课前学习效果已经达到预期，为课中学习的推进打下了良好的基础。

>
> **设计意图**　使学生明确本节课的学习目标，能够清晰地知道本节课学习内容，应该掌握的必备知识、关键能力和核心素养；学生通过这一环节掌握课前预习效果，使学生明确哪些目标通过课前自主学习已经达成，学习中的未解决的问题和疑惑是什么；教师通过这一环节掌握学生学情，为展开下一步教学做好准备。

2. 合作释疑解难之小组合作

（1）目标。

①交流解决下列问题：认识的含义、感性认识和理性认识的含义、形式；实践的含义、基本形式；实践的特征；认识来源与认识途径的区别；实践是认识发展的动力的原因或表现；为什么说实践是检验认识真理性的唯一标准？理解实践是认识的目的。

②解决感知图中的带"?"的问题。

（2）内容：完善感知图，逐步建构精细图。

（3）要求：①先两人交流，再小组交流。②讨论之后没有问题的小组举手领取问题条。③小组中解决不了的问题写在纸条上，然后将其贴在黑板右侧。

在此环节中，学生进一步明确教学目标，展开小组讨论，通过小组合作学习解决自己尚未解决或不理解的问题。教师在巡回指导过程中，把设计好的问题条给先讨论完且没有问题的小组来解决。讨论之后仍有问题的小组写在问题条上贴到黑板上。

> **设计意图**　学生根据预习中存在的问题或就某个知识相互问答，不仅促进讲解者对某个知识点更深入细致的理解，还有利于倾听者解除疑难问题，解决初阶问题，尝试解决中高阶问题。

3. 合作释疑解难之全班交流

（1）目标：掌握难点问题。

（2）内容：解决小组交流中未解决的难题。

（3）要求：①老师对问题条筛选分类。②提出问题的小组代表在讲台上读出本组的疑问，并指定其他小组的同学给予解答。③解答完成后，提出问题的小组成员复述一遍，第二次修改感知图。

在此环节中，教师把黑板上的问题条快速归类整理，找出有共性、重难点的问题，请提问题的小组上台提问，请其他小组同学来回答，如学生解答不全面由教师点拨补充，然后提问题的小组来复述同学或教师给出的答案。然后请领到问题条的小组上台讲解问题，教师在课件中展示该问题及详细答案。学生讲解不透彻的地方同样由教师补充。在这个环节中，教师把讲台让给学生，教师只是在学生需要帮助的情况下予以指导点拨。

（3）教师问题条。

①黑格尔、费尔巴哈、杜威的观点分别错在了什么地方？（教材第49页阅读与思考）

②谈一谈实践的直接现实性的理解。

③评价庄子"齐是非""是非莫辩"的观点。（教材第51页阅读与思考2）

设计意图 这一环节的主要目标是在全班范围内进一步解决中高阶问题，达成目标量规中"分析"和"评估"层面，全班对聚焦的问题进行探究，引导学生深入到现象背后的本质，总结出实践的本质，理解实践与认识、实践与动物的本能活动的本质区别，阐释实践与认识的辩证关系。

4. 精讲点拨提炼

（1）目标：总结本课内容。

（2）内容：完成精细图。

（3）要求：老师对课堂上的重难点进行精讲点拨，第三次修改感知图，形成精细图。

在此环节，老师根据学生讨论、解决问题的情况，针对本课的重难点知识进行精讲点拨，并指导学学生完成精细图。教师和学生的精细图如图5-130和图5-131所示。

设计意图 这一环节的主要目标是在全班同学共同解决完问题之后，老师对本节课内容进行总结，初步形成知识体系，从而实现认识升华。

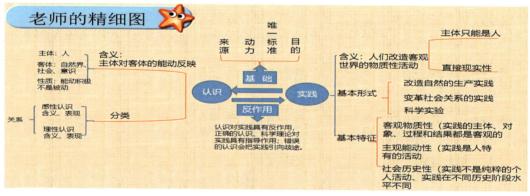

图5-130 教师的精细图

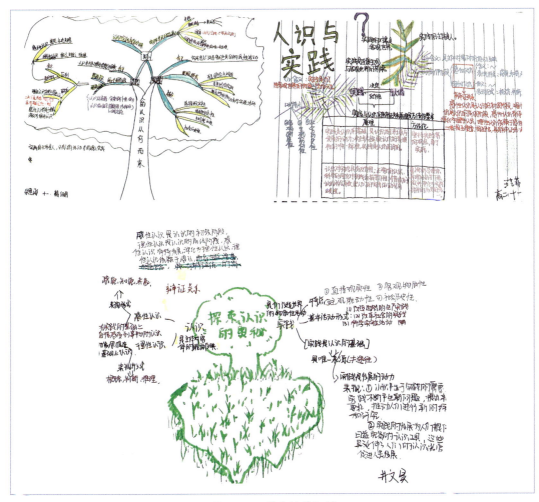

图5-131 学生的精细图

5. 小结反思之凝练小结

（1）目标：总结本课内容。

（2）内容：独立完成凝练图。

（3）要求：①同学们根据本节课所学内容，进行课堂小结，绘制凝练图。②展示自己的凝练图。

在此环节中，学生根据所学内容对本节课知识框架进行总结归纳，独立完成凝练图，然后师生展示凝练图。教师和学生的凝练图如图5-132和图5-133所示。

设计意图 学生根据所学内容以及老师精讲点拨提炼对本节课重点进行构建和总结归纳，独立完成凝练图。

图5-132 教师的凝练图

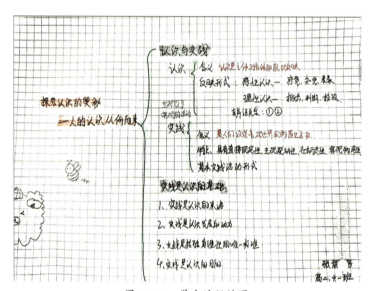

图5-133 学生的凝练图

6. 小结反思之巩固自测

（1）目标：巩固所学内容，并在知识和能力方面得到提升。

（2）内容：完成教师设计的巩固自测题。

通过此环节，学生完成自测题，检验对本课所学内容的掌握情况。

设计意图 学生独立完成自测题，检验对所学内容的掌握情况，检验目标达成的程度，进一步提高能力和素养。

巩固自测题：

（1）2021年1月15日，"人民一号"卫星在太原卫星发射中心搭载长征二号丁运载火箭成功发射，卫星顺利进入预定轨道。这主要表明（　　）

① 实践具有社会历史性　　② 意识活动具有客观物质性

③ 实践是一种直接现实性活动　　④ 意识活动具有主动创造性

A. ①②　　　B. ①④　　　C. ②③　　　D. ③④

（2）2020年是特区建立40年，深圳特区自创建以来，一直是改革的"试验田"、开放的"窗口"，承担着为改革开放先行探索的使命，为其他地区建设提供经验借鉴。从创建深圳特区到建设中国特色社会主义先行示范区的哲学依据是：（　　）

① 实践是人改造世界的物质活动　　② 实践具有社会历史性和能动性
③ 实践是认识的来源和发展动力　　④ 科学实验活动具有直接现实性

A. ①④　　　B. ②④　　　C. ②③　　　D. ①③

（3）揽月而归，踏梦而行。嫦娥五号任务作为探月工程"绕、落、回"三部曲的最终篇章，此次任务是在月球正面未曾探索过的区域收集尘埃和碎片并将其送回地球，以便于分析月球形成演化历史。它的成功意味着新的技术跨越，给载人登月直至月球科研站的设想奠定了坚实基础。月球探测表明（　　）

① 源于实践的认识越来越具有直接现实性
② 受主客观条件的限制，认识具有反复性
③ 实践活动具有主观能动性和社会历史性
④ 实践提供的认识工具延伸了人类的认识器官

A. ①②　　　B. ②③　　　C. ①④　　　D. ③④

（4）（2019·全国卷Ⅱ）习近平在纪念五四运动100周年大会上发表重要讲话指出，当今时代，知识更新不断加快，社会分工日益细化，新技术、新模式、新业态层出不穷。青年要珍惜韶华、不负青春，努力学习掌握科学知识，提高内在素质，锤炼过硬本领，使自己的思维视野、思想观念、认识水平跟上越来越快的时代发展。这一论述蕴含的认识论道理是（　　）

① 源于直接经验的认识是真理性认识
② 以实践为基础的认识具有直接现实性
③ 时代和实践为认识的发展提供了条件和需要
④ 实现认识与实践的统一需要不断提升主体素质

A. ①②　　　B. ①③　　　C. ②④　　　D. ③④

（5）2020年4月22日是国际无产阶级革命的伟大导师和精神领袖列宁诞辰150周年。在下面列宁所说语句中，能够凸显"实践第一"观点的是（　　）

① 少说些漂亮话，多做些日常平凡的事情
② 我们不需要死读硬记，我们需要用基本的知识来发展和增进每个学习者的思考力
③ 判断一个人，不是根据他自己的表白或对自己的看法，而是根据他的行动
④ 我们一定要给自己提出这样的任务：第一，学习，第二是学习，第三还是学习

A. ①③　　　B. ①④　　　C. ②③　　　D. ②④

（6）阅读材料，回答问题：

起初科学家都认为冥王星是九大行星之一，但近年来随着天文技术的发展，国际天文学联合会大会投票决定将冥王星列入"矮行星"。有关专家认为：冥王星之所以被"降级"，

一是新天体"齐娜"的出现,使人们对冥王星的行星地位提出了质疑;二是借助于新的观测工具,人们对冥王星的认识越来越全面。三是随着社会的发展,人们自身的认识能力也有了大大的提高。

结合材料,说明实践是认识发展的动力。

学生完成的巩固自测题示例,如图5-134所示。

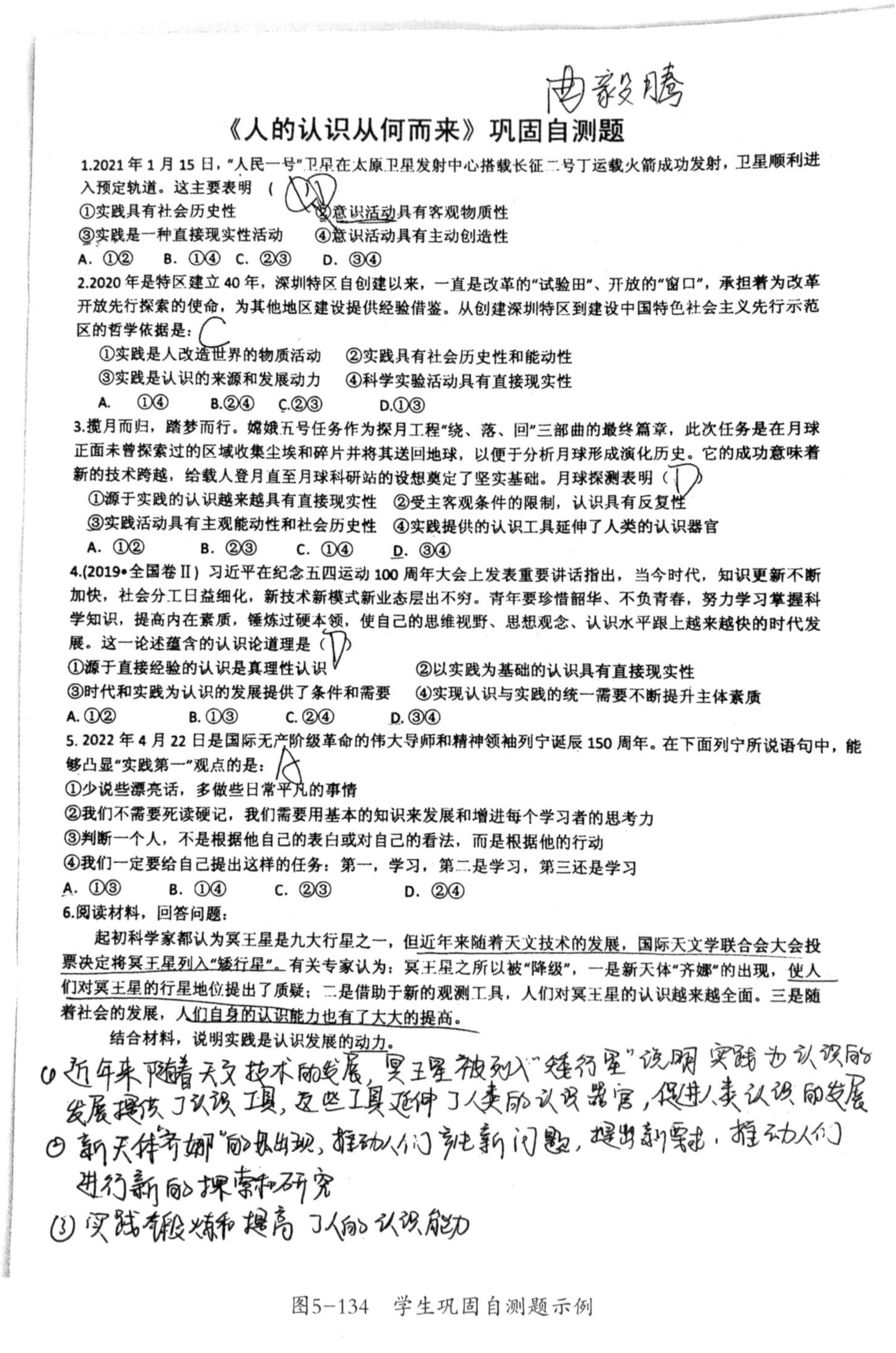

图5-134 学生巩固自测题示例

7. 量规自评

在本节课的尾声，教师再次展示本节课量规（表5-48），让学生根据评价等级进行自评（表5-49），明确自己对本节课内容的掌握情况。学生完成的量规示例如表5-50和表5-51所示。

表5-48 课堂小组合作学习自评量表

评价维度	学习目标	小组讨论			全班交流				凝练提升		评价反思		综合评价
	独立完成	倾听	质疑	解疑	倾听	质疑	解疑	PK精细图	独立完成	分享	独立完成	效果优秀	四生课堂
等级													

表5-49 课堂小组合作学习自评量表等级标准

等级	优秀	良好	待改进
学习目标	在规定时间内，独立完成目标量规自评，能够正确理解其内涵，并做出适合自己实际的判断	基本能够完成目标自我检测，能够理解其内涵，并做出判断	不能完成目标自我检测
倾听	非常专注、深入思考、积极回应（及时记录、发表观点），不打断对方	比较专注、有思考、不打断对方	不专注，基本没有回应
质疑	有证据地提问，提问与主题相关性强	有提问，提问与主题相关	没有提问或提问与主题无关
解疑	针对性强地回应，清晰表达观点，观点合理	有回应，不能清晰表达观点	不能针对问题进行回应
精细图	中心词反映核心概念、框架合理，层次清晰，逻辑性强；内容全面，框括精准。无科学性错误；效果美观。在PK环节，亮点突出有启发	中心词反映核心概念、框架合理，层次清晰，呈现了主要内容，有提炼概括，无科学性错误	有中心词、层次间逻辑不清晰，主要内容不够全面，欠提炼概括或存在科学性错误
凝练图	内容聚焦可迁移的观念、思想或方法。概括准确。在分享时，能够清晰表达其观点	内容聚焦可迁移的观念、思想或方法，概括和表达不太精准	不能领悟到思想或方法，不能绘制凝练图
评价反思	在规定的时间内独立完成检测题目和评价任务。客观公正，检测题目正确率达到85%及以上	能够独立完成大部分检测题目，正确率达到75%及以上	大部分检测题目不能独立完成
综合评价	在本节课中充分体现了一中的"四生"理念：生命激扬、生动表达、生活再造、生长自然	"四生"理念中只体现了其中的两项	不能体现"四生"理念

> **设计意图** 目标是教学的出发点和归宿，应该贯穿教学活动始终，评价量规从制定到实施都是指向目标的。设置此环节，一是有利于目标的进一步落地；二是能促进自我反思；三是能帮助教师获得第一手资料，了解学情，获得下一步教学依据。

表5-50 "人的认识从何而来"课堂学习目标自评表

班级 高二、十一　　姓名 曲毅腾

学习目标		达成评价			
		A 独立完成	B 经同伴帮助完成	C 经教师点拨完成	D 未完成（未完成的关键问题）
记忆	识记感性认识和理性认识的含义、形式	√			
	实践的含义	√			
理解	理解感性认识和理性认识的辩证关系	√			
	实践的特征	√			
	实践是认识的基础	√			
运用	分析生活中的具体问题，感悟实践的重要性，树立实践第一的观点，积极投身社会实践		√		
分析	执行：总结实践与认识的辩证关系	√			
	结构化：绘制感知图，精细图。	√			
评估	辨证：学习本课的收获和存在的问题		√		
	建构：绘制本课凝练图，形成自己对知识的重构。	√			
综合评定					

表5-51 课堂小组合作学习自评量表

评价维度	学习目标	小组讨论			全班交流				凝练提升		评价反思		综合评价
	独立完成	倾听	质疑	解疑	倾听	质疑	解疑	PK精细图	独立完成	分享	独立完成	效果优秀	四生课堂
等级	优秀	优秀	优秀	良好	优秀	优秀	优秀	良好	优秀	优秀	优秀	优秀	优秀

三、案例反思

新时代背景下，我们的课堂聚焦学生发展核心素养至关重要。我们注意到，西方与中国在培养学生核心素养上有所不同，西方学校比较注重三个R，即Rule（规则）、Respect（尊重）、Responsibility（社会责任感）。联合国教科文组织提出了"五个学会"，即学会求知（Learning to know）、学会做事（Learning to do）、学会共处（Learning to live together）、学会成为一个真正的人（Learning to be）、学会改变（Learning to change）。根据联合国教科文组织定义的"五个学会"，我国紧密结合自身实际和国情，同时汲取了世界上其他国家的有益做法，于2014年出台了《关于全面深化课程改革 落实立德树人根本任务的意见》，第一次明确提出要研制我国学生发展的核心素养体系。国家从培养担当民族复兴大任的时代新人的层面，提出以培养学生必备知识和关键能力为核心的素养，学校要制定符合学校实际和特色的核心素养培养方案。

通过与学生一起完成这节课，学生当家做主的愿望超乎我的想象，在教学活动中基本上完成了本课所要培育学科核心素养的任务。在课中小组交流和全班交流环节培养了学科素养所要求的参与意识，同时提高了合作意识。学生在合作学习中探究建构思维路径，达成政治认同。学生的学习欲望、学习兴趣和学习能力得到淋漓尽致的体现。根据课前导学图和目标量规，学生积极主动的学习，发现问题、解决问题，形成感知图并完成初步自评。

通过讲授这节课，教师深深感受到作为思想政治课教师仅有专业理论是不够的，应不断在新课程理论的指导下，与同行加强交流，自身坚持探索，从素材收集到备课、上课，努力打造精品课堂。教师课后看了课堂实录之后，需要在以下方面予以改进：

在课前导学图和目标量规的制定上下功夫，让学生成为课堂主人并明确自己在哪些方面当家做主。精讲点拨应全面、到位、充分，学生解决不了的问题必须发挥教师的引领作用。新课改不是形式，而是内容与形式的高度统一和契合。

作者简介

孙保旺，2004年毕业于聊城大学思想政治教育专业。自2004年至今一直在东阿县第一中学工作，现任高二思想政治课教师，是该校第一批参与杨艳君老师倡导的广义思维导图课堂重构的骨干教师。自参加工作以来，爱岗敬业，努力探索科学有效的教育教学方法，爱护关心学生，所教班级成绩名列前茅，多次担任高三重点班教育教学工作并且成绩优秀。多次参与县市优质课评选活动，多次荣获东阿县优质课一等奖，聊城市优质课二等奖，山东省教学研究课题《建构主义在教学中的应用研究》立项并成功结题。2021年12月山东省高中思政课改革创新优秀案例评选荣获三等奖。获得山东省远程研修优秀学员、东阿县教学能手、聊城市教学能手、东阿县教育先进工作者、东阿县优秀思政课教师等荣誉称号。

课例 17

高中政治"世界的物质性"

一、案例背景

（一）学习内容分析

世界的物质性的内容对应于《普通高中思想政治课程标准（2020年修订）》《哲学与文化》模块的第一部分《探索世界与追求真理》。该内容旨在阐释世界的统一性在于它的物质性；表达无神论立场；表明一切从实际出发，实事求是的态度。本案例我们选取了必修四《哲学与文化》第一单元第二课第一节，是高二年级思想政治新授课。本课的主要学习内容为：识记物质的定义；理解世界的真正统一性在于它的物质性；学会运用马克思主义科学的物质观分析宇宙间的一切事物和现象，正确认识世界的本质；坚定地树立马克思主义的辩证唯物主义科学的物质观。

（二）学情分析

本部分内容属于高二上学期的课程。通过一年多的高中政治学习，学生能够对政治材料做简单的分析，具备了一定的理解、分析问题的能力。但大部分同学缺乏对生活的思考且这部分知识的理论性、抽象性相对较强，学生无从下手。所以我们以学生熟悉的日常生活为例进行分析，让学生更好地理解和应用。

（三）学习目标

（1）通过自主预习，识记物质的定义。

（2）通过互动探究，正确理解世界的真正统一性在于它的物质性。

（3）通过互动探究，学会运用马克思主义科学的物质观分析宇宙间的一切事物和现象，正确认识世界的本质。

（4）通过本课时的学习，坚定地树立起马克思主义的辩证唯物主义科学的物质观。

科学精神：物质的唯一特性是客观实在性，世界的真正统一性在于它的物质性；承认世界的物质性。

公共参与：尊重自然，保护环境。

政治认同：坚持马克思主义的指导，树立科学的世界观、人生观和价值观。

（四）教学思路

本节课以思维导图为抓手进行课堂重构。首先，为达到充分的自学效果，让学生结合课前导学图有目标地预习并绘制感知图。其次，教学过程中教师以课中五环节为思路引导学生通过对感知图、精细图、凝练图的自构和互构，进行课堂小测，完成本节课的学习任务。最后，利用量规再次对学习效果进行自评。

二、教学过程

（一）课前自学

结合教师制作的课前导学图和量规，学生进行充分的课前预习并独立完成感知图。学习目标量规如表5-52所示。学生感知图如图5-135所示。

表5-52　　　课堂学习目标量规（自评）

班级_____ 姓名_____

学习目标		达成评价			
		A 独立完成	B 经同伴帮助完成	C 经教师点拨完成	D 未完成（未完成的关键问题）
记忆	回顾：唯物主义的概念				
	再认识：物质的含义，世界的真正统一性在于它的物质性				
理解	解释：如何理解哲学上的物质概念，唯一特性				
	举例：举例说明物质和具体物质形态的区别				
	推论：有人脑就一定有意识吗？				
	比较：客观存在和客观实在的区别				
	说明：意识是物质世界长期发展的产物。				
运用	执行：从自然界，人类社会，意识产生理解世界的物质性				
	结构化：绘制《世界的物质性》的感知图				
	解构：从自然界，人类社会，意识产生理解世界的物质性				
评估	辨证：总结世界的物质性原理及方法论				
	建构：绘制《世界的物质性》的凝练图				
其他（根据学科特点增设的项目，没有可不填）					

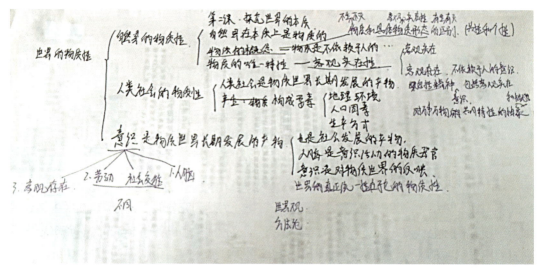

图5-135 学生的感知图

（二）课中学习

本部分主要是通过思维导图课堂重构模式中的课堂五环节，引导学生完成本节课的学习任务并对学习效果进行评价。

1. 学习目标（预设2分钟，实际用时2分钟）

教师活动： 指导学生明确学习目标。

学生活动： 浏览目标，明确方向。

具体实施： 教师念量规，学生会的打"√"，不会的用"？"做标记。让学生学会思辨、质疑，从而提高听课质量。

引导学生对课前学习效果进行自我评估，让学生了解自己，提高自我反思能力，激发学生学习内驱力。帮助学生明确本课学习目标，进而发挥目标的引领功能，也为教师教学活动提供必要信息。

2. 小组讨论（预设10分钟，实际用时10分钟）

教师活动： 组织学生进行小组交流。

学生活动： 组内交流，自构、互构、重构。

具体实施： 组内交流讨论，答疑解惑。

（1）依据量规记忆、理解部分自评结果，四人相互交流感知图和课前导学图中的问题，各自完善感知图。（红笔）

（2）四人组未解决的问题做好记录并由组长贴在黑板上，待全班讨论时解决。

其中第三组、五组、七组、八组、九组的组长把问题做好记录并贴到黑板的问题栏上，主要有：社会存在和社会实在的区别？物质和具体物质的区别？第九组李瑞泽同学提出了是不是只要有人脑就一定产生意识？这是对意识产生条件做的深度思考和追问，与教师的核心问题条的第一个问题相似。

（3）没有问题的小组，领取核心问题条（其中优生组第一组、六组的同学领取了核心问题条）。

核心问题条：

①狼孩有意识吗？为什么？

②错误的意识是人脑对客观存在的反映吗？

③意识的内容和形式都是客观的吗？

设计意图 充分调动学生的学习主动性，通过互帮互助，既促进讲解者对知识的理解，又能帮助倾听者解决问题，激发学生的学习兴趣和探究欲望。

3. 全班交流（预设15分钟，实际用时20分钟）

教师活动：引导全班交流。

学生活动：全班交流，深入探讨。

具体实施：依据量规运用、分析、评估部分完成学习，生成《世界的物质性》的精细图。

（1）小组派代表领问题，帮助其他小组解决问题，由提出问题的小组成员复述。

第二组领取问题：社会存在和社会实在的区别？孙灿灿同学上台解答：社会实在是对世界万事万物和现象的共同特征的抽象和概括。相对于意识来说，它是第一性的东西，不包括精神意识层面。客观存在是不管人们喜不喜欢，承认不承认，它都不依赖人的意识而实实在在地存在着。

教师肯定其答案。掌声鼓励。

由提出问题的第三、五组、七组代表复述答案。

所有同学完善感知图。

第一组领取问题：物质和具体物质的区别？刘大为同学上台解答：物质和具体物质的关系是共性和个性的关系，是对具体物质的概括和总结，并且刘大为同学现场发挥，以孙灿灿是花季少女、政治老师是青年女性，女人是其共性为例，再联系生活中的一些具体物品进行解释，其幽默的语言在课堂掀起了一个小高潮。

教师点评：刘大为同学回答完整准确，掌声鼓励。

由提出问题的第三组、五组、七组同学复述。

所有同学完善感知图。

第四组领取问题：有人脑一定会产生意识吗？李凯峰同学解答：意识产生条件包括三个，一是人脑（物质器官），二是实践，三是客观存在。三者缺一不可。

只有人脑不一定会产生意识。

教师点拨：肯定其回答的准确性，引出第一个核心问题，答案相同。

由提出问题的第八组、九组同学复述。

所有同学完善感知图。

（2）领取核心问题条的小组讨论后，派同学上台解答。

第六组李婉萧同学解答问题：意识的内容和形式都是客观的吗？她认为意识的内容因为是客观存在，所以根据前面对社会存在的理解不难得出是客观的，但是形式不太理解。

教师点拨： 回答正确但不够完整。教师展示玩具狗，请同学回答手里是什么？红头、白身子、三条腿、没尾巴等都是大家对这个玩具狗的反映形式，是不相同的，会受到主客观条件制约，但是内容就是玩具狗这个客观存在。所以，意识的内容是客观的，形式是主观的。

全班组内相互复述。

全班同学再次完善感知图，生成精细图。

（3）老师精选出两幅学生的优秀感知图和精细图并同步展示，比较各自的优缺点。教师的感图、精细图如图5-136所示。学生的感知图、精细图如图5-137所示。

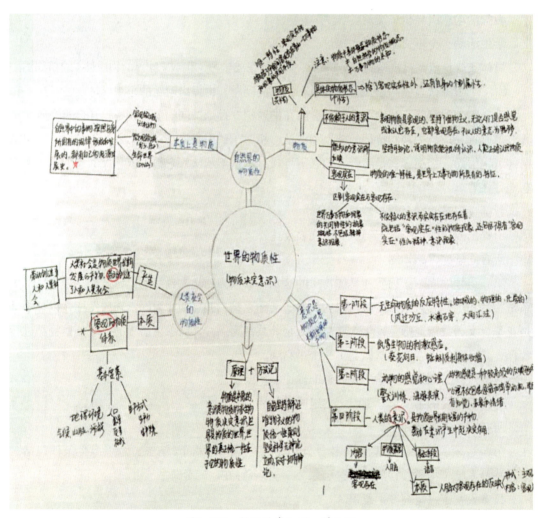

图5-136 教师的感知图、精细图

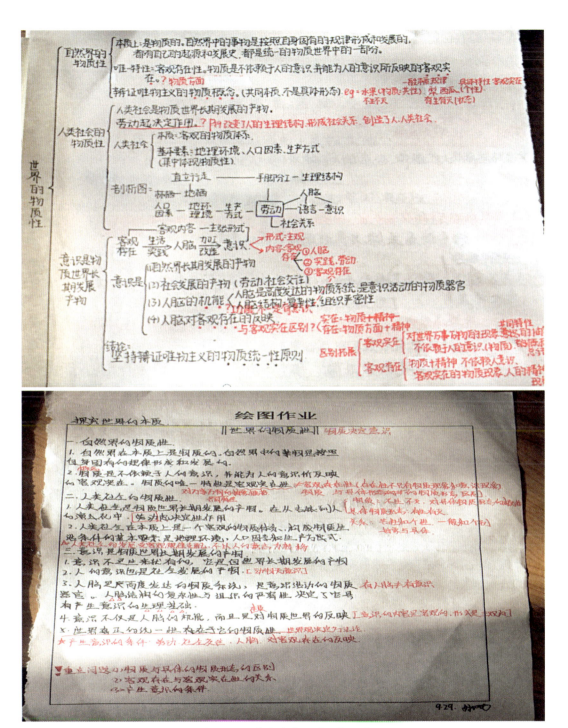

图5-137 学生的感知图、精细图

设计意图　学生通过小组互助、师生互助，完成了对物质概念的理解，明确了物质的唯一特性是客观实在性，区分了物质和具体物质形态，理解了世界的真正统一性是物质性，坚定地树立起马克思主义的辩证唯物主义科学的物质观。

4. 凝炼小结（预设5分钟，实际用时3分钟）

教师活动： 指导学生凝练提升。

学生活动： 反思总结，凝练建构。

具体实施： 建构《世界的物质性》凝练图。

（2）绘制世界的物质性的凝练图，学生用5分钟的时间自主建构，教师从内容的准确性、完整性和图形的美观性等角度精选出两幅优秀的凝练图并展示。学生的凝练图如图5-138所示。

（3）教师利用多媒体展示自己的凝练图并进行小结。教师的凝练图如图5-139所示。

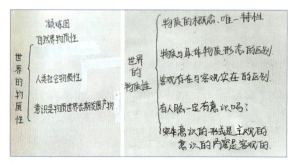

图5-138 学生的凝练图　　　　　　　　图5-139 教师的凝练图

课堂小结： 本节课我们学习了世界的物质性。本节课分别从自然界、人类社会、意识的产生三个方面论证整个世界的物质性。因为整个世界主要是由自然界和人类社会以及精神世界三部分组成，如果三部分都是物质的，就能得出整个世界的真正统一性在于它的物质性。

设计意图　引导学生深刻把握世界的物质统一性，坚持马克思主义指导，为培育学生思想政治学科素养奠定世界观、人生观、价值观的基础。

5. 巩固提升（预设8分钟，实际用时5分钟）

教师活动： 指导学生评估学习效果。

学生活动： 训练反馈，对标再评。

具体实施： 完成课堂小测，最后拿出量规，再次评价。

课堂小测： 多媒体展示问题。

人与自然是生命共同体，人类必须尊重自然、顺应自然、保护自然。当前，我国正在推进14亿人口整体迈入现代化社会，这在人类现代化历史上是前所未有的。在这一进程中，如何处理好人与自然也就是发展与保护的关系，形成人与自然和谐发展的现代化建设格局是我国亟待探索解决的问题。

绿色是生命的颜色，更是当代中国发展最鲜明的底色。《中华人民共和国国民经济和社会发展第十四个五年规划和2035年远景目标纲要》提出，推动绿色发展，促进人与自然和谐共生。到2025年，生态文明建设实现新进步，生态环境持续改善。到2035年，生态环境根本好转，美丽中国建设目标基本实现。"十四五"开局之年，建设美丽中国的新征程开启。

结合材料，运用"世界的物质统一性"原理分析我国提出"建设美丽中国"远景目标的合理性。

学生自主解答生成答案，小组讨论完善。学生代表孙灿灿主动解答：世界的真正统一性在于它的物质性，要求我们坚持辩证唯物主义的物质统一性原则，坚定无神论立场，反对一切有神论。建设美丽中国过程中要尊重自然界的客观规律，做到一切从实际出发，实事求是。人类必须尊重自然、顺应自然、保护自然。

教师点拨：孙灿灿同学把哲学主观题答题步骤彰显得很好。要做到哲学原理方法论表述准确，要符合设问范围，还要联系材料论证原理和方法论。合理性要有意义作用类表述论证，如"建设美丽中国"远景目标有利于什么。

多媒体展示答案：

（1）自然界在本质上是物质的，按自身固有的本质和规律形成和发展，人类社会的存在与发展具有客观的物质性，受客观规律的支配，人的意识本身就根源于物质，要求我们坚持唯物辩证的物质统一性原则，坚持一切从实际出发，实事求是。

（2）我国重视绿色发展，体现了国家尊重、顺应、保护自然，遵循自然界和人类社会发展的客观规律。在新时代、新阶段贯彻绿色发展理念，提出建设美丽中国目标，是对14亿人口整体迈入现代化造成环境压力的清醒认识，有利于推进我国人与自然和谐发展，顺利实现现代化。

全班组内相互复述。

最后量规再评。

设计意图 有利于夯实学习目标，提高学生自我反思能力。

三、案例反思

通过对这种新教学模式的深入学习，政治学科核心素养的不断研究，教学案例的精心设计，反复打磨，最后在高二480班进行了课堂教学重构的展示，其间有收获和惊喜，亦有不足和遗憾。

（一）收获与惊喜

（1）教师的专业素养和教育理念得以提升。该教学模式符合现代先进的教育理念，转变传统的以教师为中心的教学模式，使教师由知识和技能的传授者成为学生发展的引导者。

课中五环节的生生交流、师生互动、相互建构，使学生充分发挥其主体作用，激发了学生的学习热情，提升了学习能力以及分析问题的能力，如刘大为同学对物质和具体物质区别形象生动的讲解，掀起了课堂学习小高潮，让同学在愉快的学习氛围中完成了对知识的理解。学生不再是被动的受教育者，而是主动的参与者，成为课堂的主人。

（2）因材施教落到实处。此教学模式根据学生的个体差异性合理安排教学内容，使不同层次的学生都能得到相应的进步，尤其是给学优生更多的发展空间，真正做到因材施教，如依据量规的两次自我评价，问题栏中各种疑难问题的提出和领取，核心问题的领取和解答。

（3）学生政治学科核心素养的提升。通过学习量规的完成，让学生了解世界的物质性，对客观存在和客观实在的区别使学生理解了物质的唯一特性是客观实在性，世界的真正统一性在于它的物质性；承认世界的物质性，反对神灵创世说的科学精神。课堂检测落实了公共参与：尊重自然，保护环境。最后课堂总结增强了政治认同：坚持马克思主义的指导，树立科学的世界观、人生观和价值观。

（二）有待提升之处

（1）由于对课堂上学生呈现的问题预设不全，导致全班交流环节的预设时间把握不准，例如最后的课堂检测环节进行得比较仓促。一部分同学思维展不开，导致其巩固提升的效果打了折扣，一些细节处理不到位。

（2）核心问题条中第二个问题未予以解决。

（3）由于学生第一次以这种形式上课，还是有点放不开，老师引导得相对较多。熟悉后，可以由学生自主主持其课堂环节，自己生成问题，讨论问题，解决问题，老师适时引导补充。

（三）改进建议

在今后课堂教学重构的实施过程中，要注意以下几点。

（1）以章、节为单位，选取合适的内容进行思维导图的课堂重构，使学生建构系统的知识体系，提升学生政治核心素养，提高学习质量。

（2）课堂重构模式前期教师任务量大，建议备课组全体成员共同参与、各尽所能，充分发挥集体智慧，使教学环节更细致和全面，不仅要生生互构、师生互构，还要有教师与教师之间的相互建构，提升教师整体业务水平和专业素质的同时，能够更好地为教学服务。

（3）在今后教学过程中我们可以通过组织一些辩论赛、课堂模拟会议等方式来丰富学生的学习生活，激发学生学习的热情。

作者简介

马海莲，中学一级教师，备课组长，从教13年来多次荣获省、市、县级教学大赛奖项。

杨欢，中小学二级教师，多次获得省、市、县教学大赛奖项。

赵同，中小学一级教师，备课组长，对政治教学有丰富的经验。

高中历史"西汉与东汉——统一多民族封建国家的巩固"

一、案例背景

（一）学习内容分析

西汉建立以后，为了巩固统治，在政治、经济、社会和思想文化上采取了一系列的措施，使统一多民族的封建国家有了重大发展，但由于社会矛盾的激化，农民起义不断，两汉也逐渐衰亡。本课共包括四个子目，以历史发展的顺序展现了两汉充分巩固大一统国家发展的模式，以及社会危机导致王朝覆亡的过程。第一个子目是《两汉的建立与文景之治》，讲述的是西汉初年的统治。第二个子目是《两汉的强盛》，讲述的是汉武帝采取一系列措施巩固大一统王朝。第三个子目是《东汉的兴衰》，讲述的是东汉的由盛转衰。第四个子目是《两汉的文化》。这四个子目之间呈现出历史发展的因果关系，兴盛的局面因社会矛盾的积累而走向衰亡。

（二）学情分析

对学生已学知识的把握是最重要的学情分析。学生关于两汉历史知识的掌握在初中已经有了一定的知识基础，比如两汉的建立与灭亡；西汉为巩固统治采取的一些措施，"文景之治"和"光武中兴"等。依据学生的思维阶段，初中还是处于记忆和简单的理解阶段，所以这节课在这个基础上还应该继续深入，引导学生分析西汉巩固统治的特点以及两汉统治对统一多民族国家巩固与发展的历史意义的理解。

(三)学习目标

本课的课程标准要求是：通过了解两汉在政治、经济、社会、思想文化上的巩固措施，认识统一的多民族国家巩固在中国历史上的意义；通过了解两汉社会矛盾与农民起义，认识两汉衰亡的原因。本课的重点是两汉统一多民族国家在政治、经济、社会、思想文化上的措施。难点是两汉衰亡的历史原因。

(四)教学思路

本课的教学思路就是依据广义思维导图下课堂重构的模式进行教学。课前给同学们下发课前导学图，为学生提供本课的学习目标。学生依据学习目标，通过看、思、拓、绘四个环节自主进行知识的构建，并绘制感知图，把自己不能掌握的问题在感知图中标注出来。在课中，首先给学生下发量规和课中导学图。量规就是这节课的具体目标，是学生自己对学习目标是否达成的一个评价标准，也是这节课的核心；课中导学图是上课的五个环节，每个环节都规定了具体的目标及任务。第一个环节是明确目标；第二个环节是进行小组讨论，就量规中的目标，小组内进行合作，相互释疑解难；第三个环节是全班交流，主要交流小组讨论时没有解决的问题和教师的纸条上的问题，在这个过程中学生不断修改自己的感知图和精细图；第四个环节是凝练小结，通过这节课的合作学习，绘制出本课重点知识的凝练图；第五个环节是巩固提升。

二、教学过程

(一)课前学习

在上课前，首先给学生下发课前导学图，出示学习目标：①西汉初年政治统治的调整。②汉武帝为加强中央集权采取的措施。③罢黜百家，独尊儒术与中央集权的关系。④列举两汉时期的主要文化成就。引导学生依据学习目标，通过看、思、拓、绘四个步骤，来完成课前的预习，绘制课前导学如图5-140所示。感知图，把自己通过预习不能掌握的知识点用红笔标记出来，以此构建自己的知识结构。

设计意图　在上新课前给学生呈现本节课的学习目标，学生依据目标可以更有效地进行预习，解决本节课的一些基本问题，并绘制出自己的感知图，以便在上课的时候能更有效地去解决自己预习时没有理解的问题，提高课堂的学习效率。

(二)课中学习

1. 出示学习目标

上课后首先给学生下发本节课的量规，即本节课学生要达成的基本学习目标，如表5-53所示。目标按照思维的不同阶梯分为记忆、理解、运用、分析、评估和创造，其中记

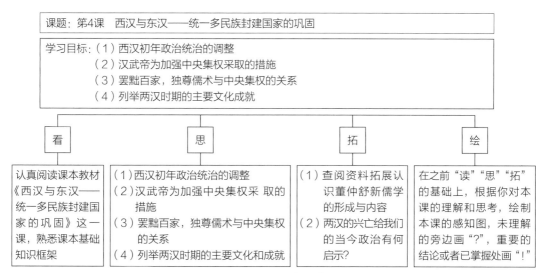

图5-140 课前导学

忆、理解和运用为低阶思维，学生可以通过自学和互学基本完成；分析、评估和创造属于高阶思维，需要教师和学生的互动方可完成。课中导学如表5-54所示。

表5-53 "西汉与东汉——统一多民族国家的巩固"课堂学习目标量规（自评）

班级＿＿＿＿ 姓名＿＿＿＿

	学习目标	达成评价			
		A独立完成	B经同伴帮助完成	C经教师点拨完成	D未完成
记忆	回顾：两汉建立与灭亡的时间				
	再认识：两汉衰亡的原因				
理解	解释：文景之治出现的背景与措施				
	举例：汉初实行的地方行政制度及结果				
	分类：列举汉武帝加强中央集权所采取的措施				
	概要：罢黜百家，独尊儒术与中央集权的关系				
	推论：推恩令是如何加强中央集权的				
	列举：西汉在开疆拓土方面的表现				
	说明：东汉中后期出现外戚宦官交替，权局面的原因及本质				
运用	执行：董仲舒新儒学与西汉中央集权的关系				
	实施：（2019年全国卷Ⅱ T25）见量规反面				
分析	区分：汉朝政治制度的特点				
	结构化：认真完成统一多民族国家的巩固的感知图和精细图				
	解构：西汉大一统国家的巩固				
评估	辩证：如何看待"文景之治"与"光武中兴"				
	判断：大一统国家与早期国家相比，其主要的不同点				
创造	设计：设计一道西汉关于加强中央集权的选择题				
	建构：请绘出统一的多民族封建国家巩固的凝练图				

设计意图 量规评价是整个课堂教学的核心环节,它引导学生对课前学习效果进行自我评估,通过评估让学生了解自己、提高自我反思能力,暴露出的问题还能够引发学生间的思维碰撞与交流,以此来培养学生的核心素养,达到自然生长的目的。

表5-54 "西汉与东汉——统一多民族国家的巩固"课中导学

环节	教师活动	活动具体实施(目标、内容、要求)	学生活动
学习目标	明确学习目标	对照量规进行初步自我评判,清楚自己的认知起点、待提升处及努力方向	浏览目标明确方向
小组讨论	组织小组交流	目标:通过讨论解决量规中记忆和理解的学习目标 内容:利用量规和"感知图"进行讨论 要求:(1)先两人交流,再小组交流。(2)小组中解决不了的问题写到纸条上贴在黑板左侧。(3)讨论之后,没有问题的小组举手示意,领取教师的核心问题条。(4)通过互构完善感知图。(10~12分钟)	同伴交流互构重构
全班交流	引导全班探究	目标:解决量规中的分析与评估的内容。 内容:先交流各组的问题条,再解决教师的核心问题条,最后师生PK感知图。 要求:(1)小组代表组织交流。(2)在交流过程中,完善自己的感知图,逐步形成精细图。(15~20分钟)	全班交流深入研讨
凝练小结	指导凝练提升	目标:解决目标量规中创造部分的建构内容。 内容:根据课堂教学的收获,绘制凝练图。 要求:(1)学生总结收获,绘制凝练图。(2)教师出示自己的凝练图,引领学生总结提升	反思总结凝练建构
巩固提升	评估学习效果	目标:解决目标量规中运用、创造、假设和设计内容。 内容:完成测试题,对照量规自评。 要求:认真完成,小组成员互评	训练反馈对标再评

2. 小组交流,合作探究

量规明确以后,开始进入第二个环节,就是小组讨论。小组讨论的目标、内容和要求分别如下。

(1)目标:通过讨论解决量规中记忆和理解的学习目标。

(2)内容:利用量规和感知图进行讨论。

(3)要求:①先两人交流,再小组交流。②小组中解决不了的问题写到纸条上,然后将其贴在黑板左侧。③讨论之后,没有问题的小组举手示意,领取教师的核心问题条。④通过互构完善感知图(10~12分钟)。

在这个环节,有一些小组会很快完成任务,这时教师要把提前准备好的小纸条发给这些小组的学生,让他们去解决这些问题。具体如图5-141和图5-142所示。

这节课教师准备的小纸条为:

①汉朝政治制度的特点?

材料一: 两汉时期,皇帝的舅舅、外祖父按例封侯;若皇帝幼小,执政大臣也主要从他们之中选择。这被当时人们视为"安宗庙,重社稷"的"汉家之制"。

材料二: 汉武帝起用很多儒学家参与国家大政,儒家学说成为政府选拔人才、任官授爵的标准。

材料三：西汉开国君臣，绝大多数出身布衣，如刘邦是自耕农出身；陈平、王陵、陆贾、郦商、郦食其、夏侯婴等，都是农民；樊哙为屠狗者；周勃以织薄曲为生，常为人吹箫给丧事；灌婴为贩缯者；娄敬为挽车者；萧何、曹参则出身于小吏。

材料四：西汉初年，汉高祖分封一些同姓诸侯王，这些诸侯王大者"夸州兼郡，连城数十，宫室百官同制京师"——东汉后期豪人之室，连栋数百，膏田满野，奴婢千群徒附万计。

问题：上述材料反映了汉朝政治的哪些特点？

②西汉大一统国家的巩固。

材料：汉武帝强化中央集权，至东汉末，全国百余郡实施统一的制度、法令。通过察举制度的实施，构建起研习儒经、崇尚教化、执行统一政策的士大夫官僚队伍。汉朝盛时"编户齐民"有5 900多万人，儒家倡导的忠义孝悌等伦理，成为民众日常行为的规范。汉朝境内的百姓，不复以"燕人""齐人""秦人"相区别，而是"某郡某县"人，他们虽方言有异，却使用着统一的不因语言差异而改变的文字。经历两汉四个多世纪的统治，统一的观念深入人心，"书同文、车同轨、人同伦"。在先秦以来华夏融合的基础上，汉朝境内的人们逐渐被称为"汉人"。——据《汉书》《后汉书》

问题：根据材料并结合所学知识，简析汉朝国家治理对中国历史的意义。

③如何看待"文景之治"与"光武中兴"。封建社会盛世局面的出现和结束给我们的启示。

④大一统国家与早期国家的主要不同之处。

设计意图 四个核心问题条的设计主要是对应量规中的分析与评估部分，这两个目标是本节课的难点，是课前预习中大部分学生难以解决的问题，所以以材料的形式呈现给学生，一方面培养学生的史料实证能力，另一方面使学生加深对本节课的理解。

图5-141 小组交流

图5-142 学生的小纸条

3. 全班交流

全班交流是本节课的中心环节。学生要在老师的引领下，把小组讨论中贴到黑板上小纸条上的问题给不会的同学进行讲解，还要解决老师发给优秀生核心问题条上的问题。具体的做法就是，有问题的学生上台把自己的问题说出来，并邀请其他同学上台讲解，当讲解完毕后，提问题的同学如果满意的话，就把刚才的讲解复述一遍。对于核心问题条上的问题，由之前领到核心问题条的学生上台进行讲解，由于难度相对较大，在这个过程中教师要及时引领，启发学生。在这一过程中学生继续修改感知图，最终形成精细图。

（1）目标：解决量规中的分析与评估的内容。

（2）内容：先交流各组的问题条，再解决教师的核心问题条，最后师生PK感知图。

（3）要求：①小组代表组织交流。②在交流过程中，完善自己的感知图，逐步形成精细图。（15~20分钟）教师和学生的感知图示例如图5-143和图5-144所示。

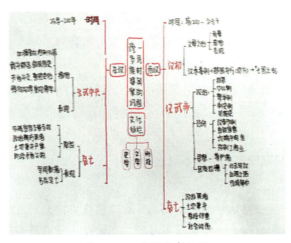

图5-143　教师的感知图

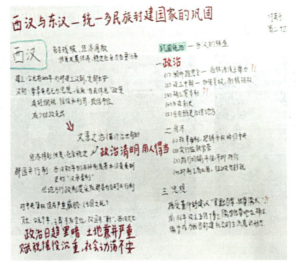

图5-144　学生的感知图

4. 凝练小结，反思提升

凝练小结环节是本节课的升华环节。学生要在学习本节课的基础上，深刻把握本节课的重点难点，并根据内在的逻辑关系，用凝练图的方式展现出来。

（1）目标：解决目标量规中创造部分的建构内容。

（2）内容：根据课堂教学的收获，绘制凝练图。

（3）要求：①学生总结收获，绘制凝练图。②教师出示自己的凝练图，引领学生总结提升。学生和教师的凝练图如图5-145和图5-146所示。

> **设计意图** 凝练小结是本节课的一个重点环节，目的是引导学生回顾本节课所学的知识，找到知识间的逻辑关系，从更高的高度和更宏观的层次来认识本节课的知识结构。

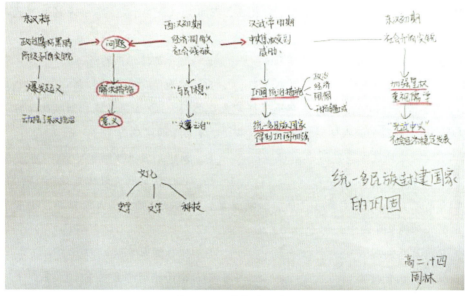

图5-145 学生的凝练图

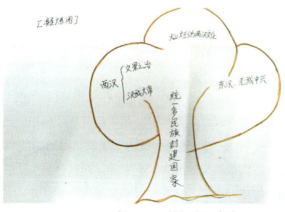

图5-146 教师的凝练图

5. 巩固提升　回扣目标

巩固提升是对本节课进行的课堂检测，以此来检验和巩固本节课的知识，做完后小组互评。

（1）目标：解决目标量规中运用、创造、假设和设计内容。

（2）内容：完成测试题，对照学生评价量规进行自评。

（3）要求：认真完成，小组成员互评。

本节课的课堂检测题目是：

（1）（2019年全国卷Ⅱ T25）西汉初期，道家学说兼采阴阳、儒、墨、名、法各家学说的精髓；后来董仲舒的儒家学说也吸收阴阳五行、法、道等各种思想。促成当时学术思想上呈现这种特征的主要因素是（　　）

A. 王国势力强大　　　　　　　　B. 百家争鸣局面的延续

C. 现实统治需要　　　　　　　　D. 兼收并蓄文化的政策

（2）汉武帝时，朝廷制作出许多一尺见方的白鹿皮，称为"皮币"，定价为40万钱一张。诸侯王参加献礼时，必须购皮币用来置放礼物，而当时一个"千户侯"一年的租税收入约为20万钱。朝廷这种做法（　　）

A. 加强了货币管理　　　　　　　B. 确立了思想上的统一

C. 削弱了诸侯实力　　　　　　　D. 实现了对地方的控制

（3）先秦至西汉前期，山东东部地区得"鱼盐之利"，总体上是商业活跃的地方。西汉中期以后，这一地区的商人活动开始步入低谷。这是由于西汉政府（　　）

A. 重视关中地区经济发展　　　　B. 强化了经济控制

C. 开通了丝路贸易　　　　　　　D. 以儒家义利观教化百姓

（4）《史记》载："汉定百年之间，亲属益疏，诸侯或骄奢……大者叛逆，小者不轨于法。"出现这种现象是由于汉初（　　）

A. 实行察举制度　　　　　　　　B. 独尊儒家学说

C. 实行郡国并行制　　　　　　　D. 全面推行郡县制

设计意图　目标是教学的出发点和归宿点，最后目标是否达成、通过怎样的方式达成，获得了哪些收获？学生通过这个评价量规，可以非常直接地了解这节课目标达成的情况，以及自己的收获和成长。这既有利于目标的进一步落地，又能促进自我反思。学生评价量规如表5-55～表5-57所示。

以上就是课堂教学的五个环节，以量规为指引，每个环节环环相扣，充分调动了学生的积极性和创造性，激发了学生的思维，使学生体验到了互助学习的乐趣和收获成功的喜悦感，同时在这个过程中也充分落实了历史的五大核心素养。同时，学生从感知图到精细图再到凝练图，在这"三图六构"的过程中，不断深化对本节课内容的认知。

表5-55 “西汉与东汉——统一多民族国家的巩固”课堂学习目标自评表（示例）

班级________ 姓名________

学习目标		达成评价			
		A独立完成	B经同伴帮助完成	C经教师点拨完成	D未完成
记忆	回顾：两汉建立与灭亡的时间	√			
	再认识：两汉衰亡的原因	√			
理解	解释：文景之治出现的背景与措施	√			
	举例：汉初实行的地方行政制度及结果	√			
	分类：列举汉武帝加强中央集权所采取的措施	√			
	概要：罢黜百家，独尊儒术与中央集权的关系		√		
	推论：推恩令是如何加强中央集权的		√		
	列举：西汉在开疆拓土方面的表现	√			
	说明：东汉中后期出现外戚宦官交替，权局面的原因及本质		√		
运用	执行：董仲舒新儒学与西汉中央集权的关系		√		
	实施：（2019年全国卷Ⅱ T25）见量规反面	√			
分析	区分：汉朝政治制度的特点			√	
	结构化：认真完成统一多民族国家的巩固的感知图和精细图	√			
	解构：西汉大一统国家的巩固	√			
评估	辩证：如何看待“文景之治”与“光武中兴”			√	
	判断：大一统国家与早期国家相比，其主要的不同点			√	
创造	设计：设计一道西汉关于加强中央集权的选择题	√			
	建构：请绘出统一的多民族封建国家巩固的凝练图	√			
其他（根据学科特点增设的项目，没有可不填）					

“西汉与东汉——统一多民族国家的巩固”课堂学习目标自评表（示例）如图5-147所示。

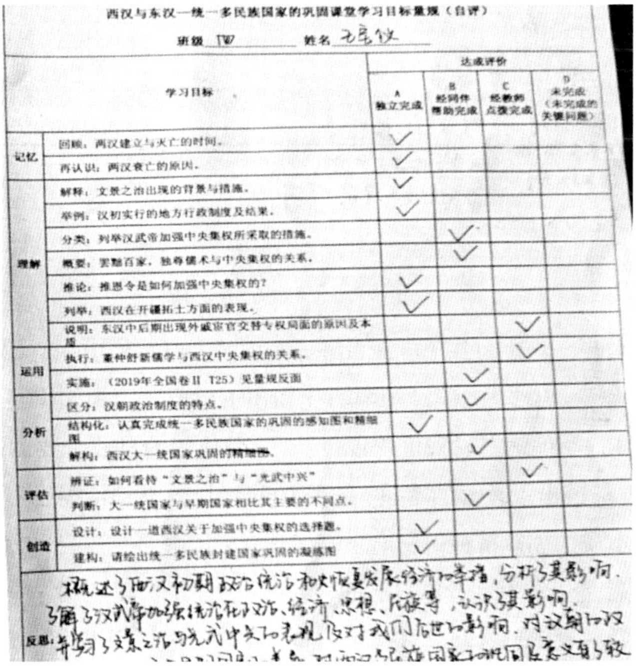

西汉与东汉—统一多民族国家的巩固课堂学习目标量规（自评）

班级 7W 姓名 ……

学习目标		达成评价			
		A 独立完成	B 经同伴帮助完成	C 经教师点拨完成	D 未完成（未完成的关键问题）
记忆	回顾：两汉建立与灭亡的时间。	√			
	再认识：两汉衰亡的原因。	√			
理解	解释：文景之治出现的背景与措施。	√			
	举例：汉初实行的地方行政制度及结果。	√			
	分类：列举汉武帝加强中央集权所采取的措施。		√		
	概要：罢黜百家，独尊儒术与中央集权的关系。		√		
	推论：推恩令是如何加强中央集权的？	√			
	列举：西汉在开疆拓土方面的表现。	√			
	说明：东汉中后期出现外戚宦官交替专权局面的原因及本质			√	
运用	执行：董仲舒新儒学与西汉中央集权的关系。			√	
	实施：（2019年全国卷II T25）见量规反面		√		
分析	区分：汉朝政治制度的特点。		√		
	结构化：认真完成统一多民族国家的巩固的感知图和精细图	√			
	解构：西汉大一统国家巩固的~~精细图~~。		√		
评估	辨证：如何看待“文景之治”与“光武中兴”			√	
	判断：大一统国家与早期国家相比其主要的不同点。		√		
创造	设计：设计一道西汉关于加强中央集权的选择题。	√			
	建构：请绘出统一多民族封建国家巩固的凝练图	√			

反思：概述了西汉初期政治统治和恢复发展经济的举措，分析了其影响。了解了汉武帝加强统治在政治、经济、思想、民族等，认识了其影响。并学习了文景之治与光武中兴的表现及对我们后世的影响。……

图5-147 课堂学习目标自评表

表5-56　课堂小组合作学习自评量表

评价维度	学习目标	小组讨论			全班交流				凝练提升		评价反思	
	独立完成	倾听	质疑	解疑	倾听	质疑	解疑	PK精细图	独立完成	分享	独立完成	效果优秀
等级	良好	优秀	良好	良好	优秀	优秀	优秀	优秀	优秀	良好	优秀	优秀

表5-57　课堂小组合作学习自评量表等级标准

评价项目 \ 等级	优秀	良好	待改进
学习目标	在规定时间内，独立完成目标量规自评，能够正确理解其内涵，并做出适合自己实际的判断	基本能够完成目标自我检测，能够理解其内涵，并做出判断	不能完成目标自我检测
倾听	非常专注、深入思考、积极回应（及时记录、发表观点），不打断对方	比较专注、有思考、不打断对方	不专注，基本没有回应
质疑	有证据的提问，提问与主题相关性强。	有提问，提问与主题相关	没有提问或提问与主题无关
解疑	针对性强的回应，清晰表达观点，观点合理	有回应，不能清晰表达观点	不能针对问题作出回应
精细图	中心词反映核心概念、框架合理，层次清晰，逻辑性强；内容全面，框架精准。无科学性错误；效果美观。在PK环节，亮点突出有启发	中心词反映核心概念、框架合理，层次清晰，呈现了主要内容，有提炼概括，无科学性错误	有中心词，层次间逻辑不清晰，主要内容不够全面，欠提炼概括或存在科学性错误
凝练图	内容聚焦可迁移的观念、思想或方法。概括准确。在分享时，能够清晰表达其观点	内容聚焦可迁移的观念、思想或方法，概括和表达不太精准	不能领悟到思想或方法，不能绘制凝练图
评价反思	在规定的时间内独立完成检测题目和评价任务。客观公正，检测题目正确率达到85%及以上	能够独立完成大部分检测题目，正确率达到75%及以上	大部分检测题目不能独立完成
综合评价	在本节课中充分体现了一中的四生理念：生命激扬、生动表达、生活再造、生长自然	四生理念中只体现了其中的两项	不能体现四生理念

三、案例反思

通过上述教学实践，我认为基于广义思维导图下的课堂重构应注意如下几点。

（1）著名科学家爱因斯坦曾说："想象力比知识更重要，因为知识是有限的，而想象力概括着世界上的一切。"哲学家尼采也曾说过："一个独特的自我，要创造出一轮自己的太阳。"这些话实际上都道出了教育的本质，教育的最终目的不是传授已有的东西，而是要把学生作为人的独特本质的创造精神引发出来，使其成为能够自觉、自由创造的人。广义思维导图下的课堂重构就是让学生创造出自己的"太阳"。学生可以利用思维导图，用统一的方式方法使各学科复杂的逻辑思维问题可视化、简单化。学生使用思维导图能把学习的知识更好地融会贯通，发展兴趣、好奇心，从而提高学生的学习力，促进学生的主动学习和自我成长。

（2）2107年的新课程标准特别强调，历史课程要将培养和提高学生的历史学科核心素养作为目标，使学生通过历史课程的学习逐步形成具有历史学科特征的正确价值观念、必备品格与关键能力。这一规定就要求我们在平时的历史课堂教学的设计中，必须围绕培养学生历史核心素养这一核心展开。广义思维导图下的课堂重构就是围绕着历史核心素养展开，着重培养学生的历史思维能力。比如，课前的导学图、课中量规的制定以及核心问题条的设置都渗透着对历史核心素养的考察。

（3）广义思维导图重构课堂更加注重学生自主建构和合作学习，让课堂实现真实的学习，让学生思维更加可视化，由"会学"达到"学会"，创造出每个人自己的太阳。

作者简介

申德田，山东省东阿县第一中学历史教师，教研组长；聊城市教学能手，聊城市首届水城名师高中历史领航工作室成员；聊城市教育教学优秀教师。多次参加项省级和市级教育课题的研究，并取得一定的成果。在历史教学的有效性、历史核心素养的研究、课堂改革等方面有一定的研究，《新课标下历史课堂教学的有效性新探索》《情境化教学在历史课堂中的运用》等多篇研究成果和论文正式发表。

高中历史"专制时代晚期的政治形态"

一、案例背景

（一）学习内容分析

本课为人教版《高中历史必修一》专题一第四课，包含四部分内容：明清时期加强君主专制的措施、明清时期加强中央集权的措施、清朝的边疆政策、专制主义中央集权制度对中国社会的影响。教学重点是明清时期加强君主专制的措施以及专制主义中央集权制度对中国社会的影响。这些内容在中国政治制度史上具有重要地位。同时，本课的学习也是对本专题的总结，学好本课利于从整体上把握中国古代政治制度的成就和影响。

（二）学情分析

本课的教学对象是高一学生。通过以往观看的影视剧，学生对本课内容有比较模糊、不深入的了解，因而在对明朝内阁、清朝军机处的职能理解上有一定难度，需要老师进一步引导。但学生通过以往的历史学习，已经初步掌握了历史学习的基本思路，具备一定的分析历史问题的能力。

（三）学习目标

了解明朝内阁、清朝军机处设置的史实，认识到这是中国专制时代晚期政治形态的新变化。

通过对明清皇权与以往各朝代皇权不同特征的比较，认识中国古代君主专制制度发展的趋势和对中国古代社会的影响。

通过对清朝边疆政策的了解，认识到正确处理边疆民族关系对巩固统一多民族国家的重要意义。

通过对中国古代政治制度发展历史的综合，锻炼对长时段的历史现象和历史特征进行概括的能力。

通过本课的学习，认识到制度建设和制度创新对国家稳定、发展的重要性；体会明清君主专制制度的强化，有助于统一的多民族国家巩固，但君主专制制度的积弊也是造成中国近代落后的重要原因；初步形成正确的历史观。

（四）教学思路

本课教学重点阐释了四个方面问题。

第一个方面讲明清时期加强君主专制的措施，分为明朝和清朝两个时期加以叙述。明朝加强君主专制的措施：①废除丞相，权分六部；②设置内阁；③用太监牵制内阁。清朝加强君主专制的措施主要有两点：①军机处的设置；②密折制的实行。

第二个方面讲明清时期加强中央集权的措施。明朝时期主要是地方上废行中书省，设三司。清代时期主要是地方上督抚制的实行。这部分内容，教材没有涉及，但考试时常考到。教师通过出示课件、分发阅读资料，拓展学生的知识结构。

第三个方面讲清朝的边疆政策。

第四个方面讲专制主义中央集权制度对中国社会的影响。中国自秦朝建立起专制主义中央集权制度以来，经历了初步发展、强化和走向极端几个重要时期。这种制度既有其积极作用，也有其消极影响。如果说它在初建时是适应社会发展的需要，积极作用占据主导地位的话，后来随着历史的发展，积极的一面便逐步下降，消极的一面逐步上升。到专制王朝晚期，消极的一面则占据主导地位。本课主要内容在于讲述明清两朝君主专制加强的措施，以便为日后分析近代中国落后挨打的原因做好铺垫。

二、教学过程

（一）课前学习

结合教师制作的课前导学图（图5-148）和量规（表5-58），学生进行充分的课前预习并独立完成感知图（图5-149）。

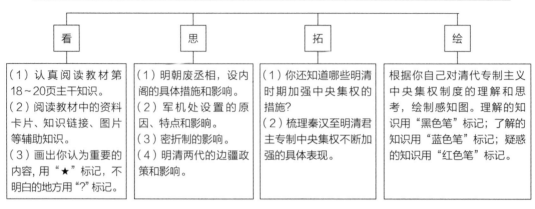

图5-148　课前导学图

表5-58　"专制时代晚期的政治形态"课堂学习目标自评表

班级＿＿＿＿　姓名＿＿＿＿

学习目标		达成评价			
		A独立完成	B经同伴帮助完成	C经教师点拨完成	D未完成（未完成的关键问题）
记忆	回顾：明清两代加强君主专制中央集权制度的具体措施				
	再认识：进一步了解专制主义中央集权制度的概念				
理解	分类：明清两代加强君主专制、中央集权以及边疆政策的不同表现				
	推论：明清两代加强君主专制、中央集权以及边疆政策的评价				
运用	执行：评述明清时期加强君主专制、中央集权以及边疆政策的表现及影响				
	实施：利用专制主义中央集权制度不断强化的原理解决具体问题				
分析	区分：分别概述加强君主专制与中史集权的具体措施				
	结构化：绘制明清时期专制主义中央集权制度强化的感知图				
	解构：专制时代晚期政治形态对巩固统一多民族国家的意义				
评估	辨证：全面评价和认识专制主义中央集权制度				
创造	设计：以本课内容为核心，结合补充的材料信息，编一道题目并解答				
	建构：绘制专制时代晚期政治形态的凝练图				

（本量规依据布鲁姆认知领域教育目标构建，具体课堂可根据需求自行调整）

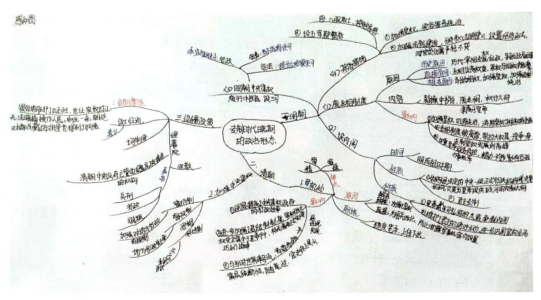

图5-149 学生感知图

（二）课中学习

1. 浏览目标，明确方向

这一环节的主要任务是，教师宣读"专制时代晚期的政治形态"课堂学习目标量规，指导学生对照学习目标逐条进行自评。评估达到A（独立完成）水平的内容，在相应栏目处打"√"。教师及时收集学生的评估结果。

教师通过查看学生的自评结果发现，70%以上的学生能够独立完成量规的学习目标：在"明清两代加强君主专制中央集权制度的具体措施""进一步了解专制主义中央集权制度的概念""专制时代晚期政治形态对巩固统一多民族国家的意义""明清两代加强君主专制、中央集权以及边疆政策的评价"对应栏目处打了"√"。

2. 小组交流，合作探究

本环节的目标是解决量规中记忆和理解的内容。

为了达成上述学习，第一个学习任务是，学生之间开始小组交流，先两两交流，交流各自的感知图和疑问点，倾听、提问和表达自己的理解，澄清概念和解决疑难问题。交流讨论过程中用红色笔不断修正自己的感知图，对于仍然不能解决的问题，用问号标记。

第二个学习任务是，两人一组讨论告一段落以后，开始四人小组交流。将两人一组未解决的问题放到四人小组进行讨论交流，继续用红笔完善修正自己的感知图。组内不能解决的问题做好记录，由组长写在便利贴上，贴到黑板左侧，等待下一环节全班讨论时解决。

设计意图：学生就某个知识相互问答，不但促进讲解者对某个知识更加深入细致的理解，也有利于倾听者解除疑难问题，学生能从不同于老师的角度去理解知识，达成理解的目标。

贴在黑板左侧的问题有："军机处的特点与职能是什么？""清朝加强专制主义中央集权的措施有哪些？""你还知道哪些明清加强君主专制中央集权的措施？"

通过观察贴在黑板左侧的便利贴，教师发现有些小组已经独立完成量规中的学习目标，并没有疑难问题需要解决。教师示意没有疑问的小组举手并派代表到讲台处领取核心问题条（教师预设问题条）。教师给出的核心问题条（教师预设问题条）上的问题只有一个："如何全面认识和评价专制主义中央集权制度？"

3. 全班交流，深入研讨

这一环节的主要目标是达成量规中"分析"和"评价"部分内容的学习，采取的主要策略是，通过核心问题的探究，引导学生看到现象背后的本质，得出全面认识和评价专制主义中央集权制度的核心知识，生成精细图。

教师组织学生进入全班讨论环节，小组派代表领取黑板左侧的问题，帮助提问的小组解决，由提出问题的小组成员复述。

第二组学生领取问题："你还知道哪些明清加强君主专制中央集权的措施？"第二组代表上台解答：设立东厂、西厂、锦衣卫等特务机构监察百官和百姓。

教师首先肯定这位学生答案的正确，其次进行了补充，如思想文化方面：八股取士，控制思想。

由提出问题的第三、六组学生复述答案。

所有学生完善感知图。

第一组领取问题："清朝加强专制主义中央集权的措施有哪些？"第一组代表上台解答：政治方面：设立军机处，实行密折制、督抚制。思想文化方面：文字狱、八股取士。

教师进行点评，认可本组学生的回答完整正确。

由提出问题的四、七组同学复述答案。

第五组学生领取问题："军机处的特点与职能是什么？"第五组代表上台解答：军机处特点是机构简单，人员精干，有官而无吏，地处内廷，外界干扰少，办事效率高。军机处的职能是处理军务和其他政务。

教师出示多媒体课件展示文字史料并展示军机处相关图片，加以补充和概括。

材料一：军机处"直（值）庐初仅板屋数间……（属员）直舍仅屋一间半"。

——引自赵翼《檐曝杂记·军机处》

材料二：机务及用兵皆军机大臣承旨，天子无日不与（军机）相见，……即承旨诸臣（军机大臣）亦只供传述缮撰，而不能稍有赞画于其间也。

——引自《清史稿·军机大臣年序表》

材料三：军机处名不师古，而丝纶出纳，职居密勿。……军国大计，罔不总揽，自雍正、乾隆后，百八十年，威命所寄，不予内阁，而于军机处，盖隐然执政之府矣。

——引自《清史稿·军机处》

教师指出，不管是材料二第一行中的"承旨"、材料二第二行中的"传述缮撰"，还是材料三中的"丝纶出纳",都体现了军机处的职能只是跪受笔录、承旨遵办、上传下达。"丝纶出纳"的意思是代皇帝草拟诏旨。而军机处的职能与材料三中的"盖隐然执政之府矣"又体现了军机处行政执行机构无决策权,是辅助皇帝处理政务的中枢机构。

至于军机处的特点,往往不是具体的,具有高度的概括性。可以将军机处的机构特点归纳为简、精、速、密。简即机构简单;精即人员精干;速即办事效率高;密即地处内廷,封闭性强。军机处的所有机构特点都是为它的本质特点服务的,那就是为皇权服务。

总结一下:军机处的职能是跪受笔录,上传下达。军机处的特点:简、精、速、密。

全班学生组内相互复述。

复述完毕,全班学生完善感知图。

最后,领取核心问题条的小组讨论后,派两名学生上台解答:如何全面认识和评价专制主义中央集权制度?

第一名学生认为评价应该分为积极和消极两个方面。积极作用:有利于多民族国家的统一和巩固,社会安定,经济发展和文化繁荣。消极作用:皇权的极度膨胀,又成为阻碍社会进步的重要因素。第二名学生认为消极影响还应该包括文化专制的内容。

教师认为两人客观全面地评价了专制主义中央集权制度,并加以点拨:专制主义中央集权制度在其形成初期,促进了统一多民族国家的形成和发展,巩固了国家统一,为封建经济的发展创造了条件,也有利于民族融合,使中国产生了高于同一时期世界上其他国家的物质文明和精神文明。但是它也加强了对人民的控制,影响了政治、经济、文化等方面的自由发展。这种制度又往往取决于君主个人政治品质的优劣,皇帝个人因素对政局影响巨大,统治集团内部的各种矛盾斗争可以说都是专制主义中央集权制度的副产品。在封建社会后期其消极作用越来越大,特别是明清以后,它阻碍了资本主义萌芽的发展和社会的变革,禁锢了人们的头脑,造成了生产力的停滞,这也是中国长期停滞于封建社会的重要政治原因。总体来说,专制主义中央集权在我国两千多年的历史中所起的积极作用是不可磨灭的,它为辉煌灿烂的中华文明的创建和多民族统一国家的发展做出了卓越的贡献。

教师出示概括专制主义中央集权制度评价的多媒体课件。

积极作用:

① 利于多民族封建国家的建立、巩固和发展,利于维护祖国统一与领土完整。

② 能有效地组织人力、物力和财力从事大规模的生产活动和经济建设,利于社会经济的发展。

③ 在统一的环境下,利于各民族的融合,利于各地区的经济文化交流。

消极作用:

① 皇权专制极易形成暴政、腐败现象,是阻碍历史发展的因素。

② 在思想上表现为独尊一家,钳制了思想,压抑了创造力。

③ 在封建社会末期,阻碍了新兴的资本主义生产关系萌芽的发展,束缚了社会生产力的发展,妨碍了中国社会的进步。

④ 助长了官僚作风和贪污腐败之风。

全班组内互相复述，继续完善感知图，生成精细图。学生精细图见图5-150，教师精细图见图5-151。

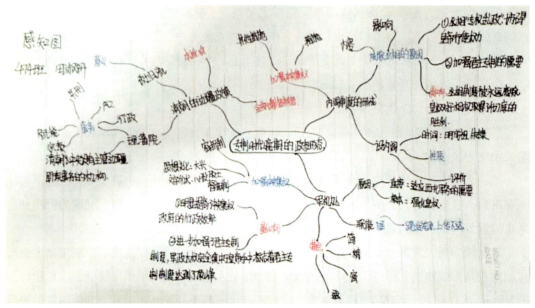

图5-150 "专制时代晚期的政治形态"学生精细图

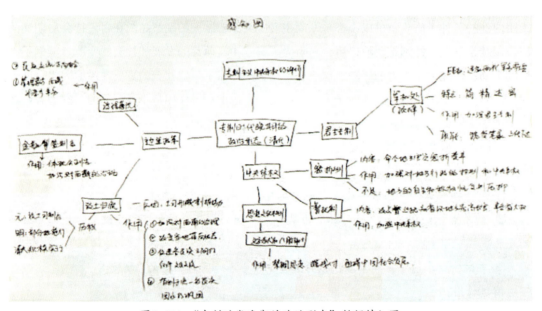

图5-151 "专制时代晚期的政治形态"教师精细图

4. 凝练小结，反思提升

本环节的任务是建构"专制时代晚期的政治形态"凝练图。

教师点拨要点，学生绘制"专制时代晚期的政治形态"凝练图。学生用3分钟的时间自主建构，教师从内容的准确性、全面性和图形的美观性等角度精选出两幅优秀的凝练图并展示。

本节课主要讲述明清时期君主专制中央集权制度的强化，其中，君主专制强化的措施包括明朝废丞相、设内阁，君主专制空前强化；清朝军机处的设置，使君主专制发展到顶峰；密折制的实行，又进一步加强了君主专制。清朝的边疆政策，以及明清的改土归流，不仅加强了对边疆的管辖，也使我国在统一多民族国家的发展中又前进了一步。

在教师的点拨下，学生画出凝练图。教师利用多媒体展示自己的凝练图，做必要的补充。

教师指出，需要注意的一点是，明清时期君主专制中央集权的加强对巩固统一多民族国家的重要意义。这一点必须在图上体现出来。学生凝练图如图5-152所示，教师凝练图如图5-153所示。

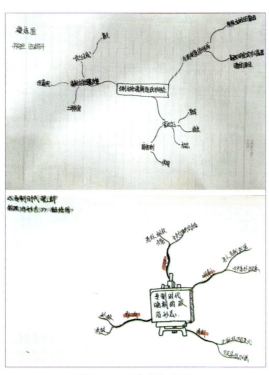

图5-152　学生凝练图

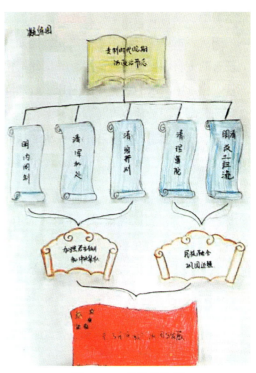

图5-153　教师凝练图

5. 巩固提升，效果检测

本环节教师需要指导学生评估学习效果，学生通过训练反馈，对标再评，回扣量规目标。

学生独立完成课堂小测，检测学习效果。小测题目：根据本课内容和补充的材料信息如"金瓶掣签制"和"督抚制"，编一道题目并解答。完成小测以后，学生再次拿出量规，重新自评。

至此，量规未解决的问题基本解决。

三、案例反思

针对历史学科素养的要求和高中学生的认知特点，教师首先将教材内容问题化，把学习知识的过程变成分析和解决问题的过程，主要从以下几方面进行操作。

首先，通过量规把教材内容变成问题的链接，引导学生逐步地进行问题求解。在此过程中激起学生的问题意识，并生成更多、更深层次的问题，锻炼了学生的逻辑思维。

其次，将教材内容结构化，引导学生掌握知识的结构，注重知识之间的内在联系，形成时空观念，以利于结合相关知识构建知识体系框架，形成完整的思维导图。

在设计每一个环节时，多考虑设计的意图：能够让学生捕获怎样的信息，学会什么样的学习方法，让学生在课堂上去探究，通过自身的努力去解决问题，构建知识体系，体会学习的快乐。而教师只是学生学习的引导者、帮助者、交流者和参与者，要让学生真正参与到课堂学习中，学得容易，学得轻松，学得愉快。

当然，本课还有很多不足之处，比如，史料是通向历史认识的桥梁，虽然学生能从课堂上现有的史料中提取有效信息，并据此提出自己的历史认识，但课堂中出示的史料类型不够丰富。课堂中出示的史料除了图片、纸质阅读资料之外，还可以加入一些影音资料，例如，金瓶掣签制度纪录片或者是渥巴锡率领土尔扈特部回归祖国的纪录片，以便更好地激发学生的兴趣，增强学生对国家和中华民族的认同感，形成民族自信心和自豪感。

作者简介

田娜，中国人民大学附中雄安校区（河北容城中学）历史教研组长，中学一级教师，从教15年，有丰富的教学经验。

杨燕，中央民族大学附属中学雄安校区备课组长，从教4年，知识储备丰富。

课例 20

高中历史"两宋的政治和军事"

一、案例背景

（一）学习内容分析

本课的四个子目，具有前后递进的逻辑关系。先讲"宋初中央集权的加强"，由强化集权的弊端进入第二个子目"边防压力与财政危机"。由于解决边防压力与财政危机的需要，引发变法运动，也就是第三个子目"王安石变法"。变法引起激烈党争，加速北宋衰亡，北宋灭亡后出现南宋，因此又有第四个子目"南宋的偏安"。本课以北宋为重点，对南宋仅简要述及。尽管北宋、南宋时间长度接近，但宋朝的基本治国理念、统治政策、统治特征都形成于北宋，南宋大体沿袭。由于课时和篇幅所限，本课也以叙述北宋的历史为主。

（二）学情分析

处于高一阶段的学生已经具有一定的历史知识基础；在初中已经对宋初采取的加强专制主义中央集权的措施以及宋与周边民族政权的关系进行过具体的学习，能够对历史事物进行初步的分析和理解；而且好奇心重、求知欲望比较强烈。高中生正处于思想的叛逆期，在面对已经学习过的知识时容易产生心理懈怠；认知水平有限，思辨能力不足，学科核心素养较为欠缺，对史学方法和史学态度缺少认识。

（三）学习目标

1. 知识目标

通过了解两宋的政治和军事，认识这一时期在政治、经济、文化与社会等方面的新变化。

2. 学科核心素养目标

（1）唯物史观：通过学习北宋加强中央集权的措施带来的利弊，培养学生全面分析历史事物、一分为二的辩证思维。

（2）时空观念：通过时间轴认识两宋的时空定位，通过疆域图认识两宋的地理位置和政权形式，培养学生时空观念。

（3）史料实证：通过展示及读取文物图片等资料信息，培养学生史料实证能力。

（4）历史解释：通过对两宋演变的历史背景分析，培养学生历史解释素养。

（5）家国情怀：通过学习宋朝的士大夫精神，以及两宋文臣武将中的杰出代表：范仲淹、王安石、岳飞、文天祥等的爱国史实，培养学生的社会责任感、家国情怀。

（四）教学思路

本节课采用"双星四生课堂"模式进行教学。课前学生根据教师的量规和课前导学图进行预习、画出感知图，课上通过"目标量规呈现、合作释疑解难、精讲点拨提炼和小结反思拓展"四个环节，梳理基础知识，突破重点，落实课标要求。

目标量规呈现，使学生可以明确已知和未知的部分，使下一步探究、听课明确了方向。合作释疑解难，通过小组之间讨论、启发可以激发学生的学习热情，提高学习的效率。小组互助解决不了的问题由老师进行精讲点拨。本节课的重难点问题是"宋朝初期中央的加强"，这里教师通过补充相关史料进行讲解、突破。小结反思拓展环节可以帮助学生明确知识间的逻辑关系和重点。

二、教学过程

（一）课前学习

学生根据课前导学图（图5-154）和目标量规进行预习，并画出感知图，明确本节课的教学内容和学习目标，找出自己已知和未知的内容。

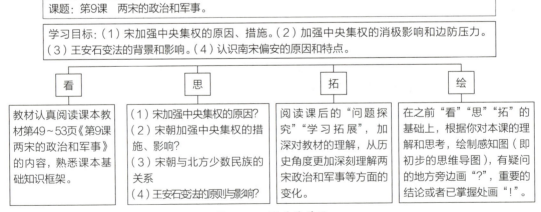

图5-154　课前导学图

设计意图：高中学生已经具备了一定的自学能力，拥有一定的查阅资料、分析、解决问题的能力，这是设计课前导学的前提。课前通过阅读教材、查阅资料可以使学生回忆起初中相关知识，激起对本课学习的进一步兴趣，明确不能自学解决的问题，利于上课聚焦核心难点问题，为有效提高课堂效率奠定基础。通过预习梳理知识使"时空观念"的核心素养得以落实。

（二）课中学习

通过范文澜和陈寅恪两位先生对宋朝截然不同的评价，激起学生探究学习的兴趣，提出问题："宋朝的政治、经济、文化如何，为何两位学者的观点有如此大的差异？"

设计意图：激起学生探究的兴趣，使学生像历史学家一样学会质疑、学会探究。

1. 目标量规呈现

出示量规（表5-59），让学生进一步明确本节课需要掌握的内容和技能。

表5-59　第9课"两宋的政治和军事"课堂学习目标量规（自评）

班级＿＿＿＿　　姓名＿＿＿＿

	学习目标	掌握程度			
		A独立完成	B经同伴帮助完成	C经教师帮助完成	D未完成
记忆	回顾：五代十国历史更迭的史实				
	再认识：唐朝、五代十国中央集权衰弱的原因，辽朝、西夏、金与两宋的战和				
理解	解释：宋朝改变政策的背景				
	概括：宋朝加强中央集权的措施				
	理解："二府三司"制度				
	理解：宋朝加强中央集权的影响				
	认识：辽和西夏与北宋的关系				
	说明：北宋面临的危机主要体现有哪些				
	理解：庆历新政的核心及失败原因				
	理解：王安石变法的原因、措施和影响				
	了解：南宋和金关系的演变历程				
	总结：两宋与少数民族政权的关系				
运用	阐释：北宋加强中央集权的措施对后世的影响				
创造	以《宋朝中央集权的加强》为题写一篇400~600字文章				
其他（根据学科特点增设的项目，没有可不填）					

设计意图：引导学生通过量规进行自我评估，明确已经掌握的知识点和没有掌握的知识点，可以让学生聚焦疑难问题，减少课堂上无谓的时间浪费，真正使课堂聚焦疑难，提升效率。同时通过量规"完成、基本完成、未完成"使学生知道自己对于问题的认识程度，激起学生对"基本完成、未完成"知识的探索兴趣。

2. 合作释疑解难——小组合作

（1）目标：①交流解决下列问题：北宋初统治者为什么要加强专制集权？北宋通过哪些制度设计来加强专制集权？加强中央集权对宋朝产生了哪些影响？北宋面临的危机主要有哪些？这些危机是如何形成的？北宋统治者是如何去挽救这些危机的？其结果如何？王安石变法是在什么样的背景下进行的？其原则和目的是什么？主要内容有哪些？结果如何？南宋的建立时间、建立者？南宋和金关系的演变历程？从"岁币""岁赐""岁贡"理解两宋与少数民族政权的关系。

②解决感知图中带"？"的问题。

（2）内容：完善感知图，逐步建构精细图。

（3）要求：

①先两个人交流，再小组交流。

②小组中解决不了的问题写在纸条上，贴在黑板右侧。

③讨论之后没有问题的小组举手领取问题条。

在此环节中，学生进一步明确教学目标，展开小组讨论，通过小组合作学习解决自己尚未解决或不理解的问题。教师在巡回指导过程中，把设计好的教师练习问题条给先讨论完且没有问题的小组来解决。讨论之后仍有问题的小组写问题条贴到黑板上。

设计意图：学生就自己学习中"未完成"的问题进行问答，"生生互动、人人参与""学然后知不足、教然后知困"，在学生的相互质疑、争辩中相互促进、相互启发，使听者破除了心中的疑难，使教者更加清晰知识的脉络、巩固了解题的方法。在"兵教兵"的过程中扫除大部分的问题，在生动的表达中使学生自然地生长。

3. 合作释疑解难——全班交流

（1）目标：掌握重难点问题

（2）内容：解决小组交流中未解决的难题

（3）要求：

①老师对问题条进行筛选分类。

②提出问题的小组成员在讲台上念出本组的疑问，指定其他小组同学给予解答，解答完成后，提出问题的小组成员复述一遍，第二次修改感知图。

在此环节中，教师把黑板上问题条快速归类整理，找出有共性的问题，请提问题的小组上台提问，请其他小组同学来回答，如学生解答不全面，则由教师点拨补充，然后请提问的小组来复述同学或教师给出的答案。再请领到教师加餐练习问题条的小组上台讲解问题，教师在课件中展示问题及详细答案。学生讲得不透彻的地方同样由教师补充。这个环节教师把讲台让给学生，教师只是在学生需要帮助的情况下予以指导点拨。

教师增加的问题条有以下几个。

【重点突破一】削弱相权，加强皇权（图5-155和图5-156）。

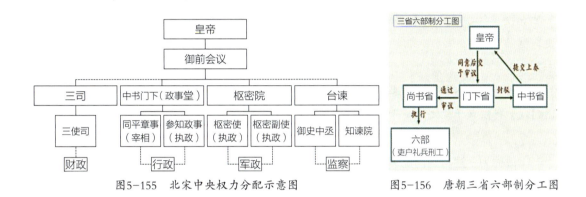

图5-155　北宋中央权力分配示意图　　　　图5-156　唐朝三省六部制分工图

①二府三司包含哪些机构？其职权是什么？

②与唐朝相比，宋朝分散相权的方式有何不同？结合示意图说明理由（图5-157）。

区别：唐朝是程序分工，宋朝是事权分化。

理由：唐朝三省分别负责决策审议和执行，牵制监督，分散相权；

宋朝"二府三司"分别负责行政、军事和财政；同一机构内部继续分权制约。

③宋中央权力分配方式会产生什么影响？

积极：削弱相权，加强皇权；预防内部动乱。

消极：权力分割过细；影响行政效率；机构重叠庞杂；崇文抑武，文人治国。

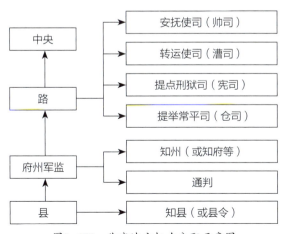

图5-157　北宋地方权力分配示意图

【重点突破二】
①依据所学,请指出北宋地方权力分配措施(从行政、财政、监察、军事等角度说明)。
②结合所学,分析该分配方式有何影响。

积极:预防内部动乱;削弱地方,加强中央集权;巩固国家统一。

消极:权力分割过细;影响行政效率;机构重叠庞杂;强干弱枝,守内虚外。

【重点突破三】

材料一:吾宋制治,有县令,有郡守,有转运使,以大系小,丝牵绳联,总合于上。虽其地在万里外,方数千里,拥兵百万,而天子一呼于殿陛间……召而归之京师,则解印趋走,唯恐不及。

——(宋)苏洵《嘉佑集》卷1

材料二:唯本朝之法,上下相维,轻重相制,如身之使臂,臂之使指……藩方守臣,统制列城,付以数千里之地,十万之师,单车之使,尺纸之诏,朝召而夕至,则为匹夫!

——(宋)范祖禹《范太史集》卷22

①请你为上述材料确定一个研究主题。

宋朝中央集权制的影响。

②若将上述材料归类,确定研究角度,可以归为几类,并说明理由。

消极角度的史料。

理由:上述史料反映了宋朝通过一系列措施加强了中央集权,皇权至上,强调其积极作用;应该全面辩证地认识宋朝中央集权制的影响。

【重点突破四】

材料一:王安石变法更以"天变不足畏,祖宗不足法,人言不足恤"的大无畏精神,力求把变革进行到底。……王安石变法的目的,是为了解决国家的财政困难,他希望能做到"民不益富而国用饶",希望用增加生产和夺兼并之来改善国家财政状况。

——引自《世界文明史》

据材料结合所学知识,概括说明王安石变法有哪些积极的作用。

答案:一定程度上改善了积贫局面;政府财政收入大大增加;促进了北宋社会经济的发展;使北宋国力有所增强。

材料二:王安石微服赴江宁,遇一老姬喂鸡豕,唤"啰,啰,啰,王安石来!"鸡豕俱来就食。问其故,老姬曰:自王安石为相公,立新法扰民。妾孀居二十年,也要出免役、助役等钱,钱既出而差役如故。妾本以桑麻为业,……今桑麻失利,只得蓄猪养鸡,等候吏胥里保来征役钱,或准与他,或烹来款待他,自家不曾尝一块肉。故此民间怨恨新法,入于骨髓。

——引自《京本通俗小说·拗相公》

①据材料,概括说明王安石变法过程中出现了哪些问题?

答案:加重了人民负担;用人不当,引起了民间不满。

②研究王安石变法时,你如何看待宋人话本的史料价值?

答案：话本在一定程度上能反映当时的社会状况，具有一定的史料价值；但文学作品有艺术加工成分，须用其他史料辅以印证。

设计意图 这是本节课关键"拔高"环节，把小组内未解决的问题由全班来进行解读，充分发挥"中心组"和老师作用，大家共同对"宋中央集权加强的措施和影响"进行突破。通过对材料的分析、学生的相互启发，优秀学生的讲解、潜力生的复述使全体同学都能深入了解知识、形成核心素养，提升分析、解决问题的能力。"王安石变法"能让学生体会到儒家知识分子的责任和担当，使得"家国情怀"的核心素养得以落实和提升。

4. 精讲点拨提炼

（1）目标：总结本课内容。

（2）内容：完成精细图。

（3）要求：老师对课堂上的重难点进行精讲点拨，第三次修改感知图，形成精细图。

在此环节，老师根据学生讨论、解决问题的情况，针对本课重难点知识进行精讲点拨，并指导学生完成精细图。教师和学生的精细图分别如图5-158和图5-159所示。

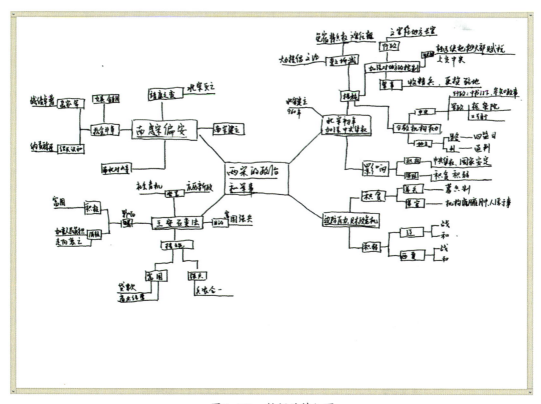

图5-158 教师的精细图

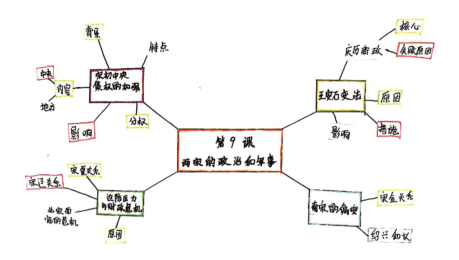

图5-159 学生的精细图

设计意图　把感知图完善成为精细图,让思维看得见,通过精细图的绘制使师生完善知识的细节,打通各个知识点之间的联系、形成知识网络,提升学生的归纳、推理能力和"历史时空"的核心素养。

5. 凝练小结

(1) 目标:总结本课内容。

(2) 内容:独立完成凝练图。

(3) 要求:

①同学们根据本节课所学内容,进行课堂小结,画出凝练图。

②展示自己画的凝练图。

在此环节中,学生根据所学内容对本节课的知识框架进行总结归纳,独立完成凝练图,然后师生展示凝练图。教师和学生的凝练图如图5-160和图5-161所示。

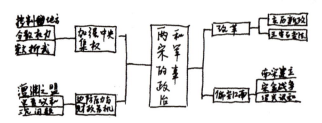

图5-160 教师的凝练图

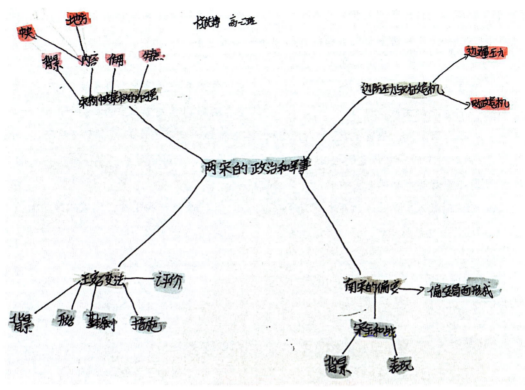

图5-161 学生凝练图

设计意图 凝练反思概括重难点，目的是引导学生回顾宋朝中央集权建立及其影响，把握历史发展的规律和脉络，培养学生"论从史出、史论结合"的能力，使学生养成"历史解释、历史实证、家国情怀"的历史素养。

巩固自测题：

（1）《剑桥插图中国史》一书中写道："太祖原是后周的殿前禁军统领，禁军不愿听命于7岁的皇帝，遂拥立他为帝。"这反映的历史事件是（　　）

　　A. 阿保机建立辽　　　　　　B. 赵匡胤建立北宋
　　C. 阿骨打建立金　　　　　　D. 元昊建立西夏

（2）宋代在知州以外设"通判某州军事"一职，简称"通判"。知州的公文命令必须经通判的附署方能生效，通判还可直接向朝廷奏事。这表明通判的作用是（　　）

　　A. 制约地方长官　　　　　　B. 控制财政大权
　　C. 提高行政效率　　　　　　D. 牵制中书门下

（3）《续资治通鉴长编》记载，赵匡胤即位之初欲息天下之兵，为国家长久计问道于赵普。赵普对曰："藩镇太重，君弱臣强而已，今所以治之，亦无他奇巧，惟稍夺其权，制其钱谷，收其精兵，则天下自安矣。"其中与"稍夺其权"相关的举措是（　　）

　　A. 中央派文官出任地方各州的长官知州　　B. 设诸路转运司统管地方财政

C. 将地方精锐部队编入禁军　　　　D. 增设参知政事为副相

（4）朱熹说："本朝鉴五代藩镇之弊，遂尽夺藩镇之权，兵也收了，财也收了，赏罚刑政，一切收了。"这段话说明宋朝（　　）

A. 中央集权得到进一步加强　　　　B. 地方政府进一步收回财权

C. 实行重武轻文政策　　　　　　　D. 藩镇割据成为严重的社会问题

（5）"今中书主民，枢密主兵，三司主财，各不相知。故财已匮而枢密院益兵不已，民已困而三司取财不已。中书视民之困，而不知使枢密减兵、三司宽财者，制国用之职不在中书也。"对此理解最为准确完整的是（　　）

A. 北宋财政入不敷出，出现积贫局面　　B. 北宋政府机构重叠，形成冗官局面

C. 北宋分散削弱相权，产生严重弊端　　D. 北宋加强中央集权，提高行政效率

学生完成的巩固自测题如图5-162所示。

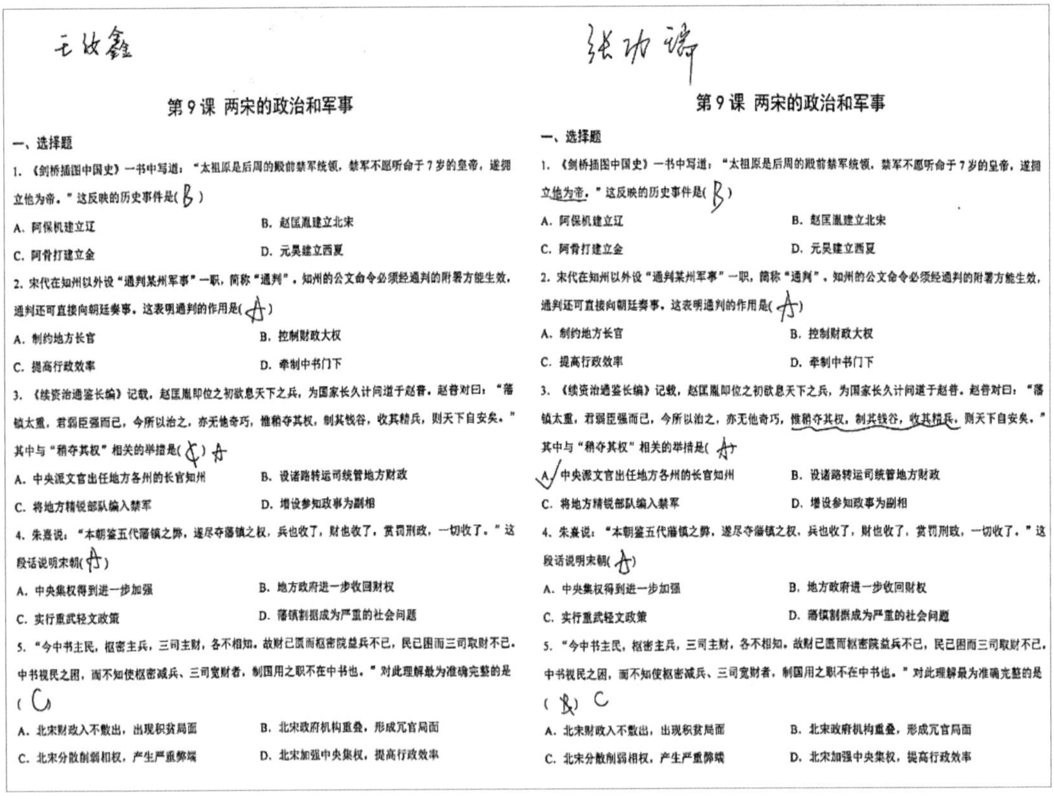

图5-162　学生完成的巩固自测题示例

量规自评：在本节课的尾声，教师再次展示本节课量规，让学生根据量规自评，明确自己对本节课内容的掌握情况。评价量规及等级如表5-60和表5-61所示。学生自评示例如表5-62和表5-63所示。

表5-60　课堂小组合作学习自评量表

评价维度	学习目标	小组讨论			全班交流				凝练提升		评价反思		综合评价
	独立完成	倾听	质疑	解疑	倾听	质疑	解疑	PK精细图	独立完成	分享	独立完成	效果优秀	四生课堂
等级													

表5-61　课堂小组合作学习自评量表等级标准

等级	优秀	良好	待改进
学习目标	在规定时间内，独立完成目标量规自评，能够正确理解其内涵，并做出适合自己实际的判断	基本能够完成目标自我检测，能够理解其内涵，并做出判断	不能完成目标自我检测
倾听	非常专注、深入思考、积极回应（及时记录、发表观点），不打断对方	比较专注、有思考、不打断对方	不专注，基本没有回应
质疑	有证据的提问，提问与主题相关性强	有提问，提问与主题相关	没有提问或提问与主题无关
解疑	针对性强的回应，清晰表达观点，观点合理	有回应，不能清晰表达观点	不能针对问题进行回应
精细图	中心词反映核心概念、框架合理，层次清晰，逻辑性强；内容全面，框选精准。无科学性错误；效果美观。在PK环节，亮点突出有启发	中心词反映核心概念、框架合理，层次清晰，呈现了主要内容，有提炼概括，无科学性错误	有中心词，层次间逻辑不清晰，主要内容不够全面，欠提炼概括或存在科学性错误
凝练图	内容聚焦可迁移的观念、思想或方法。概括准确。在分享时，能够清晰表达其观点	内容聚焦可迁移的观念、思想或方法，概括和表达不太精准	不能领悟到思想或方法，不能绘制凝练图
评价反思	在规定的时间内独立完成检测题目和评价任务。客观公正，检测题目正确率达到85%及以上	能够独立完成大部分检测题目，正确率达到75%及以上	大部检测题目不能独立完成
综合评价	在本节课中充分体现了一中的"四生"理念：生命激扬、生动表达、生活再造、生长自然	"四生"理念中只体现了其中的两项	不能体现"四生"理念

设计意图　　目标是教学的出发点和归宿点，证明目标的达成情况需要根据证据，通过学习评价任务获得证据。学习评价活动既有利于目标的进一步落地，又能促进自我反思。

表5-62　课堂小组合作学习自评量表（示例）

评价维度	学习目标	小组讨论			全班交流				凝练提升		评价反思		综合评价
	独立完成	倾听	质疑	解疑	倾听	质疑	解疑	PK精细图	独立完成	分享	独立完成	效果优秀	四生课堂
等级	优秀	优秀	良好	良好	优秀	良好	良好	良好	优秀	良好	优秀	良好	良好

表5-63 "两宋的政治和军事"课堂学习目标量规

班级 高一2班　　姓名 朱可欣

学习目标		掌握程度			
		A独立完成	B经同伴帮助完成	C经教师帮助完成	D未完成（未完成的关键问题）
记忆	回顾：五代十国历史更迭的史实 再认识：唐朝、五代十国中央集权衰弱的原因，辽朝、西夏、金与两宋的战和	√			
理解	解释：宋朝改变政策的背景	√			
	概括：宋朝加强中央集权的措施	√			
	理解：二府三司制度		√		
	理解：宋朝加强中央集权的影响	√			
	认识：辽和西夏与北宋的关系	√			
	说明：北宋面临的危机主要体现有哪些	√			
	理解：庆历新政的核心及失败原因	√			
	理解：王安石变法的原因、措施和影响	√			
	了解：南宋和金关系的演变历程		√		
	总结：两宋与少数民族政权的关系	√			
运用	阐释：北宋加强中央集权的措施对后世的影响		√		
创造	以《宋朝中央集权的加强》为题写一篇400～600字文章				
综合评定					

三、案例反思

本次授课，总体效果良好，课堂氛围积极热烈、学生参与度高，教学效果明显。具体总结如下。

（一）本课优点

"双星四生"课堂，先学后教，提升了学生自学、探究、表达能力，调动了学生的积极性。他们积极主动地探究、思考，通过感知图、精细图、凝练图看到自己思维的进步、学习的深入，同时使"史料实证、历史解释"等学科素养得以落实。学生在讨论交流中感受到互学、助学的乐趣，不同层次的学生的学习积极性都被调动起来，大幅度提升了教学的效率。在学生的相互辩驳、质疑中，学生的"历史时空、历史理解、家国情怀"等素养和能力得以落实和提升。历史教师从"演员"变成了"导演"，促使教师转变教学观念，以问题为导向、以师生合作探究为方式,以激发学生兴趣、落实学科核心素养的培养为出发点,进行了本课的教学设计。从上课情况来看,学生的学习积极性高涨,问题探究的兴趣浓厚,核心素养、思维能力得到了重点培养。

(二)有待提升之处

本课课程内容丰富,取舍难度大,面临着课时紧张的问题。因此要注意,在教学当中对于课堂节奏的把控,要注重教师的引导作用,防止学生在问题探究过程中偏离主题、钻牛角尖等情况出现。这就要求教师在课前的备课工作要充分,研读课标、熟悉教材、扩展阅读、把握学情,制定合理的教学目标,确定鲜明的教学主题,进行精细的教学设计,为优化历史课堂教学、培养学科核心素养不懈努力。

作者简介

张福斌,2006年毕业于聊城大学历史教育专业。聊城市历史名师领航工作室核心成员。自2006年至今一直在东阿县第一中学从事历史教学工作,是该校第一批参与杨艳君老师倡导的广义思维导图课堂重构的骨干教师之一。工作中严谨认真、爱岗敬业。参加工作以来撰写教学论文近30篇,参与编写教学辅导书籍60余册,多次担任高三教育、教学工作并且成绩优秀。多次荣获聊城市优质课一等奖,聊城市教学能手,聊城市高中教育教学优秀教师,聊城市教坛新秀,东阿县优秀班主任等荣誉称号。

课例 21

高中地理"旅游资源开发条件的评价"

一、案例背景

(一)学习内容分析

《旅游资源开发条件的评价》是高中地理湘教版选修Ⅲ《旅游地理》第三章第二节的内容,属于高考的高频考点。旅游资源评价是进行旅游规划的基础,是旅游规划的一个重要环节。对旅游资源进行全面分析和综合评价,能够为其合理开发利用和规划建设奠定科学基础,以确定其是否值得开发、如何开发及开发方向如何。本案例我们选取"旅游资源开发条件的评价"这一内容,运用基于广义思维导图课堂教学重构"三图六构五环节"教学模式,以身边的白洋淀为例进行课堂重构。

(二)学情分析

本部分内容属于高二下学期的课程。通过两年的高中地理学习,学生能够对地理现象和成因做简单的分析,具备了一定的读图、析图和分析能力,即具备了基本的人地协调观、区域认知和综合思维的地理素养。但大部分学生旅游经历较少,生活经验缺乏,而这部分知识的理论性相对较强,学生无从下手。所以我们以学生熟悉的白洋淀为例进行分析,让学生更好地理解和应用相关知识。

(三)学习目标

(1)人地协调观:了解旅游资源评价的意义。
(2)综合思维:结合实例,分析旅游资源开发条件评价的基本内容。
(3)区域认知:结合实例,简析旅游资源的游览价值。

（4）地理实践力：对家乡的旅游资源进行评价。

（四）教学思路

本节课以思维导图为抓手进行课堂重构。首先为达到充分的自学效果，让学生结合课前导学图有目标地预习并绘制感知图。其次，教学过程中教师以课中五环节为思路引导学生通过对感知图、精细图、凝练图的自构和互构，进行课堂小测完成本节课的学习任务。最后，学生利用量规再次对学习效果进行自评。

二、教学过程

（一）课前学习

结合教师给出的白洋淀视频资料和制作的课前导学图（图5-163）及量规（表5-64），学生进行充分的课前预习并独立完成感知图（图5-164）。

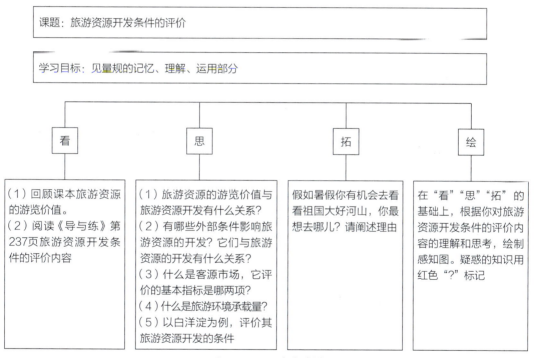

图5-163 课前导学图

表5-64 "旅游资源开发条件的评价"课堂学习目标量规(自评)

班级_____ 姓名_____

学习目标		达成评价			
		A独立完成	B经同伴帮助完成	C经教师点拨完成	D未完成(未完成的关键问题)
记忆	回顾:旅游资源的游览价值				
	再认识:旅游资源的游览价值与旅游资源开发条件的关系				
理解	解释:客源市场、环境承载量的概念				
	说明:地理位置与交通通达度、客源市场、基础设施、环境承载量与旅游资源开发的关系				
运用	执行:利用课堂小测对旅游资源开发条件的评价进行巩固提升				
分析	结构化:绘制《旅游资源开发条件的评价》的感知图				
	解构:旅游资源开发条件的评价方法和思路				
评估	辩证:评价白洋淀旅游资源开发的条件				
创造	假设:假如暑假你有机会去看看祖国大好河山,你最想去哪儿?请阐述理由				
	建构:绘制《旅游资源开发条件的评价》的凝练图				
其他(根据学科特点增设的项目,若没有可不填)					

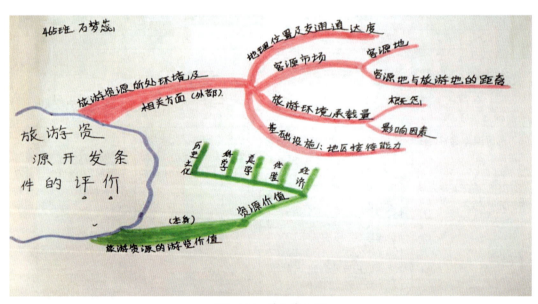

图5-164 学生感知图

设计意图 以白洋淀视频创设学生身边的教学情景,营造一种学习氛围,使学生参与所学知识的探索、发现和认知过程;以课前导学图创设问题情景,引导学生进行有目的的预习,提高预习效果;以绘制感知图的形式,帮助学生构建知识结构。

（二）课中学习

本部分主要是通过思维导图课堂重构模式中的课堂五环节引导学生完成本节课的学习任务并对学习效果进行评价。

1. 学习目标

教师活动：指导学生明确学习目标。

学生活动：浏览目标，明确方向。

具体实施：教师念量规，学生会的打"√"。实施结果表明，大部分学生能够独立完成课前导学单中的学习目标：在"旅游资源的游览价值""旅游资源的游览价值与旅游资源开发条件的关系""说明地理位置与交通通达度、客源市场、基础设施、环境承载量与旅游资源开发的关系"对应栏目处打了"√"。这说明课前学习效果已经达到预期，为课中学习的推进打下了良好的基础。

设计意图　引导学生对课前预习效果自我评估，明确本节课的核心知识和疑难问题，使学生学会思辨、质疑，从而提高课堂学习效率。

3. 小组讨论

教师活动：组织学生进行小组交流。

学生活动：组内交流，自构、互构、重构。

具体实施：组内交流讨论，答疑解惑。

（1）依据量规记忆、理解部分自评结果，两人相互交流感知图和课前导学图中思、拓的问题，各自完善感知图。（红笔）

（2）两人组未解决的问题由四人组再次讨论解惑，再次完善感知图。（红笔）仍有疑问的问题做好记录并由组长贴在黑板上，待全班讨论时解决。

其中第三组、五组、七组、八组的组长把问题做好记录贴到黑板的问题栏上，主要有："旅游资源的外部条件与旅游资源开发有什么关系？""什么是客源市场？评价客源市场的基本指标是什么？"第六组薛孟宇等同学还提出了"不同类型旅游资源的客源市场有什么不同？"，这个问题是通过组内生生交流充分发挥学生的创造思维，碰撞出的智慧火花。

设计意图　通过二人组和四人组的合作探究，互相帮助解决问题和完善感知图的过程，提高学生参与课堂学习的广度。学生不但要独立思考出自己的观点和见解，还要设计如何表达自己的观点，使学生养成独立思考和语言表达的能力。

（3）没有问题的小组，领取核心问题条。（其中优生组第一组、二组、四组的同学领取了核心问题条）

核心问题条：

① 你认为白洋淀的游览价值有哪些？

② 白洋淀的客源市场在哪儿？

③ 如果白洋淀旅游开发的规模超过其环境承载量，会有哪些影响？

> **设计意图** 核心问题条的设置主要是为了提高小组合作探究的深度，为优等生留出充分的发展空间，最大限度地挖掘其自身的内在潜能，真正做到分层次教学。

3. 全班交流

教师活动：引导全班交流。

学生活动：全班交流，深入探讨。

具体实施：依据量规运用、分析、评估部分完成学习，生成精细图。

（1）小组派代表领取问题，帮助其他小组解决，由提出问题的小组成员复述。

第二组领取问题："旅游资源的外部条件与旅游资源开发有什么关系？"温博、郑浩坤同学上台解答：地理位置优越、交通便利、距客源市场近，基础设施完善、环境承载量大有利于旅游资源的开发，并提出"政策因素是否也是影响因素？"这一问题。

教师点拨：先肯定了两位同学答案的准确性，后解答了提出的新问题，并拓展出旅游资源开发条件的另两个因素：投资条件（政策）和施工难度。

由提出问题的第三、八组代表复述答案。

所有同学完善感知图。

第四组领取问题："什么是客源市场？不同类型旅游资源的客源市场有什么不同？"张静涵、周佳瑶同学上台解答：客源是旅客的来源地，主要是经济发达地区。不同类型的旅游资源面对的游客群体不同，比如探险、冒险类旅游项目面向的是富有冒险精神的年轻人。

教师点评：本组同学回答完整准确，掌声鼓励。

由提出问题的第五组、七组同学复述。

（2）领取核心问题条的小组讨论后，派两名同学上台解答。

第一组王屹、刘宇凡两名同学解答问题："你认为白洋淀的游览价值有哪些？"回答：白洋淀的游览价值体现在美学价值、科学价值、经济价值和康体娱乐价值等方面。

教师点拨：回答正确但不够完整。还有历史文化价值（嘎子村），集群组合状况好、地域组合状况好，具有独特性（华北明珠）。

全班组内相互复述。

第二组崔子艺、付明涵同学上台解答问题："白洋淀的客源市场在哪儿？"回答：雄安新区成立之前，白洋淀的客源市场主要是景区周边及京津冀其他经济发达地区；近几年客源市场扩大到全国经济发达地区，未来白洋淀的客源市场会扩大到世界范围。

回答完毕后，全班师生给予两名同学热烈的掌声。

教师点评：两位同学的回答非常漂亮，从时空角度阐释了客源市场的动态变化，验证了政策（投资条件）对旅游资源开发的影响。

第四组侯莹莹、石梦蕊同学上台解答问题："如果白洋淀旅游开发的规模超过其环境承载量，会有哪些影响？"回答：会引起环境污染和生态恶化，使生物多样性减少。

教师点拨：两位同学回答正确但不够完整，当白洋淀出现环境污染和生态问题会对旅游资源带来什么影响呢？

学生受到引导得出结论：会对旅游资源本身的美学、科学、历史文化等游览价值造成不利影响。

全班组内互相复述。

（2）未被认领的问题由教师答疑解惑，小组成员相互复述。

问题："评价客源市场的基本指标是什么？"

由教师答疑：客源市场调查的内容包括客源地、最低限度容量和游人的年、月、日变化等。不同风景区，依其景观特色、地理位置、交通条件，吸引着不同国度、不同地区、不同年龄和不同职业的游人，而不同的游人数量，决定着该风景区的市场规模。总结起来就是：基本指标为客源地和距客源市场的距离。

全班组内相互复述。

全班同学再次完善感知图，生成精细图。

（3）老师精选出学生的优秀感知图和精细图并和自己的作品同步展示。教师和学生的精细图如图5-165和图5-166所示。

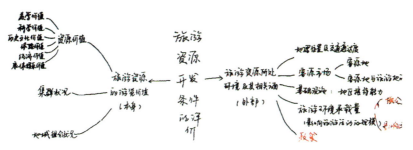

图5-165　教师的精细图

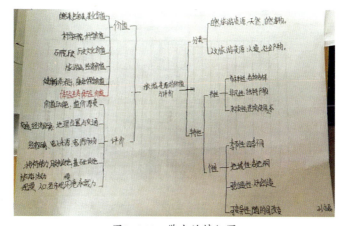

图5-166　学生的精细图

> **设计意图**
>
> 全班交流突出学生的主体地位，使学生在学习的过程中各司其职，小组内以合作为主，组间以竞争为主，全班交流以小组形式展开，突破旅游资源开发条件中难点问题，在不断的探索中培养学生各方面的能力，提高学生的合作能力、组织能力，从而使学生获得科学的思维方法和学习方法，提高学生的综合素质。

4. 凝炼小结

教师活动：指导学生凝炼提升。

学生活动：反思总结，凝炼建构。

具体实施：建构凝炼图。学生用5分钟的时间自主建构，教师从内容的准确性、完整性和图形的美观性等角度精选出优秀的凝炼图并展示。教师利用多媒体展示凝炼图并进行小结。具体如图5-167和图5-168所示。

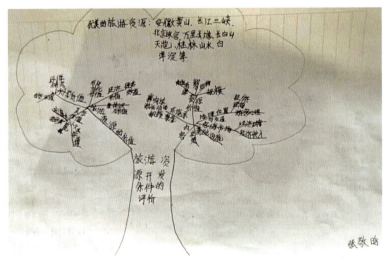

图5-167 学生的凝练图

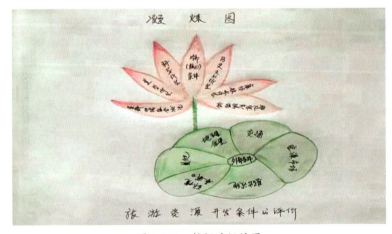

图5-168 教师的凝练图

课堂小结： 本节课我们学习了旅游资源开发条件的评价即旅游业的区位条件，主要从内部条件和外部条件两个方面分析：内部（核心）条件即旅游资源游览价值，包括旅游资源的价值（美学价值、科学价值、历史文化价值、康体娱乐价值、经济价值等）和旅游资源的集群状况、地域组合状况、旅游资源的独特性；外部条件即所处环境和相关方面，包括地理位置、交通、基础设施、客源市场、环境承载力、投资条件、施工难度等。

设计意图　指导学生把新旧知识联系起来，形成知识结构，促进学生知识内化，引领学生透过现象看本质，找到知识的精华所在，这有利于我们突出重点，突破难点，使学生的地理知识和思维得到升华，使地理核心素养落地。

5. 巩固提升

教师活动： 指导学生评估学习效果。

学生活动： 训练反馈，对标再评。

具体实施： 完成课堂小测，最后拿出量规，再次评价。

课堂小测： 多媒体展示问题。

近年来，随着人们生活水平的提高，沙漠旅游成为旅游的新热点。沙漠既是一种旅游吸引物，又是旅游活动开展的空间范围，其范围内的湖泊、生物、建筑、民俗等自然文化事项共同构成了沙漠旅游资源。发展沙漠旅游产业需要投入大量的人力、物力。

分析发展沙漠旅游产业需要投入大量人力、物力的原因。

学生自主解答生成答案，小组讨论完善，学生代表郭坤、石梦想主动上台解答：沙漠地区地理位置偏僻，自然环境恶劣；交通不便；距客源市场远；基础设施不完善，接待能力差；环境承载力小。

教师点拨： 两名学生思路基本完整、地理语言规范，掌声鼓励。那么从投入大量人力的角度还能考虑到哪个方面？

学生通过引导得出沙漠地区人口稀少，劳动力短缺。

多媒体展示参考答案：沙漠地处偏远，距离客源市场远；人口稀少，劳动力短缺；经济落后，基础设施不完善，地区接待能力弱；对外交通闭塞；气候恶劣，生态环境差，环境承载力小。

通过检测题反馈，大部分学生都能总结出3～4个采分点，得到6～8分，说明学生对于旅游资源开发条件的评价相关知识基本掌握并达到灵活运用的程度。

全班组内相互复述。

最后量规再评。

设计意图：量规目标是教学的出发点和归宿点，证明目标的达成情况需要证据，通过巩固提升和量规再评获得证据，既有利于目标的进一步落地，又能促进学生自我反思；课堂检测后，教师可发现学生对知识掌握得怎样，能力提高到何种程度，哪些同学已达到了目标，哪些同学还有待于进一步提高，之后教师可制定出相应的措施予以帮助。

三、案例反思

通过对这种新教学模式的深入学习，对地理学科核心素养的不断研究和对教学案例的精心设计、反复打磨，最后在高二465班进行了课堂教学重构的展示，其间有收获和惊喜，亦有不足和遗憾。

（一）本课优点

教师的专业素养和教育理念得以提升。该教学模式符合现代先进的教育理念，转变传统的以教师为中心的教学模式，使教师由知识和技能的传授者变成学生发展的引导者。

课中五环节的生生交流、师生互动、相互建构，使学生充分发挥创造性思维，碰撞出智慧的火花。例如第二组温博等同学提出了政策因素对旅游开发条件的影响，第六组薛孟宇等同学提出了不同性质的旅游资源拥有不同的客源。它不仅是一种教学活动方式，更是一种教育情景和精神氛围，使学生自觉担负起学习的责任，成为课堂的主人。

因材施教做到实处。此教学模式根据学生的个体差异性合理安排教学内容，使不同层次的学生都能得到相应的进步，尤其是给优生更多的发展空间，真正做到因材施教，如：依据量规的两次自我评价，问题栏中各种疑难问题的提出和领取，核心问题的领取和解答。

学生地理学科核心素养的落地和提升。通过对核心问题"如果白洋淀旅游开发的规模超过其环境承载量，会有哪些影响？"的思考和解答过程，帮助学生更好地分析、认识和解决人地关系问题，提升学生人地协调观的地理核心素养。以大家熟知的白洋淀为案例，使学生能够运用空间-区域的观点认识地理环境并让学生设身处地感受真实的世界，领悟地理的魅力，从而激发其学习热情与求知欲望。比如学生在解答"白洋淀的客源市场在哪儿？"这个问题时就表现出一定的区域认知和地理实践力的地理核心素养。从辩证的角度评价白洋淀旅游资源开发的条件，有助于学生从整体的角度，全面、系统、动态地分析和认识地理环境，培养学生综合思维的地理核心素养。

（二）有待提升之处

由于对课堂学生呈现的问题预设不全，导致小组讨论和全班交流环节的预设时间把握不准。例如在小组讨论中，第六组薛孟宇等同学提出的"不同类型的旅游资源客源市场有什么不同？"和第二组温博、郑浩坤同学在全班交流时提出的"政策因素是否影响旅游资源的开发？"与课堂内容相关，但超出了教师预设范围，在学生讨论和教师解答过程中用时15分钟，影响了教学进度。

白洋淀景区是我们身边的景点，但有很多同学都没有全面游览过，甚至有的同学没有去过。虽然在教学过程中我们播放了白洋淀景区的相关视频，也给了学生大量的图片资料，大部分同学仍不具备考查、实验、调查等地理实践活动的行动意识和行动能力，没能更好地在真实情境中观察和感悟地理环境与人类活动的关系，学生的"地理实践力"核心素养有待进一步提升。

（三）改进建议

对于今后课堂教学重构的实施，建议：以章、节为单位，选取合适的地理知识进行思维导图的课堂重构，使学生建构系统的知识体系，提升学生的地理核心素养，提高学习质量。

课堂重构模式难度较大，建议备课组全体成员共同参与、各尽所能，充分发挥集体智慧，使教学环节更细致和全面，不仅要生生互构、师生互构，还要有教师与教师之间的相互建构，使教师在提升整体业务水平和专业素质的同时，能够更好地为教学服务。

在今后教学过程中我们会适当组织一些地理研学、游学活动，让学生感受自然，体验人文，尊重自然规律，认识地理环境，提升学生的地理实践力等地理核心素养。

作者简介

杜杏忍，中国人民大学附中雄安校区（河北容城中学），中学高级教师，新区兼职教研员，有二十四年的一线教学经验，对高中地理课堂小有研究，多次撰写相关论文并主持、参与各级立项课题。

刘金金，中国人民大学附中雄安校区（河北容城中学），中学二级教师备课组长，多次参加高中地理教学方面的课题研究。

薛辉，中国人民大学附中雄安校区（河北容城中学），中学二级教师，教研组长，雄安新区骨干教师，从教15年来多次荣获省、市、县级教学大赛奖项。

课例22

高中地理"塑造地表形态的力量"

一、案例背景

（一）学习内容分析

塑造地表形态的内容对应于《普通高中地理课程标准》（2017版）《自然地理基础》模块的概念2：自然地理环境中的物质运动与能量交换过程。本模块旨在帮助学生了解人类生存的地球环境特征，理解自然地理环境及其演变过程对人类活动的影响，从而提升认识自然环境的能力与意识水平。本节课旨在引导学生深刻理解岩石圈的物质循环。要求学生运用图像及示意图，了解三大类岩石的形成过程，并说明岩石圈物质循环的过程。本节课的内容为选择性必修一第二章第一课时的内容，是对必修一地貌类型教学内容的原理研究以及深度扩展。本章旨在使学生进一步了解掌握大气和水是塑造地表形态的两大主要动力。本节课主要讲述了三个问题，一是塑造地表形态的主导力量——内力；二是对地表形态起"雕刻"作用的外力；三是岩石圈的地壳物质循环。同时，本节课教学内容是自然界的物质循环中的一个重要知识构成，也是理解物质内部运动的基础。其次，本节课的教学内容是整章内容的知识起点，剩下的两节内容是对这节内容知识点的具体分析和实例解析。再次，本节课的教学也为自然地理环境的整体性与差异性的学习做好铺垫，起到了承上启下的作用。

（二）学情分析

在学习本课内容之前，学生已经在必修一内容当中学习过几个典型的地貌类型，对其地表形态有了初步的了解，对其形成过程有了简单的认识，但是对于地表形态的塑造过程认知比较抽象化，没有办法用完整的语言描述区分，因此在本课对此内容进行挖掘提升。同时高二学生经过了必修一的学习，对自然地理方面有了初步的认识，但没有深度理解，导致学生的地理综合思维能力有待提升，同时学生对于地理学科的认知也亟须改善，因此通过本节课的教学内容，帮助学生体验地理学科的综合性以及联系性，帮助学生初步构建综合思维，为后续学习自然环境的整体性和差异性打好基础。

（三）学习目标

（1）结合实例，认识内力和外力作用的表现形式，从区域视角分析不同地区的内外力作用的差异。

（2）根据图文资料，说明内力和外力作用塑造地表形态的过程。

（3）运用图像及示意图，了解三大类岩石的形成过程，说明岩石圈物质循环的过程，并能绘制岩石圈物质循环示意图。

（四）教学思路

本节课以广义思维导图作为教学工具，课前要求学生自学教材内容，根据课前导学图（图5-169），绘制感知图，对于地表形态的塑造有初步了解，概述内外力作用的表现形式以及岩石的分类状况。课中教学方式以"生生互动"为基本方式方法，利用小组互助，引导学生自我解构、建构知识内容，深化解读岩石圈物质循环示意图，感受不同区域内外力作用的表现形式以及内外力作用在岩石圈物质循环过程中的表现，培养学生区域认知以及综合思维的学科核心素养，理解自然地理环境及其演变过程对人类活动的影响，从而提升认识自然环境的能力与意识水平，最后生成精细图以及凝练图。整个教学过程突出学生的学习主体地位。

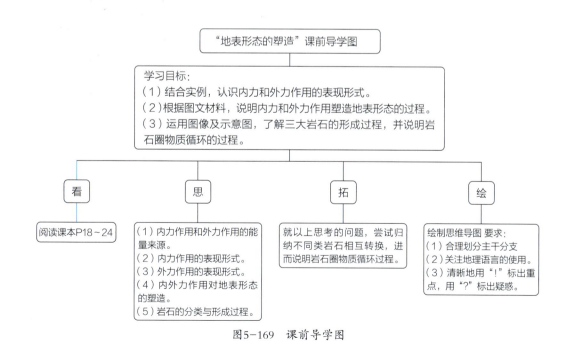

图5-169　课前导学图

二、教学过程

（一）课前学习

上课前两天，给学生布置任务，依据课前导学图阅读课本，进行思考，绘制感知图（图5-170）。学生以内外力作用和岩石的分类为关键词绘制思维导图。通过分析内外力作用在循环过程的表现，构建关键词的联系。因为本届学生是第一次接触思维图，因此任务下发前对学生进行了课堂教学。第二天检查学生的感知图后发现了一些问题。一方面学生对于思维导图的绘制存在明显问题，例如文字与线条的关系以及整体的关系结构和分支间的关系。部分同学只是单纯地抄写教材当中的结构图，并没有进行自己的思考归纳。另一方面，一大部分同学没有对未知内容进行标记，这不利于后续的课堂自评以及问题解决。对此，学生进行了完善。

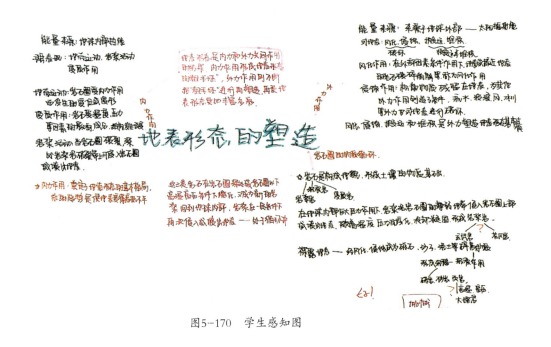

图5-170 学生感知图

（二）课中学习

1. 浏览目标，明确方向

课堂开始，引导学生对照量规（表5-65）当中的"记忆"、"理解"以及"运用"部分，结合感知图进行自我评估。熟练掌握的，在"独立完成"一栏画"√"；未完全了解内容的进行简单标记。

实施结果表明，90%以上的学生能够独立完成课前导学单中的学习目标：在"内力作用和外力作用的能量来源""概括内外力作用的表现形式""对岩石进行分类"对应栏目处打了"√"。这说明课前学习效果已经达到预期，为课中学习的推进打下了良好的基础。

表5-65 "塑造地表形态"课堂学习目标量规

学习目标		达成评价			
		A独立完成	B经同伴帮助完成	C经教师点拨完成	D未完成
记忆	回顾：内力作用和外力作用的能量来源				
理解	举例：举例说明不同的内外力作用产生的不同地表形态				
	分类：根据形成过程的差异，对岩石进行分类				
	概要：概括内外力作用的表现形式				
	比较：不同岩石形成过程当中的内外力作用差异				
	说明：内外力作用对不同地表形态的塑造				
运用	执行：结合以上思考，归纳不同类岩石相互转化过程以及岩石圈物质循环过程				
分析	结构化：绘制感知图				
	解构：逆向解构，通过岩石或物质类型推导地质作用				
评估	判断：当循环过程当中出现缺失，能够判断补充完善循环图				
创造	建构：建构凝练图				

设计意图

一是引导学生对课前学习效果进行自我评估，明确哪些目标通过课前自主学习已经达成，学习中的问题和疑惑还有哪些，通过评估让学生了解自己、提高自我反思能力，暴露出的问题还能够激发学生持续学习的内驱力。二是明确本节课的学习目标，让学生清晰地了解本节课学什么，应该掌握的核心知识、生命观念、思维技能，以及这些目标应该达到的水平，促使学生带着一种目标感进入学习过程，学习会更持久。充分发挥了目标引领学习、促进学习的功能。三是教师了解学情的重要环节，为进一步的教学活动的安排和调整提供信息。

2. 小组交流，合作探究

在组长引导下完成两项任务。

（1）对照量规中记忆、理解、运用三部分要求，依次叙述自己梳理的相应内容，相同的内容不重复，不同的地方相互补充或提出质疑。（关注知识与课本内容的对应）

（2）所有成员用红笔补充或订正自己的思维导图（先画线条写关键词，详细内容于课下完成）；组长在下发的纸上记录组内集中的困惑。

在深入小组交流当中，发现学生谈论激烈，特别是对于岩石圈物质循环这一内容，组内的观点差异比较大，此部分内容也是绝大部分小组所呈现的共同问题。王同学不太理解外力是如何作用于岩浆岩的。张同学则不太理解变质岩的形成过程，以及具体的内外力作用表现形式。教师通过简单的实验演示，引导学生进行理解。小组的冲突点还体现在不用类型的岩浆岩所受到的内外力作用。同时，小组活动中，学生没有意识在感知图的"？"处进行讨论思考，仅仅是针对于量规。对于没有问题的小组，下发问题条。

①举例说出已学地貌类型与内外力作用关系

②有人认为岩浆岩是"浴火而生"的岩石，沉积岩是沉积物经压实、固结而来的岩石，变质岩是由老变新的产物，也有人认为一类岩石是由另一类岩石转化而来的。你怎么理解这两种说法？

引导学生就问题条内容进行进一步的交流与思考。

通过针对于量规自评结果的讨论，结合个人感知图，重点交流"运用"和"分析部分"，引导生生互动，初步感知岩石圈的物质循环。针对难点内容，循环中内外力作用的表现形式，教师通过实验演示，指导学生突破，通过问题条的深入引导，激发学生对于不同岩石形成过程的深度思考。

3. 全班交流，深入研讨

讨论之后，进行交流互构，解决不同小组的问题。黑板上最终留下两个共性问题。

（1）"内外力作用对地表形态的影响"。此部分内容，一组同学从高一学习的典型地貌类型如风沙地貌、喀斯特地貌的不同表现形式以及景观差异的角度，将外力作用对地表形态的影响进行了阐述，特别是在后续的交流过程当中，另一个小组通过谷的演化这一内容，把同一条河流周边的地表形态差异进行分析，帮助全班建构了外力作用的影响。内力作用方面则是通过火山喷发等宏观案例进行阐述，并在最后问题小组可以明确复述解释此问题。

（2）"岩石圈的物质循环"。对于此部分内容，全班的疑惑集中在，岩浆岩与沉积岩以及变质岩的转换，以及沉积岩和变质岩之间的内外力作用是什么？此内容是本节课的教学核心，充分体现着地理学科素养当中的综合思维，将内外力表现形式从大尺度的地貌类型体现，转换到小尺度的岩石类型，此过程需要学生对于前面所学知识的解构与建构，是本节课内容的重难点。此部分内容在讨论过程当中，没有一位同学可以完整阐述，整体的讨论过程则是在第一组初步帮助全班绘制示意图，后续小组根据自己讨论的结果不断进行补充完善，不断深化，逐步掌握了在岩石圈物质循环当中岩浆的作用，以及风化侵蚀搬运堆积等外力作用用在循环中的作用，并不断完善示意图，并在精细图（图5-171）完成后，问题条的内容也就迎刃而解。

在全班交流的基础上，通过部分小组在黑板上不断完善岩石圈物质循环示意图，引导全班同学思维碰撞，共同理解岩石圈物质循环。

4. 凝炼小结，反思提升

经过全班讨论后，每个人根据自我掌握情况，完善感知图，绘制凝炼图。教师展示学生的优秀作品进行师生PK，引导学生关注思维导图当中不同分支之间的相互联系，例如内外力作用于岩石圈物质循环。展示教师的凝练图，学生绘制自己的凝练图，如图5-172和图5-173所示。

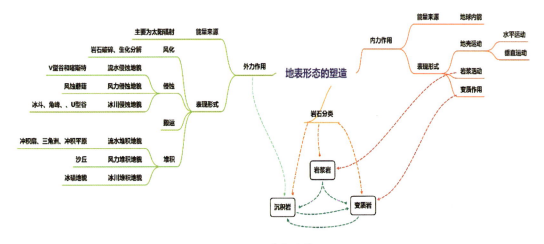

图5-171 学生的精细图

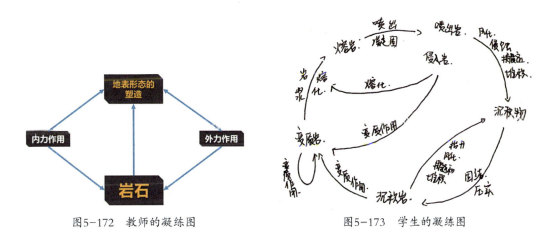

图5-172 教师的凝练图　　　　　图5-173 学生的凝练图

设计意图　通过优秀学生作品的展示对比，关注学生的细节优点，引导学生进行凝练图的绘制，能够充分帮助学生梳理内外力作用和岩石圈物质循环的关系，帮助学生建构综合思维的地理核心素养。

三、案例反思

（一）教学操作

1. 量规设计明确

量规是本节课学生自主学习的重要把手。本节课的量规设计在内容上覆盖到学生需要掌握的知识内容，同时也提及了学生必须掌握的方式方法，突出了学生解构知识、建构思维体系的学习过程。

2. 课堂教学注重学生的主体地位

在本节课的课堂教学当中，坚持以学生为主体，以学生的收获成长为评价目标，因此在全班讨论环节，坚持学生之间的相互交流沟通，加之重视学生的重述环节，使得在全班交流的过程当中，学生在不断地自我思考，重构以及建构自我的思维体系。

3. 感知图与凝练图

在绘制感知图的过程中，充分建立内外力作用以及岩石圈物质循环知识之间的关联，体现出地理学科综合思维的学科核心素养。同时，由于凝练图摆脱了传统结构图的框架约束，能够帮助学生更好地建构本节课的知识内容。

（二）思维导图的指导

1. 感知图的指导

课堂当中，仅是帮助学生对于疑问点进行了总结思考，但是对于学生感知图向精细图完善的过程指导欠缺，导致学生的感知图并没有联系前后的知识。

2. 课堂教学的规范

对于全班讨论交流的问题，应当在黑板上进行展示，但应注意的是共性问题，同时问题解决之后，应当将白纸取下，给予学生一定的心理暗示。

3. 师生思维导图的对比

在师生思维导图对比环节，应当先展示教师的思维导图，帮助学生规定好评价标准，同时引导学生感受知识的联系性，这有助于学生的知识建构。同时学生思维导图的选取，可以不关注整体的美观和内容的全面，建议发现学生的亮点，启发其他同学。在后续精细图的完善上，鼓励学生在细节处进一步完善。

4. 凝练图的绘制引导

凝练图的绘制是学生的难点，因为学生对地理的学习并没有更高的站位，学生的凝练图也多为简单的知识总结，教师可以将自己的凝练图进行展示，一方面帮助学生建构知识体系；另一方面激发学生的思维能力，逐步帮助学生建立自己的凝练图。

教师简介

刘林，北京外国语大学附中二级教师，教学风格风趣幽默，善于激发学生思考，建构以学生为主体的课堂学习氛围。日常工作当中，不断学习，保持进步。曾被评为海淀区新教师培训优秀奖。

高中美术"文化与习俗——从'泥土'中诞生的美"

一、案例背景

（一）学习内容分析

本课选自人美版高中《美术鉴赏》第五单元《淳朴之情 民间美术》的主题"文化与习俗——从'泥土'中诞生的美"。本课介绍的民间美术的原生的美渗透在生活的各个方面，关联着千家万户的日常起居、岁时风俗、礼仪规范，在人类的历史发展进程中扮演着非常重要的角色。它反映社会、反映自然，在展示生活的过程中体现着对人的关怀，希望借此单元学习潜移默化地影响学生对于民间美术的认识，以此为契机与起点，真正读懂民间美术淳朴而真挚的情感以及她的独特魅力，进而激发学生的想象力与创作力，打破思维的边界，点燃深埋在学生心中的进取精神和开拓精神的种子。

（二）学情分析

高一年级的学生已具有一定的抽象思维能力，在之前的学习中已接触过民间美术的基本概念。这次学习相当于一次再认识，深层次理解民间美术并扩大视野，提高自己的艺术修养。民间美术作品直接或间接地反映出作者对社会是非曲直的判断，寓意不同的思想情感。通过对民间美术与现代生活脱节原因的剖析，让学生对民间美术这门古老的艺术门类生发由衷的理解与共情，从而自然生发出对于中国优秀传统文化的认同，自觉传承与保护优秀的传统文化。

（三）学习目标

图像识读：通过教材中民间美术作品的赏析帮助学生认识到民间美术形式的夸张、色彩强烈、具有乡土气息的艺术形式显示出了民间艺人们淳朴的审美方式和独特而鲜活的艺术创造力。通过图片资料了解民间艺人，观赏工艺美术馆中的藏品，识读图片，小组讨论，提出观点与问题。

审美判断：通过展现具有典型性的民间美术作品让学生感受这种强烈的、具有民族趣味的审美艺术形式，进而领会其中包含的道德理念、生活态度、价值取向和善意的美好。了解民间美术的造型起源及其形象寓意。

文化理解：学习、理解民间美术的民族土壤，并扩大视野，提高自己艺术修养。大多数民间美术作品富于教化意义，能起到一些包括道德品质的宣传教育作用。这些作品直接或间接地反映出作者对社会是非曲直的判断，寓意不同的思想情感。让学生对民间美术这门古老的艺术门类生发由衷的理解与共情，为民间美术的发展与现代重构提出自己的观点。

美术表现：绘制民间美术相关主题的"美绘思维"感知图—精细图—凝练图，设计某类民间美术文化创意产品，画出设计图。

（四）教学思路

借助"三图六构"思维导图模式设计本节课的教学过程，用"美绘思维"深入探讨研究主题内容。学生课前通过课前导学图进行信息收集、整理和加工（民间美术的种类，常用主题，功能和造型），绘出感知图。课堂上通过老师引导学生对学科结构的深度剖析（造型和功能内涵、缘起），学生在已有的认知结构（民间美术知识和技能）基础上重新构建更完善的新的认知结构（理解主题进行造型），修改完善精细图，再通过课后拓展运用和探索，获得理论与实践、知识与能力的统一。最后，学生绘制凝练图，并和教师的凝练图进行PK，然后完善凝练图。再进行文创设计，课后反思。

二、教学过程

（一）课前学习

课前，学生根据课前导学图（图5-174）的要求绘制感知图。课前预习是学生与教材对话的重要途径和方式，所谓与教材对话就是学生在课前自主地对教学内容进行阅读与理解，感悟和发现。在与教材的对话中画出主干知识点，圈出重点，记下疑点。通过与教科书对话，主动解决自己应知应会的问题。

课题：民间美术的内涵与价值

学习目标：辨析单元学习内容间的关联；理解民间美术的内涵及价值意义。回顾民间美术的基本概念；再认识民间美术的特点；以节庆民俗为例，解释民间美术的文化根源。了解民间美术的分类，图示民间美术的造型体系；感知原始思维意识对民间美术创作的作用；谈谈如何保护传承民间美术，向大家介绍你喜欢的一件民间美术作品，介绍基本的制作过程和作品鉴赏。

看	思	拓	绘
图像识读：走访相关的民间艺人工作坊，参观工艺美术馆或小微艺术博物馆，通过生动的活动引发兴趣，再认真阅读单元目录、单元学习内容及单元学习任务，从以下几方面圈点勾画出关键词句。 （1）民间美术的分类。 （2）民间美术的造型特点。 （3）民间美术的色彩搭配。 （4）民间美术的画面结构。	审美判断：通过自学本单元学习内容，对以下的几个问题得出自己的判断与解读。 （1）民间美术与农业文明的关系。 （2）民间美术对传统民俗的传承。 （3）民间美术的创造者。 （4）你对本单元的主题词"民间美术"是如何理解的？ （5）你对本单元的学习预期是什么？你认为该采取什么样的学习策略及学习顺序？	文化理解：通过各种媒介，如相关的公众号、网站、书籍、报刊等等查阅资料，深入探究，解决现实问题。 （1）民间美术与古代宫廷艺术的异同之处。 （2）商业化和网红经济开发对于民间美术的传承和发展的影响。 （3）查阅民间美术的相关资料。就自己感兴趣的部分做特别标注和记录，做"我最喜欢的民间美术"班级演讲或展演。	美术表现：请依据本单元学习任务，并结合你的思考，选择不同特点的材料进行创意实践：以"民间美术"为核心绘制感知图。在得意处标记"★"，在疑问处标记"？"。

图5-174　课前导学图

设计意图　　课前学习的过程，是学生主动探索的过程，在预习中可以发现并弥补自己的薄弱环节，扫清听课的障碍；在预习中可以明确本课的重点难点，听课时有的放矢。让学生结合教师制作的课前导学图和量规，进行充分的课前预习并独立完成感知图（图5-175）。

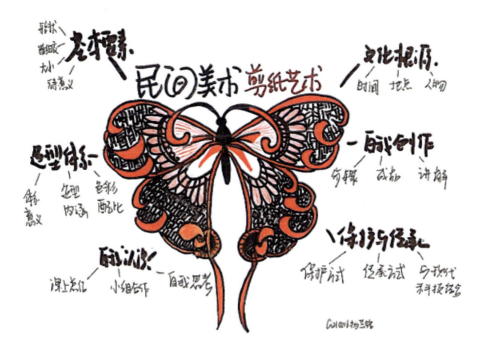

图5-175　学生的感知图

（二）课中学习

课中导学（表5-66）明确了本节课的学习流程，即明确目标，小组讨论，全班交流，凝练小结，巩固提升。

表5-66 "民间美术的内涵与价值"课中导学

环节	教师活动	活动具体实施（目标、内容、要求）	学生活动
明确目标	明确学习目标	对照量规进行初步自我评判，清楚自己的认知起点、待提升处及努力方向	浏览目标 明确方向
小组讨论	组织小组交流	目标： 解释：民间美术的文化根源 举例：以节庆民俗为例 分类：民间美术的分类 表征：图示民间美术的造型体系、表现手法、画面结构 推论：原始思维意识对民间美术创作的作用 说明：如何保护传承民间美术 内容：教师预设学习任务： （1）本单元学习内容在思维、侧重角度等方面有何关联？ （2）围绕学习预期，制定单元学习规划、学习策略及学习顺序的方案。 要求： （1）两人交流：分别介绍自己的感知图，重点交流各自的得意处和疑问处，并讨论有分歧之处。若分歧能达成一致，则自行修改；若不能解决，则在分歧处用"?"标记，并在启发最大处标记"!" （2）四人交流：明确重要结论（如民间美术的内涵和外延及价值意义等），讨论各自标记的疑问处，并将共同的疑问提炼成问题，写在白纸上，准备在全班交流。没有问题的小组完成教师预设的学习任务	同伴交流 互构重构
全班交流	引导全班探究	目标： 分析：民间美术的各种表现形式 区分：民间美术与古代宫廷艺术的异同之处 结构化：绘制民间美术的价值与内涵的精细图 解构：民间美术的文化根源和造型体系 辩证：商业化和网红经济开发对于民间美术的传承和发展的影响 内容：学习支架：课件、微视频、网站、公众号等的相关知识等。 要求： （1）呈现各组学生的问题，归类整合，聚焦主要问题，引导全班研讨交流。 （2）聚焦教师预设任务中学生出现问题较多的任务，引导全班研讨交流，给学生提供必要的学习支架。 （3）教师出示自己的导图，与学生PK。学生对教师的导图进行评判（赞同或不赞同，说明理由）。 （4）全体同学修正自己的感知图，在启发最大处标记"!"	全班交流 深入研讨
凝练小结	指导凝练提升	目标： 建构：绘制凝练图 内容：师生共同聚焦民间美术内涵与价值的核心素养 要求： （1）学生总结收获，构画凝练图。 （2）教师出示自己的凝练图，引领学生总结提升	反思总结 凝练建构
巩固提升	评估学习效果	目标： 执行：向大家介绍你喜欢的一件民间美术作品，介绍基本的制作过程和作品鉴赏 假设：为某个民间艺术博物馆设计相关的文创产品 设计：根据自己的喜好，设计某类民间美术文化创意产品，画出设计图。 内容：请围绕单元学习预期，依据单元学习导语、课后学习提示及单元学习任务，结合你的思考，为某个民间艺术博物馆设计相关的文创产品 要求：设计某类民间美术文化创意产品，画出设计图；最后，借助反馈训练，学生再次对标评估，从而明确优势和不足，及时弥补缺漏	训练反馈 对标再评

1. 明确目标

教师活动：指导学生关注学习目标，明确学习方向。

学生活动：对照量规（表5-67）进行初步自我评判，清楚自己的认知起点、待提升处和努力方向。

具体实施：教师念量规，学生边听边做标记，会的打"√"，不会的用"？"进行标记，学生勾选的量规示例如表5-68所示。

表5-67 "民间美术的内涵与价值"课堂学习目标量规（自评）

班级_____ 姓名_____

学习目标		达成评价			
		A独立完成	B经同伴帮助完成	C经教师点拨完成	D未完成
记忆	回顾：民间美术的基本概念				
	再认识：民间美术的特点				
理解	解释：民间美术的文化根源				
	举例：以节庆民俗为例				
	分类：民间美术的分类				
	表征：图示民间美术的造型体系、表现手法、画面结构				
	推论：原始思维意识对民间美术创作的作用				
	说明：如何保护传承民间美术				
运用	执行：向大家介绍你喜欢的一件民间美术作品，介绍基本的制作过程和作品鉴赏				
分析	区分：民间美术与古代宫廷艺术的异同之处				
	结构化：绘制民间美术的价值与内涵的感知图、精细图				
	解构：民间美术的文化根源和造型体系				
评估	辩证：商业化和网红经济开发对于民间美术的传承和发展的影响				
创造	假设：为某个民间艺术博物馆设计相关的文创产品				
	设计：根据自己的喜好，设计某类民间美术文化创意产品，画出设计图				
	建构：绘制民间美术核心价值与内涵凝练图				
其他（根据学科特点增设的项目，若没有可不填）					

表5-68 "民间美术的内涵与价值"课堂学习目标量规（示例）

班级_____ 姓名_____

学习目标		达成评价			
		A独立完成	B经同伴帮助完成	C经教师点拨完成	D未完成（未完成的关键问题）
记忆	回顾：民间美术的基本概念			√	
	再认识：民间美术的特点		√		
理解	解释：民间美术的文化根源			√	
	举例：以节庆民俗为例			√	
	分类：民间美术的分类		√		
	表征：图示民间美术的造型体系、表现手法、画面结构		√		
	推论：原始思维意识对民间美术创作的作用	√			
	说明：如何保护传承民间美术	√			
运用	执行：向大家介绍你喜欢的一件民间美术作品，介绍基本的制作过程和作品鉴赏	√			
分析	区分：民间美术与古代宫廷艺术的异同之处			√	
	结构化：绘制民间美术的价值与内涵的感知图、精细图		√		
	解构：民间美术的文化根源和造型体系		√		
评估	辩证：商业化和网红经济开发对于民间美术的传承和发展的影响			√	
创造	假设：为某个民间艺术博物馆设计相关的文创产品	√			
	设计：根据自己的喜好，设计某类民间美术文化创意产品，画出设计图	√			
	建构：绘制民间美术核心价值与内涵凝练图	√			
其他（根据学科特点增设的项目，若没有可不填）					

设计意图　帮助学生明确学习目标，把一个大的目标分成若干个小目标，让学生感到在实现目标的路上会充满成就感。让学生学会思考、质疑，提高听课质量。

2. 小组讨论

教师活动： 组织学生进行小组交流。

学生活动： 组内交流，自构、互构、重构。

具体实施： 组内交流讨论，答疑解惑。

（1）依据量规记忆、理解部分自评结果，两人相互交流感知图和课前导学图中思、拓的问题，各自完善感知图。（红笔）

（2）两人组未解决的问题由另两组人再次讨论解惑，再次完善感知图。（红笔）仍有疑问的问题做好记录并由组长贴在黑板上，待全班讨论。

（3）另外三个没有问题的小组，从老师那里领取核心问题条，组内讨论进行解答。

核心问题条：

①如何理解民间美术的内涵与价值？

②你了解到的民间美术的现状是什么？谈谈你的看法。

本次课分了五组进行讨论,组长把问题做好记录并通过实物投影仪投屏到黑板上,如图5-176所示。一些问题是通过组内生生交流充分发挥学生的创造思维,碰撞出的智慧火花;一些是解决了组内问题后探讨核心问题条的记录。

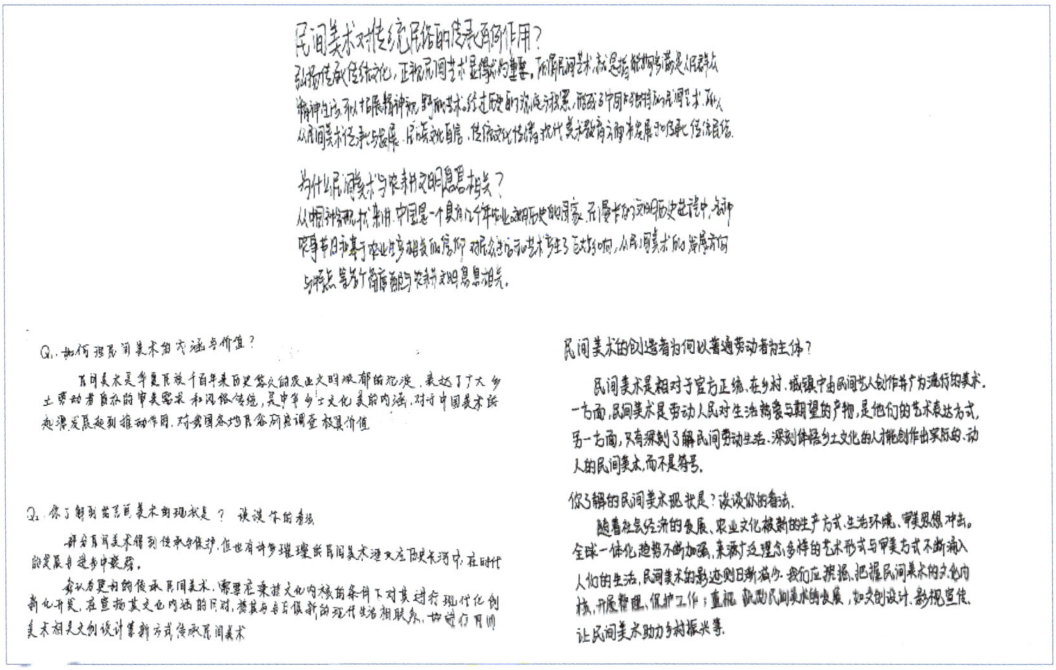

图5-176 小组记录示例

设计意图 学生就疑难问题在小组内进行交流、合作、探究,不但有利于倾听者解除疑难问题,也有利于促进讲解者对知识更加深入细致的理解,从而达到教学相长。

3. 全班交流

教师活动: 引导全班交流。

学生活动: 全班交流,深入探讨。

具体实施: 依据量规运用、分析、评估部分完成学习,生成精细图。

(1)小组派代表领问题帮助其他小组解决,由提出问题的小组成员复述。

(2)领取核心问题条的小组讨论后,派两名同学上台解答。

教师点拨两位同学回答正确但不够完整,

下面是一组学生代表上台发言,教师进行点拨的过程示例。

一组学生代表上台发言:我们组讨论的是以下两个问题。问题一,民间美术对传统民俗的传承有何作用?弘扬传承传统文化,正视民间美术显得尤为重要。所谓民间美术就是指能够满足人民群众精神生活,拓展精神视野的艺术。经过历史的沉淀与积累,形成了中国独特的民间艺术，所以从民间美术传承与发展，民族文化自信，传统文化传播，现代美术教育方面来发展和传承传统民俗。问题二，为什么民间美术与农耕文明息息相关？从中国社会现状来讲，中国是一个具有几千年农业文明历史的国家，在漫长的文明历史进程中，各种农事节日和基于农业生产相关的信仰对民众生活和艺术产生了巨大影响，民间美术的发展方向与特点等各个角度都与农耕文明息息相关。

教师点拨深化：

可看出两位同学对这两个问题均进行了深入的思考。下面老师也谈谈自己的一些感触和观点，大家可以互鉴。

"再见传统"是我在大学期间听过的一个讲座，让我感触颇深。其中感触最深的是这句"再见，传统，不是告别，而是开始，是再次遇见，是喜获重逢，是薪火相传"。从中传达的是对于传统民俗的深入理解与在现代生活语境下的再认识，与新的价值的呈现。民间美术、农业文明、劳动者这三个关键词，可以帮助我们更全面地理解民间美术与农业文明息息相关。首先，民间美术是针对学院派艺术文人艺术的概念提出的，与农业天然相关，因她的创作者就是普通的劳动者，是劳动者为满足自己的生活和审美需求而创造的艺术，最初来源于农耕之余的对生活美好的装点，抒发对美好生活无限的向往和永远对生活充满希望的心灵祈愿。这种淳朴的情感世代相传绵延至今，虽遇困境但仍传承不绝，也是在警示现代人的内心，要在物欲横流的尘世间，保留心中的那方净土，不要泯灭了血脉中绵延的淳朴之情。

在此之后，教师又根据三组和五组学生代表的问题解答情况，出示具体的案例进行点拨与深化。教师出示中国当代艺术家吕胜中的剪纸艺术案例，解读民间美术的内涵与价值，如图5-177所示。

教师根据多个小组学生代表提出的问题：关于民间美术的现状与如何走出困境的疑问，给

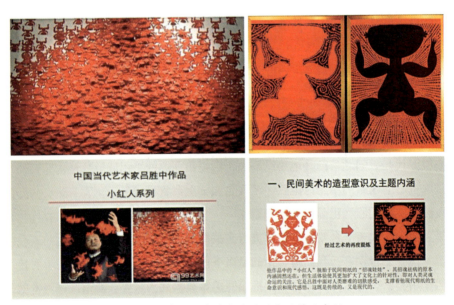

图5-177 中国当代艺术家吕胜中的作品案例

出观点回复，并用具体的案例说明：民间美术要与现代人的审美和生活接轨，唤醒人们心中的来自远古先民对于美好生活不懈追求的共情。案例"以门神为主题的文创设计"如图5-178所示。

图5-178　以门神为主题的文创设计

学生受到引导得出结论。

全班组内互相复述。

（3）未被认领的问题由教师答疑解惑，小组成员相互复述。全班组内相互复述。

师生精细图PK。

全班同学再次完善感知图，生成精细图。教师展示精细图如图5-179所示。

图5-179　教师的精细图

图示解读 　　教师手绘的知识思维导图分类总结民间美术的核心知识点，为学生提供参考和指引。该知识思维导图设计的构想，其中心图部分是选取具象的民间美术形象，绘制的骑鲤莲花童子葫芦纳福图，体现民间美术的内容：纳福迎祥，海纳百川。

学生用红笔对精细图进行修改，如图5-180所示。

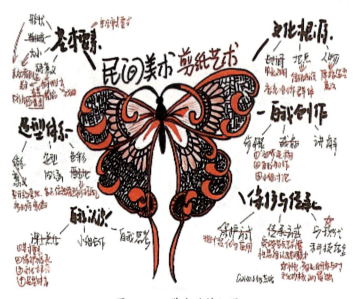

图5-180　学生的精细图

设计意图 　　万人操弓，共射一招，招无不中。全班聚焦的核心问题，教师的点拨引导学生拓宽思路，层层深入。

4. 凝练小结

教师活动：给出教师绘制的凝练图，引导学生凝练提升，如图5-181所示。

学生活动：自己凝练总结，绘出凝练图，如图5-182所示。

图5-181 教师凝练图　　　　　图5-182 学生凝练图

图示解读　　手绘凝练图,为凝其灵魂之意。该图运用了民间美术中剪纸艺术的形式进行设计。中国民间剪纸艺术有一种区别于其他国家和地域的含义蕴于其中,其除了带给人们吉祥,还有寄喻灵魂之意,是以借剪纸之意象表达民间美术的内涵与价值,层层深入,落地生根,开枝散叶,生生不息。

5. 巩固提升

教师活动: 引导学生,通过刚才的发散拓展和凝练总结,凝聚智慧生成创意。

学生活动: 绘制与民间美术相关的文创产品设计图。依据自评量表(表5-69)和自评标准(表5-70),学生进行自评,示例如表5-71所示。

表5-69　课堂小组合作学习自评量表

评价维度	明确目标	小组讨论			全班交流				凝练小结		巩固提升	
	独立完成	倾听	质疑	解疑	倾听	质疑	解疑	与师PK精细图	独立完成	分享	独立完成	效果优秀
等级												

表5-70　课堂小组合作学习自评量表等级标准

维度	优秀	良好	待改进
学习目标	在规定时间内,独立完成目标自我检测,能够正确理解其内涵,并做出适合实际的判断	基本能够完成目标自我检测,能够理解其内涵,并做出判断	不能完成目标自我检测

续表

维度	优秀	良好	待改进
倾听	非常专注、深入思考、积极回应（及时记录、发表观点），不打断对方	比较专注、有思考、不打断对方	不专注；基本没有回应
质疑	有证据地提问，提问与主题相关性强	有提问，提问与主题相关	没有提问或提问与主题无关
解疑	针对性强地回应，清晰表达观点，观点合理	有回应，不能清晰表达观点	不能针对问题进行回应
精细图	中心词反映核心概念、框架合理、层次清晰；逻辑性强；内容全面，概括精准，无科学性错误；效果美观。在PK环节，亮点突出，有启发性	中心词反映核心概念、框架合理，层次清晰；呈现了主要内容，有提炼概括，无科学性错误	有中心词、层次间逻辑不清晰；主要内容不够全面，欠提炼概括或存在科学性错误
凝练图	内容聚焦可迁移的观念、思想或方法，概括准确。在分享时，能够清晰表达其观点	内容聚焦可迁移的观念、思想或方法，概括和表达不太精准	不能领悟到思想或方法，不能绘制出凝练图
巩固提升	在规定的时间内独立完成文创设计和评价任务，或教师评定为优秀等级的	能够独立完成大部分文创设计，或教师评定为良好等级的	大部分文创设计不能独立完成。或教师评定为待改进的

表5-71 课堂小组合作学习自评量表（示例）

评价维度	明确目标	小组讨论			全班交流				凝练小结		巩固提升	
	独立完成	倾听	质疑	解疑	倾听	质疑	解疑	与师PK精细图	独立完成	分享	独立完成	效果优秀
等级	优	优	优	优	优	优	优	优	优	优	优	优

三、案例反思

（一）学生课后反思

高一2班赵韵迪同学：在学习皮影、剪纸、面人、纸鸢、刺绣等民间艺术的过程中，我体会到民间美术存在着乡土、雅俗共赏之美，了解到民间美术造型上的夸张对比形式。从多方位视角与多时空交叉等造型认知与主题内涵，更体会到传统民间美术在当今社会仍要秉持创新发展理念。我在小组合作中成功设计出民间美术和相关的文创作品，在一次意义非凡的课堂体验中体会到泥土中诞生的美。希望小组能多设置几种不同选项，可以根据小组成员特长，展现不同的小组合作成品。

高一2班吴晓雨：在《从"泥土"中诞生的美》民俗美术鉴赏课中，我们了解了民间艺术多样的艺术形式、丰富的文化内涵和重要的精神价值。在民俗艺术朴实的笔画中，可以看到富有乡土气息的真挚、劳动人民对生活的热情以及艺术扎根大地的勃勃生机。在思维导图绘制和文创产品设计过程中，我们思考了民间艺术的现状、困难，如何保护、传承，并尝试将民俗文化与现代生活结合。各组同学的作品讲解展示更为彼此提供了设计的新思路。希望能在课堂中了解更多民间艺术的背景与思想，取其精华，学习、传承。学生反思图示例如图5-183所示。

图5-183　学生反思图

（二）教师反思

1. 学生的美术学科核心素养得以提升

通过对核心问题的思考和解答过程，学生能辩证地分析民间美术的优势、特色和传承中面临的发展困境，从整体的角度，全面、系统、动态地认识民间美术的内涵与价值。民间美术渗透在生活的各个方面，反映社会、反映自然，在展示生活的过程中体现着对人的关怀，并以此为契机，引导学生真正读懂民间美术淳朴而真挚的情感以及她的独特魅力，陶冶情操，激发想象力与创作力，将进取精神和开拓精神铸牢在学生心中。

2. 探索用"美绘思维"重构教学的新思路

受到广义思维导图的框架的影响，在美术教学与创作实践中形成的一种新的教学思路——"美绘思维"。"美绘思维"旨在运用多种思维工具进行创作、构思，或将艺术观点或理念进行可视化表现；用多种绘画形式和不同风格绘制、拓展思路，迅速形成基于主题的多元认知与拓展发散，生成无限创意。课堂学习变得富有个性又有趣味，学生的艺术思维与审美体验得到充分发展。

3. 学生在任务驱动下发展了自主、合作学习能力，提升了学习内驱力

本课以任务式驱动设定任务，开展活动。在课堂教学中，重视学生的独立思考，给学生充足的时间阅读和绘制图，重视学生作品的展示、交流和反思，在展示交流中发现问题，修正完善思维图。课中五环节的生生交流、师生互动、相互建构，使学生充分发挥创造性思维，碰撞出智慧的火花。例如有的同学在全班讨论时提出基于民间美术主题开展文创作品开发的独到看法；有的同学认为只有在深刻理解民间美术的文化内涵之后，才能创造出有灵魂

的文创设计。学生认真倾听、积极讨论、勇于表达，在自构、互构的过程中不断完善自我，在不断探究中提升思维品质和审美鉴赏能力。重构课堂，学生成为课堂的主人，独立思考能力和学习内驱力得到提升。教师反思图如图5-184所示。

图5-184　教师反思图

教师简介

裘昀，清华附中美术教师，毕业于中央美术学院。主要教授高中专业美术生美术课程，曾教授的学生有多人考入清华美院和中央美院等优秀的大学，与此同时也任教部分普及型美术鉴赏课程，并开展非遗特色校本课程《葫芦艺术》，参与中国农业出版社《地球的孩子》系列中国大自然教育原创生态童话绘本《葫芦籽哪里来》一书的全部图绘编创。带领学生进行国内外艺术研学和写生，举办美术展览及学生作品拍卖活动。参与多个国家级和市级综合教育课题项目、各类课题、研究课、公开课并屡获奖项，录制国家新版美育教材示范课《敦煌！敦煌！》一课，并参与国家新版美育教材、教参的编写。在"美绘思维"教学、深度学习方面有深入的研究，多篇研究成果和论文正式发表。指导学生创作和个人艺术创作屡获各类奖项。

后 记

"万人操弓,共射一招,招无不中。"本书正是一群课堂教学改革志同道合者的倾力之作,既有研究者的理论探讨,又有一线教师的实践反思,将"双减"背景下课堂教学改革的重构路径立体化呈现出来。新高考2014年启动、2017年落地,高中新课标于2017年末出台、2020年修订,高中新教材2019年发布,"三新"推进同向不同步。与此同时,2019年我国启动普通高中育人方式改革,这些都对高中课堂教学提出了更高、更新的要求。

2020年,我们在将思维导图用于课堂教育改革实践的基础上,萌生了进一步利用思维工具进行课堂重构的想法。于是,以北京外国语大学附属中学、中央民族大学附属中学雄安校区(河北容城中学)、山东聊城东阿县第一中学等学校为基地校,历时两年多开展了"三图六构"思维课堂的实践探索,形成了系列教学设计和课例,有效提升了学生课堂学习的参与度、积极性和有效性,也深化了教师对学科本质和学科体系的理解。

作为理论与实践相结合的研究成果,本书汇集了多方智慧,具体执笔情况如下:第一章由李建民(中国教育科学研究院)执笔,第二章由李建民(中国教育科学研究院)、杨艳君(中国人民大学附属中学第二分校)执笔,第三章由北京外国语大学附属中学团队(负责人:于昕悦)执笔,第四章"单元教学设计1"由石素之(中国人民大学附属中学)执笔、"单元教学设计2"由宋丽荣(北外附中)执笔、"单元教学设计3"由林飞(北外附中)执笔、"单元教学设计4"由姚彬(北外附中)执笔、"单元教学设计5"由张学千(北外附中)执笔、"单元教学设计6"由高俊英(中关村中学)执笔、"单元教学设计7"由秦璐(北外附中)执笔、"单元教学设计8"由文翠莲(北外附中)执笔、"单元教学设计9"由刘林(北外附中)执笔、"单元教学设计10"由裴昀(清华大学附属中学)和刘晔(北外附中)执笔、"单元教学设计11"由李丽(北外附中)执笔,第五章各教学案例作者已在文中列出,这里不再赘述。

本书能够顺利付梓，要特别感谢中国教育科学研究院陈如平副院长的支持鼓励，感谢北京外国大学附属中学晋军校长、中央民族大学附属中学雄安校区肖志彬校长、东阿县第一中学韩峰校长的大力配合，感谢中国人民大学附属中学第二分校杨艳君副校长的倾力付出，更要感谢编写团队每位成员的精益求精。本书是"课改"中的沧海一粟，希望它能给各位读者带来些许启示，探索符合自身发展需求的课堂教学改革路径和方式。

囿于作者的学识与能力，书中难免会存在疏漏之处，还请各位师友同人批评指正。

李建民

2023年5月15日